伊犁师范大学学术著作出版基金资助

管理学学术前沿书系

KUAIJI DIANSUANHUA RUANJIAN YINGYONG

会计电算化软件应用

孟繁敏 著

经济日报出版社

图书在版编目（CIP）数据

会计电算化软件应用／孟繁敏著. -- 北京：经济日报出版社，2021.7

ISBN 978－7－5196－0813－2

Ⅰ. ①会… Ⅱ. ①孟… Ⅲ. ①财务软件－教材 Ⅳ. ①F232

中国版本图书馆 CIP 数据核字（2021）第 115187 号

会计电算化软件应用

作　　者	孟繁敏
责任编辑	陈　悦
责任校对	温　海
出版发行	经济日报出版社
地　　址	北京市西城区白纸坊东街 2 号 A 座综合楼 710（邮政编码：100054）
电　　话	010－63567684（总编室）
	010－63584556（财经编辑部）
	010－63567687（企业与企业家史编辑部）
	010－63567683（经济与管理学术编辑部）
	010－63538621　63567692（发行部）
网　　址	www.edpbook.com.cn
E－mail	edpbook@126.com
经　　销	全国新华书店
印　　刷	北京九州迅驰传媒文化有限公司
开　　本	710×1000 mm　1/16
印　　张	27
字　　数	450 千字
版　　次	2021 年 7 月第 1 版
印　　次	2021 年 7 月第 1 次印刷
书　　号	ISBN 978－7－5196－0813－2
定　　价	58.00 元

前　言

会计工作现代化的重要标志就是在会计工作中引进了计算机这一信息处理工具，对企业加强经济信息管理，提高企业应变能力和经济效益起着重要的作用。目前，各企事业单位所使用的会计电算化软件多种多样，种类繁多，但是就这些软件的本质来说它们是一致的，即通过软件的使用，使计算机能够输出符合单位需要的会计信息，这是它们的共性。当然，每个软件由于开发、设计者的思路不同，又有各自的个性，这就要求我们会计电算化工作者在具体的使用中，灵活地应用与掌握。本书编写的目的旨在找出会计电算化软件中那些有规律性的东西，以期对读者有所帮助。为此，本书在结构体系的编排上，也是先讲述共性，然后再结合具体财务软件的个性进行讲解，以期对提高学生的应变能力有所帮助。

本书共分七章，分别是：第一章，会计电算化基础知识；第二章 会计软件知识；第三章，通用会计软件操作流程；第四章，金蝶软件；第五章，新中大软件；第六章，用友软件；第七章，电算化管理法规与制度。本书所涉及的会计电算化软件均为演示版，软件的版权归原作者所有，读者可用本书提供的网址下载，也可以向当地财务软件销售商索取演示版。

随着云计算、大数据、区块链、移动互联网等新兴技术的快速发展，会计工作与互联网深度融合，网络代理记账、在线财务管理咨询、云会计、人工智能财务初现端倪，但是无论会计工作如何变化，我们还是要立足基础，弄清楚事物的本源，才能更好地发展和创新。希望通过对这本书的学习，使会计人员及会计信息化有关从业人员对会计电算化软件的应用有个基本的了解，从而掌握会计软件的基本操作技能。

本书是我多年教学经验的总结，成书较早，内容经典，目前仍适用，它也一直被当作电子讲义使用。在学校的资助下，如今付梓出版，甚是欣慰。我衷心希望本书能为促进我国会计信息化的发展尽一点微薄之力。本书的写作完成，得到伊犁师范大学科研处、法学院、各级领导和上述内容所涉及财务软件供应商的大力帮助，在此深表谢意！

时代在变革，科技在进步，世界在发展，由于作者自身知识、时间、精力的局限，缺点、错漏在所难免，真诚地希望读者给予批评指正。

孟繁敏

2021 年 2 月

目　录
CONTENTS

前　言 ……………………………………………………………1

第一章　会计电算化基础知识 ……………………………………1

第一节　会计电算化的基本概念 ……………………………………1

一、数据与信息 ……………………………………………………1

二、数据处理技术 …………………………………………………2

三、会计数据与会计信息 …………………………………………2

四、系统 ……………………………………………………………5

五、信息系统 ………………………………………………………6

六、会计信息系统 …………………………………………………6

七、电算化会计信息系统 …………………………………………7

第二节　国内外会计电算化的发展 …………………………………8

一、我国会计电算化的发展历程及现状 …………………………8

二、国外会计电算化的发展情况 …………………………………10

三、我国会计电算化的未来发展 …………………………………14

四、网络财务软件的发展对会计理论与实务的影响 ……………17

第三节　电算化会计信息系统 ………………………………………20

一、电算化会计信息系统与手工会计处理系统的异同 …………20

二、电算化会计信息系统的数据处理流程 ………………………23

三、电算化会计信息系统的作用 …………………………………27

第二章　会计软件知识 ……………………………………………29

第一节　会计软件概述 ………………………………………………29

一、会计软件的含义 ………………………………………………29

二、会计软件的开发方法 …………………………………………29

三、会计软件的开发工具 …………………………………………37

第二节 会计软件的运行环境和选择 …… 39
一、会计软件的运行环境 …… 39
二、会计软件的来源方式和选择 …… 41
第三节 会计电算化信息系统功能模块 …… 41
一、系统模块划分的原则 …… 41
二、会计电算化信息系统功能结构的划分 …… 43
三、会计核算系统中各个子系统之间的相互关系 …… 44
第三章 通用会计软件的操作过程 …… 46
第一节 会计软件应用的基本过程 …… 46
一、计算机系统配置 …… 46
二、会计软件的系统初始化 …… 47
三、会计软件的日常运行 …… 48
四、会计软件的特定处理 …… 49
第二节 账务处理系统的操作流程 …… 50
一、账务处理系统的初始化 …… 50
二、账务处理系统的日常业务处理 …… 58
三、账务处理系统的期末处理 …… 62
第三节 工资系统的操作流程 …… 64
一、工资系统的初始化 …… 64
二、工资系统的日常处理 …… 65
三、工资系统的期末处理 …… 66
第四节 固定资产系统的处理流程 …… 67
一、固定资产系统的初始设置 …… 67
二、固定资产系统的日常数据处理 …… 68
第五节 报表系统的操作流程 …… 69
一、报表系统概述 …… 69
二、报表管理的功能模块划分 …… 70
三、报表处理的基本流程 …… 72
第四章 金蝶软件 …… 74
第一节 系统初始化 …… 74
一、金蝶 KIS 简介 …… 74

二、金蝶 KIS 的基本概念 …… 74
三、金蝶 KIS 系统初始化 …… 76
四、初始数据录入 …… 83
五、启用账套 …… 93
第二节 初始设置与日常系统维护 …… 94
一、币别 …… 94
二、凭证字 …… 95
三、结算方式 …… 95
四、核算项目 …… 96
五、会计科目 …… 101
六、常用摘要 …… 106
七、模式凭证 …… 106
八、账套选项 …… 107
九、用户管理 …… 117
十、修改密码 …… 121
十一、上机日志 …… 121
十二、账套备份 …… 121
十三、账套修复 …… 122
第三节 账务处理 …… 122
一、凭证录入 …… 123
二、凭证审核 …… 131
三、凭证检查 …… 132
四、凭证过账 …… 133
五、凭证查询 …… 136
六、自动转账 …… 139
七、结转损益 …… 142
八、期末调汇 …… 143
九、期末结账 …… 143
十、试算平衡表 …… 145
十一、科目余额表 …… 145
第四节 出纳管理 …… 146
一、初始化数据录入 …… 147
二、定义出纳系统起始期间 …… 150
三、现金余额初始录入 …… 150

四、银行存款初始余额设置 ……150
五、现金日记账 ……152
六、现金盘点与对账 ……157
七、银行日记账 ……158
八、银行对账单 ……160
九、银行存款对账 ……161
十、出纳扎账 ……165
十一、出纳报表 ……166
第五节 报表处理 ……168
一、资产负债表 ……168
二、利润表 ……169
三、自定义报表 ……170
四、报表重算/终止计算/刷新……186
五、显示数据/显示公式……186
六、手动/自动计算……186
第六节 实习资料 ……186
一、基本建账参数 ……186
二、初始化设置 ……187
三、添加用户（“工具”菜单→“用户管理”）……190
四、凭证录入练习：……190
五、练习“凭证审核”（凭证审核与制单不能为同一人，审核前需更换操作员）……192
六、练习“凭证过账”，反过账必须在主界面才能操作（按Ctrl+F11）……192
七、练习“凭证查询”（打印凭证、删除凭证、修改凭证、反审核、冲销）……192
八、查看“总账”“明细账”和建立“多栏账” ……192
九、查看试算平衡表、资产负债表和制作一张内部报表 ……192
十、工资模块 ……193
十一、固定资产处理 ……194
十二、期末处理 ……194
十三、出纳 ……195
十四、往来业务 ……195
十五、期末结账（反结账Ctrl+F12，必须是系统管理员操作）…195

第五章　新中大软件 ……196
第一节　核算单位 ……196
一、新中大软件概述 ……196
二、核算单位管理 ……196
三、启动核算单位管理模块 ……197
第二节　初始设置 ……200
一、账务处理流程 ……201
二、初始设置 ……201
三、操作员及权限管理 ……226
第三节　日常账务 ……226
一、凭证设置 ……227
二、基础设置 ……233
三、凭证处理 ……236
四、账簿查询及打印 ……254
五、辅助管理 ……262
第四节　银行对账 ……264
一、银行对账初始化 ……265
二、银行对账 ……266
三、出纳管理 ……269
四、支票管理 ……269
第五节　系统间转账和系统管理 ……270
一、新中大软件间转账 ……270
二、系统管理 ……272
三、系统维护 ……272
四、系统服务 ……273
第六节　报表处理系统 ……274
一、基本概念 ……274
二、主要功能介绍 ……275
三、报表制作 ……278
四、报表函数 ……281

第六章　用友软件 ……287
第一节　系统管理 ……287
一、用友软件概述 ……287
二、U8 的操作流程 ……287
三、企业门户 ……288
四、控制台 ……288
五、系统管理 ……289
第二节　基础档案设置 ……301
第三节　总账系统初始化 ……305
第四节　日常业务处理 ……319
第五节　银行对账 ……333
第六节　期末处理 ……336
第七节　UFO 报表 ……342
一、UFO 报表格式设计 ……342
二、UFO 报表数据处理 ……348
三、UFO 报表模板的使用 ……353
第八节　财务业务一体化实验资料 ……354

第七章　会计电算化管理法规和制度 ……401
第一节　会计核算软件基本功能规范 ……401
第二节　会计电算化相关管理制度 ……406
一、操作规程方面 ……406
二、数据维护方面 ……407
三、软硬件的维护方面 ……408
四、电算化会计档案的管理方面 ……409
五、附件 ……410

参考文献 ……418

第一章　会计电算化基础知识

第一节　会计电算化的基本概念

会计电算化是融会计学、计算机技术和管理信息系统为一体的边缘学科，也是指在会计工作中应用电子计算机技术的简称，具体地说是用计算机代替手工记账、算账、报账以及代替部分人脑辅助管理的过程。1946 年 2 月电子计算机诞生后，时隔 8 年，电子计算机在会计工作中的应用就取得了成功，即在 1954 年 10 月美国通用电气公司（GE）首次利用电子计算机计算职工工资的举动，引起了会计数据处理技术的革新，从而开创了利用计算机进行会计数据处理的新纪元，引发了会计数据处理的革命性变革。我国于 1979 年在长春第一汽车制造厂开展的大规模管理信息系统的设计与实施，是我国会计电算化发展过程的一个里程碑。1981 年 8 月，在财政部、第一机械工业部、中国会计学会的支持下，由中国人民大学和长春第一汽车制造厂联合召开了"财务、会计、成本应用电子计算机问题讨论会"，在会上由王景新教授首次提出了"会计电算化"的概念。就其基本含义来讲，就是将计算机技术应用到会计业务处理工作中，属于管理信息系统的一部分，但会计电算化绝不仅仅是以计算机为处理工具来取代手工处理过程，而是要实现手工处理无法实现的功能，从而使会计信息处理产生质的飞跃，这不仅会影响到会计实务，对会计理论也会产生很大影响。信息系统理论、计算机技术以及会计理论和方法是会计电算化的理论基础和支柱。

一、数据与信息

数据。一般认为数据是反映客观事物的性质、形态、结构和特征的符号，是对客观事物属性的描述。它可以是定量描述客观事物的数字，也可以是定性描述客观事物的字母、文字或其他符号。数据的表现形式是多样化的，如数值、文字、表格、图像、动画、声音等。数据可以分为两大类：数值数据和非数值数据。数值数据一般由阿拉伯数字及各种符号组成，可以进行算术运算，如 376.28、0.24、－5938.2。除此之外的数据称为非数值数据，如文字数据、图像数据等，非数值数据一般只能进行逻辑运算和关系运算。例如：

某位同学，年龄：19岁，性别：男，身高：170CM，政治面貌：团员。在这里，“某位同学”是一个客观实体，“年龄”“性别”“身高”“政治面貌”是属性，“岁”“CM”是属性值的单位，而“19”“男”“170”“团员”是属性值，也就是数据，其中“19”“170”是数值数据，而“男”“团员”则是非数值数据。

信息。信息是经过加工、处理后的有用的数据，也即数据处理的结果，是对数据的综合和解释，是数据加工的“产品”。没有经过加工的原始数据，无论其数量有多少，都不能称之为信息。信息比数据的用途更大、价值更高。例如某个班级，有男生21人，女生23人，这里的“21”和“23”就是信息了，因为它们是由多个单一的数据进行运算得来的。

数据与信息的区别和联系，我们可以用一句话来概括：数据未必是信息，信息必然是数据；数据是信息的载体，信息是数据的子集。数据和信息的本质区别为是否有一个加工处理过程，但在实际工作中，数据和信息往往很难严格区分。这是因为在整个数据处理过程中，上一处理环节的结果（信息），往往会成为下一处理环节的来源（数据）。

二、数据处理技术

数据处理技术就是为了生成信息，按照一定的规则和方法对数据进行收集、加工处理的工作过程。数据处理一般分为手工、机械和电子计算机处理三种不同的处理方式。数据处理的环节分为数据的采集、数据的传输、数据的存储、数据的加工、数据的输出五个环节。

三、会计数据与会计信息

1. 会计数据

即采用“单、证、账、表”等形式记录下来的反映会计业务的各种原始资料，是产生会计信息的源泉。例如：银行存款100万元、固定资产1000万元、注册资本5000万元和利润总额130万元等。会计数据是用以描述会计事项，反映会计业务发生和完成情况，作为会计加工处理对象的数据，主要包括生产经营过程中产生的引起会计要素增减变动的原始数据，进入会计信息系统中的各种原始凭证则是会计数据的载体。及时取得合法的原始凭证是收集会计数据的重要手段之一。会计数据的来源是广泛的，由于会计业务的处理的特点，会计数据具有连续性、系统性和周期性的特点。

2. 会计信息

就是指按照会计特有的方法和要求对会计数据进行记录、计算、分类、汇总而形成的有用的会计数据。例如记账凭证、会计账簿和会计报表中记录的各种文字和数字。会计信息表现形式从其加工程度和使用层次来看，有两种，一种是货币的核算信息：财务信息；另一种是非货币形式反映的管理信息和决策信息。财务信息是指企业已经发生的经济活动的信息，即凭证、账簿和会计报表中所反映的内容和数据。例如："应收账款"的余额，"净利润"的金额等。管理信息是指企业管理所需要的特定信息，它通常是在财务信息的基础上进行汇总、分析、计算等形成。例如：资产负债率、流动比率、成本利润率等。决策信息是指为企业预测、决策活动提供的有关信息，它通常是在财务信息和管理信息的基础上，结合其他信息（如市场调查），运用一定的管理方法，得到决策未来经济活动的有关信息。例如：预测资金需要量、生产计划、投资计划等。

3. 会计数据与会计信息的关系

会计数据与会计信息之间存在着既相互联系，又相互区别的关系。从根源上来讲，先有会计数据，后有会计信息，会计数据属于原始数据，会计信息属于再生数据。同时，会计信息还可以根据财务管理的需要进一步加工生成新的会计信息，被加工的会计信息相对于新生成的会计信息就是会计数据，可见，会计数据和会计信息是一组相对的概念。例如：记账凭证相对于原始凭证就是会计信息，但对会计账簿来说，它则是会计数据；会计账簿相对于记账凭证就是会计信息，但对会计报表来说，则是会计数据。

会计数据与会计信息之间的关系如图 1–1 所示：

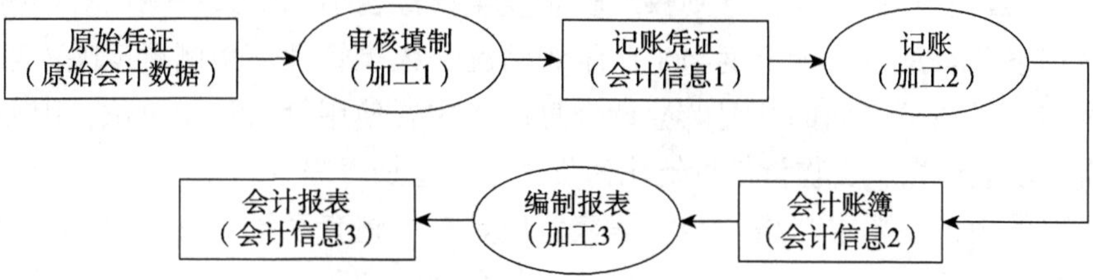

图 1–1　会计数据与会计信息关系

会计数据处理过程就是按照一定的方法、规则和程序，收集会计数据，并对其进行记录、分类、汇总等加工处理，从而产生所需会计信息的一系列过程。如果说会计部门从外部单位及内部各部门所取得的原始凭证是会计数据的载体，那么经过分类登记而产生的总账、明细账，以及在此基础上编制的会计报表、财务计划等，则是会计信息的表现形式。企业就是利用这些会计信息来实现其会计管理职能的。会计数据和会计信息并无严格界限，在会计处理过程中，经过加工处理的会计信息，往往又成为后续处理的数据，会计数据和会计信息的这种交替过程，存在于会计处理的各个环节之中。如对原始凭证进行分析加工，用会计语言表述为具有会计信息特征的记账凭证；然而，记账凭证又是登记总账和明细账的依据，是产生总分类核算和明细分类核算“信息”的“原料”；同样，总账和明细账所反映的会计信息，又是进一步加工生成会计报表和财务计划等综合会计信息的会计数据。

4. 会计信息处理的特点

会计信息处理除了具备一般信息处理的特点外，还具其自身的特点：

（1）数据来源广，信息处理量大。据统计，企业里 70%–80% 的数据与会计信息处理有直接或间接的联系。企业的供、产、销、人、财、物等各个方面的活动无不在会计部门有所反映，会计部门作为企业财务收支的关口，任何可以用货币加以计量的经济活动都会产生会计数据而反映到会计部门。

（2）数据关系复杂。会计信息主要包括资产、负债、所有者权益、成本、损益等几大部分。这些信息既相互联系，又相互区别，既有各自独立的经济意义，又有相互依存，互相制约的紧密关系。如资产、负债与所有者权益之间的平衡关系，成本与损益的消长关系，总括信息与明细信息的核对与统驭关系等。正因为会计信息之间有一套特有的复杂而严格的勾稽关系，使得会计信息结构比企业任何其他信息都具有系统性和整体性。

（3）综合性强。会计信息与其他信息不同，它主要以货币形式综合反映经营活动的各个方面，反映的内容涉及供产销每个环节、企业的每个部门和每个职工。而其他管理信息则只反映企业生产经营活动的某一侧面。如生产管理信息侧重反映生产进度与生产组织情况；人事管理信息侧重反映人事流动及职工素质等方面的情况。会计信息由于主要使用价值计量单位，因而可以将劳动量信息、实物量信息转化为货币量信息加以综合。

（4）规范性要求严格。会计信息处理具有一整套系统、完整的程序和方法，必须遵循“企业会计准则”和“企业会计制度”的规定。会计科目体系的确定及编码方法、会计凭证的设计、会计账簿的设置、会计报表的填列内容和填列方法等，都必须符合有关会计规范的规定。

（5）准确性要求高。会计信息必须能够真实、准确地反映企业经济活动的客观情况，会计核算必须以元为单位，精确到角、分。每笔会计事项必须有真实合法的原始凭证为依据，不论数据加工的中间结果还是最终结果，都要求准确无误。

（6）可追溯性及可验证性强。会计信息处理要经过分类、记录、计算、汇总等多道环节，处理时要环环紧扣，层层复核，保证每个环节的处理结果都具有可查核性，并可向上追溯其来龙去脉，提供清晰的审计线索。

（7）周期性重复，及时性要求高。会计信息处理必须满足按会计期间提供会计信息的要求。在每一个会计期间，会计核算都要经过由凭证到账簿再到报表的一个会计循环处理过程。因此，不论是手工处理还是计算机处理，都必须按会计期间进行会计结算，输出处理结果，并恰当地处理前后会计期间数据衔接和结转。这种结算、结转和衔接必须适时进行，不可提前，也不能滞后拖延。

（8）会计信息层次多。会计信息的层次性是由会计信息使用者的层次性决定的。会计信息的使用者有企业外部的，也有企业内部的，有企业高层管理人员，也有一般管理人员。由于不同的信息使用者使用会计信息的目的、要求不同，决定了会计信息系统的输出信息也需具有一定的层次性。

四、系统

随着科学技术的发展和社会活动的日益复杂化，人类所要处理和解决的问题越来越复杂。这些问题又都表现出整体性和系统性的特征，因此，人们在一些领域中普遍运用“整体”或“系统”的思想来处理问题。在会计信息系统的开发和研究过程中也不例外。所谓系统是由相互作用、相互联系的若干组成部分构成的，具有特定目标的统一体或有机整体。作为一个系统，必须满足以下条件：

1. 由两个或两个以上的组成部分构成；

2. 各要素之间是相互联系、相互作用的；

3. 各要素之间的联系和作用能产生整体功能。系统由输入、处理、输出、反馈、控制五个基本要素组成。

（1）输入是指为了输出而给出处理所需的内容和条件。

（2）处理是根据一定条件对输入的内容进行各种加工。

（3）输出是处理后得到的结果。

（4）反馈是将输出的一部分内容返回到输入供后续处理之用。

（5）控制是对上述四个基本要素进行的调度和指挥。

任何系统都由若干部分组成，系统的组成部分称为子系统，子系统是系统中的系统。子系统还可以进一步分解成更细一层的下级子系统。同时，一个系统可以是某个更大系统的子系统，每个系统都存在于一个系统层次上，这就是系统的层次性。系统中的任一子系统都有自己的输入、控制和输出，这些输入、控制和输出提供了各子系统之间以及靠近系统边界的子系统与外部环境之间相互作用、相互影响的手段。

任何一个系统都具有如下一些基本特征：

（1）整体性。系统是诸要素的有机组合，而不是简单相加。系统的性质、功能与运行规律，不同于它的各组成要素在独立时的性质、功能与运行规律，即系统具有其整体属性、整体功能和整体运行规律。这种整体性是系统各要素之间相互联系、相互作用、协同动作的结果。

（2）相关性。系统各要素之间、各子系统之间、系统与环境之间都是相互联系、相互作用、相互依存、相互制约的，这一特征即为"相关性"或"关联性"。系统中每个要素和子系统都依赖于其他要素和子系统而存在，整个系统则依赖于环境而存在。任一要素或子系统发生变化，都会导致相关要素或子系统发生变化，并引起系统整体属性、功能和运行规律的变化。系统环境的变化也会对系统功能不断地提出新的要求。

（3）层次性。系统可逐级分解细化，形成多级子系统。层次越低所完成的功能越具体，结构越简单；层次越高所完成的功能越多种多样，结构越复杂。上层系统对下层系统起统驭和控制作用。下层系统服从上层系统的总目标。

（4）动态性。系统均有其生命周期，有一个从孕育、形成、完善、成熟到改进或消亡的过程，这一过程就是系统的"动态性"。

（5）目的性。任何系统都是为达到一定的目标而建立的。系统的目标是确定系统功能结构的依据。

（6）环境适应性。任何系统都存在于特定的环境之中，为适应不断变化的外部环境，必须不断地调整和改进系统的目标和功能。系统这种适应环境变化的能力，就是系统的环境适应性。

五、信息系统

信息系统是指以信息为处理对象的系统，其主要任务是进行信息的收集、传输、存贮、加工，并在必要时向用户提供信息。每个信息系统都有自己的目标，它决定了该系统将接受什么数据，如何加工以便将这些数据转化为信息，哪些信息将被报告，以及这些报告需采取何种方式等。信息系统主要有6种类型，即业务处理系统（TPS），管理信息系统（MIS），办公自动化系统（OAS），决策支持系统（DSS），总裁信息系统（EIS）和专家系统（ES）。

六、会计信息系统

会计信息系统是管理信息系统的一个子系统，是专门用于收集、存贮、传输和加工会计数据，输出会计信息的信息系统。它运用本身所特有的一套方法，从价值方面对企业、事业、机关团体的生产经营活动和经营成果进行全面、连续、系统的定量描述。会计的各项活动都与信息有关，收集原始凭证是获取用于生成会计信息的会计数据；设置账户是对会计数据进行分类；填制记账凭证和登记账簿是把会计数据转换成会计信息并进行信息的传递和存贮；账簿和报表的查询则是会计信息的输出。会计活动的各个环节相互联系、相互衔接，实现了由会计数据到会计信息的转换过程。会计活动的每个步骤都有信息处理任务，每一步都服从于一个统一的目标，所有步骤以及在各步骤中所采用的方法和程序加起来就形成了一个会计活动的有机整体，这个有机整体就是会计信息系统。会计信息系统的目标是为各级管理人员提供管理和决策依据。任何会计主体，为了有效地进行经济管理，都必须及时掌握经济活动的每个细节，以便分析管理活动中的成绩和问题、经验和教训，并采取相应措施，改进工作。会计信息系统具有核算和反映经济活动过程的基本职能。它所定量描述的资金运动过程，与生产经营活动有明显的同步性和一致性。所以会计信息系统的首要目标是正确、及时、完整、全面地记录和反映会计主体经济活动的客观情况，如各种资产的增减变动情况，负债的取得和清偿情况，营业收入和成本费用的发生、利润的形成和分配情况等。充分利用这些会计信息，加上其他相关信息进行分析和预测，还可以为经营管理提供反映经营活动未来趋势的预见性信息，从而为改善经营管理提供充分的依据，为各级管理人员和投资者、债权人等提供决策支持。

七、电算化会计信息系统

以计算机为主要信息处理手段的会计信息系统，通常称为电算化会计信息系统。它是一个人机系统，由会计人员、计算机硬件、计算机软件以及系统运行规范等要素组成。

（1）会计人员。会计人员是电算化会计信息系统的主体。包括从事会计数据输入的录入人员；从事会计数据审核、控制、使用的会计人员；从事财务管理工作的财会主管人员；从事系统开发、组织和维护的系统设计人员和系统管理员等。会计人员和系统管理与系统开发人员是电算化会计信息系统的有机组成部分，没有一支高水平、高素质的会计人员和系统管理与系统开发队伍，再好的信息系统也难以稳定地、正常地运行。因此，构造一个成功的电算化会计信息系统，人才培训必须放在首位。对一般会计人员和财会主管人员至少要具备熟练的计算机操作能力；系统管理与开发人员必须是既精通会计业务，又精通计算机技术的复合型人才。

（2）计算机硬件。指进行会计数据输入、处理、存贮、传输和输出的各种电子与机械设备。输入设备有键盘、光电自动扫描输入装置、条形码扫描装置等；数据处理设备是计算机；存贮设备有磁带机、磁盘机等；传输设备有调制解调器、电缆、光缆等；输出设备有打印机、显示器等。

（3）计算机软件。计算机软件包括系统软件和会计软件。系统软件包括操作系统、数据库管理系统等；会计软件是专门用于会计数据处理的应用软件。在电算化会计信息系统中，会计软件是最主要的组成要素，没有会计软件的信息系统就不能称其为会计信息系统。拥有会计软件是会计信息系统区别于其他一切管理信息系统的主要因素。有关会计软件开发的一些文档资料如系统分析说明书、系统设计说明书、用户操作手册等也是会计软件的组成部分。

（4）系统运行规范。指保证电算化会计信息系统正常运行的各种制度和控制程序。如硬件管理制度、数据管理制度、操作人员的运行权限和岗位责任制度、保密制度等。

第二节　国内外会计电算化的发展

一、我国会计电算化的发展历程及现状

我国会计电算化起步较晚，大致开始于20世纪70年代。其发展历程可分为三个阶段：

1. 试验探索阶段（1983年以前），也称缓慢发展阶段

70年代中后期，我国一些有识之士，开始意识到会计电算化是会计工作发展的必然趋势，并积极开展会计电算化的理论研究和实践探索，少数企业开始尝试用计算机处理部分会计业务，如进行工资计算，材料收发核算等。这一阶段的主要特点是：（1）从处理内容看，主要用于工作量大，简单重复的单项会计业务，如工资核算等；（2）从工作方式上看，仍以手工处理为主，计算机处理只起辅助作用；（3）从应用范围上看，仅限于极少数企业单位；（4）从人员素质来看，掌握使用计算机的是少数计算机专业技术人员，会计人员参与系统开发较少，操作使用计算机的能力很差，既懂会计业务，又懂计算机专业知识的复合型人才奇缺；（5）从软硬件平台看，硬件设备主要是中小型计算机，价格昂贵、体积宏大、使用不便；而软件方面，还没有中文操作系统，中文处理能力极差，程序设计语言以COBOL等高级语言为主。总之，这一阶段的会计电算化工作具有明显的科学研究的色彩，由于受当时技术、人才、资金等条件的限制，所开发的会计软件系统处于较低的水平上。

2. 自发无序发展阶段（1983—1987 年），也称自发发展阶段

自 80 年代起，微型计算机大量出现于国内市场，克服了中小型计算机价格昂贵、使用不便的缺点，为会计电算化提供了较好的物质基础。1983 年下半年，受新技术革命浪潮的冲击，国内掀起了计算机应用的热潮，计算机在会计领域的应用也得到了迅速的发展。这一阶段的主要特点是：（1）从处理内容看，从工资、材料等单项核算扩展到账务处理、固定资产核算、成本核算等大部分会计核算业务，一些企业单位的会计软件具有了系统的特征，并逐渐形成较完善的电算化会计信息系统，在系统内实现数据共享；（2）从应用范围上看，开展电算化工作的企业迅速增加；（3）从人员素质看，出现了一批具有一定水平的既懂会计又懂计算机的复合型人才，部分高校和研究机构开始招收会计电算化方向的研究生，同时在实践过程中也注重会计电算化实践经验的总结和理论研究工作；（4）从软硬件平台看，硬件设备以微机为主，软件方面使用了汉字操作系统，从而使中文处理能力大大加强，程序设计语言以数据库语言 DBASE Ⅱ、Ⅲ为主；（5）从应用软件的研制方式上看，以应用单位开发为主，各级行业主管部门积极组织研制适合本行业特点的通用会计软件，并加以大力推广，对推动会计电算化工作起到了十分重要的推动作用。在此阶段，会计电算化工作也存在一些问题，主要是：（1）各单位自行组织软件开发，各自为政，低水平重复开发现象严重；定点开发的专用软件多，通用性强、适用范围广的会计软件少；盲目购置设备，重视硬件投资，忽视软件开发投资，设备利用率低，浪费较大；（2）对各单位会计电算化工作缺乏统一组织领导和相应的管理制度，基本处于无序自发的发展阶段。

3. 有序发展阶段（1988 年至今），也称有计划有步骤发展阶段

随着会计电算化工作的深入开展，要求加强组织、规划、管理的呼声越来越高，各地区、各部门也逐步开始了对会计电算化工作的组织和管理，这一阶段有关会计电算化的大事主要围绕会计电算化工作的统一规划、组织和管理这一中心展开。1989 年，财政部颁发了《会计核算软件管理的几项规定》，1990 年，财政部又颁布了《关于会计核算软件评审的补充规定》，这两个文件是指导我国会计电算化工作的重要法规，有力地推动了会计电算化工作的规范化。到目前为止，财政部已组织了几十种商品化会计核算软件的评审，促进了会计软件的商品化和通用化进程。这一阶段会计电算化工作的突出特点是：（1）从单机应用向多用户系统、网络系统扩展；（2）一大批单位甩掉了手工账，并实现了由会计核算电算化向财务管理电算化发展；（3）出现了一系列商品化、通用化会计软件；（4）涌现出一大批专门从事会计软件开发、研制、推广、销售的专业软件公司；（5）会计信息系统的支撑环境不

断提高，新型数据库 Oracle、SQL Server、Sybase、FoxPro 等，也被越来越多的单位所采用。由于系统支撑环境技术水平的提高，使开发的会计软件界面清晰、画面美观、快速灵活、操作方便、功能更强；（6）会计电算化工作引起各级主管部门的广泛重视，会计电算化工作的宏观管理体系初步形成。我国会计电算化工作尽管发展很快，但仍存在不少问题，主要表现在：（1）会计电算化还没有完全普及，还有部分企业仍停留在手工操作水平上；（2）会计软件处理的内容仍以核算为主，财务分析、财务管理、财务预测、决策的软件较少，且质量不高，实用性较差，会计电算化的深度还很有限，计算机主要限于代替手工记账、算账，将计算机用于辅助财会人员进行管理和决策，对会计信息进行深层次的分析利用不多；（3）人才仍然缺乏，开发和使用电算化会计信息系统，需要大批既懂会计业务，又懂计算机专业知识的复合型人才，如系统分析设计人员、编程和维护人员、系统开发人员等，虽然近些年涌现出一大批这方面的人才，但距离社会需求还相差甚远；（4）会计电算化发展尚不平衡，大型企业与中小型企业、沿海企业与内地企业、中央企业与地方企业、金融企业、工业企业与其他行业之间，在应用水平、深度和广度上都存在十分明显的差距。

二、国外会计电算化的发展情况

（一）美国会计电算化概况

美国会计软件的应用非常普及，据有关专家估计，有 300~400 种商品化会计软件在市场上流通。会计软件产业已成为计算机软件产业的一个重要分支。概括起来，美国的会计软件有如下几个特点：

1. 专用会计软件和通用会计软件同时并存，相互补充

专用会计软件是结合使用单位具体情况定点开发的会计软件，它能很好地适应使用单位的实际情况，但开发周期长，开发成本高。大型企业和特殊行业一般都应用定点开发的专用会计软件；而通用会计软件投入使用较快，价格较低，主要应用于中、小型企业。

2. 会计软件市场竞争激烈

在美国，从事会计软件开发的公司可以说是星罗棋布。1991 年美国《电子计算机在会计中的应用》（Computers in Accounting）月刊，公布了 174 家这样的公司及其开发的会计软件资料。在这些公司中包括 IBM 公司、美国软件公司和国际计算机联合公司，这三家虽然不是专门从事会计软件开发的公司，但它们加入会计软件领域，必将使会计软件市场竞争更加激烈。美国许多大的企业集团都有自己的软件公司或计算机中心，他们主要为本公司内部各部

门和分公司服务，同时承接其他单位的项目。无论是为内部服务，还是为外部服务，软件的交流都以商品化的形式进行。美国商品化会计软件的销售，已从软件开发单位直接销售，变为软件开发单位为一级批发商，代理单位为二级批发商，最终销售主要在分布于各地的软件分公司进行，这些分公司一般都是较小的软件公司，同时负责会计软件的销售和售后服务工作。

3. 会计软件的开放性不断增强

一般的通用会计软件都可以应用于不同的软硬件环境，不仅可以在微机和局域网上使用，而且在 UNIX 操作系统环境，WINDOWS 环境，大、中、小型机上均可使用。在 UNIX 系统上运用的会计软件有增多的趋势。

4. 各种会计软件的功能日趋接近

美国的商品化会计软件一般都包括总账、应收账款和应付账款三个最基本的功能模块。功能较复杂的会计软件还包括存货、工资、购货、销售、固定资产、报表生成和预算编制等子系统。多数功能较强的会计软件或多或少地包括一些非会计的业务处理，从而增强了会计软件的数据处理能力，扩大了会计信息加工的深度和广度。

5. 会计软件规范引起重视

由于会计信息的处理关系到各方面的经济利益，世界各国对会计软件的标准化和规范化都比较重视。美国注册会计师协会（AICPA）1976 年发布了管理咨询服务公告第 4 号《计算机应用系统开发和实施指南》。国际会计师联合会分别于 1984 年 2 月、10 月和 1985 年 6 月公布了有关电算化会计信息系统的“国际审计准则”，分别是：准则 15《在电子数据处理环境下的审计》、准则 16《计算机辅助审计技术》和准则 20《电子计算机数据处理环境对会计制度和有关的内部控制研究与评价的影响》。这些有关电算化会计信息系统的规范性文件对美国会计软件的生产起到了良好的引导作用。

6. 以通用电子表格软件作为会计软件使用

在美国，许多小型企业将 Excel 电子表格软件作为会计工作的主要软件工具来使用。虽然这种软件并不是专门为会计工作而设计的，而是可以处理所有能够以二维表形式反映的数据。但它在会计领域中却得到了最为广泛的应用。Excel 是美国 Microsoft 公司推出的微型计算机上优秀的表格处理软件。它将电子表格、图形处理及数据库管理等多种功能集于一身，并向用户提供大量的“宏”函数和高级语言编程接口。由于 Excel 具有很强的计算能力，方便易学的多窗口界面以及高质量的表、图和文档输出功能，因此它已成为国际上最畅销、用户群越来越多的电子表格工具软件之一。

（二）日本的会计电算化概况

日本的会计电算化起步较早，发展也较快。在会计电算化的初期首先采取了从美国引进会计软件的方式，如引进美国管理科学有限公司开发的总账会计软件、固定资产核算软件、应付账款软件等。在吸收美国经验的基础上，日本的会计软件形成了自己的风格。其会计电算化主要有两个特点：其一是会计专用计算机得到了广泛的应用；其二是定点开发的专用会计软件比较多。

1. 日本的会计专用计算机

会计专用计算机是一种专门用于会计数据处理的计算机系统。简单的会计专用计算机就是在一般微机的基础上，将专用的操作系统和会计软件固化在机器内而成；较复杂的会计专用计算机则是适应会计数据处理的特点，在主机的基础上配置专用的键盘、大型显示器、账票打印机及专用会计软件而成。会计专用计算机自成系统，专机专用，在数据处理效率及数据安全保密方面有独到之处。

2. 日本的专用会计软件

日本的大公司技术力量雄厚，计算机设备先进，有足够的开发会计软件的能力，致使日本各大公司通常都自己开发本公司的会计软件，这些定点开发的会计软件的水平都比较高，其特点是：

（1）系统性强、网络化程度高。大公司自己开发的会计信息系统一般都不是孤立的系统，而是和库存管理系统、生产管理系统、劳资管理系统、设备管理系统等共同组成企业完整的管理信息系统。会计信息系统设计的出发点就是与其他各管理子系统共享数据，联网运行。这使得会计信息系统的输出信息，即包括了满足一般会计核算需要的各种账表，又包括了大量用于管理目的的分析资料，为企业进行预测、决策提供了更为丰富的信息支持。

（2）数据输入方法先进。日本的条形码技术应用非常普遍，利用条形码技术输入数据的速度是键盘输入的 5 倍以上，输入的准确性也比键盘输入提高几百倍，乃至上千倍。条形码技术的应用使会计数据实现了现场采集、实时处理，大大提高了会计信息系统的运行效率。

3. 日本的会计软件规范性较强

由于日本的计算机应用相当普遍，信息系统的安全可靠性受到社会各方面的广泛重视。近几年日本各省厅及民间团体先后公布了一些关于计算机系统安全可靠性的方针、基准。对会计软件的要求散见于这些规范文件中。归纳起来，这些规范对会计软件的要求主要有以下几方面：

（1）输入要求：输入计算机的原始凭证应能足以明确地反映经济业务的

真实情况，并成为重要的审计线索。

（2）保密要求：诸如机房管理制度、密码控制等。对含有机密的中间处理文件在使用后应及时删除。

（3）安全性要求：如要求数据处理程序在增、删、改时必须留有痕迹，并能在事后明确区分出责任者。

（4）可审计要求：可以检验程序的正确性，要有比较详细的软件文档资料，能够从最原始的数据再现最终的输出结果，数据丢失或破坏易于恢复等。

（三）国外会计软件的特点

国外的会计软件大都经历了十几年甚至几十年的发展。软件在研制思想上注重审计线索和高度集成性等方面都表现得很完善。

1. 国外会计软件重视软件的内部控制功能

一个好的企业管理软件，有利于相互牵制、互相监督，有利于加强管理、堵塞漏洞。因此，高品质软件的内涵，并不体现在漂亮的界面上，而是体现在实实在在的功能上，体现在系统清晰的控制思想上。软件要求结构清晰，不能太复杂，便于使用，因此，国外在软件设计开发时，考虑某一种处理是否适合由计算机完成，如果用计算机完成比较困难，增加了软件的复杂性，有损于软件整体思想，就换个角度去考虑，也就是说适合计算机来做的可用软件完成，不适合的就要人工完成，即使适合计算机完成的工作，一个软件商也不可能方方面面都做到做好，所以，国外软件商在开发时注重有主有次，在技术上、功能上有自己的特色，有自己的竞争优势。

2. 国外会计软件适应现代审计的需求

国外绝大多数会计软件都能适应现代审计的需要，具有充分的保留和提供审计线索的功能。在会计电算化程度较高的国家，例如美国，软件是否具有充分的保留和提供审计线索的功能，已成为对会计软件进行评价的重要标志之一。在国外，许多软件提供双向查询的功能，即按原始凭证—记账凭证—日记账—明细账—总账—报表的顺序进行双向查询。另外，对数据的变动处理均留有痕迹。对初始录入凭证加以记载，在改动、删除时，并不是在原始记录上变动，而是另有记录反映。这样，在查询时，同一笔业务有哪些是变动的，在什么时间变动的等有关信息均可查出。每一笔业务处理都留有痕迹，这就为审计工作提供了线索。

3. 国外会计软件集成化程度高

国外的企业管理软件一般是以生产为中心，它以物料需求计划（MRP）为基础，发展到制造资源规划和企业资源规划（ERP）。因而是以生产制造为中心，财务和成本是这个大系统的一个子系统。财务子系统虽然不像我国企业管理软件那样占有整个系统的很大的比例，但它与其他子系统确是高度集成的。真正实现了物流、资金流和信息流的统一。国外的财务软件都作为企业管理系统的一个有机组成部分，软件都是对整个企业而言的，所有数据都是从销售、生产等业务开始，财务部分与生产、采购、库存等环节紧密相连，环环紧扣。而且有的软件能够单独运行，组合自如，比如：美国 Fourth shift 公司的财务软件，销售是从销售订单开始，在实际开出销售发票和提供货物出库时，系统都自动进行账务处理，自动生成记账凭证传到财会部门，财会人员可以自动审核、记账，也可以人工干预，但数量、金额等数据必须与销售部一致，这样就保障了销售与账务处理的一致性，二者使用同一数据源，不会发生不一致的情况，同时，系统中财务子系统和销售子系统又是相互独立的，可分开运行，从逻辑结构到功能操作都比较清晰。

三、我国会计电算化的未来发展

1. 会计软件由核算型向管理型发展

1996 年 4 月，中国会计学会召开会计电算化研讨会，首次提出会计软件应当由“核算型”向“管理型”发展，即由会计信息系统向财务决策支持系统方向发展。管理型财务软件不仅仅是满足日常业务核算的要求，更重要的是满足管理者对企业生产经营活动进行管理和决策的需求。从某种意义上讲，管理就是决策，决策贯穿于整个管理过程。企业的管理活动分为两类：一类是例行活动，即一些重复出现的工作。有关这类活动的决策不仅是经常反复的，而且具有一定的结构，因此，可建立一定的决策程序，每当出现这类业务或问题时，就可利用既定的程序来解决，这类决策叫程序化（结构化）决策。另一类活动是非例行的、不重复出现的活动，如新产品的开发、品种结构的调整等，这类问题因过去尚未发生过，或因其性质和结构极其复杂，或因其没有确定的解决措施和方法，解决这类问题的决策叫非程序化（非结构化）决策。处于程序化和非程序化之间的决策问题属于半程序化（半结构化）决策。企业管理本身就是一个完整的决策过程，而在会计核算基础上添加一些查询功能、报表分析功能，虽然对管理人员进行企业管理能够起到一定的辅助决策支持作用，但只是对管理者提供了一些制定决策时所需的信息；接下来怎样辅助管理者创造、制定可行的方案，并对被选方案进行分析，保证决策的顺利执行，对决策正确与否怎样进行评价等重要的方法却没有涉及。管理人员更多的还是凭主观经验制定决策方案，直到最后核算层反映出有关反馈信息才知道决策方案的执行效果。企业的财务管理仍旧是原来的事后核算，无法进行有效的事前预算和事中控制。因此，开发管理型财务软件就显得尤为重要。

2. 会计软件由封闭型向开放式网络型发展

目前市场上销售的会计软件或自行开发的会计软件多数属于封闭型，即局限于本企业、本部门的资源，即使网络化，也只是一个孤立的、对外封闭的局域网络。这种状况已落后于信息社会对信息的需求。目前的广域网就是国际互联网 Internet 和企业内部局域网 Intranet。通过网络浏览器与财税部门、上级单位、会计师事务所、投资者等建立互联。会计软件产生的信息在规定的访问权限范围内，可以让企业外部的人员使用。企业的财务信息将与企业的其他信息进行集成，集成后的企业信息通过 Internet 对外发布。但随着电子商务的普及，网上购物被人们普遍接受，客户在网上就能浏览到各自所需的产品、价格、服务等资料，在电脑上就能采购到合适的原材料或商品；货款也不需要当场用支票、汇票支付，通过网上划款即可；产品销售通过网上订单、网上购物就可以实现。企业只有将其供、产、销通过 Internet 形成一体化信息对外开放，才能在激烈的市场竞争中获得商机。

随着网络技术的发展，以及会计软件不断向管理型、开放型、网络型的发展，会计软件将逐渐演变为网络财务软件。计算机网络环境下的财务管理软件，简称网络财务软件。它是基于网络的财务计算和管理技术，以整合实现企业的电子商务为目标，能够提供互联网环境下财务模式、财务工作方式及其各项功能的财务管理软件系统。网络财务软件是以全面会计核算和企业级财务管理为基础。实现购销存业务处理、会计核算和财务监控的一体化管理，为企业经营决策提供预测、控制和分析的手段，并能有效控制企业的成本和经营风险。目前，计算机网络正在改变着企业的业务形态和运营方式，也必然会影响和改变财务管理模式以及财会工作方式，一个全新的网络财务时代已经到来。网络财务软件包括电算化会计信息系统和财务决策支持系统两部分，其主要功能如下。

（1）网络核算：网络财务软件的核心动力是网络核算，正是这一核心动力的发展推动了财务管理从桌面走向网络；

（2）协同业务：包括网上采购、网上销售、网上服务等工作；

（3）远程处理：包括远程报账、远程财务监控、远程审计、远程报税、远程报关等；

（4）在线管理：包括在线资金调度、异地转账、在线证券投资等；

（5）电子单据：网络财务将使会计介质发生全面变化，将出现各种电子单据，如各种发票、结算单据；

（6）电子货币：货币的电子化以及在此基础上的网上支付、网上结算等。

网络财务软件使财务管理从空间、时间和效率三个方面发生了根本性的改变。在空间上，使财务管理从企业财务部门走向企业全部，从企业内部走向企业外部；在时间上，使会计核算从事后达到实时，财务管理从静态走向动态；在效率上，由于采用网络计算、协同业务、远程处理，从而极大地提高企业财务管理的效率。网络财务使财务数据从传统的纸张页面数据、磁盘数据发展到网页数据，真正实现财务工作的实时处理。网络财务软件完全不同于单项核算软件。在单项核算软件中各模块数据不能共享，而网络财务软件在进行业务处理的同时，自动进行网络核算，这样不仅避免了数据的重复输入，而且使得财务与业务数据的一致性得到了有效控制。网络财务软件不同于会计核算软件，网络财务软件不仅增强了财务管理功能，而且实现了对物流过程中各种业务的在线实时管理。在电子商务时代，企业可以利用它来控制市场和供应资源、建立资金周转新模式，例如：在应收账款管理中强化了对客户及其信誉的管理，并实现对应收账款的账龄分析和收款预测；在应付账款管理中强化了对供应商的管理和付款计划管理等。网络财务软件面向企业的经营管理，它从财务部门延伸到业务部门，并实现财务和业务一体化管理。打破了传统财务软件局限于财务部门的界限，从根本上解决将割裂的财务数据与业务数据统一起来的问题，使资金流与物资流同步，并相互制约，随着资金流和物资流而产生的信息流自然也就真实可靠，并且有良好的流动性和全面性，加快了企业对市场的反应速度，提高了决策的有效性。网络财务软件从事后分析延伸到事前计划、事中控制。以前会计软件，由于是事后核算和分析，资金流滞后于物资流，很难发挥计划和控制的作用，而网络财务软件实现了财务与业务数据的一体化、集成化共享，使得企业事前计划、预测变得可行、事中控制有效、事后分析更为深入全面，实时监控企业财务状况、财务风险，满足企业集团决策的需要。网络财务软件使财务工作重点转移到计划控制分析上来，从静态管理到动态管理，从对结果的核算分析到对过程的控制，使财务人员真正参与企业管理。

3. 网络财务软件将建立“ASP 商务服务”

ASP（Application Service Provider 应用服务提供商）是指那些通过网络来为广大客户提供各种服务的商家。ASP 是透过因特网提供企业所需的各种应用软件服务，如人事、薪资、财会等网络服务。ASP 强调以网络软件服务为核心，替企业提供主机服务及管理和维护应用软件。企业使用这些服务，只需终端电脑及浏览器，通过因特网连接到 ASP 服务网站，键入公司登录名及密码即可，极大地方便了中小企业开展电子商务活动。ASP 服务向客户提供了新的应用环境，无需客户对服务器、软件开发以及其他资源进行先期投资。ASP 以租赁方式与软件商达成契约性协议，获得对软件的使用许可。根据主机与软件使用服务合同，在服务商提供一对一的服务基础上，向客户销售应用许可证。由于 ASP 一般是通过网络给企业提供租赁式应用软件服务，为企业提供在线的企业管理、营运和财务服务，这样，运行这些应用软件，企业只需支付少量成本（租金）就可进行数字化管理，并获得 ASP 专业人士的外部支援。它的实质在于基于因特网的发展，把应用功能和实体剥离开来，使用户有条件在不购买实体的前提下，享受各种应用功能服务。对我国中小企业来说，ASP 的这一优点是他们在尽量不提高成本的前提下，利用信息化壮大自身实力的最佳途径，其原因是：其一，我国中、小企业网络状况不尽如人意，在带宽、基础设施等各方面都不利于中小企业自身建设网络化；其二，我国中小企业信息化普及程度偏低，一些中小企业仍处于手工管理水平，他们迫切需要有一种工具和手段使他们能够达到大企业才能够做到的企业信息化管理方式，使他们在网络上形成能够与大企业竞争的优势；其三，中小企业无论在资金还是在人才方面，都无法与大型企业相比，花费大量的资金来购买计算机设备、建设局域网络、开发软件是得不偿失的。ASP 的兴起为中小企业加强信息化、提升自身的管理和运营素质提供了契机，因而被认为是中小企业在新经济时代参与竞争的最佳途径。

四、网络财务软件的发展对会计理论与实务的影响

1. 提出了会计理论的新课题

随着会计电算化的普及和网络的国际化，传统的观念、传统的会计理论将受到严峻的挑战，会计理论的新课题将摆在我们面前。

（1）持续经营。传统的持续经营以持续正常的生产经营活动为前提，以不破产清算为前提。于是，固定资产以历史成本入账，要计提折旧；引入了权责发生制核算应收、应付项目等等。然而目前已经出现了一种虚拟公司，它们为了完成一个既定目标而组建起来，任务结束，公司解散。这类公司持续时间可能很短，解散不是因为破产，这类公司的固定资产要不要以历史成本入账？要不要计提折旧？要不要采用权责发生制？这些问题都有待于进一步探讨。

（2）会计分期。传统的会计分期的前提是假设企业经营活动是可以间断的，并且可以划分为各个相等的会计期间。由于持续经营的观念被虚拟公司的出现所动摇，会计分期的观念是否存在？是否必要？会计分期对会计的要求就是定期结账和形成会计报告，由于电脑的出现，会计软件的应用，可以做到随时结账和输出会计报告，会计分期到底有什么实际意义也有待于进一

步探讨。

（3）权责发生制。权责发生制原则也称应计制原则，是指凡当期已经实现的收入和已经发生或应承担的费用，不论款项是否收付，都应列作当期的收入和费用，凡不属于当期的收入和费用，即使款项已经收付，也不能作为当期的收入和费用。由于虚拟公司一般只有一个会计期间（即交易期间），所以不存在多个期间中前后各期的问题。公司的收支均在同一交易期间内完成，显然此时权责发生制已失去其基础，采用收付实现制更加合理。这必将引起权责发生制的适用范围和基础发生变化。

（4）会计要素的确认与计量。传统财务会计理论把会计要素分为六大类：资产、负债、所有者权益、收入、费用、利润。而在知识经济时代，信息、知识、人力资源为企业带来的未来经济利益将远远超过实物资产带来的经济利益，如果不对此加以确认和计量，将会导致会计报表所反映的信息严重失真，导致现在和潜在投资者的决策失误。由于网络技术的发展，电子货币的存在，经营周期的缩短，结算方式的改变，知识成本比重的增大，信息已成为一种资源，那么对“知识”和“信息”如何进行定价和确认？这些情况和问题的出现，必将引起会计要素的确认和计量发生变化。

2. 规范性要求的提高

会计电算化在过去的发展历程中，基本上是按传统的会计规范来处理会计实务，会计软件除了作些小的改造，无法取得突破性的进展。

（1）会计科目的统一。第一：一级科目代码长度的统一。根据目前出台的 16 种行业会计制度分析，外商投资企业和股份制企业的会计制度要求一级科目用 4 位，但只要将其舍去 1 位或将其他类型企业的一级科目增加 1 位，并对某些科目的编码稍做调整，那么 16 种行业的一级会计科目便统一为 3 位或 4 位了。第二：一级科目代码对应的科目名称的统一。比如 511 的科目名称，在施工企业为“其他业务支出”，而在旅游企业则为“管理费用”，还未统一，有待改进。

会计科目代码长度的统一与对应科目名称的统一，将为上级企业和政府部门的数据采集、共享、汇总等带来极大方便。

（2）记账凭证种类的统一。根据现行的会计制度，记账凭证的种类有三大类九种。传统的记账凭证分类有其原因，一是查找方便；二是记账方便；三是工作习惯。实现会计电算化以后，查找凭证的方法增加了许多，如可以按凭证号查、按日期查、按科目查、按科目对应关系查、按金额查、按录入员查等，记账也由计算机自动完成，因此，传统记账凭证的分类就没有存在的必要了，只用一种统一的记账凭证，即不分业务种类的记账凭证即可，这不仅能做到查找方便、迅速，而且还能省去操作中的麻烦，减少系统设计和编程工作量，提高计算机处理速度。

（3）三大会计报表格式的统一。三大会计报表指“资产负债表”“损益表”“现金流量表”。分析16种行业的三大会计报表，其内容上、格式上均存在大同小异的现象，如果把这些相似的地方加以改造，更便于上级企业与政府部门对基层企业数据的汇总或比较，更便于计算机处理。根据当今集团企业越来越多的现状和集团企业跨行业、跨地区的发展趋势，三大报表格式统一的要求将更强烈。

3. 账簿形式的变革

（1）账簿载体形式的改造。传统账簿载体是纸，会计电算化之后，除了传统的账簿必须打印之外，还有磁性介质（硬盘、软盘、光盘）作账簿，但只是处于从属地位。当时财政部门考虑到相当一部分人不习惯使用电子账簿，便规定采用高成本措施，即打印所有账簿。20年过去了，如果无限制地迁就落伍者，何时才能进入信息时代？因此，可以采取必要的措施，迫使一部分人改掉旧习惯，从而确立电子账簿在会计电算化中的主导地位。

（2）账簿格式的改造。账簿是凭证分类汇总的结果，用传统的账簿格式来要求会计软件，会计软件不仅不能发展，而且将永远落后于传统会计方法。传统账簿格式有三栏式、多栏式、数量金额式，再加上外币格式等，目前会计软件已经做到了。有相当一部分会计人员只习惯用传统的账簿格式来查账。其实计算机可以对任何数据进行分组、组合、远远超过现行账簿格式，传统账簿格式中的一行无非是某一张凭证的一笔分录（即一条记录），用计算机按任意组合条件定义来查询凭证，不是比查账更方便吗？如果说要查某一账户的发生额及余额，用计算机按条件定义直接查询该账户的发生额及余额，不是比查某一账户的全部内容更清楚吗？比如，有一客户与某企业往来涉及4个账户：应收账款、应付账款、预收账款、预付账款。用传统账簿格式，只能逐一打开这4本账。用电子账簿，只要把这一客户找到，然后对有这一客户的所有账簿进行组合，就能分析出到底是我欠人，还是人欠我。因此，只要会计人员从传统的账簿格式的观念中解放出来，灵活地使用会计软件，而会计软件如果能够突破传统会计业务处理流程的束缚，那么传统的账簿格式将被无格式但能进行任意分类、组合、汇总的形式所替代。

4. 取消不必要的中间数据存储

所谓中间数据是指“科目汇总表”“汇总记账凭证”“科目试算平衡表”等手工操作中的数据。其实，在手工核算条件下，编制并存储这些中间数据无非是为了试算平衡、登记总账和编制报表方便。分析电算化中登账与报表生成的思路，完全可以根据记账凭证或科目发生额与余额来登记总账或生成会计报表，根本不用考虑平衡与否的问题，因为在凭证输入时，借贷不平的凭证是无法存盘的。取消中间过程的存储，不仅可以减轻操作人员的负担，而且可以使会计软件更简洁明了。与国外的一些管理软件相比，我们也许会受到莫大的启示：应当追求内容上的完整与实用，减少画面上的美观与格式输出形式的繁杂所花的费用和精力。哲学上有这样一条规律：事物的发展总是由简单到复杂，再由复杂到简单，这一简单是由复杂升华而来，是复杂的高级阶段。我们的会计人员与软件设计人员是否应当到了对会计软件进行升华的阶段呢?

5. 内部控制制度

传统的内部控制制度强调账证相符、账账相符、账表相符、账实相符，即四符。会计电算化之后，前三者相符已不用担心。但是由于计算机中的数据很容易被修改、被窃取，而且不留痕迹，计算机犯罪的可能性大大提高，预防计算机犯罪是会计电算化工作的一个重要方面，也是减少差错的有力保障。因此，应当建立“职权控制”“运行控制”“保密控制”“硬件控制”等新的内部控制制度。同时，对传统的会计工作组织制度也应当做出相应的调整。

6. 推进审计工作的现代化

会计电算化后，审计制度与方法必将随之变革。国外审计电算化一直落后于会计电算化，这种状况不利于会计电算化的发展。我国如果能尽快着手发展审计电算化，那么不但能促进会计电算化的发展，而且能促进审计理论与实践向现代化发展。审计电算化包括两个方面的含义：一是对会计电算化后的会计予以审计；二是借助计算机审计程序对会计工作予以审计。

第三节　电算化会计信息系统

一、电算化会计信息系统与手工会计处理系统的异同

1. 共同点

（1）系统目标基本相同。其最终目标都是通过会计信息处理实现加强经营管理，参与经营决策，提高经济效益的目的。

（2）遵守相同的会计规范及各项政策制度。电算化会计信息系统必须严格遵守手工会计处理系统所遵守的所有会计规范和政策制度，不能置会计法

规于不顾，会计信息处理手段和工具的变化不能动摇会计处理的合法性和合规性。

（3）遵守相同的会计理论和会计方法。会计理论是会计学科的结晶，会计方法是会计工作的总结。会计电算化虽然会引起会计理论与方法上的变革，但是这种变革是渐进型的，而不是突变型的，目前建立的会计电算化信息系统应当遵循基本的会计理论和会计方法。

（4）信息系统的基本功能相同。任何一种会计信息系统都有五方面的基本功能，即：①信息的收集与记录；②信息的存贮；③信息的加工处理；④信息的传输；⑤信息的输出。无论是手工会计处理系统还是电算化会计信息系统，要达到系统目标，必须具备上述五个功能。电算化会计信息系统的功能由于使用了现代化的工具和科学的管理体制，应当比手工会计处理系统的功能更强。

2. 差别

（1）运算工具不同。手工会计处理系统使用的运算工具是算盘、计算器等，计算速度慢、出错率高；会计电算化信息系统的运算工具是不断更新换代的计算机，数据处理过程由程序控制计算机自动完成，运算速度快、准确率高，并且可存贮大量的运算结果。

（2）信息载体不同。在手工会计处理系统中，会计信息的载体是凭证、账簿和报表等纸介质，这些会计信息不经任何转换即可查阅；在会计电算化信息系统中，会计信息被记录在磁盘、磁带等磁性载体中，这些磁性介质中的会计信息是以肉眼不可见的形式存在的。以磁性载体记录和存贮的会计信息具有体积小，查找方便，易于保管，复制迅速等优点。其缺点是很容易被删除或被篡改而不留痕迹，且磁性介质容易损坏而导致信息丢失。因此，建立电算化会计信息系统必须解决好如何保留审计线索，如何保证会计信息的安全可靠性等问题。

（3）会计信息的表示方法不同。在手工会计处理系统中，会计信息主要用文字和数字表示。在电算化会计信息系统中，为了使会计信息更便于计算机处理，为了提高系统处理的速度和节省存贮空间，也为了简化汉字输入，大量的会计信息要加以代码化。如常见的会计科目、部门、职工、产成品、材料、固定资产、主要客户或供应商等都需以适当的代码来表示。会计信息代码化便于计算机处理，却不便于人们对会计信息的阅读、理解和使用。由于计算机主要依据会计信息代码进行数据处理，因此，科学合理地进行代码设计是电算化会计信息系统设计的重要内容。

（4）信息处理方式不同。电算化会计信息系统改变了手工会计处理系统由许多人分工协作共同完成记账、算账、编表的工作方式，也改变了通过账证、账账、账表核对保证数据正确性的工作方式。各种凭证一经输入，便由计算机自动完成记账、算账、编表及部分分析工作，过去许多人分工完成的工作，现在由计算机集中完成，账、证、表间的核对勾稽关系在计算过程中由程序自动给予保证。各类人员的工作内容也随之发生改变，会计人员的工作由原来的分类、登记、计算转变为输入、审核、处理、查询、打印等计算机操作，这使得会计人员有更多的精力从事对财务活动的分析和控制。同时，由于计算机的信息处理速度和加工深度比手工有较大提高，会计工作也由原来的核算型向管理型发展。

（5）内部控制制度和控制方法不同。在手工会计处理系统中，为了提高系统处理的会计信息的准确可靠性，为查错防弊，加强财务管理，要采用一系列内部控制方法，建立一整套内部控制制度。其主要措施是通过会计人员之间的职责分离实现相互牵制，由人工完成各种检查、核对和审核。在电算化会计信息系统中，由于会计信息由计算机进行集中化、程序化处理，会使手工会计处理系统中的某些职责分离，相互牵制的控制措施失去效用，计算机电磁存贮介质也不同于纸张载体，其数据能被不留痕迹地进行修改和删除。为了系统的安全可靠，为了系统处理和存贮的会计信息的准确完整，必须结合电算化会计信息系统的特点，建立起一整套更为严格的内部控制制度。这些内部控制措施除了包括有关电算化数据处理的制度、规定和人工执行的一些审核、检查外，还包括很多建立在应用系统中，由计算机自动执行的一些控制措施。

（6）信息输出的内容和方式不同。电算化会计信息系统所能提供的会计信息无论在数量上还是在质量上都远远优于手工会计处理系统。具体表现在：利用计算机对会计数据进行批处理和实时处理，大大地提高了会计信息处理的及时性，缩短了会计结算周期，可以做到日结算或周结算，及时提供日报、月报、季报和年报。会计数据的集中管理可实现一数多用、充分共享，联机快速查询，远程信息交换，网上查询等。通过建立数学模型辅助进行财务管理，全面开展财务分析、控制和预测及决策工作，突破手工处理的局限性，扩大了会计信息的应用领域，为会计信息的深加工和再利用提供更加广阔的前景。

（7）会计档案的保管形式不同。手工会计处理系统的会计信息是以纸张作为载体进行保存的；在电算化会计信息系统中，会计档案的保存方式变为以磁介质为主、纸介质为辅，不仅要建立纸介质会计档案的管理制度，还要建立健全严格的数据备份、数据恢复等与计算机电磁存贮介质相关的数据保管制度，使会计资料保存的环境在温度、湿度等方面符合电磁介质的要求。

（8）系统运行环境要求不同。电算化会计信息系统所使用的计算机、打印机、通信设备等精密设备，要求防震、防磁、防尘、防潮，使系统运行环境能保证计算机硬件的正常运行。

纵观上述种种区别，集于一点，就是由于电算化会计信息系统数据处理方式的改变，引起了手工会计处理系统各方面的变化，这一变化将使得系统功能更为加强，系统结构更为合理，系统管理更为完善。电算化会计信息系统是会计史上崭新的一页。电子计算机的应用，首先带来数据处理工具的变化，也带来信息载体的变化。会计电算化后，对传统的会计方法、会计理论都将发生巨大的影响，从而引起会计制度、会计工作管理体制的变革。会计电算化促进着会计工作的规范化、标准化、通用化，促进着管理的现代化。

二、电算化会计信息系统的数据处理流程

（一）手工核算方式下会计数据处理流程的缺陷

手工核算方式下有多种数据处理流程，这些数据处理流程都是围绕如何减少或分散工作量，如何便于人员分工，或为了提供更丰富的信息而产生的。由于受会计人员所能完成工作量的限制，对于某一特定单位来说，选择了一种核算形式，就不能同时使用其他核算形式。而电算化会计信息系统完全可以突破会计核算形式的界限，一个电算化会计信息系统完全可以提供手工会计核算方式下所有会计核算形式所能提供的全部信息。如科目汇总完全可以做到既提供科目汇总表，又提供汇总记账凭证；既可以提供定期汇总登记的总账，又可以提供逐笔登记的总账或日记总账。

手工核算方式下，不论采用哪种会计核算形式，为了满足在会计期末及时编制会计报表的需要，必须将大部分工作量分散到日常工作中完成，因此，需要将从凭证到报表的数据处理过程分解为若干工作步骤，每一步骤都产生一些中间数据（如科目汇总表、汇总记账凭证、日记账、明细账、总账等）。为保证各步骤的连续性，逐步积累编制会计报表所需要的数据，必须将每一步所形成的中间结果存储起来。这样，“逐步加工，步步存储”就成为手工核算的重要特征。但如果分析一下各步骤存储的内容，就不难发现，各步骤所形成并存储的，都是由记账凭证派生出来的中间结果，或由凭证分类汇总而形成（如科目汇总表、汇总记账凭证、总账等），或由凭证分类排序而形成（如日记账、明细账、逐笔登记的总账等）。由此可见，从信息量来看，记账凭证是账簿、报表的数据源，所有凭证的信息量几乎等于各种明细账、总账、

报表所含信息量的总和，各步骤存储的会计信息只不过是对记账凭证的重复存储而已。这种逐步转抄、重复存储，不仅浪费资源，而且极易导致数据的不一致性。可以说，手工核算中经常出现的账证不符、账表不符的现象与这种同一信息的重复再现有密切关系，因而也就产生了账证核对、账表核对的需要。由于手工核算方式本身固有的缺陷，使得会计核算不仅劳动强度大、重复数据多，而且信息输出的及时性和准确性都很差。

（二）电算化会计信息系统的数据处理流程

为了设计与电算化会计信息系统特点相适应的会计核算形式，必须在设计思想上有一个质的飞跃，彻底摆脱手工会计核算形式的束缚，其主要指导思想是：第一，利用计算机快速处理数据的特点，将大部分数据存储改为数据流，即以快速的数据加工取代中间数据的大量存储；第二，变分散处理为实时处理，即利用计算机的快速处理能力，将手工核算长时间、分步骤的核算过程视为可瞬间完成的计算机程序运行的过程；第三，变分工协作为集中处理，即不需要考虑采用分工协作方式来分散工作量的问题。

基于上述指导思想所设计的一种典型计算机会计数据处理流程如下（见图 1-2 所示）：

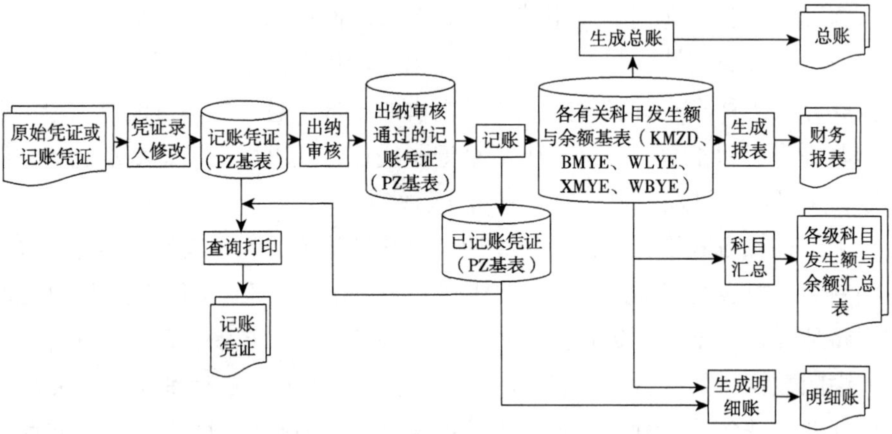

图 1-2　电算化会计信息系统的数据处理流程图

（1）由操作员输入记账凭证，或直接上机编制记账凭证，或由计算机自动转账生成记账凭证，所输入的记账凭证存储在临时凭证（PZ）基表中；

（2）对凭证（PZ）基表中的记账凭证进行审核和修改，对于涉及到现金和银行存款科目的记账凭证，还要由出纳人员进行出纳审核，以确保记账凭证的确准无误；

（3）随时对审核无误的记账凭证进行记账处理，更新有关科目的发生额与余额数据，包括科目字典（KMZD）、部门发生额与余额基表（BMYE）、往来户发生额与余额基表（WLYE）、项目发生额与余额基表（XMYE）和外币发生额与余额基表（WBYE），并在凭证（PZ）基表中将已记账的凭证打上已记账标志；

（4）根据各有关科目发生额与余额及记账凭证随时生成并输出日记账及各种明细账；

（5）根据各有关科目发生额与余额随时生成并输出总账；

（6）根据各有关科目发生与余额随时生成并输出会计报表。

将手工数据处理流程与计算机数据处理流程进行比较，两者的主要区别在于：在手工方式下，日记账、明细账、总账及报表等主要表现为会计数据的存储，每编制一张记账凭证，就要将其数据转抄到相应的日记账和明细账上；每隔一定时间，就要对积累起来的记账凭证进行汇总，以便及时登记总账、明细账和科目汇总表，而总账和科目汇总表又是积累会计报表信息的必要步骤，要完成从凭证到报表的数据流程需要历经较长的时间。在计算机处理方式下，日记账、明细账、总账和报表等并不需要形成数据存储，而主要表现为账表生成程序的输出数据流。也就是说，在电算化会计信息系统中并没有账簿和报表，但在需要某种账簿和报表时，可以临时快速生成。这不仅可以避免账、证、表不符的现象，而且可以大大减少存储空间。之所以可以采用这样的处理方式，其根本原因在于电算化会计信息系统具有手工会计处理系统无法比拟的快速处理能力。

由上可知，在会计电算化信息系统中，会计数据处理具有“集中化”和“自动化”的特点，会计数据处理的一般流程可以简单地描述如图 1–3 所示：

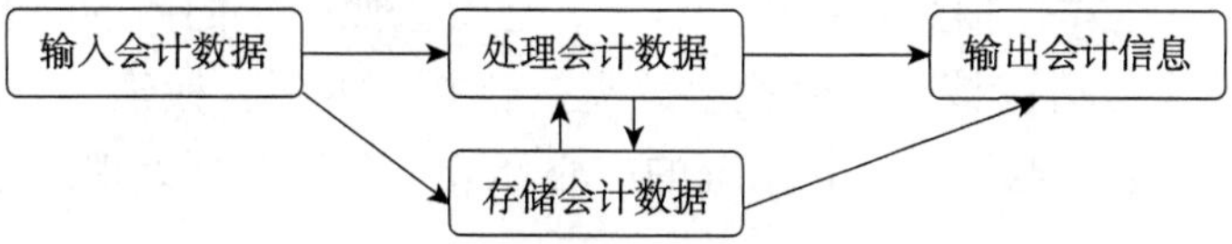

图 1–3　会计电算化信息系统数据处理流程图

1. 输入会计数据

经济业务产生的有关数据，先要通过一定的技术手段进行收集、记录和检验，再按照系统要求的格式和形式来整理数据，然后将数据采用有关方法和措施录入系统。在会计电算化信息系统中，会计数据输入的方式通常有以下三种：

（1）直接输入：是指软件操作员通过键盘把会计数据直接录入计算机的一种方式。在实际工作中具体有两种情况：一种是操作员直接根据原始凭证在计算机中编制记账凭证；另一种是操作员将手工已编制好的记账凭证再输入计算机。直接输入凭证的过程与手工填制凭证很类似而被称为人工凭证。人工凭证的输入难免产生各种各样的错误，因此，会计软件都具有数据检测功能，能够利用逻辑判断、借贷平衡等方法对输入凭证的正确性、合法性进行检查，及时发现与修改错误，保证人工凭证的正确性。

（2）间接输入：是指在多机分别处理会计业务的情况下，将“辅机”中人工编制的记账凭证卸出（即脱机处理）后，再通过U盘和网络形式传输到账务处理“主机”内的一种方式。“主机”利用这种方式增加的记账凭证，也属于人工凭证。

（3）自动输入：是指计算机根据用户事先进行的系统设置（例如定义自动分录等）自动编制记账凭证的一种方式。这种方式产生的记账凭证不需人工干预被称为机制凭证，具有正确、高效的特点。

2. 存储会计数据

由于会计数据的输入与加工、加工与输出等操作存在着时间上的差异和数量上的累积过程，因此，会计电算化信息系统只有具备存储会计数据的功能，才能实现数据一次录入，多次多用户使用。在会计电算化信息系统中，所有的会计数据都是以数据库文件的形式保存在磁性介质中。为了管理与保存会计数据，会计电算化信息系统中有许多数据库文件，例如：记账凭证库文件、科目余额库文件、往来客户库文件、对账单库文件等，这些相互关联的数据库文件共同组成了会计电算化信息系统的数据库。

3. 处理会计数据

输入会计电算化信息系统内的数据，还要按照一定的步骤、方法进行加工处理，具体包括：核对、变换、分类、合并、更新、检索、分配、生成、计算等，它是会计电算化信息系统的中心环节。会计数据处理的方式一般有以下两种：

（1）成批处理：是指会计数据进行定期收集，成批处理，其工作效率很高，在会计电算化信息系统中应用最为广泛。例如：凭证记账和编制报表等。

（2）实时处理：是指会计数据输入计算机在保存的同时，系统就立即进行有关处理，这种方式对系统的响应时间、可靠性和安全性的要求较高，但其工作效率很低，例如：银行必须及时办理存取款业务，对结账过程中产生的机制凭证进行及时记账等。

4. 输出会计信息

存储在磁介质中的会计信息只有按照一定的方式输出，才能满足用户对各种会计信息的需要，实现会计信息的汇总与共享。会计数据输出的方式主要有以下 4 种：

（1）显示输出：是指将存储在磁介质中的会计数据，按会计人员的需要临时输出到显示器上。这种方式迅速、准确，但由于所得到的信息不能长期保存，所以，一般用于随机查询信息。

（2）打印输出：是指将存储在磁介质中的会计数据，按会计人员的需要通过打印机打印在纸张上，分为套打和非套打两种形式。这种方式能够长期保存取得的会计信息，但成本较高，所以，一般用于重要会计信息的定期输出。

（3）复制输出：是指将计算机硬盘上的会计信息拷贝到软盘、U 盘、光盘等上。这种方式不仅能够方便、准确、长期地保存与报送会计信息，而且当硬盘上数据被破坏时，还可以用来恢复数据。

（4）网络输出：通过计算机网络直接将会计信息从信息的提供方传送到信息的使用者。这种方式方便、快捷，但安全性和保密性相对较差。

三、电算化会计信息系统的作用

实施会计电算化信息系统对于提高会计核算质量，增强会计职能，提高企业经济效益等具有重要作用。具体包括以下 5 个方面：

1. 减轻会计人员的劳动强度，提高会计工作效率

实现会计电算化信息系统后，人工只要把采集的原始会计数据按照规定的格式和要求输入计算机，剩下的大量数据计算、分类、存储、传输、输出、检索等工作，便可由计算机自动、高速地来完成。这样，不仅可以把广大的会计人员从繁杂琐碎的记账、对账、编报等工作中解脱出来，而且也提高了会计工作效率。

2. 促进会计工作的规范化，提高会计工作的质量

在会计电算化信息系统中，为了保证会计数据输入、处理的正确性，采用了大量的技术手段对会计数据进行检测，从而对会计数据的来源提出了一系列规范化的要求，不符合要求的数据将不能接收，数据处理过程是在严格遵循《会计制度》规定编制的程序控制下进行。这在很大程度上解决了手工操作中的不规范、易出错和易遗漏等问题，促进了会计基础工作更加规范化，使会计工作质量得到进一步提高。

3. 增强会计职能，提高会计人员综合素质

会计电算化信息系统中大量的会计工作已由电子计算机自动来完成，一方面使会计人员有更多的时间和精力参与经营管理；另一方面也要求广大会计人员学习和掌握有关计算机与会计电算化的基本理论和技能，以便适应会计工作的新要求。这必然使广大会计人员的知识结构得以更新，综合素质不断提高。

4. 促进会计理论研究，推动会计管理制度的改革

会计电算化信息系统不仅是会计数据处理手段的变革，而且还对会计核算对象、结算周期、账务处理程序、凭证编制方法、账簿登记要求和审计程序等方面产生了深远的影响。这就提出了许多新问题，开辟了会计研究的新领域。

5. 为实现管理手段现代化奠定了基础

会计电算化信息系统的实施，为企业管理手段现代化奠定了重要的基础，将带动和加速整个企业管理现代化的最终实现。局域网络和广域网络的建立与开通，为整个企业实现经济信息资源共享，提高经济信息的使用价值提供了良好的技术条件。

第二章　会计软件知识

第一节　会计软件概述

一、会计软件的含义

会计软件是以会计理论和会计方法为核心，以会计制度为依据，以计算机技术作为技术基础，以会计数据为处理对象，以会计核算、财务管理和为企业经营管理提供信息资料为目标，将计算机技术应用于会计管理工作的软件系统，包括采用各种计算机语言编制的一系列指挥计算机完成会计管理工作的程序代码和有关的文档技术资料。会计软件属于计算机应用软件的范畴。由于会计工作范围较广，一般可分为会计核算、会计管理、会计决策三个层次，相应的会计软件也被分为会计核算软件、会计管理软件和会计决策软件。

二、会计软件的开发方法

在计算机技术发展过程中，一度曾经出现重视硬件开发，忽视软件开发的现象。20 世纪 60 年代末至 70 年代初，曾出现过“软件危机”的现象。由于软件发展滞后，硬件再先进，也难以发挥作用。此后，软件的研制和开发逐渐引起人们的重视，从而使软件研制、开发技术快速发展，同时也总结出一套适用于软件开发的科学方法，如生命周期法和原型法等。随着计算机技术的不断进步，又出现了一些其他开发方法，如软件工程方法、信息工程方法、面向对象的开发方法等多种方法。各种开发方法都有其不同的特点，都有各自的优点和不足。作为电算化会计信息系统，它属于管理信息系统的一个分支，其比较常用的开发方法是将生命周期法、原型法与面向对象的开发方法三种方法相互结合，取长补短，实践证明将这三种方法结合起来是会计软件的较佳开发方法。

1. 生命周期法

生命周期法是普遍使用的信息系统开发方法，在系统开发中得到了广泛的应用和推广。尤其是在开发复杂的大系统时，显示出了较大的优越性。它将信息系统开发的全过程严格划分为六个阶段，即系统调查、系统分析、系统设计、程序设计、系统测试和运行维护。这六个阶段构成了软件的生命周期。生命周期法要求系统开发工作必须分阶段、分步骤地逐步进行，每一阶段都有明确的任务、原则、方法，并形成相应的文档资料。这就保证了系统分析与设计人员能充分了解系统状况和用户需求，对系统开发工作进行有效的组织和控制。生命周期法各阶段的主要任务及产生的文档如表 2–1 所示。

表 2–1　生命周期法开发会计信息系统各阶段的任务及应形成的文档

生命周期的各阶段	主要任务	应形成的主要文档
系统调查阶段	了解用户需求，摸清现行系统情况，描述原系统的会计数据量和数据流，分析建立新系统的必要性和可行性，确定新系统的目标和规模。	系统调查报告 可行性研究报告 系统开发计划
系统分析阶段	对调查资料和用户需求进行深入分析，抓住本质，找出关键问题，改进现行系统，补充新的功能，提出计算机会计信息系统模型。	系统分析说明书。
系统设计阶段	根据系统模型，建立包括数据库、基表结构和输入、输出内容在内的系统结构，对系统目标进行逐层分解，绘制系统模块划分图，定义各模块的功能、算法、输入、输出、所用数据的来源和模块之间的数据传递关系等。	系统设计说明书 包括：总体设计 详细设计
程序设计阶段	根据系统的详细设计说明书，用指定的程序设计语言或开发工具予以实现，并进行反复调试，直至生成计算机可运行的高效源程序代码和可执行代码。	程序设计说明书 源程序清单
系统测试阶段	用模拟数据或系统前期数据对系统各模块进行单项调试和联调，测试系统的正确性，判别系统功能是否达到要求，并对系统能否正式使用作出判断。	系统测试报告 用户使用手册
运行维护阶段	对系统设计、程序设计和系统测试中未发现的问题进行修改和补充；对系统由于内外部环境和需求变化引起的变动进行修补；对系统使用者误操作引起的系统非正常状态和系统意外故障进行维护。	系统运行日志 系统维护报告

生命周期法也称为瀑布式软件开发方法，如图 2–1 所示。这种开发方法的优点是便于大型系统开发，每一步都有明确的任务和详细的文档资料，对于系统中的每一个功能都以任务书的形式下达给程序员，程序员完成程序设计后，由设计人员进行测试检验，整个开发过程完全在计划的控制下有节奏、按步骤地进行，只要系统目标能够满足用户需求，其他任何开发条件变化都不会影响系统的开发进程；其缺点是这种方法基于两个基本的假定：一是系统的目标能反映用户的要求，二是系统开发的环境是相对稳定的。但是随着企业环境的变化和时间的推移，用户会不断提出新的需求，用户需求的多变性和系统运行环境的不确定性，动摇了该方法的应用前提。使用该方法开发

的信息系统是一个固定模式的信息系统，它与用户多变的需求及环境的不确定性产生了尖锐的矛盾，以致使系统开发成功率不高。由于该方法要按部就班地进行开发工作，因此，开发周期长、见效慢。正如瀑布的水不能回流一样，生命周期法也是按部就班地进行开发，这就要求系统分析和系统设计要面面俱到，一旦产生疏漏就会给系统开发带来严重后果。

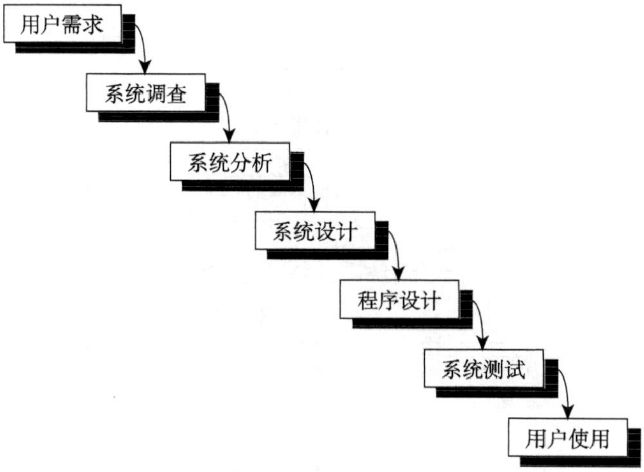

图 2-1　生命周期法（瀑布式软件开发方法）

2. 原型法

（1）原型法的概念

针对生命周期法的缺点，人们提出了原型法的设计思想和方法。原型即雏形，表示某种产品的原始模型，对于系统开发而言就是该系统的最早期版本。原型法的基本思想是：在获得用户基本需求的基础上快速地构造系统工作模型，即初始模型，然后演示这个原型系统，在用户参与的情况下，按用户合理而又可行的要求，不断地修改这一原型系统。每次修改都使系统得到一个更加完善的新原型，直到用户满意为止。原型法是随着用户和开发者对系统理解的加深而不断地按更明确、更高需求进行补充和细化。系统的定义是在逐步加深认识的过程中进行的，而不是开始就试图预见一切，它是系统模型化和探索性开发方法。作为一个会计信息系统的原型，它应含有最终模型的某些主要特征，主要内容如下：

① 主要功能模块。

② 会计信息系统的主要数据存储结构。

③ 反映系统概貌的主要用户界面。

④ 主要输入、输出内容，如凭证输入和账表输出等。

⑤ 与其他系统的接口关系。

（2）原型法的工作流程

原型法是随着用户和开发人员对系统认识和理解的逐步深化，而不断地对系统进行修改和完善的过程，其开发过程如图 2-2 所示。

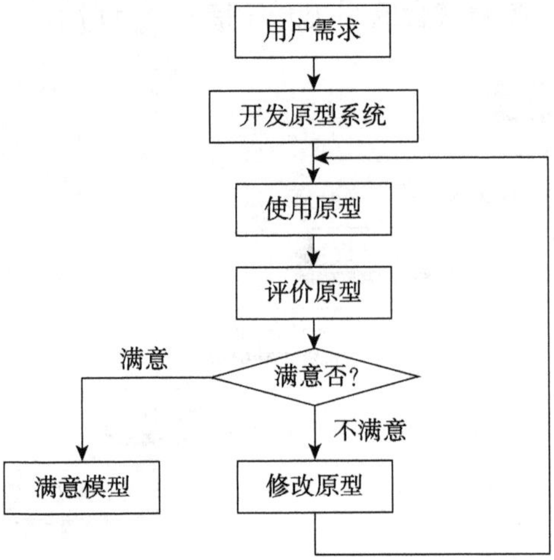

图 2-2　原型法的开发流程

① 需求初步调查。根据用户的基本需求，对系统给出初步定义。用户的基本需求包括各种功能要求、操作方法、用户界面、账表内容和格式要求等。这些要求虽然是初始的，但却是最基本的。

② 设计原型系统。根据用户初步需求，开发出一个可运行的原始系统，它只需满足用户所提出的基本需求即可。

③ 原型的试用和评价。通过试用，引导用户提出更明确、更具体、更丰富的需求，作为系统修改和完善的依据。

④ 修改和完善原型。根据使用情况和用户的修改意见对原型进行修改完善，得到新的原型系统。然后再进行试用和评价，经过这样几次循环反复和迭代修改，逐步提高和完善，直到得到用户满意的系统模型为止。

原型法具有明显优点，它的开发周期短，见效快，可边开发、边使用、边提高用户的应用水平，能适应多变的开发环境和用户需求。但是，开发系统采用原型法，需要交互式开发环境和先进的开发工具支持，其初始原型设计较为困难，如果初始原型设计不合理，则开发过程容易失控或陷入“头痛医头、脚痛医脚”的被动局面。

（3）构造初始原型的原则

原型法的实质是尽快地构造一个原型，以尽快与用户进行有针对性的交流，进一步明确用户需求。为此，构造系统原型时，应从以下三个方面加以考虑。

① 尽可能利用现成软件和模型，采用堆积木式组合方法快速构造原型，这样可以大大减少开发费用，缩短开发周期。

② 按最小系统原则构造具有代表性的小规模典型系统。这个典型的原型系统要能基本反映用户需求，经反复进行用户评价和迭代修改，逐步补充完善系统其余各部分。按最小系统原则构造原型，并不要求面面俱到，而是要求能反映用户要求的主要特征。在系统中找出能全面地反映该系统基本特征的某一系统分支，作为系统原型，经评价认可之后，再完善其余部分。

③ 利用高效率软件工具生成原型。由于原型法不仅要求快速构造出一个用户满足的系统模型，而且还要快速地响应用户提出的修改要求，这就对开发环境提出了较高的要求。这些要求包括：交互式开发环境、面向对象的软件开发工具、合理的数据存储结构以及先进的数据库管理系统等，并采用先进的设计方法，如建立各种数据字典，开发通用程序模块等，以此来快速地构成系统原型。

3. 面向对象的开发方法

面向对象方法是一种以对象为中心来认识客观世界的方法，它从结构组织角度模拟客观世界，把世界看成由许多不同种类的对象构成。每个对象都有自己的内部状态和运动规律，不同对象间的相互联系和相互作用构成了完整的客观世界。对象由属性集和作用于属性集之上的方法集组成，它把属性和方法封装在一起，是一个动态的概念，属性集反映了对象的当前状态，方法有两类：一是通过返回对象当前的某个属性值来向外界反映对象当前的状态；另一类方法是通过改变对象的某些属性值来改变对象的当前状态。面向对象方法是一种新的软件开发方法，目前，在程序设计中已被广泛采用，并被逐渐应用于系统开发。面向对象方法具有如下基本特征。

（1）把对象看成数据和有关操作的封装体

面向对象技术突破了传统方法将数据和操作分离的模式，较好地实现了数据抽象。它把对象看成一个有组织的含有信息的实体，它既可以表示一个抽象的概念，也可以表示一个具体的模块。从程序设计角度来看，对象是一个独立的程序模块；从用户来看，对象为他们提供了所希望的行为。对象的定义由以下几部分组成。

① 对象的名称。

② 数据：用来描述对象属性的存储或数据结构，它表明了对象的一个

状态。

③ 操作：即对象的行为，分为两类：一类是对象自身承受的操作，即操作结果修改了对象自身原有的属性状态，另一类是施加于其他对象的操作，即将产生的输出结果作为消息发送的操作，对象内的操作通常称为方法。

④ 接口：主要指对外接口，是指对象受理外部消息所指定操作的名称集合。

（2）面向对象方法运用了类与继承的概念

面向对象方法将具有相同结构、操作并遵守相同约束规则的对象聚合在一起，称之为类。类用来描述具有相同属性和方法的集合，它定义了该集合中每个对象所共有的属性和方法。对象是类的实例。

继承在类与类之间建立了这样一种关系：一个类可以定义为另一个类的扩充或受限。这样就可以通过继承关系用原有的类来构造新的类。原有的类称作父类，新类被称为子类。通过继承，软件设计人员可以从现实中抽取具有普遍意义的类，然后通过继承复用这些类，从而减少代码数量。另外，继承中子类可以对父类中的成员进行修改，这符合软件设计人员在实际编程中逐步求精的思想方法。继承是父类和子类之间共享数据和方法的机制，子类不仅可以继承其父类的属性和行为，而且可以有自己的属性和行为，继承性是面向对象方法独有的特性。

类的定义包括：

① 类名：定义类的名称。

② 继承：指子类继承其父类的属性、结构和功能。

③ 数据结构：是对该类数据的组织结构的描述。

④ 操作：指该类通用功能的具体实现方法。

⑤ 接口：指面向其他类统一的外部通信协议。

由于下层对象能继承上层对象的特征（属性和操作），因而面向对象方法便于软件的演变和增量式扩充。

（3）面向对象方法用消息将对象动态地链接在一起

与传统的模块调用不同，面向对象方法采用了灵活的消息传递方式，能够在概念上体现并行和分布式结构。消息是对象之间相互请求或相互协作的途径，发送消息的对象不需要知道接收消息的对象如何对请求予以响应。接受消息的对象可以根据自身的特点采取相应的操作。消息应包括方法名和变量。多态性是一个与类相关的概念，同一类的所有对象在接收到同一条消息时将采取同样的动作，不同类的对象在接收到同一条消息时可能采取不同的动作，这种现象称作多态性。

（4）面向对象方法具有信息隐藏性

对象将其实现细节隐藏在它的内部，因此无论是对象功能的完善扩充，还是对象实现的修改，影响仅限于对象内部，而不会对外界产生影响，这就保证了面向对象软件的可构造性和易维护性。面向对象技术最初是从程序设计语言开始的，程序设计语言的发展过程是程序抽象不断演变和提高的过程，对程序设计发展影响较大的几次抽象是过程抽象、语法抽象、数据抽象和进程抽象。随着研究的不断深入，面向对象技术的应用越来越广泛，面向对象的思想被应用到许多不同领域，如程序设计语言、软件开发方法等。

面向对象方法为系统开发提供了一个分析设计与实现统一的方法和框架。越来越多的人认为面向对象的方法优于传统方法，事实证明，面向对象方法已为软件生产率的提高带来契机。用计算机解决问题需要用程序设计语言对问题的求解过程加以描述，因此，如果程序能够直接地表现求解问题的方法，则程序不仅易于被人理解而且易于维护和修改，从而提高软件的可靠性和可维护性。此外，如果能按人们通常的思维方式来建立问题域的模型，则可以提高公共问题域中软件模块化和可重用化的可能性。基于信息隐蔽和抽象数据类型概念，把系统中的所有资源都看成对象，每个对象把一个数据类型和一组过程封装在一起，并在定义对象时可以规定外界在其上运行的权限。因此可以认为：

面向对象 = 数据抽象 + 信息隐蔽 + 继承性 + 动态连接

面向对象设计方法之所以受到重视，是因为它具有许多良好的优点：

① 模块性：对象是一个功能和数据独立的单元，相互之间只能通过对象认可的途径进行通信，相互可以较为自由地为各个不同的模块所使用。

② 封装性：为信息隐蔽提供具体的实现手段，用户不必清楚对象的内部细节，只要了解其功能描述就可以使用。

③ 可重用性：继续性提供了一种代码共享的手段，可以避免重复的代码设计，使得面向对象的方法确实有效。

④ 灵活性：对象的功能执行是消息传递时确定的，支持对象的主体特征，使得对象可以根据自身的特点进行功能实现，提高了程序设计的灵活性。

⑤ 易维护性：对象实现了抽象和封装，使其中可能出现的错误限制在自身，不会向外传播，易于检错和修改。

⑥ 可扩充性：面向对象方法可以通过继承机制来不断地扩充系统功能，而不影响原有软件的运行。

4. 面向对象方法、生命周期法、快速原型法相结合的系统开发方法

软件开发方法有很多，每种开发方法都有不同的特点，将各种不同的软件开发方法有机地结合起来，取各种开发方法的长处和优点，是进行技术攻

关的可取路线。三种方法相结合的技术路线如图 2–3 所示。

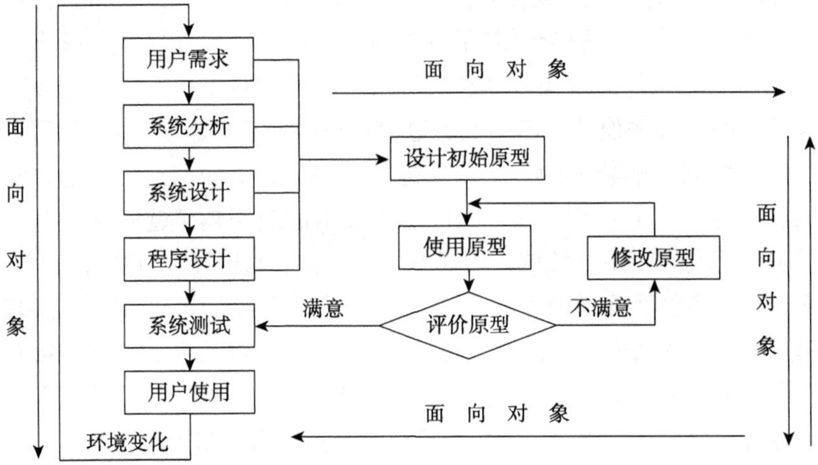

图 2–3　三种方法相结合的技术路线图

在图 2–3 中，以生命周期法为主线，在系统开发过程中运用原型法快速构造系统原型，开发原型系统直到满意为止，将满意原型经系统测试后交付用户使用，这里的原型是动态的，并且是不断扩充的，像滚雪球一样不断循环壮大，直到完成全部系统的目标为止。在系统开发过程的每一步都采用面向对象的开发方法，特别是在程序设计中，充分利用面向对象方法的封装性、继承性、可重用性和易维护性等特点，快速开发系统原型。从而将这三种开发方法的优点有机地结合起来，相互取长补短，充分发挥整合后的优势，使系统的开发过程呈现出螺旋式上升过程。因此，也有人将其称为螺旋式开发方法，其开发过程如图 2–4 所示。

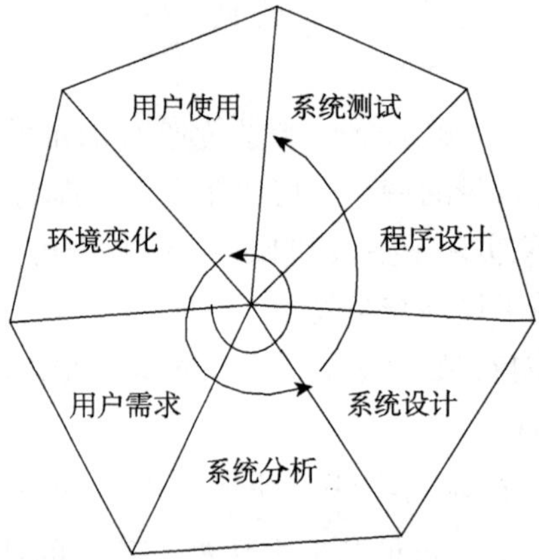

图 2–4　螺旋式系统开发方法

在图 2-4 中，每完成一次循环就完成一个软件开发周期，当环境发生变化时，又会对系统提出新的要求，又会开始新的一轮系统开发周期，但这并不意味着原系统的生命终止，而是对原系统的改造和升华，这种改造和升华或者是对原系统的功能修补扩充，或者是由于计算机技术不断进步，更换软件的运行平台和开发工具，或者是两者兼有，即使是更换软件的运行平台和开发工具，原系统的设计思想、原系统的功能和原系统的数据，新系统都要有所继承和沿用。因此，整个系统开发呈现出螺旋式的循序渐进过程。

三、会计软件的开发工具

在电算化会计信息系统中，会计数据被存储在数据库中，而会计软件程序是用开发工具设计的。一般在网络管理层，由系统管理员设置用户名、登录号、口令等网络管理参数；在数据库管理系统层，由数据库管理员完成会计信息系统所用数据库的创建、分配表空间、设置数据库访问权限等数据库级管理工作，一般会计信息系统与企业的其他管理信息系统共用同一数据库；在开发工具中，由会计信息系统设计人员完成创建数据基表；编程人员根据任务书和数据基表结构，利用开发工具进行软件开发。开发工具通过专用数据库接口或通用数据库接口（ODBC）与数据库连接，专用数据库接口在数据传输速度、效率、性能方面都要优越于通用数据库接口，只有连接数据库成功之后，开发工具才能对数据库中的数据进行操作，数据操作有数据定义和数据维护两种类型，数据定义是定义数据基表及其结构，是对数据基表的列向（字段）结构进行定义，包括各字段的名称、数据类型、长度、小数位数（数值型）以及完整性约束等。数据维护是对数据基表中的数据进行增、删、改等操作，是对存储在数据基表中的数据进行行向（记录）维护。数据定义在开发工具中由专用模块完成，以交互方式实现，在程序中一部分开发工具不直接支持数据定义语句（SQL：DDL 语句），但有一部分开发工具在嵌入的 SQL 语句中直接支持数据定义语句。而数据维护则不然，既可以交互完成，也可以编写在程序中由程序完成，所有的开发工具在程序中都支持数据维护语句（SQL：DML 语句）。

会计软件绝大多数都是用开发工具开发的，目前的可视化开发工具主要有 PB（PowerBuilder）、VB（Visual Basic）、Delphi、VF（Visual FoxPro）、VC（Visual C 语言）等。这些开发工具除了具有结构化程序设计、面向对象程序设计等共同点之外，还各有其不同的特点。

1.PB：Sybase 公司产品

开发会计软件的首选工具。在建立企业级商务应用工具市场中处于领先地位。PB 与大型数据库进行数据交换具有明显优势，有数据窗口专利技术支持，具有与 Oracle、SQL Server、Sybase 等数据库连接的专用数据库接口，可以使用 4GL 语言，已成为 C/S 应用开发标准，具有 Web 和基于组件的开发能力，能够高效地进行 Client/Server、分布式和 Web 应用开发。在程序中可以嵌入动态 SQL 语句以及 SQL 数据定义语句。

2.VB：Microsoft 公司产品

开发会计软件的较好工具。具有使用方便灵活的特点。具有良好的与大型数据库进行数据交换的能力，并提供与 Oracle、SQL Server 等数据库连接的专用数据库接口，可以使用 4GL 语言，具有 Web 和基于组件的开发能力，能够高效地进行 Client/Server、分布式和 Web 应用开发。当采用 VB 与 Access 数据库开发软件时，由于 VB 和 Access 采用相同的数据库引擎，所以在程序中可以直接嵌入数据定义语句，这为程序设计带来很大的灵活性，因此，有些会计软件采用此结构进行开发，但由于 Access 是小型数据库，其安全保密性很差，所以采用此结构的会计软件有被淘汰的趋势。当 VB 与其他数据库连接时，在程序中可以嵌入动态 SQL 语句以及 SQL 数据定义语句。

3.Delphi：Borland 公司产品

开发会计软件的工具之一。其程序结构沿用 Pascal 语言结构。具有较好的与大型数据库进行数据交换的能力，并提供与数据库连接的 BDE 专用接口，BDE 将应用程序与数据库隔离开来，使应用程序不受数据库变化的影响，无论数据库平台怎样更替，都不用改动应用程序。Delphi 可以使用 4GL 语言，具有 Web 和基于组件的开发能力，能够高效地进行 Client/Server、分布式和 Web 应用开发。在程序中可以嵌入动态 SQL 语句以及 SQL 数据定义语句。

4.VF：Microsoft 公司产品

开发会计软件的工具之一。具有使用方便灵活的特点。VF 是集数据库与开发工具为一身的集成体，它既可以采用本身的数据库，也可以与其他数据库连接，其本身可作为开发工具使用。提供与 Oracle、SQL Server 等数据库连接的专用数据库接口，可以使用 4GL 语言，具有 Web 和基于组件的开发能力，能够高效地进行 Client/Server、分布式和 Web 应用开发。当采用 VF 本身的数据库开发软件时，在程序中可以直接使用数据定义语句，VF 中的宏（&）命令为程序设计带来很大的灵活性，可以说 VF 是程序设计最灵活的软件开发工具。但由于 VF 本身是小型数据库，类似于普通数据文件，极易被删除和修改，其安全保密性很差，所以其数据库部分有被淘汰的趋势，目前 VF 达到 6.0 版，并且微软公司已宣布不再继续扩展 VF 的功能。当 VF 与其他数据库连接时，在程序中可以嵌入动态 SQL 语句以及 SQL 数据定义语句。

5.VC：Microsoft 公司产品

VC 是开发系统软件的理想工具。目前计算机所应用的系统软件（如 Unix、Windows 等）和应用软件开发工具（如 PB、VB 等），几乎都是用 VC 开发的，可以说利用 VC 什么软件都可以开发，但由于 VC 对数据库的数据处理能力较差，所以一般不用 VC 作会计软件开发的主要工具。VC 可以与其他开发工具（PB、VB 等）配合使用，弥补这些软件开发工具的不足，在程序中需要完成某些特殊功能，但用一般开发工具又无法完成时，可通过调用 VC 程序模块来实现。当然仅就数据定义功能的实现完全可以用数据库的存储过程来实现，但采用 VC 未尝不是一个可取的方法。

第二节 会计软件的运行环境和选择

一、会计软件的运行环境

会计软件的运行环境由会计软件运行所需要的硬件环境和软件环境两个主要部分组成。其中，硬件环境包括服务器、工作站计算机、外围设备、网络设备、通信设备以及计算机房等组成；软件环境包括系统软件由网络软件（如 Windows 2000 Server 等）和操作系统（Unix、Windows 等）组成，再加上数据库管理系统（Oracle、SQL Server 等）和会计软件应用程序等组成。系统运行环境中最主要的是系统的硬件体系结构，计算机硬件设备不同组合方式构成了不同系统结构，也解决了计算机的工作方式和总体功能。

1. 单机结构

单机结构是指会计电算化信息系统只在单台计算机上运行，整个系统中只配置一台计算机和相应的外部设备，所使用的计算机一般为微型机，为保证系统可靠工作还可再配一台备用机。在这种结构中，一般采用的是单机版会计软件，所有数据的输入、存储和输出，同一时刻只能供一个用户使用，属于单用户工作方式。这种方式数据一致性较好，但集中输入输出的速度低，存储空间占用量只适合流程简单，业务量小的单位，优点是系统稳定、安全，缺点是数据不能共享。

2. 多机松散结构

有些业务量大的单位，单用户系统不能满足会计信息处理的需要，可以同时配置多台微机，系统在多台微机上同时使用，数据输入处理和输出可以分别在不同的计算机上完成。

3. 多用户结构

多用户结构由一台主机和若干台终端组成，终端没有处理能力，仅仅把用户输入的信息传送到主机，由主机进行数据处理，其结果可以通过终端显示出来，数据可以通过多个终端同时输入输出，多用户结构的优点是：数据分散输入，解决了速度输入慢的问题，数据在主机上集中处理，实现了数据共享，提高了工作效率。

4. 网络结构

这是由多台计算机通过通信电缆连接起来，相互通信，共享资源，功能更强。目前普遍采用的 Client / Server 体系结构。C/S 结构是面向企业内部局域网信息共享交流的一种体系结构，在企业内部可共享数据和信息。企业管理者可以通过企业内部的局域网获得财务、成本、材料、生产、销售、服务等相关信息。但是基于 C/S 结构的信息系统只能提供内部某一区域的信息，所了解的信息受地理位置的限制，在当今企业组织模式下，很难满足企业管理者掌握企业全部信息的需求，另外，随着市场竞争的日益激烈，企业管理者对企业外部信息的需求也急剧增长，仅仅能提供内部信息的 C/S 结构已无力支持，这时 B/S（Brows / Server）结构脱颖而出。B/S 结构是面向企业外部信息收集、交流、共享的一种体系结构。利用 B/S 结构，企业管理者可通过 Internet 获得并共享丰富的企业内部及企业外部信息，如市场信息、技术信息、政策信息以及在外工作人员向总部报告的业务信息等。企业应结合 C/S 结构处理内部信息的优势和 B/S 结构处理外部信息和发布内部信息的优势，将二者结合起来，建立基于 C/S 和 B/S 的信息系统，其结构如图 2–5 所示。

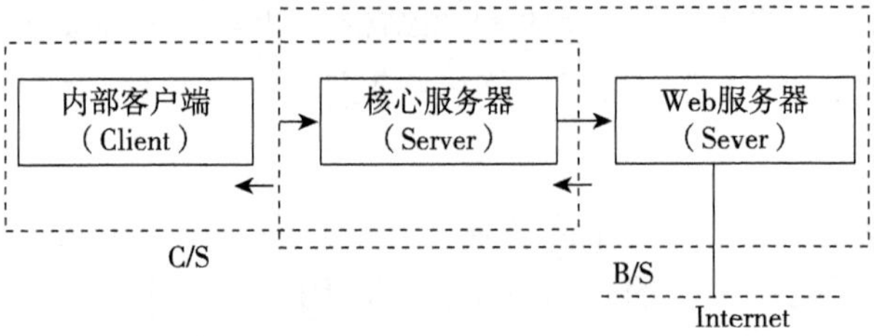

图 2–5　C/S 与 B/S 结合的信息系统结构图

从图 2–5 可见，企业信息系统是通过 C/S 结构进行企业内部的信息共享，通过 B/S 结构进行内、外部信息共享，而 C/S 与 B/S 的接口通过核心服务器接口部件集成，这样 C/S 与 B/S 系统就结合成一个系统。企业内部人员通过局域网可以获取企业内部信息，同时可以通过核心服务器的转换作用实现对企业外部信息的访问。企业外部人员可以通过 B/S 结构访问企业内部信息。处在不同地域的企业内部人员也可以通过 B/S 结构相互访问各自的信息。也就是说无论企业管理者在企业内部还是在企业外部都能获得任何需要的财务信息、生产经营信息、市场信息等。

二、会计软件的来源方式和选择

配备会计软件是会计电算化的基础工作，会计软件的选择对会计电算化的成败起着关键的作用。

1. 会计软件的取得方式

（1）定点开发软件

根据本单位会计业务的需求，自行研制或委托其他单位专门开发的会计软件，这种软件的优点是针对性较强，适应企业的特殊需要和特殊需求，但是软件的费用相对较大，升级换代工作不易做好，系统的安全保密性差，不利于内部控制和审计的实现。

（2）选购商品化会计软件

商品化会计软件是指由软件开发单位专门研制，用作销售的会计软件，这种软件可靠性高，具有完备的内部控制功能，售后服务和升级有保证，对使用单位来说，采用商品化的会计软件能够节省费用，节约时间，见效快，缺点是软件的初始化工作量大，对会计人员的要求较高。

（3）定点开发与通用软件相结合

是指购买商品化会计软件的主要模块，在此基础上根据企业具体特点，自行开发所需要的其他模块。

2. 商品化会计软件的选择

我国商品化会计软件比较多，各具特色，选购时应从以下几个方面对会计软件进行考查。

（1）运行环境。

（2）会计软件的功能。

（3）会计软件的易用性。

（4）会计软件的安全可靠性。

（5）会计软件使用手册的完整性和通俗易懂。

（6）会计软件售后服务。

第三节　会计电算化信息系统功能模块

一、系统模块划分的原则

通过阐述电算化会计信息系统的系统划分，可以明确系统中各子系统及其功能模块的合理构成，了解系统的整体与明细功能，同时将复杂的系统分解为各个相对简单且独立的子系统，这样不仅可以降低系统设计的复杂程度，而且还便于系统开发任务的分工。同时也有利于明确各子系统之间的接口与数据传递关系。目前，各会计软件虽总体功能大同小异，但各软件的系统组成有所区别，其中特别是专用会计软件，其差异更大。由于会计数据涉及企业的方方面面，所以会计信息系统是一个庞大的系统。有些专门从事会计软件开发的软件公司，所开发的不仅是会计软件，而是整个企业的管理信息系统，或者是企业 ERP 系统。其中比较典型的是将系统划分为：总账、报表、系统管理、应收款管理、应付款管理、工资管理、固定资产管理、成本管理、资金管理、存货核算、库存管理、销售管理、采购管理、采购计划。其中总账、报表是会计软件必不可少的子系统，而其他子系统都不单纯是会计业务，还有很多其他管理业务包含在其中。在所有子系统中，以总账为核心，都直接或间接地与总账有数据传递关系，或者向总账传递数据，或者从总账中读取数据。所有子系统中的报表都由报表子系统生成。这样划分的系统组成虽然明确、细致，但其系统划分过于繁杂、琐碎，使子系统之间的搭配使用和数据传递关系复杂化，其系统划分不尽合理。电算化会计信息系统的系统划分应遵循以下原则。

1. 可拆装性原则

一个好的会计软件应允许用户方便地挂装或卸掉某些子系统或模块，而不影响其他子系统或模块的正常运行，也就是说会计软件应具有良好的适应性。其适应性一般包括可移植性、可扩充性、可维护性等。可移植性可以使系统或子系统不需作大的修改就能顺利地从一个企业移植到另一个企业；可扩充性可以使系统能够不断地加挂新的功能，不断地由小到大、由简单到复杂；可维护性可以使系统能够适应各种环境变化。

2. 高内聚低耦合原则

即尽量把联系密切的功能放在一个子系统中，在同一子系统中的诸功能联系越密切，其内聚度越高；把联系不密切的功能放在不同的子系统中，尽量减少不同子系统之间的联系，包括功能调用关系和数据传递关系，各子系统之间联系越少，其耦合度越低。子系统之间高内聚低耦合的关系，使各子系统之间的接口关系简单明了，对提高系统的适应性有重要作用。

3. 通用化原则

子系统及模块划分要有助于提高系统的通用性，也就是说要尽量把能通用的子系统和功能模块独立出来，把不能通用的子系统和功能模块也尽量独立出来。对通用的子系统和功能模块采用外挂的方式与其他子系统联系起来。

例如：报表管理子系统就是一个通用子系统，当其他子系统需要对报表进行处理时，就可以通过外挂报表管理子系统的方式来实现。

4. 与管理职能相适应原则

各子系统和功能模块的划分要以管理职能为基础，适应管理业务流程，以便对企业的管理方法、习惯、组织机构等产生较少的影响。例如：在供应管理中应有“库存管理”和“存货核算”两个功能模块，同样在销售管理中也应有这两个模块，然而在供应管理中的“库存管理”和“存货核算”是对材料的库存管理与核算，在销售管理中的“库存管理”和“存货核算”是对产成品的库存管理与核算，这两种库存管理与核算无论在功能上，数据储存结构上、还是在数据输入与信息输出上都存在很大差异。因此，笔者认为应按管理职能划分较为合理，即将材料库存管理与核算划归在供应管理子系统中，而将产成品库存管理与核算划归在销售管理子系统中。这样既克服了系统划分过于繁杂、琐碎，又使系统划分与企业的管理职能相适应。

了解会计电算化信息系统的功能结构，有助于分析各功能子系统的要求和特点及其之间的联系，有利于用户建立、操作和维护会计电算化信息系统。

二、会计电算化信息系统功能结构的划分

1. 功能结构

根据会计工作各部分的相对独立性，整个会计电算化信息系统按其职能可划分为会计核算、会计管理和会计决策三大功能模块，分别由会计核算系统、会计管理系统和会计决策系统来实现。

对于不同行业的各个单位，其会计核算、管理和决策的需求不同，划分的子系统及其模块结构也就各不相同。但作为一般的会计电算化信息系统，其功能结构如图 2–6 所示：

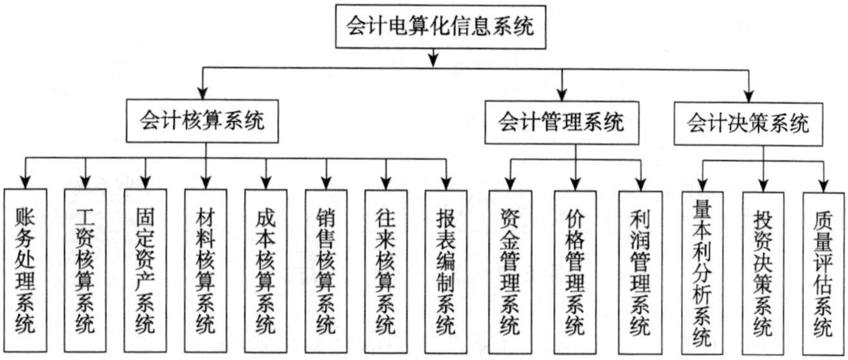

图 2–6　会计电算化信息系统基本功能结构

2. 各子系统的基本功能

（1）会计核算系统：该系统的基本功能是对具体经济业务进行会计核算，反映企业的经营活动情况，它是会计电算化信息系统的重要组成部分。只有会计核算的财务信息及时正确，才能为管理者和决策者提供真实可靠的依据。会计核算系统一般可分为：账务处理系统、工资核算系统、固定资产核算系统、材料核算系统、成本核算系统、销售核算系统、往来核算系统和报表编制系统等八个基本功能模块。

（2）会计管理系统：该系统的基本功能是汇总和分析财务信息，取得和反馈管理信息，监督企业的经营活动。会计管理系统一般包括：资金管理系统、价格管理系统和利润管理系统等。

（3）会计决策系统：该系统的基本功能是总结和检索财务信息和管理信息，结合其他信息（如市场调查），运用一定的管理方法，得到决策未来经济活动的有关信息，以便参与企业经营管理。会计决策系统一般包括：量本利分析系统、投资决策系统和质量评估系统等。

三、会计核算系统中各个子系统之间的相互关系

会计核算系统中各个子系统之间的相互关系主要表现为数据传递关系，它是整个系统实现数据共享的前提和基础。

1. 数据传递方式

会计核算系统中各个子系统之间的数据传递方式有以下三种形式：

（1）账务处理中心方式：是指各业务子系统以转账机制凭证为接口向账务处理系统传递数据，各子系统之间如果需要数据则统一到账务处理系统中寻找并获取数据。这种方式是以账务处理系统为核心来汇总和交换会计数据和会计信息，它是目前主要采用的一种方式，如图 2–7 所示：

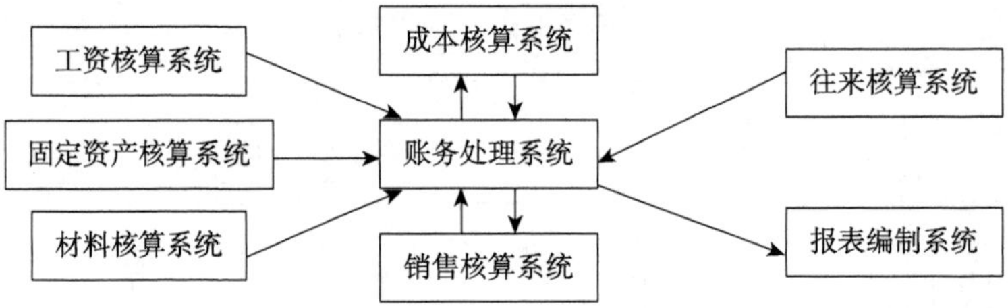

图 2–7　账务处理中心方式

（2）集中传递方式：是指各业务子系统的数据传递由一个专门的转账处理系统来实现。在这种方式下，需要专门建立一个自动转账系统，各业务子

系统一旦需要转账数据，就必须启动该系统进行数据传递，如图 2-8 所示。

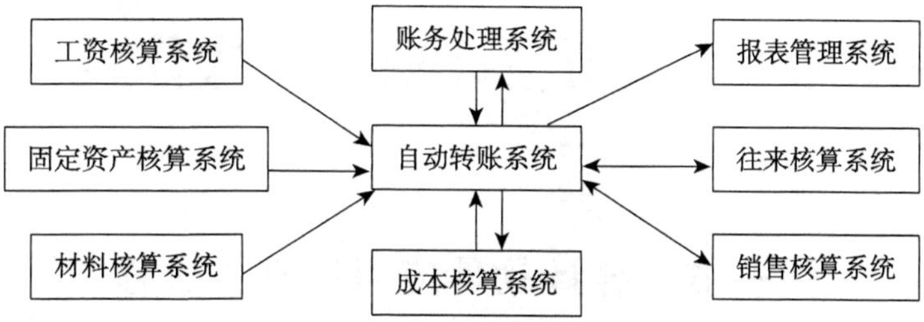

图 2-8　集中传递方式

（3）直接传递方式：是指各子系统将自行编制的数据传递到需要数据的各个子系统，其特点是各个子系统根据需要可以直接从某一子系统中获取数据，这种方式的数据接口较为复杂，如图 2-9 所示：

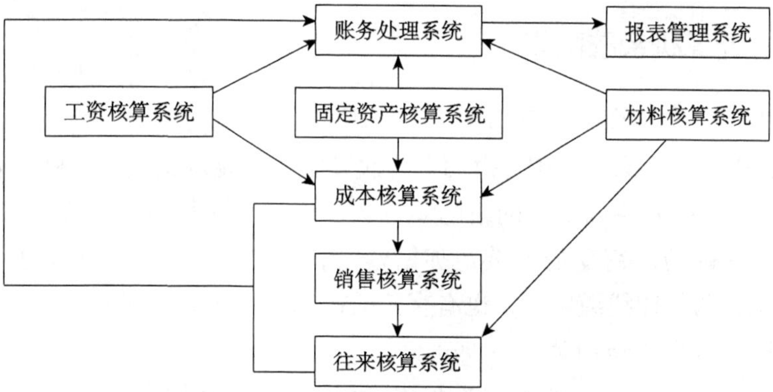

图 2-9　直接传递方式

2. 数据传递的类型

从上述三个数据传递方式的图表来看，会计电算化信息系统中各个子系统之间的数据传递类型有以下三种情况：

（1）单向发送数据：这类子系统只向其他子系统传递数据而不接收数据，如上述的工资核算系统、固定资产核算系统和材料核算系统等。

（2）单项接收数据：这类子系统只接收其他子系统传递的数据而不向外部发送数据，如上述的报表编制系统等。

（3）双向传递数据：这类子系统既向其他子系统传递数据，又接收来自其他子系统的数据，如账务处理系统、成本核算系统、销售核算系统等。

第三章　通用会计软件的操作过程

第一节　会计软件应用的基本过程

会计电算化软件应用是开展会计电算化的一个重要环节，正确与有效地应用会计软件有利于发挥会计的职能，有利于会计电算化信息系统工作目标的实现。会计软件应用的基本过程是指其应用的基本步骤，具体包括如下内容：

一、计算机系统配置

1. 计算机硬件的安装与调试

计算机房的装修；空调、电源等附属设施的安装及调试；主机、显示器、打印机、UPS 等安装调试；网络的硬件、远程工作站及通信设备的安装与调试；会计软件的加密盒的安装，加密盒又称加密狗、一般安装在打印并口（Lpt1）上，与打印线缆串联，也有直接插在 USB 口上，等等。

2. 软件的安装和调试

系统软件的安装及调试的内容有：Windows 或 Windows 2000 Server 等网络操作系统的安装、Sybase、Orcle、SQL server 等数据库的安装、Office 等办公自动化软件的安装、杀毒软件以及各种工具软件的安装、加密盒驱动程序的安装、打印机驱动程序的安装，等等。

应用软件的安装及调试的主要内容有：各种会计软件的应用环境、各种会计软件的应用程序模块，如账务处理系统、报表系统、工资管理系统、固定资产管理系统等。会计软件的安装通常只需运行安装盘中的安装程序（如 setup 或 install），接下来按照安装提示画面要求进行安装即可。

3. 会计电算化系统应用人员培训

会计电算化系统应用人员的培训主要是对会计电算化系统中有关应用人员进行会计电算化相关知识的培训。这种培训主要分为两类：一类是操作运行人员的培训；另一类是日常维护管理人员的培训。

二、会计软件的系统初始化

会计软件的系统初始化是指对会计软件在日常业务处理开始前所做的一些必要的准备工作。系统初始化过程中设定的某些参数在结束系统初始化后就无法修改了，可见系统初始化的质量对财务软件的质量和工作的效率将产生直接的影响，因此系统软件的初始化设置也是非常重要的。实际工作中，有不少会计软件用户因为系统初始化的不恰当而严重影响了系统的使用效率和质量。系统初始化工作量通常比较大，而且涉及手工核算系统和电算化系统接轨问题，所以系统初始化是一项难度较大的工作。但是，系统初始化工作一般是一次性的工作，只要系统投入日常运行使用之后，系统初始化工作就基本结束，只是必要时做一些少量的修改工作。会计软件系统初始化工作通常包括以下内容：

1. 手工数据的整理与准备

为了保证手工记账向计算机记账的平稳过渡，在系统初始时需要提供手工数据，及时提供真实、完整、合法、规范的数据资料是完成初始化工作的首要条件。如账务子系统，主要是收集手工账中的会计科目和各科目的余额，如从年度中间开始建账还需要收集各科目的累计发生额、年初余额。所以需预先从手工账中整理出各级科目的名称、层次、余额、发生额。在此要注意完整地收集最底层明细科目的余额、发生额，避免遗漏，以保证初始化时输入的数据的准确、顺利。

2. 财务分工

财务分工主要是对运行使用的操作人员进行分工，使之能够对会计软件中有关功能模块进行具体的操作，以实现软件内部控制的要求，财务分工的主要工作为操作人员的姓名、口令的设置，以及权限的设置。系统会预设一个操作员，通常取名为 Admin 或 Manager 之类，这也是系统中权限最高的系统管理员，正式启用系统时应将该用户名更改为系统管理员，并加上密码。如需要上机操作的会计不止一个，则应增加操作员，并为每个用户确定相应的权限，新增加的操作员的密码须由新增操作员自行输入，以便分清责任。

3. 数据资料进行编码

在手工会计方式下有许多的数据是汉字表示的，如科目名称、客户名称、职员的姓名等，实行计算机记账后，为了便于计算机识别与处理、存储以及软件的操作和运行的方便，一般要对相关的数据进行编码处理。如账务系统中科目代码的设置，建账时要将收集到的会计科目进行编码，建立账务系统的会计科目体系。编码的内容有：

编码级次：即编码分为几级。

编码级长：即各级编码的长度，分为总级长和本级长，总级长是指全部编码的总长度，而本级长是指编码自身的长度。

编码规则：即编码结构的表现形式。如：科目编码规则为 42222，部门编码 12 等。

一般情况下，数据资料的编码是指的全编码，全编码的公式为：

全编码＝上级编码＋本级编码

例如：1 综合部（一级部门）

101 办公室（二级部门）

可以看出本例的部门编码规则为 1—2 或“* **”，表示部门编码分为两级，1 级 1 位 2 级 2 位。

4. 各模块系统初始化

会计软件由许多模块（又称为子系统）组成，不同的会计软件在运行时有不同的参数要求，以保证会计软件的正常运行和实现通用化的目的，必须对各模块一一进行系统初始化，如在账务系统中设置核算单位、凭证的类别、结算方式等；在工资管理系统中设置工资的项目、计算公式等。

5. 录入初始数据

录入初始数据主要是为会计软件的日常运行做一些必要的数据准备，目的是保证手工会计资料向计算机会计系统完整过渡，如账务处理子系统中录入会计科目的期初余额；工资管理系统中录入职工姓名、基本工资数据等。

6. 系统初始化正确性检查

为了保证系统初始化工作的正确性，在日常业务处理开始前，要对所有的初始化工作进行全面的检查，因为系统初始化是一项很重要的工作，将极大影响今后日常工作的进行。对计算机操作不够熟练的会计人员在系统初始化时尤其应当注意以上问题，把握初始化的关键，高质量地做好初始化工作，这样才能最大限度地发挥会计软件的作用。

三、会计软件的日常运行

会计软件日常运行是对有关的会计数据进行例行的处理。日常运行是周而复始的工作，即在不同的会计期间内执行重复的相同数据处理工作，如账务处理子系统每个月都要进行凭证的输入、审核、记账、查询账簿、打印账簿等。会计软件的日常运行概括起来主要有以下内容：

1. 数据的输入

会计软件日常运行的数据录入主要是将经过审核后的手工数据输入到计算机中，进行数据的增加、修改和删除，如账务处理系统记账凭证的输入、修改和删除等操作。

2. 数据的校验

会计软件日常运行的数据校验主要是对录入和加工的数据进行正确性核对，如账务处理系统中会计凭证的审核、会计报表系统中报表数据的审核等。

3. 数据的加工

会计软件日常运行中数据加工主要是对已存储于计算机中的数据进行进一步计算、分类、汇总等处理，如账务系统中记账凭证的汇总、记账等功能；工资系统中工资的计算、分配、自动转账凭证生成等功能。

4. 数据输出

会计软件日常运行的数据输出主要包括数据的查询和打印。数据查询是在计算机屏幕上显示有关的会计数据，如账务处理系统中记账凭证、科目汇总表、账簿的查询。数据打印主要是将有关会计数据在打印机上打印输出，形成纸介质的书面文件，如工资系统中的工资条、工资汇总表的打印等。

四、会计软件的特定处理

会计软件的特定处理是在某一特定条件下（如期末、系统故障）对软件某些功能的运用。特定处理是某一特定条件下的工作，它往往对会计软件的运行起到承上启下或保护等作用。会计软件的特定处理主要有以下内容：

1. 分期结转

会计软件的分期结转，主要是在各个会计期间结束时为了下一个会计期间会计软件的运行做一些数据准备工作，如账务处理系统的结账功能，工资系统的期末结转等。

2. 数据备份

会计软件的数据备份就是将数据进行复制。备份的目的之一是将另存数据作为一种会计档案管理；其二是为了防止系统内的数据遭到偶然破坏，作为数据恢复的数据来源。通常备份有完成某项操作的备份和定期备份，而且有时备份是强制性的，如账务处理系统中执行年度结账时必须进行强制性备份。

3. 数据恢复

会计软件的数据恢复就是将备份的数据复制回来。恢复的主要目的之一是当系统数据遭到破坏时，使其恢复到正常运行的状态；其二是为了进行历史数据的查询。

4. 数据的整理

会计软件的数据整理主要包括对数据进行重建索引和意外中断恢复处理，目的是消除数据排序混乱，使系统能够正常运行。

第二节　账务处理系统的操作流程

一、账务处理系统的初始化

账务处理系统是会计电算化软件系统的核心模块，要使账务处理软件能够正常运行，必须首先完成账务在正式投入使用前所做的初始设置，即初始化，也就是建账。在建账之前，会计科目还没有设立，前期各科目的余额和发生额也无法输入，所以建账是账务处理系统正式使用之前必经的首要步骤。

（一）建立账套

1. 账套

实行计算机记账后，我们把相互关联的账务数据组成的一套账称为账套或套账。一般一个单位只有一套账，所以只需建立一个账套。当然，可以根据需要来建立一个或多个账套。

2. 账套参数

建立新账套时，必须确定该账套的相关参数，账套参数决定了本账套的核算类型和方式，账套参数一旦确定下来，在账套建立之后，有些参数就不允许再做修改了，除非重新建立账套。账套参数主要有：

（1）账套号：主要用来标识不同账套的编号，必须唯一,一般用阿拉伯数字表示。通用的账务处理系统一般支持用户建立多个账套，账套号的宽度决定了可以建立账套的个数。如：账套号是 3 位，表示范围 001–999，可以建立多达 999 套账。

（2）账套名：表示该账套的名称，一般为汉字，也可以是英文字母。

（3）账套路径：所建立的账套形成的相关数据文件在计算机硬盘中存放的位置，一般取默认路径。

（4）单位名称：即该账套所反映会计核算主体的信息，一般有单位的全称、简称、地址、法人代表、税务登记号、开户银行、电话等。

（5）账套主管：即该账套的主管，一般为核算单位的会计主管，账套主管对于该账套享有最高的权限。

（6）行业性质或类型：即核算单位所属的行业性质或类型，一般为企业、行政机关或事业单位。当然，企业又分为工业企业、商品流通企业、旅游服务业等多个明细类型，用户可以做进一步的选择。行业性质的类型决定了会计科目的类型，如工业企业的会计科目类型为资产、负债、权益、成本、损益五大类，而行政事业单位的会计科目类型为资产、负债、净资产、收入、支出五大类，所以必须设置正确。

（7）记账本位币、代码：即本核算单位记账所采用的本位币，一般为人民币，币代码为 RMB，币符为￥。

（8）预置科目：是否使用系统提供的会计科目编码方案及具体科目，如果使用预置科目，可以减少我们期初建账时设置会计科目的工作量，但是对于会计科目编码规则中，涉及到已使用的会计科目级次和宽度则无法修改了。

（9）账套启用时间和会计期间：账套启用时间是指采用计算机进行账务处理的时间，系统默认为计算机系统日期所在月份的 1 日为启用时间；会计期间，即会计业务处理的周期，一般默认为每月的 1 日至月末，非月底结账的用户可以在此设置。

（10）科目编码规则（级次、宽度）：即会计科目编码的规则，通常用分段表示。段数为级次，各段的位数表示不同层次的会计科目编码的宽度。如编码规则表示为 4-2-2-2-2，或 xxxx xx xx xx xx 形式，含义是该核算单位的会计科目编码分为 5 级明细科目，其中一级科目编码 4 位，二级科目编码 2 位，三级科目编码 2 位，四级科目编码 2 位，五级科目编码 2 位。

（11）其他信息：如部门、往来单位、往来个人、项目等数据资料的编码规则，数量、金额、单价的小数位等。

3. 账套管理

会计软件可以对账套进行建立、修改、删除和账套数据的备份和恢复。

（二）录入基础资料

1. 设置科目

（1）会计科目编码原则：科目编码通常用阿拉伯数字编制，采用群码的编码方式即分段组合编码，从左到右分成数段，每一段设有固定的位数表示不同层次的会计科目。如第一段表示总账科目，第二段表示二级明细科目，第三段表示三级明细科目。

在设定科目编码时需要重点注意以下问题：

①系统性。财政部已制定的各行业会计制度中都系统地给出了总账科目

及少量二级科目的名称和科目编码。在设定总账科目编码时必须符合财政部门制定的会计制度中的有关规定，设立明细科目编码除会计制度有规定的以外，可按上级主管部门和本单位的管理要求设定，以保证科目代码的系统性和统一性，简而言之，就是一级科目编码必须采用国家标准，一般由系统提供，用户只需根据本单位的情况建立二级及以下的会计科目。

②唯一性。要保证每一个代码对应于一个会计科目，既不允许出现重复的科目编码，又不允许出现同名的会计科目，但如果同名的明细科目分属不同的上级科目，则可以被系统接受而不认为是同名的会计科目。

③简洁性。在满足管理要求和适合计算机处理的前提下，力求代码简单明了、位数越短越好，既便于记忆又能提高输入凭证的速度。

④可扩展性。会计科目体系一经设定，其代码结构就无法改变。修改结构只能通过重新建账实现，而重新建账将丢失已输入的所有初始化数据和已输入的凭证资料。因此在设计代码时一定要充分考虑各方面的要求。总账科目编码长度由所选会计制度来决定，通常为 3 ~ 4 位，而确定某一级明细科目的代码长度通常是以上级科目中所含明细科目最大可能达到的个数来确定的，以二级明细科目为例，总账科目为其上级科目，银行存款、应收账款、销售收入、管理费用等总账科目都有二级明细科目，银行存款通常以开户银行及账号为明细科目，少则二三个，多则二三十个，销售收入、管理费用等科目下设的二级明细科目一般都不会超过 99 个，两位长的代码应能满足以后添加同级科目的需求，而应收账款等往来科目通常以客户或单位名来设置明细科目，明细科目的数量不同单位差异很大，少则几十个，多则成百上千，两位码长难以满足要求，要增至三位甚至更长，由于同级科目必须使用等长的科目编码，其他总账科目下的二级科目也要使用三位或更长的科目编码。如果设定的分段代码位数较长而绝大多数上级科目所包含的明细科目个数不多时，其他科目的凭证输入速度势必会受到影响，与简洁性相矛盾。为了解决这一矛盾，可将明细科目先分类，按分类设置二级科目，然后再设置下级明细科目，如应收账款总账科目下先按客户所属地区分类，设置二级明细科目，然后再按客户名设置三级明细科目。更理想的解决方案是应用往来客户辅助核算，目前的商品化会计软件通常都提供了这一功能。因辅助核算中的项目代码与会计科目的代码完全独立，自成体系，项目代码只与其关联会计科目如前述应收账款等往来科目相关，不影响其他科目的代码设定，与科目代码的位数无关，非常便于扩充。如选用了辅助核算功能，在科目代码设置之后，还要设置辅助项目代码及名称。如果单位的会计业务，特别是货币资金涉及外币，在建立科目体系时还要将外币考虑进去。会计软件中提供了复币核算

的功能，在系统初始化时必须将外币资料输入系统，这些资料包括：外币代码、外币名称、与本位币的汇率等。

⑤增加、修改会计科目编码时需要注意：科目编码首位必须在1，2，3，4，5之一要与科目类型相符，如下：

1XXX 资产类

2XXX 负债类

3XXX 权益类（企业）净资产类（行政事业）

5XXX 成本类（企业）收入类（行政事业）

6XXX 损益类（企业）支出类（行政事业）

科目编码公式：某会计科目编码＝上一级科目编码＋本级科目编码

例：100201 = 1002+01

建立时要由上到下逐级建立，删除时要由下到上删除，除了一级科目要采用国家标准编码方案，其余各级的宽度和编码由本单位自行定义。

（2）科目名称：会计科目的汉字名称，可以重复，但最好不要重复。

（3）科目类型：根据科目编码的首位数字自动识别，由计算机自动给出。

（4）账页格式：金额式、数量金额式、外币式、数量外币式4种可选择。

（5）助记玛：帮助记忆会计科目的编码，使用时等同于科目编码，一般用拼音简写。

例：1001 现金　　　xj（助记玛）

　　6602 管理费用　glfy（—）

（6）科目性质（余额方向）：“借”或“贷”

1XXX 资产类，除了“坏账准备”“累计折旧”以外，一般为借方；

2XXX 负债类，一般为贷方；

3XXX 权益类（企业）净资产类（行政事业），一般为贷方；

5XXX 成本类（企业）收入类（行政事业），一般为借方；

6XXX 损益类（企业）支出类（行政事业）科目中收入、收益类一般为贷方，成本、支出、税一般为借方。

（7）账类（科目辅助核算标志/特征）：在会计业务处理中，有些科目除了要记基本的总账和明细账之外，还需要登记相关的辅助账簿，如单位往来账、个人往来账、专项核算账、部门账、日记账、外币账、数量账等，这就是辅助核算的含义。

对于有部门、个人、往来单位、项目等辅助核算要求的会计科目，实行计算机记账后，有两种处理方式：第一种方式同手工账一样，具体做法就是不使用账类（不进行辅助账类标志的设置）而是直接将部门、个人、往来单位、项目等作为明细科目来设置，称为仿手工账方式。如表 3-1：

表 3-1　仿手工账会计科目表（科目编码规则：4-2-2-2）

科目类型	科目级次	科目编码	科目名称	辅助核算标志
资产	1	1122	应收账款	
资产	2	112201	市人民医院	
资产	2	112202	市自来水公司	
资产	…	…	…	
资产	1	1221	其他应收款	
资产	2	122101	张三	
资产	2	122102	李四	
资产	…	…	…	
资产	1	1405	库存商品	
资产	2	140501	甲商品	
资产	2	140502	乙商品	
资产	…	…	…	
资产	1	1604	在建工程	
资产	2	160401	直接材料	
资产	3	16040101	A 工程	
资产	3	16040102	B 工程	
资产	…	…	…	
负债	1	2202	应付账款	
负债	2	220201	红星材料厂	
负债	2	220202	大华公司	
负债	…	…	…	
损益	1	6602	管理费用	
损益	2	660201	办公费	
损益	3	66020101	销售部	
损益	3	66020102	采购部	
损益	…	…	…	

这种方式的缺点是：科目结构庞大、复杂、科目设置工作量大，不利于进行统计、查询等操作；优点是：设置简单，便于会计人员理解与接受，适合辅助核算内容不多且希望和手工账方式保持一致的单位。

另一种方法是不再将部门、个人、往来单位、项目等作为明细科目设置，将它们在各自档案（如往来单位档案、部门档案等）中输入，同时将核算它们的科目设置上带有这类辅助核算的账类标志，称为启用账类的核算。如表3-2：

表 3-2　启用账类的会计科目表（科目编码规则：4-2-2-2）

科目类型	科目级次	科目编码	科目名称	辅助核算标志
资产	1	1122	应收账款	（往来单位）
资产	1	1221	其他应收款	（往来个人）
资产	1	1405	产成品	（项目）
资产	1	1604	在建工程	
资产	2	160401	直接材料	（项目）
资产	2	160402	直接人工	（项目）
资产	…	…	…	
负债	1	2202	应付账款	（往来单位）
负债	…	…	…	
损益	1	6602	管理费用	
损益	2	660201	办公费	（部门）
损益	2	660202	业务招待费	（部门）
损益	2	…	…	

往来单位档案：

编号	名称	…
001	市人民医院	
002	市自来水公司	
003	红星材料厂	
…	…	…

部门档案：

编号	名称	…
01	销售部	
02	采购部	
…	…	…

……

这种方式的优点是：会计科目设置工作量小，数据可以共享，对辅助核算业务可以进行适合的统计，查询方便，适合对辅助核算要求较高的单位；缺点是：不利于会计人员理解。

另外，在会计科目设置时，不论是仿手工账方式还是启用账类核算标志方式，对于有日记账（如现金、银行存款及其明细科目等）、银行账（如银行存款及其明细科目）、外币核算（有外币辅助核算要求的科目）、数量核算辅助核算要求的会计科目，在设置会计科目时都要进行相关的设置。如：

如果设置了外币核算，需要在外币及汇率档案中，输入外币名称、汇率；

如果设置数量核算，要确定计量单位，如千克、个、件等。

2. 凭证类别

对本核算单位所使用的会计凭证的类别进行分类。系统一般提供多种分类方案，供用户选择。例：

第一方案　凭证分为收款凭证、付款凭证、转账凭证三种；如果分为收、付、转三种，其中收、付款凭证被称为出纳凭证，在出纳凭证记账前，可以要求“出纳签字”这一控制环节，以保证数据的正确性。另外，对于收、付、转凭证，为了防止在填制凭证时，填错凭证类型，可以对凭证进行限制条件的设置，如表 3–3：

表 3–3

编号	凭证类别	限制条件	含义
01	收款凭证	借方必有 1001（现金）或 102（银行存款）	填制收款凭证时，凭证的借方科目必须出现“现金”或“银行存款”科目。
02	付款凭证	贷方必有 1001（现金）或 102（银行存款）	填制付款凭证时，凭证的贷方科目必须出现“现金”或“银行存款”科目。
03	转账凭证	凭证必无 1001（现金）或 102（银行存款）	填制转账凭证时，凭证的借贷方科目都不能出现“现金”或“银行存款”科目。

查账是会计人员日常工作的一个重要部分，在手工操作时用分类记账凭证来处理会计业务，分别装订整理记账凭证，以便于凭证的管理和方便查账。会计人员可以按常见分类方法分为收款凭证、付款凭证和转账凭证，也可根据单位的实际情况设定凭证类型。应当指出的是，记账凭证分类不是一个必选项目，可以只用一种通用记账凭证格式。事实上，电算化后，查账完全能通过计算机来快速实现，计算机的最显著的特点就是速度快，恰好弥补了手工查账的缺陷。再者，设置了凭证类型，增加了一个输入项目，会影响凭证的输入速度。又因各类凭证要各自独立编号，凭证整理保管更为烦琐。会计

软件提供记账凭证类型设置功能更多的是为了适应会计人员手工记账时的习惯。所以电算化后，凭证类型最好只设一种通用格式。

3. 结算方式

核算单位为了掌握银行存款的真实余额，消除因双方记账时间上的差异而产生的未达账项，银行存款科目需要定期与银行之间就银行存款各账户的记账情况进行对账，因此需要设置结算方式。如表 3–4：

表 3–4

编号	名称	票据管理标志
1	现金支票	
2	转账支票	
3	信汇	
4	划拨	

注：票据管理标志表示是否由计算机进行支票的领用、登记、核销等工作。

4. 往来单位档案的建立

往来单位档案的建立是为有辅助核算要求的会计科目建立往来单位资料，如果采用的是仿手工账的会计科目设置，则在建立科目的时候就已经将往来单位建立了，在此就不用设置。而采用启用“往来单位核算”辅助账类标志设置的会计科目设置方式的用户，在此就必须输入往来单位的信息，主要有：单位编号、所属地区、分类、单位全称、简称、信用等级等。

5. 部门档案的建立

对采用启用“部门核算”辅助账类标志设置的会计科目设置方式的用户，在此输入部门的信息，主要有：部门编号、部门名称、负责人、部门性质等。

6. 往来个人（职员）档案

对采用启用“往来个人核算”（也称职员核算）辅助账类标志设置的会计科目设置方式的用户，在此输入部门的信息，主要有：部门编号、部门名称、负责人、部门性质等。注意核算单位中的每个人都属于一定的部门，因此，部门档案的建立一定是在个人（职员）往来档案的建立之前完成。往来个人（职员）档案设置的主要内容有：个人编号、姓名、所属部门等。

7. 项目档案的建立

对于采用启用“项目核算”辅助账类标志设置的会计科目设置方式的用户，在此设置项目的信息，主要有：项目编号、项目分类级次、项目名称、核算该项目的科目等。

8. 外汇和汇率档案的建立

对于设置有“外币核算”辅助账类标志的会计科目的用户，在此设置外币和汇率的信息，主要有：外币编号、外币名称、外币代码、汇率方式、误差等。

9. 期初数据输入

完成上面的工作后，即可将各科目余额、辅助核算资料数据输入系统。账务系统在一月份启用时只需输入上年余额即可，上年余额既是年初余额又是一月份的期初余额。如账务系统在其他月份启用，除需要输入启用月份余额外，还必须输入年初余额和一月到启用账务系统之前各月的累计发生额，这是为会计报表所准备的数据，如不输入累计发生额，由于会计数据缺乏连续性，在以后的查询及报表中如需要全年累计发生额，系统将无法提供正确的数据。在实际操作中大部分会计软件都提供了简化操作的方法，即只需输入最底层明细科目的年初余额和累计发生额，期初余额和各上级科目的年初余额、累计发生额则由计算机自动汇总。如果设立了辅助核算项目，各辅助核算项目的年初余额和累计发生额也需在初始化时输入。红字金额用负数表示。余额输入完成后，计算机能检测余额是否平衡。在确认各项余额输入无误后，即可结束建账，固化余额，避免以后对初始余额的错误修改。

完成以上操作后，即可进入日常的账务处理，如输入、修改、审核、打印记账凭证、查账、打印输出账簿等工作。

二、账务处理系统的日常业务处理

在账务处理系统中，当初始化设置完成后，就可以开始进行日常账务处理了。日常业务处理的任务是通过输入和处理各种记账凭证、审核凭证、记账，查询和打印输出各种凭证、日记账、明细账和总分类账，进行月末对账和结账，最终生成和输出各种常用报表等。账务系统中的记账凭证来源主要有三种：

人工凭证：即人工通过键盘输入到账务系统中的凭证。而手工凭证的输入又有两种方式，一种是前台处理方式，即根据原始凭证直接在计算机上填制记账凭证，此方式适合业务量不多或基础较好或使用网络版的用户；另一种是后台处理方式，即先由人工编制手工凭证后再上机集中输入，它适合第一年使用会计软件或人机并行阶段（即手工记账和计算机记账同时进行阶段），至于采用那种方式，可以由用户根据实际情况具体来确定。

机制凭证：其他子系统（如工资、固定资产等模块）在期末业务处理后生成的传递到账务系统中的凭证。

派生凭证：账务系统自身期末转账业务产生的凭证。

1. 填制凭证

记账凭证是登记账簿的依据，是总账系统的唯一数据源，填制凭证也是最基础和频繁的工作。在实行计算机处理账务后，电子账簿的准确与完整完全依赖于记账凭证，因而在实际工作中，必须确保准确完整地输入记账凭证。凭证的输入一般可以采用键盘输入、软盘引入、网络传输等多种方式来完成。填制凭证过程中，出现错误凭证在所难免。为更正错误，一般系统提供了对错误凭证修改或删除的功能。

（1）增加凭证

记账凭证一般包括三部分：一是凭证头部分，包括凭证类别、凭证编号、凭证日期和附件张数等。二是凭证正文部分，包括摘要、科目、借贷方向和金额、辅助核算信息等。如果输入会计科目有辅助核算要求，则应输入辅助核算内容；如果一个科目同时兼有多种辅助核算，则同时要求输入各种辅助核算的有关内容。三是凭证尾部分，主要是制单人姓名、出纳姓名、审核人姓名等，不需人工输入，由计算机根据当前操作员的操作自动给出相关信息。

①输入凭证头部分

填制记账凭证时，应先完成凭证头部分的录入。此项操作对于录入各种类型的凭证，其操作步骤都是类似的。

（a）凭证号和凭证日期有对应关系，不能倒流，凭证日期不能超过计算机的系统日期，如不按序时制单将出现“凭证假丢失”现象。

（b）在“附单据数”：本张凭证所附单据的数量。

（c）凭证一旦保存，一般情况下，其凭证类别、凭证编号均不能修改。

②输入凭证正文部分

凭证头部分完成后，接下来输入凭证正文部分，这是填制凭证的重要环节，企业应根据具体经济业务内容，采用不同的方式填制凭证，而且每张凭证要求借贷平衡。

（a）正文中不同行的摘要可以相同也可以不同，最好不要为空。每行摘要将随相应的会计科目在明细账、日记账中出现。新增分录完成后，一般按回车键，系统将自动新增下一分录行。

（b）会计科目可以通过科目编码或科目助记码或参照输入或直接输入科目名称等多种方式输入。

（c）科目编码必须是末级的科目编码。

（d）金额不能为“零”，红字以“—”号表示。

③输入辅助核算信息

当输入具有辅助核算的科目时，要求输入相应的辅助信息。当输入的辅助核算资料不存在时，应先到辅助资料档案中增加该资料。辅助核算资料可以通过编码输入或参照录入。

（2）修改凭证

输入凭证时，尽管系统提供了多种控制错误的手段，但误操作是在所难免的，记账凭证的错误，必然影响系统的核算结果。为更正错误，可以通过系统提供的修改功能对错误凭证进行修改。如果软件没有提供专门的修改按钮选项，那么请返回到该凭证的填制功能中进行修改。修改凭证一般要注意如下：

①若已采用制单序时控制，则在修改制单日期时，不能在上一张凭证的制单日期之前。

②若已选择不允许修改或作废他人填制的凭证权限控制，则不能修改或作废他人填制的凭证。

③如果涉及银行科目的分录已录入支票信息，并对该支票做过报销处理，修改操作将不影响“支票登记簿”中的内容。

④外部系统传递来的凭证最好不要在账务系统中修改，只能在生成该凭证的系统中进行修改。

⑤修改要视发现错误凭证的环节来进行，对不同状态下的错误凭证有不同的修改方式。如：已输入但未审核的记账凭证可以直接修改；已审核签字但未记账的记账凭证可以取消审核签字后再修改；已经记账的错误凭证，有两种修改方式，一种是错误凭证的无痕迹修改，就是通过软件提供的“反记账“功能来完成，即反记账－取消审核－修改；另一种是错误凭证的留有痕迹修改，就是通过保留错误凭证（作废凭证）和更正凭证留下痕迹，主要是红字冲销凭证法（先红字冲销错误凭证，补充正确的凭证）和蓝字补充凭证法（适用于漏记或少记的错误），对于已经结账月份的错误凭证，修改方式同已记账的凭证相似，如果要留有痕迹，只不过是要首先进行反结账，然后反记账等操作。当然，提倡用户最好不要使用软件提供的反记账与反结账功能。

（3）冲销凭证

如果需要冲销某张已记账的凭证，可以采用“制单”中的“冲销凭证”命令制作红字冲销凭证。需要注意的是冲销凭证一定是针对已经记账的凭证而言的，冲销的凭证要同正常凭证一同进行保存和管理。

（4）作废及删除凭证

日常操作过程，若遇到非法凭证需要作废时，可以使用“作废 / 恢复”功能，将这些凭证作废。作废凭证相当于逻辑删除，而删除凭证则是物理删除。

①账簿查询时，找不到作废凭证的数据。

②若当前凭证已作废，可取消作废标志，并将当前凭证恢复为有效凭证。

（5）查询凭证

在制单过程中，我们可以通过“查询”功能对凭证进行查看，以便随时了解经济业务发生的情况，保证填制凭证的正确性。

2. 审核凭证

审核凭证是指由具有审核权限的操作员按照会计制度规定，对制单人填制的记账凭证进行合法性检查。其目的是防止错误及舞弊。审核内容主要是凭证的合理性、合法性与正确性。审核中发现有错误或有异议的凭证，应该标识出来后交还给制单人，由制单人本人修改。审核通过后，要留下审核签字。

审核签字方式有两种：单审签字，即审核一张签字一张；批审签字，即审核完成后成批签字，可以加快审核签字速度，但需慎用成批审核凭证。如果审核后发现错误，可以取消审核签字（一般由签字本人完成）。审核需要注意的是：

（1）同一张凭证制单人和审核人不能是同一人，凭证一经审核，不能被修改、删除，只有取消审核签字后才可操作，已标错的凭证不能被审核，需先取消标错后才能审核。

（2）审核人签字的取消最好由签字人本人来完成。

（3）作废凭证不能被审核，也不能被标错。

3. 记账

记账是以会计凭证为依据，将经济业务全面、系统、连续地记录到具有账户基本结构的账簿中去的一种方法。在手工方式下，记账是由会计人员根据已审核的记账凭证及所附有的原始凭证逐笔或汇总后登记有关的总账和明细账。在电算化方式下，记账是由有记账权限的操作员发出记账指令，由计算机按照预先设计的记账程序自动进行合法性检查、科目汇总、登记账簿等。

（1）记账

记账凭证经审核及出纳签字后，即可以进行登记总账、明细账、日记账及往来账等操作。本系统记账采用向导方式，使记账过程更加明确，记账工作由计算机自动进行数据处理，不用人工干预。

①未审核凭证不能记账，记账范围应小于等于已审核范围。

②作废凭证不需审核可直接记账。

③在设置过程中，如果发现某一步设置错误，可单击“上一步”返回后进行修改。如果不想再继续记账，可单击“取消”，取消本次记账工作。

④记账过程中一旦断电或因其他原因造成中断后，系统将自动调用“恢复记账前状态”恢复数据，然后再重新记账。

⑤在记账过程中，不得中断退出。

（2）取消记账

如果由于某种原因，事后发现本月已记账的凭证有错误且必须在本月进行修改，利用软件提供的反记账，将本月已记账的凭证恢复到未记账状态，进行修改、审核后再进行记账。

三、账务处理系统的期末处理

期末会计业务是指会计人员将本月所发生的日常经济业务全部登记入账后，在每个会计期末都需要完成的一些特定的会计工作，主要包括：期末转账业务、试算平衡、对账、结账以及期末会计报表的编制等。由于各会计期间的许多期末业务均具有较强的规律性，因此由计算机来处理期末会计业务，不但可以规范会计业务的处理，还可以大大提高处理期末业务的工作效率。

1. 定义自动转账凭证

在单位的会计业务中，常有固定对应关系的记账凭证，且其数据来源于已输入系统的记账凭证。如每月均需结转的损益类科目，在月末所有收入、成本费用凭证输入、登记入账后，须汇总结转至类似本年利润一类的科目，自动转账凭证能自动汇总指定科目的发生额或余额并自动生成一张转账凭证。在使用该功能前须进行必要的参数设置，包括转出科目和转入科目，以及汇总数据的性质（余额、发生额），注意转出科目可设置多个，但转入科目只能设一个。

自动转账凭证的定义提供了自定义转账凭证、对应结转、结转销售成本及结转期间损益等。

（1）自定义转账设置

由于各个企业情况不同，必然会造成各个企业对各类成本费用的分摊结转方式的不同。在电算化方式下，为了实现各个企业不同时期期末会计业务处理的通用性，用户可以自行定义自动转账凭证以完成每个会计期末的固定会计业务的自动转账。自定义转账凭证功能可以完成对各种费用的分配、分摊、计提、税金的计算及期间损益转账凭证的设置等。

（2）对应结转设置

对应结转不仅可以进行两个科目一对一的结转，还可以进行科目的一对多结转。对应结转的科目可以是上级科目，但其下级科目的科目结构必须一致（相同明细科目）。

（3）销售成本结转设置

销售成本结转设置功能主要用来辅助没有启用购销存业务模块的企业完成销售成本的计算和结转。

（4）期间损益设置

本功能用于在一个会计期间终了将损益类科目的余额结转到本年利润科目中，从而及时反映企业利润的盈亏情况。

2. 转账生成

在定义完成转账凭证后，每月月末只需执行本功能即可快速生成转账凭证，在此生成的转账凭证将自动追加到未记账凭证中去。由于转账是按照已记账凭证的数据进行计算的，所以在进行月末转账工作之前，必须先将所有未记账凭证记账，否则，将影响生成的转账凭证数据的正确性。

（1）转账生成之前，注意转账月份为当前会计月份。

（2）进行转账生成之前，选将相关经济业务的记账凭证登记入账。

（3）若凭证类别、制单日期和附单据数与实际情况有出入，可直接在当前凭证上进行修改，然后再保存。转账凭证每月只生成一次。

（4）生成对应结转凭证和销售成本结转凭证的操作与自定义转账生成的操作基本相同。

（5）生成的转账凭证，仍需审核才能记账。

（6）在生成凭证时必须注意业务发生的先后次序，否则计算金额时就会发生差错。

3. 月末结账

在会计期末，除了对收入、费用类账户余额进行结转外，还要进行对账、结账，并在结账之前进行试算平衡。

（1）对账

对账是对账簿数据进行核对，以检查记账是否正确，以及账簿是否平衡。它主要是通过核对总账与明细账、总账与辅助账数据来完成账账核对。为了保证账证相符、账账相符，应经常使用“对账”功能进行对账，至少一个月一次，一般可在月末结账前进行。

（2）结账

结账指每月月末计算和结转各账簿的本期发生额和期末余额，并终止本期的账务处理工作的过程。结账只能每月进行一次，要正确地完成结账工作必须符合系统对结账工作的要求。

①如果与其他联合使用，其他子系统未全部结账，本系统一般不能结账。

②已结账月份不能再填制凭证。

③结账前，要进行数据备份。在结账的过程中，可以单击“取消”按钮

取消正在进行的结账操作。

第三节　工资系统的操作流程

工资系统一般由工资初始化、工资日常处理、工资汇总分配、工资转账处理等多个功能模块组成。目前绝大多数商品化会计软件的工资模块都采用通用化方式，即用户可以自行定义工资项目、工资的计算公式、分配和结转的内容、工资输出内容的打印格式等，以适应不同单位的需求。

一、工资系统的初始化

1. 核算单位的建立

工资的核算单位一般在会计软件系统初始化时，随着账务核算账套的建立和工资模块的启用后，工资的核算单位就自动生成了。

2. 工资核算单位核算方式的设置

工资系统在初始设置时，需要对工资系统进行核算方式的设置，如是否代个人所得税扣税处理，是否进行扣零处理，各类编码的规则等。

3. 操作人员的设置

即对工资系统的操作人员进行设置。

4. 工资项目的设置

工资项目的设置就是设定工资结算单、工资汇总表的各项目的序号、项目名称、类型、宽度、小数位数、项目属性等。有些项目是固定项目由系统提供，有些项目由用户自行定义。如职工编号、姓名、基础工资、职务工资等。

5. 工资计算公式的设置

工资计算公式设置就是设置工资各个项目之间的运算关系。计算公式通常用常数、工资项目、运算符号及工资系统提供的有关函数构成的运算表达式。计算公式应该按计算的先后顺序进行设置。

6. 打印格式的设置

工资打印格式的设置就是设定工资条、工资表、工资汇总表等打印输出内容及打印输出的格式，以供打印使用。主要是设置要打印的项目、宽度、字体等。

7. 工资汇总、分配的设置

主要是对工资汇总部门的设置以及工资汇总、分配的科目，工资转账凭证内容的定义，便于工资的汇总、期末工资分配和转账凭证的生成等。

8. 其他初始设置

其他初始设置在不同的工资系统中有所不同。

二、工资系统的日常处理

1. 职工变动处理

职工变动处理主要是完成职工的增加、减少、内部调动和职工个人信息的修改功能。本功能模块一般提供全屏幕查询、快速查询、查看明细、增加职工、减少职工、职工内部调动、打印等具体功能。

职工增加功能，主要是在工资结算单数据中增加一个职工记录。

职工减少功能，主要是在工资结算单数据中删除一个职工记录，删除往往分为逻辑删除和物理删除两种，前者是将记录加上删除标志，并不是真正的删除，必要时可以恢复；而物理删除，是将记录彻底地删除，是真正的删除。

2. 工资数据处理

工资数据处理主要完成职工的工资项目数据的输入、修改、删除、计算、输出等功能。本模块一般提供全屏幕查询、快速查询、查询明细、工资结算单的打印等具体功能。

工资输入 / 修改功能，主要输入 / 修改职工工资项目中数值型的固定数据或变动数据，当某一工资项目的内容为空时，录入新的内容为输入，否则为修改，两个功能一般是结合在一起的。工资输入 / 修改主要有以下几种方式：

（1）按人输入 / 修改

主要是输入 / 修改某一职工有关工资项目。选择该功能后，首先是显示一个工资结算单全部项目的窗口画面，画面中显示当前工资项目原有内容，在此基础上逐项输入 / 修改有关内容即可。

（2）按项目输入 / 修改

主要是全屏幕方式下输入 / 修改所有职工的某一或某几项内容。选择该功能后，一般首先要选择输入 / 修改项目，然后即可在全屏幕状态下输入 / 修改各个职工的所选中的工资项目。

（3）按批输入 / 修改

主要是完成符合条件的一批职工的某一工资项目数据的输入 / 修改。选择该功能后，一般先输入计算项目、计算公式，然后执行该公式即可实现快速成批输入/修改，免去了逐个职工输入/修改之苦。

工资计算功能主要是按照工资核算系统初始化中计算公式设置的内容计算每一个职工的工资项目。这一功能在每一会计月份可以反复运用。

工资结算单打印主要是按照工资核算系统初始化中定义的格式打印输出各种形式的工资结算单。

3. 工资汇总处理

工资汇总处理功能模块，主要是完成本单位各部门工资的汇总、输出功能。进入本功能模块通常在屏幕操作区显示本单位各部门一览表。

工资汇总处理功能模块的全屏幕查询、快速查询、查询明细功能基本上与前述对应功能相同。所不同的是工资汇总处理功能模块的这些功能是以部门为单位操作的。工资汇总功能在一个会计期间内可以反复使用。

4. 其他日常处理

工资其他日常处理主要包括：工资转账处理、部门工资票面统计、工资分配处理、计提福利费处理等。

三、工资系统的期末处理

1. 工资分期结转

工资分期结转又称工资月份初始，它主要完成工资核算数据期末结转功能。执行这一功能模块后，将结束本月工资核算，并可进入下月的工资核算。

工资分期结转只能在会计期结束时才能结转；工资分期结转首先将当前月份工资数据形成历史文件，然后将其转换成下月工资数据；工资分期结转通常要检查工资数据备份情况，如果本月数据没有备份，一般不允许工资结转；只有经过本月工资结转，一般方可进行下月工资核算；工资分期结转只能逐月进行，上月未进行结转，本月将不能进行工资核算。

2. 工资历史数据查询打印

工资历史数据查询打印是完成本月以前工资结算单、工资汇总表等数据的查询打印功能。查询打印时，一般应首先选择历史年份和月份，然后即可进行查询打印。

3. 其他特定处理

工资的其他特定处理主要包括：工资数据重建索引、工资数据的备份、恢复、转账处理、删除以前年度的数据、上机日志管理等。

第四节　固定资产系统的处理流程

固定资产系统一般由系统初始设置、日常处理、折旧处理、转账处理等多个功能模块组成。目前绝大多数商品化会计软件的固定资产系统采用通用化方式，即用户可以自行定义固定资产类别、折旧的计算公式、转账凭证的内容、固定资产信息输出内容的打印格式等，以满足不同单位的需求。

一、固定资产系统的初始设置

1. 核算单位的建立

建立核算单位又称账套的建立。固定资产系统中建立核算单位的含义和作用与账务系统是一致的。其核心内容是设定系统主要编码的编码方式和固定资产系统与账务系统的接口。各软件的设置方法不完全相同，设计较好的软件一般提供建账向导功能引导用户完成设置。

2. 固定资产核算方式的设置

固定资产在初始设置时，需要对固定资产的编码规则、固定资产变动的方式、折旧计提的方法、转账凭证的内容等进行设置，以适应本单位固定资产实际业务处理的需要。

3. 操作人员的设置

对固定资产系统的使用人员进行设置权限分工。

4. 固定资产卡片项目定义

固定资产卡片是固定资产系统中最重要的数据。卡片的输入与输出通常采用设置输入格式文件的方式进行。固定资产卡片的格式，不同的单位差异很大。为了增加固定资产系统的通用性，一般都为用户留下足够的增减卡片项目的余地，在系统初始设置时可以由用户自行设置与自定义项目，或对系统提供的卡片模板项目进行修改。固定资产卡片项目定义就是为了完成这一工作设置的功能。需要注意的是，固定资产卡片项目的设置涉及到数据库结构的变动，一旦这一设置完成并输入数据，一般来说就只允许增加项目而不允许修改或删除已有项目，以免发生数据丢失或混乱。

5. 固定资产卡片数据的输入

初始数据是指系统投入使用前本账套现存固定资产的全部数据，主要是固定资产卡片记录的数据。固定资产卡片的输入是固定资产子系统全部初始数据输入中，数据输入量最大的部分。固定资产卡片输入的任务是系统投入使用时将全部已有固定资产数据逐项、完整地输入计算机，以形成固定资产系统的基础数据库。对于初始数据的固定资产卡片输入，系统一般不设审核功能。这些数据的检验通过与账务系统相应数据进行核对，如固定资产卡片原值、累计折旧等合计应该等于账务系统中固定资产、累计折旧等科目的余额。由于该数据库是进行固定资产核算和管理的重要的基础数据库，其内容是否完整、正确具有举足轻重的地位。由于固定资产系统初始数据庞大，因此是一项非常繁重的工作。

6. 打印格式的设置

固定资产打印格式的设置就是设定固定资产卡片、折旧费用分配表、自定义报表等打印输出内容及打印输出的格式，以供打印使用。

7. 固定资产转账凭证的设置

主要是对固定资产的变动、折旧费用分配等固定资产处理所产生的转账凭证内容加以定义，以产生相应的转账凭证。

8. 其他初始设置

其他初始设置在不同的固定资产系统中有所不同。

二、固定资产系统的日常数据处理

1. 固定资产变动处理

固定资产发生增加、减少、使用单位和使用情况变动、盘盈盘亏、报废、重估等变动业务时应填制相应的单据并输入计算机。由于固定资产的增减变动情况不多，因此日常业务输入的工作很有限。每项业务的处理，系统一般都提供相应的菜单选项，输入时按系统给定的格式逐项输入即可。在日常业务数据输入时可以使用代码输入或参照输入。需要注意的是，在固定资产数据输入过程中系统一般都设置数据检验。这些检验除对代码的合法性检验外，对日常业务数据的输入如固定资产的增加、减少等业务通常通过设置审核功能进行控制和数据检验，并根据变动数据更新固定资产卡片数据，以保持数据的一致性。

固定资产的增加功能，主要是在固定资产卡片数据中增加一个固定资产卡片的记录，经过审核卡片后，入账并生成相应的转账凭证传递到账务系统中进行记账处理。

固定资产的减少功能，主要是在固定资产卡片数据中删除一个固定资产卡片的记录，删除往往分为逻辑删除和物理删除两种，前者是将固定资产卡片记录加上删除标志，并不是真正的删除，必要时可以恢复；而固定资产卡片物理删除，是将记录彻底地删除，是真正的删除。由于当月增加的固定资产，当月不提折旧；当月减少的固定资产，当月照提折旧。因此，固定资产的减少必须在折旧计提处理后才能进行。

2. 固定资产折旧的计算

由于核算单位的行业类型不同，如行政机关、事业单位的固定资产不计提折旧，而企业类型的单位需要计提折旧。因此固定资产折旧的处理方式可以是提折旧和不提折旧两种。而计提折旧的单位，所采用的折旧方法是多样的，如有：平均年限法、工作量法、双倍余额递减法、年数总和法等。核算单位可根据国家规定和自身情况来具体设置，有关折旧方法可以在初始设置时选定。在日常业务处理中，由计算机根据用户的设置，自动进行固定资产折旧的计提。另外，固定资产折旧方法一经确定一般不应随意改动。但财务制度并不排除特殊情况下固定资产折旧的改变。因此软件应允许用户在特定权限下修改固定资产卡片中折旧方法的内容。但这种修改必须留有痕迹，以便日后查证。

3. 其他数据处理

固定资产的其他特定处理主要包括：数据重建索引、数据的备份、恢复、转账凭证的生成处理等。

第五节　报表系统的操作流程

一、报表系统概述

会计报表概括了企业的经济活动，反映了企业的财务状况和经营成果，它是关心企业情况的单位、上级主管部门、政府和个人了解企业财务状况和经营成果以及资金流动和运用情况的主要信息来源。同时它也是企业内部管理人员进行管理，提高企业经济效益的重要参考资料。会计报表分为对外报表和内部报表两类，对外报表是指企业必须采用统一的格式，按规定的日期对外报送的各种报表。这类报表的格式相对固定，按现行会计制度的规定，工业企业的对外会计报表包括资产负债表、利润表、现金流量表等；内部报表是为了满足企业内部管理的需要而设计的，其内容和格式都不固定，根据需求而不断变化。虽然对外报表的格式相对固定，但是也不是一成不变的，它的内容和格式也会随着会计制度的改变而发生变化，所以在进行报表处理设计时，要尽可能地提供可灵活设置的功能。

会计报表是会计工作流程中的最后一个环节，在会计软件中通常都预置了通用会计报表，但除通用会计报表外，单位一定还需要其他报表，这些报表是无法预置的，需要用户自己完成设置。报表通常由表标题、表头、表体、表尾四部分组成，其中表体的设置是关键所在。表体中有两类数据，一类是固定的表项目，另一类是变动的数值型数据。数值型数据须设置取数公式从账簿、其他报表中取来，随账簿中的数据变化而变化。会计报表是根据日常的会计核算资料加工、整理而形成的一个完整的报告体系。报表的基本数据大多来自于企业的会计凭证和账簿数据。通用的会计软件，应提供会计报表的自定义功能，打印输出功能。

在一般会计软件中，对于报表的处理通常采用两种方法：第一种方法是对每一个报表，编制一个专门的程序来生成报表格式和数据，这种方法的优点是使用方便、可操作性强，其弊端是程序维护量大，一旦报表发生变化，或者是会计科目发生变化，或者是报表填列方法发生变化，都要改动报表生成程序，这种方法适用于自行开发的专用软件，本单位具有维护系统和编程能力；第二种方法是报表的格式和报表的数据来源都要用户自己定义，然后由一个通用程序根据定义来生成报表，这种方法的优点是通用性强，其缺点是可操作性差，对用户素质要求很高，该方法要求用户自行定义报表格式和报表数据的生成公式，仅就定义报表的数据生成公式，就要求用户了解所有报表的每个数据项是由哪些数据基表、哪些记录、哪些字段、经过哪些运算而产生的，对用户来说，熟悉系统中的所有数据基表已经很难，若要熟悉字段和索引关键字等就更难，甚至有的会计软件还要求用户按某种程序设计语言的语法规则来定义公式，因此，这种方法的实质是把一部分系统开发和系统设计任务交给了最终用户，以此来换取系统的通用性，致使许多用户望而生畏。设计出一个简单实用、可操作性强的会计报表系统，一直是会计软件开发者寻求解决的问题之一。会计软件的好坏取决于开发平台和开发者的水平，对同一开发环境而言，会计软件的通用性与可操作性之间具有互斥性，即会计软件的通用性越强，其可操作性可能就越差，反之会计软件的专用性越强，其可操作性可能就越强。那么，找到会计软件通用性和可操作性之间的最佳点，即开发具有通用性，且可操作性强的会计软件是广大用户所急需的。会计报表子系统作为会计软件的一个组成部分也不例外，就以上两种方法而论，第一种方法，虽然系统维护量大、通用性差，但是操作简单，易于掌握；第二种方法，虽然通用性强，但操作复杂，不便于掌握。

二、报表管理的功能模块划分

报表管理利用通用的报表定义功能可以自行定义和设计报表，可以灵活地定义各种报表格式及报表数据来源，同时，报表管理还具有数据采集、计算、统计、查询、汇总等功能。通过设置报表格式，定义报表的数据关系，可以方便地从数据库中取出有关发生额或余额数据生成报表。在报表管理中具有两种报表文件，即表样文件和数据文件。目前的通用报表软件大都提供了自定义生成表样文件和模板生成表样文件两种功能，报表表样生成之后，再由报表处理软件根据表样文件的格式自动生成报表的数据文件，最后进行报表输出和报表分析。一般情况下，报表子系统的功能模块划分如下：

报表格式定义：包括新表登记、格式定义和公式定义三个内容。

报表数据处理：主要包括报表的自动编制生成及其正确性审核。

报表输出：由两大部分组成，一是报表的显示和打印输出，二是报表文件属性转换的格式转换输出。

报表管理的功能模块划分如图 3–1 所示。

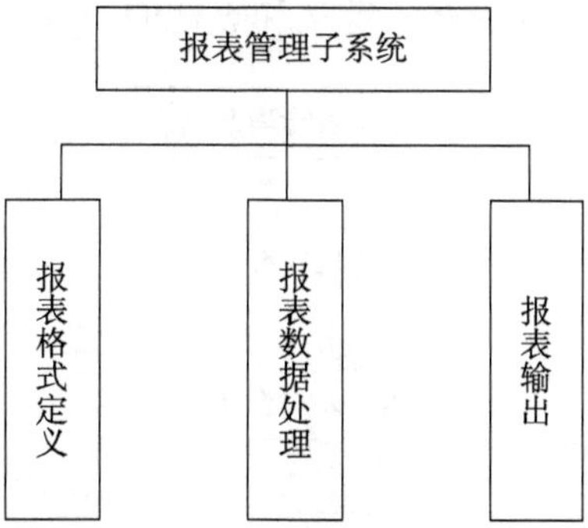

图 3–1　报表管理的功能模块划分图

1. 表样格式定义的主要功能：包括表样的格式定义、报表的打印以及表样的浏览等功能。表样的格式设计功能完成表名、行数、列数等报表基本框架的定义，设计表样的文字格式和字体风格等，实现表样文件与 HTML 文件、文本文件、Excel 文件等的相互转换功能，使不同格式的文件系统之间相互传送数据变为可行。表样的打印功能完成表样的打印设置、打印预览等功能，把设计好的表样文件打印输出，提供给使用者查看。

2. 表样公式定义的主要功能：包括数据库取数公式定义、表页内部函数定义、常用函数定义等功能。数据库取数公式定义是表样公式定义的重要组成部分，是由报表管理系统的开发人员设计的，主要用来实现从会计科目发生额和余额等基表中读取数据；表样内部公式定义以及常用函数定义与 Excel 的公式定义相似，在报表管理系统中利用报表函数来确定单元格之间的数据关系。

3. 报表数据处理的主要功能：该模块主要提供根据用户选择的表样生成所需的财务报表，所有已生成报表的浏览以及报表的打印设置、打印预览、打印输出以及报表的简单汇总等功能。

三、报表处理的基本流程

报表处理分为三个组成部分，即表样格式定义、表样公式定义和报表数据处理。在表样格式定义中需定义表样尺寸、行高、列宽、单元属性、组合单元等格式。在表样的公式定义中需定义报表的数据来源。用户通过使用报表管理系统提供的公式进行报表的数据库取数定义。报表的格式定义和报表的公式定义是表样设计的重要组成部分，二者缺一不可，彼此互为依托，只有格式没有数据的报表没有实用价值，不能为信息使用者提供有用信息；只有数据没有格式的报表不能为用户所理解，不便于信息使用者使用。因此，在设计报表的表样时，表样的格式定义和表样的公式定义处于同等重要地位。

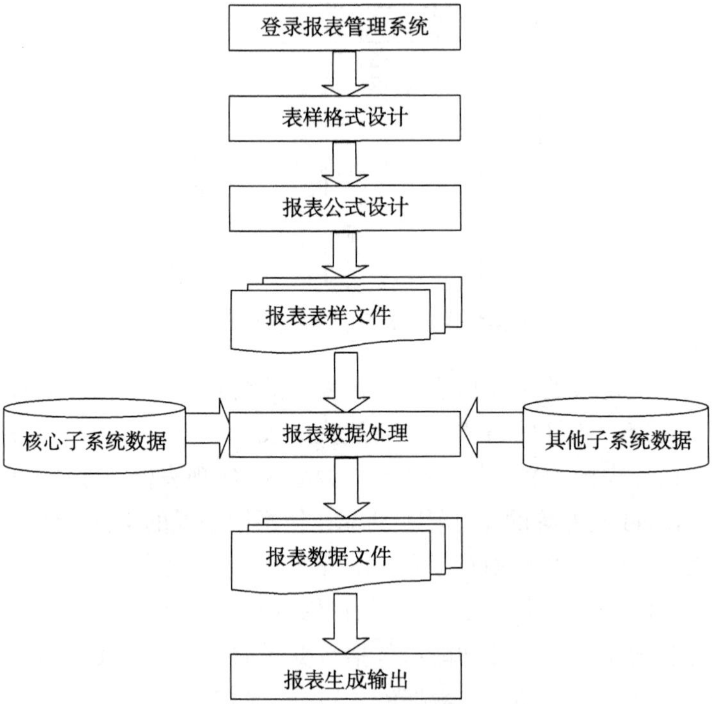

图 3-2　报表处理的基本流程

会计人员编制新的会计报表时，首先必须登录报表管理系统，输入自己的用户名和口令，连接服务器中的数据库，进行身份验证，其次进行报表文件的初始化，设定报表的各项参数，如表的名称、行数、列数和表样文件的说明性信息等。然后按照规定的报表格式设计报表表样，如表头、表体、表尾等，利用系统提供的数据库取数函数进行报表取数公式定义，以及报表数据运算关系公式定义，最后生成报表，基本的处理流程如图 3–2 所示。

报表处理的具体步骤应视不同情况而定，但其基本处理步骤如下。

第一步：进入报表管理系统，建立新的表样文件

选用报表管理系统的“新建表样”功能，进入表样基本信息录入界面，用户输入表样文件的基本信息（表样名称、行数、列数、表样文件的说明性信息）后，就建立了一个新的表样文件，此时可以在此报表上设计报表格式，设计完成后保存即可。

第二步：报表格式设计

1. 设置报表尺寸：也就是确定报表的行数和列数。在输入报表基本信息时，已经初步设定了报表的尺寸，在此可以进行更改，如不更改则直接确认。

2. 定义行高和列宽。

3. 输入单元格的基本内容。

4. 设置组合单元。

5. 设置单元格风格，主要是确定单元格的字体、字号等。

6. 表格画线。

如果设计的是一个标准财务报表，如利润表，则可以利用报表管理系统提供的财务报表模板生成一个标准的利润表，如果由标准报表模板生成的财务报表不能完全符合用户的需要，则用户可在此基础上进行必要的修改。

第三步：报表公式定义

进行表页内部公式和数据库取数公式的定义。

第四步：报表的数据处理

选择账套和表样文件，生成报表。

第五步：打印输出报表

第六步：退出系统

在退出系统之前，注意保存新建或者修改过的表样文件。

第四章　金蝶软件

第一节　系统初始化

一、金蝶 KIS 简介

金蝶 KIS 就是金蝶软件公司在金蝶 2000 标准版 V7.X 系列产品的基础上发展而成的一个升级替代产品，它除继承了金蝶 2000xp 的优秀品质外，在主界面风格、稳定性、易学性和推广性等方面进行了大量的完善工作，成为国内市场优秀的小型企业管理解决方案。金蝶 KIS 的界面设计简洁明快、美观大方、操作简便。金蝶 KIS 高度集成了中小企事业单位要使用的账务处理、报表、工资核算、固定资产、财务分析、出纳管理、往来管理和购销存管理等功能模块，在软件的集成度、会计管理功能、安全性、通用性、操作的方便性、用户界面，与其他常见应用软件的接口等方面均有巨大突破。

金蝶软件网址：www.kingdee.com.cn

二、金蝶 KIS 的基本概念

1. 账套

账套”是金蝶 KIS 存放会计业务数据资料文件的总称，账套中包括会计科目、记账凭证、账簿、会计报表以及相关业务资料等内容。一个账套只能保存一个会计主体的业务资料，账套名称一般为使用该账套的企业或单位名称，也可根据自己的需要命名，该名称将会在报表、账簿和其他有关资料打印输出时使用，所以必须选择清楚、便于识别的名称，以方便资料的查阅。例如：金蝶公司的账套可取名为：“金蝶软件有限公司”。

2. 会计期间

金蝶 KIS 能满足用户任何会计分期的需求，可以按照自然年度的自然月份划分会计期间，也可以将自然年度划分为 12 个以上或以下的会计期间，还可以根据需要自定义任意的会计期间等。

注意：在进行初始化时“会计年度起始日期”与“账套启用期间”是两个完全不同的概念，千万不要混淆。否则，可能会使千辛万苦建立起来的账套无法使用，而必须重新再做初始化。

3. 记账本位币

金蝶 KIS 提供了强大的多种外币核算功能，根据财务核算的要求，所有的外币都应全部折算为记账本位币进行核算。因此在账套中必须指定一种货币作为记账本位币，其他币别都必须以此本位币为基础进行折算。金蝶 KIS 中对外币折算提供了直接汇率和间接汇率两种汇率折算方法，并且记账汇率可与凭证期间保持一致，能满足用户对于外币核算的不同要求。

4. 会计科目

金蝶 KIS 中会计科目由科目编码和科目名称两部分构成。其中，科目编码的最大级别数为 6 级，最大位数为 15 位。科目名称可以由汉字或字符构成，最大 40 个字符或 20 个汉字。金蝶 KIS 的会计科目体系结构采取的是树形分支结构，分级进行管理。从一级科目开始逐级增加，某级科目如无下级科目，则该级科目为最明细级科目。例如："1002 银行存款" 为一级科目，"100201 工行" 等为二级科目，"10020101 人民币" 等则是最明细级科目，以此类推。金蝶 KIS 的科目结构中不仅包含了编码、名称和分支结构，同时还包含了科目的性质等项内容，用来确定科目的类别、余额方向、外币核算等项内容。

（1）核算项目

金蝶 KIS 会计科目结构中还增加了一个新概念——核算项目，核算项目类似于明细科目但又不同于明细科目。它的主要优势体现在：（a）核算项目避免了相同项目的重复录入。例如：有许多科目可能都要用到车间或部门名称，如果作为明细科目输入则可能重复输入多次，但如果将这些车间或部门放在 "部门" 这个核算项目中，则科目中需要这些内容时，只需在修改科目窗口选择 "部门" 这个核算项目即可。（b）核算项目的编码灵活方便，不受科目编码结构的束缚，可输入便于记忆和使用方便的字符，但最大长度不超过 20 位。（c）核算项目内容一般都归类放置，一目了然，便于进行管理和控制。为加强财务核算提供了有效的工具。（d）核算项目内容还提供了过滤及查找功能，使得用户定位至某核算项目记录相当容易方便。

（2）特别科目的使用

在进行科目设置时，对于每一个科目的类别、余额方向、外币核算等项内容，也要进行正确设置，否则，将会影响到某类会计业务的核算。例如："管理费用" 是 "损益类科目"，如果将其设为非 "损益类科目"，则在报表中将无法取到该科目的 "本期实际发生额"。如果将需要输出 "往来对账单" 以及 "账龄分析表" 的科目未设置成 "往来业务核算"，则同样不能输出 "往来对账单" 和 "账龄分析表"。另外需要注意的是金蝶 KIS 为了方便记账凭证的自动生成，系统设定了某些特殊科目。这些特殊科目的用法与一般科目的用法基本一致，但不可进行修改和删除。如果用户确有实际需要，可对固定资产、累计折旧、本年利润等特别科目下设明细科目。

5. 科目余额资料

准备好会计科目表之后，就可以着手准备会计科目的初始余额了。期初科目余额数据包括：各明细科目及核算外币科目各个币种的期初余额、期初累计借方发生额、期初累计贷方发生额数据；进行数量金额核算科目的初始数量数值；设置为往来业务核算科目的初始往来业务资料；表外科目的初始数值；金蝶 KIS 中录入的会计科目初始余额，是启用金蝶 KIS 开始处理会计业务的那一期的期初余额。

三、金蝶 KIS 系统初始化

（一）金蝶 KIS 的启动

开始—程序—金蝶 KIS 财务软件系统组中，选择金蝶 KIS 图标即可启动。

（二）用户登录

进入如下图所示用户登录窗口，选择需要登录的账套，然后就可以录入用户名，并输入口令。完成后单击“打开”或打“ENTER”键结束，系统会检验用户合法性，只有合法的用户才能进入系统。第一次使用时用户名系统定为“MANAGER”，口令为空。在进入系统后用户可以根据自己的需要增加、修改或删除用户。

（三）系统初始化

金蝶 KIS 中用户是针对系统和账套的，所有账套用户由系统进行统一管理。用户对哪个账套有操作权，则要由具有系统管理权限的用户进行授权。

只有被授权使用的账套，用户才能够打开进行操作。例如："USER" 用户在SAMPLE账套中未被授权，则他在打开SAMPLE账套时，系统会提示 "您未被授权使用SAMPLE账套"。我们在学会启动金蝶KIS，了解了初始菜单功能后，就可以开始进行账套初始化工作，建立自己的账务系统。系统初始化流程如下：

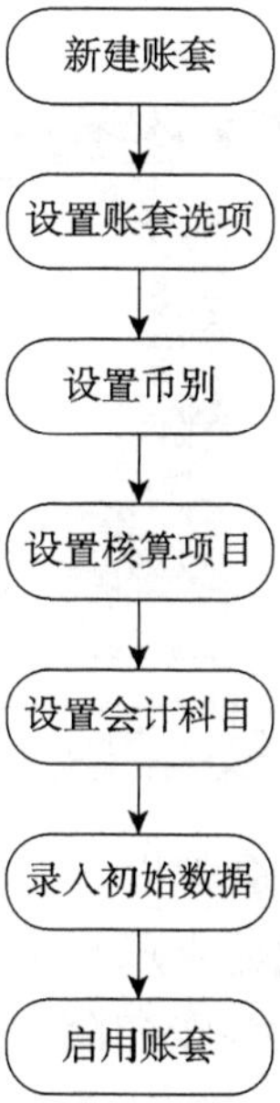

金蝶KIS系统初始化工作分为两大步骤，第一个步骤：新建账套；第二个步骤：录入初始化数据。建立账套工作是建立会计电算化系统的第一项工作，它设立了整个会计电算化系统的主体框架。此项处理中包含了建立账套名称、设定记账本位币、设立会计科目结构、设定账套会计期间等项工作。录入初始化数据是将企业在启用账套时的期初业务数据资料输入系统的一项工作。初始化工作包括会计科目、核算项目、货币，以及账务数据初始资料、固定资产初始资料的建立等几项内容。现将系统初始化处理工作详述如下：

1. 建立新账套

会计电算化就是用计算机代替人工进行账务及其他有关业务处理工作。因此用户必须至少要建立一个账套文件，用以存放有关财务及业务资料，以便于计算机进行处理。一个账套就是一个单独的计算机文件，可以利用操作系统提供的复制、改名、删除等功能对账套文件进行相应操作。为了保证账套数据的安全完整，防止发生意外情况导致数据丢失，应当定期对账套进行备份，并妥善保存备份资料。启动金蝶KIS后可以有两种方式建立新账套。

一种是进入系统后，从下拉菜单中执行“新建账套”功能：用鼠标单击屏幕左上角的“文件”就会弹出下拉菜单，然后选择“新建账套”即可；另一种是直接在系统登录窗口，单击“新建”按钮，系统自动提示新建账套的步骤。

（1）输入账套文件名

计算机管理账套是按照文件的方式进行的，因此每个账套必须有一个文件名。

执行新建账套功能后，系统会弹出建立文件对话框，如上图所示。用户可以按照便于识别和记忆的原则输入账套文件名，金蝶 KIS 中默认账套文件的扩展名为“AIS”。建议用户在为账套命名时，尽量采用默认扩展名，这样在以后进行打开账套操作时便于查找。请记住此文件名称，以便日后打开以此文件命名的账套。系统在打开账套时是按默认扩展名列表的，如果在打开账套操作时找不到所建立的账套，在确定驱动器和路径无误后，可将“文件类型”改变为“所有文件［*.*］”类型，查看是否输入了非“AIS”的扩展名。在输入完账套文件名之后，就进入了金蝶 KIS 建账向导。

（2）账套名称

在建账向导的带领下，第一步就是输入账套名称。这里需要提请用户注意的是：账套名称与账套文件名是两个截然不同的概念。账套名称一般是使用该账套的公司或单位名称，用于标识该账套所属的会计主体。账套名称将在输出凭证、账簿、报表等业务资料时使用，所以在此处请清楚输入单位全称，以防混淆不清。完成账套名称输入之后，点“下一步”，就进入所属行业选择画面。

（3）所属行业

系统内已经预设了十六个行业的会计科目表及报表。本功能的作用是为采用标准科目结构的企业提供预设资料，以减轻用户在会计科目和报表设定中的工作量。利用鼠标或光标上下移动键在所属行业列表框选择所属的行业。

若已经选择了所属行业，系统将自动为你建立相应行业的会计科目表及报表设置。“详细资料”按钮可以让您查看所选行业的预设会计科目代码及名称列表，如下图所示：

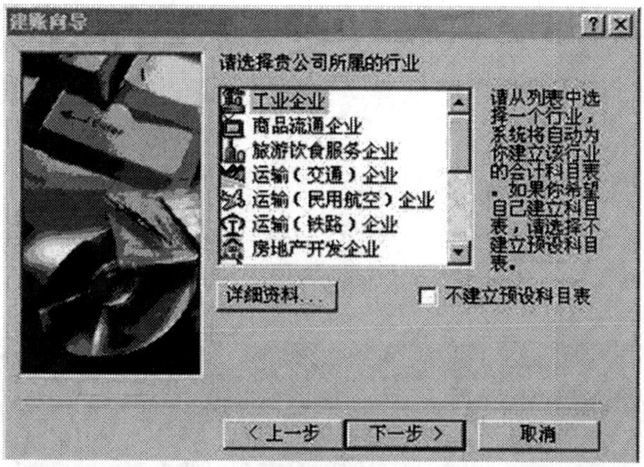

系统以预设的会计科目和会计报表进行账务处理，输出证账表全套会计资料。若企业所需的会计科目与预设资料有差异，可通过修改预设的会计科目来达到适应单位会计核算管理的目的，还可以在建账完成后，在“会计科目”中进行修改。如果不想采用系统预设的会计科目及报表资料，只需选择“不建立预设科目表”选项即可，系统会提供一个空白的会计科目表，可根据自己的需要去建立。

（4）确定记账本位币

跟着建账向导，单击“下一步”，进入“记账本位币”录入窗口，如下图所示。

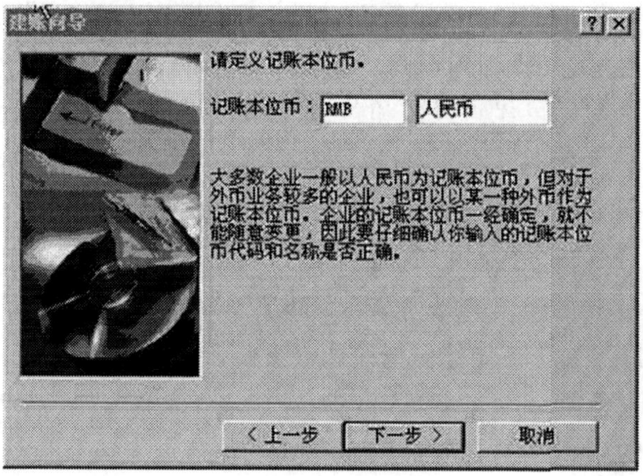

企业在进行经济业务核算时，应确定一种记账本位币，以便于对有关外币业务进行处理。在这个窗口中，可以输入记账本位币代码和本位币名称。记账本位币代码长度为3个字符，一般为3个英文字符，无特别要求，便于识别即可。本位币名称长度为10个字符，一般为汉字货币名称。这里特别需要提请用户注意的是：在输入记账本位币代码时尽量不要使用“$”符号，因为该符号在自定义报表中有特殊含义，如果使用，在自定义报表中可能会遇到麻烦。

（5）确定科目代码级数及长度

确定本位币后，建账向导把我们带进了会计科目结构设计中，如下图所示：。

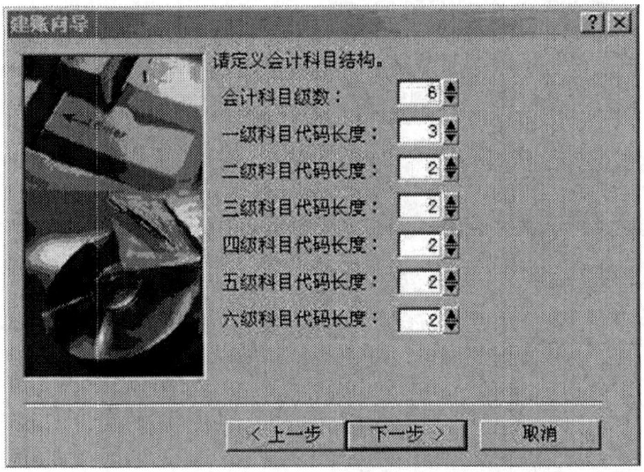

金蝶KIS中会计科目结构是树形分支结构，按照分支所处的位置分级管理。最上面的是一级科目，最底下则为明细科目。会计科目由科目编码和科目名称两部分组成。其中，科目编码的最大级别数为6级，最大位数为15位。科目名称可以由汉字或字符构成，最大40个字符或20个汉字。可以根据实际业务需要来设置科目代码级数和各级代码的长度。我国会计制度一般将一级科目代码的长度定为3位，外商投资企业一级会计科目代码长度为4位。但若在前面选择了某个行业的预设会计科目，则一级科目代码长度由系统给出，用户无法修改。会计科目的级别以及各级长度的确定，应综合考虑各方面的因素，既要便于操作又要为今后的发展留有余地。因为一旦新建账套完成，所设定项目均无法再做任何修改，在此需要提请特别注意。

（6）设定账套期间

建账向导的第一个步骤的最后一项处理是：设定账套会计期间。不同的会计主体可能有不同的会计期间划分。金蝶KIS提供了十分方便、灵活的账套期间设定功能，可根据企业会计核算管理的不同要求，不同情况人为地划定会计期间。会计期间的设定操作如下图所示，共有会计期间界定方式、会计年度开始日期以及账套启用会计期间三项内容。

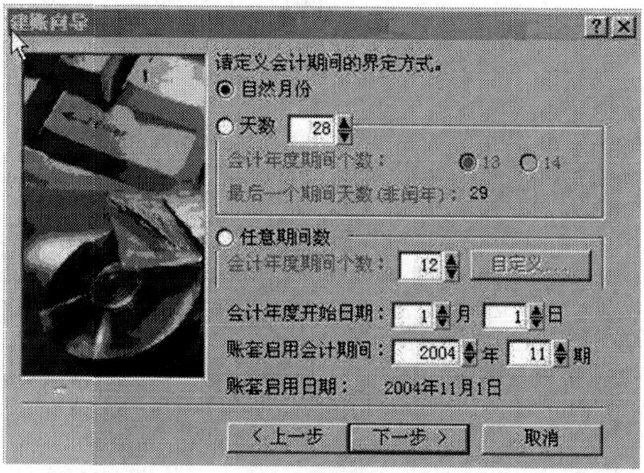

①会计期间界定方式：系统中提供了三种会计期间的界定方式：A. 自然月份方式。B. 自由定义每个会计期间的天数，再选择每个会计年度分为多少个会计期间的方式来界定。C. 任意期间数。先确定任意的会计期间数，再单击“会计期间定义”按钮，系统弹出如上图所示的窗口，按需要修改开始日期和结束日期。需要特别说明的是一旦定义好会计期间界定方式后，账套建立以后对该账套再无法改变会计期间界定方式。我国会计制度规定是以公历年度作为企业的会计年度，自然月份作为会计分期的。但有些国家则不同，他们的起止时间可能是议会开会的时间或宗教节日等，有的还按四周为一个会计期间来划分，甚至要求自定义会计期间。对要求自定义会计期间界定方式的单位，需注意会计年末日期是否与下年度开始日期衔接。因此，在会计期间界定方式选择中，要认真处理，按照实际进行选择，否则这里一旦选错将无法正确处理日常业务，必须重建账套。

②会计年度开始日期：会计年度开始日期是与会计期间紧密相联的一个重要概念，它用以确定账套会计年度的起始日期，此日期将是一个会计年度开始和结束的标志。例如，如果选择会计年度开始日期为 4 月 1 日，则在每年 3 月底结账时，系统就会作年结处理。我国制度一般规定会计年度开始日期为 1 月 1 日。

③账套启用期间：账套启用期间是指用户开始使用金蝶 KIS 处理账务数据的那一个期间，通俗地讲，就是用户开始输入数据的那一个年月时间。例如想用金蝶 KIS 处理从 1997 年 3 月份开始的账务资料，账套启用期间就应该

是 1997 年 3 期。

账套启用期间应注意与会计年度开始日期区别开，这两个概念一个是标明账务数据由电脑开始处理的期间，而另一个则是账务处理进行年结的标志；另外还要注意将账套启用期间和当前机内日期区别开，系统在输入账套启用期间时一般是默认当前机内日期的，多数情况下这两者是不同的，进行此项输入时应加以留意。

（7）完成建账

设置完科目结构、本位币以及账套期间等各项参数后，建账向导就即将完成它的使命了，下面的最后一项工作就是按下“完成”按钮，结束建账工作。系统就按照设定的参数新建了一个账套，接下来就可以对这个账套进行初始设置工作了。在按下“完成”按钮之后，建账向导也就不再出现了。下面就进入初始处理功能中，可以对建立的账套做初始数据录入工作了。

2. 初始资料录入

在建账向导的带领下完成建立新账套之后，就进入了会计之家初始化设置窗口，如下图所示：

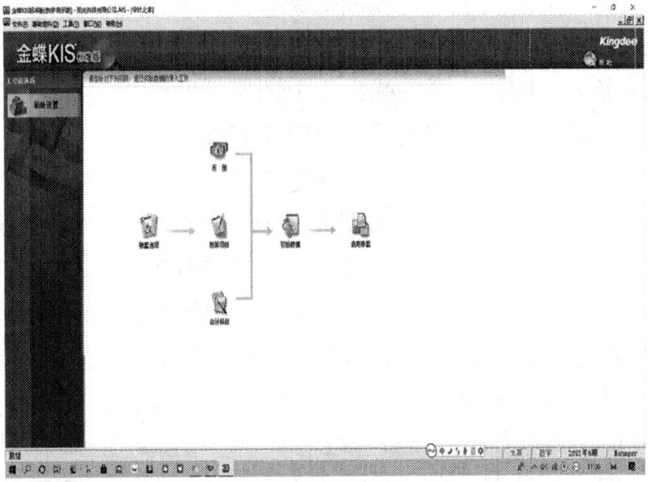

在这里可以开始进行初始数据录入工作了。需要进行初始化设置的项目包括会计科目、货币、核算类别以及核算项目、用户及权限分配等。这些资料在关闭初始化设置之后，可在日常会计之家中进行维护。系统在会计之家初始设置窗口还可进行初始余额设置，以及关闭初始化启用新账套。在一般情况下，初始数据一经关闭，即不可再修改。因此，在进行初始设置时请仔细，只有当初始数据全部正确，并保证总账与固定资产之间勾稽平衡及账户试算平衡之后才能启用账套。

四、初始数据录入

在账套选项、币别、核算项目和会计科目的初始设置完成之后，接下来就可以开始初始数据的录入工作了。除非是无初始余额及累计发生额，否则所有用户都要进行初始余额设置。在初始数据录入中要输入全部本位币、外币、数量金额账及辅助账的本年累计发生额及期初余额。输入固定资产有关原值、累计折旧等数据的累计收入、累计发出、结余资料。在会计之家初始设置窗口单击“初始数据”按钮，即可进入初始余额设置窗口，初始数据录入窗口如下所示：

在此窗口中可以进行初始账务数据及其他有关业务资料的录入工作。每次在进入初始数据录入窗口时，系统要检查科目、核算项目以及货币等项目是否发生变动，如果有变动系统要对初始数据重新进行处理。假如使用的机器速度较慢，或在网络上工作，同时数据量又比较大的话，对初始数据的处理就会进行较长的时间。因此，建议将所有的外围数据，如会计科目、核算项目等内容全部输入或修改完毕之后再进行初始数据的录入。在录入初始数据的过程中尽量避免修改会计科目或核算项目，要修改时应集中在一起修改，这样才能够提高录入初始数据的速度。

（一）账务初始数据录入

在初始数据输入窗口中可以进行各种有关账套初始化数据的录入处理工作。在此窗口左上角有一个小窗口，单击此窗口会弹出一个下拉列表框，在这里可以选择要录入的数据。其中预设了不同的货币、综合本位币、数量、试算平衡、固定资产等选项。可以在这里选择不同的数据进行录入。在进入初始数据录入时，系统默认本位币录入窗口。在这里本位币不同于综合本位币，本位币中的数据只是设定为记账本位币的那种货币的原币发生额。

在初始数据输入窗口中系统以不同的颜色来标识不同的数据：

白色区域：表示可以直接录入的账务数据资料，它们是最明细级普通科目的账务数据；

黄色区域：表示为非最明细科目的账务数据或者表示挂了核算项目的会计科目，这里的数据是系统根据最明细级科目的账务数据自动汇总计算出来的或根据核算项目的数据自动计算出来的；

绿色区域：表示为有关固定资产初始数据资料，业务数据涉及到“固定资产”和“累计折旧”两个科目，其中的数据由固定资产卡片数据处理产生；

灰色区域：表示所对应的科目不能使用该项数据，数据无法录入；

“核算项目”列：如果该列打上“√”则表示该会计科目下挂了核算项目，只需双击该列的任何位置，即可进行核算项目的初始化工作。

在初始数据输入窗口中，所能录入的内容主要包括：期初余额、累计借方、累计贷方以及本年累计损益实际发生额 4 项。

1. 分币种数据的录入

在初始数据输入窗口中左上角的下拉列表框中选择不同的货币币种进行录入。在进入初始数据输入窗口时，系统默认本位币数据输入。这里窗口中所列示的都是在“会计科目”功能中定义为“不核算外币”和“核算所有外币”的科目，核算单一外币的科目在这里不出现。选择其他币种时，所有的数据项目都会分为原币和折合本位币两项，在输入完原币数额后，系统会根据预设的汇率自动将原币折算为本位币。在这时系统也允许修改折算后的本位币数值。系统会将输入的各个币种的折合本位币汇总为综合本位币进行试算平衡。

2. 初始往来业务资料录入

光标进入设有往来核算的会计科目余额输入框（绿色框）时，双击鼠标左键或从“查看”菜单中选择“往来业务资料”选项，进入初始往来业务资料输入窗口。在此窗口进行往来业务资料初始设置。单击“增加”按钮，进入增加状态，如下图初始往来业务资料窗口所示。在此窗口输入有关初始往来业务资料。

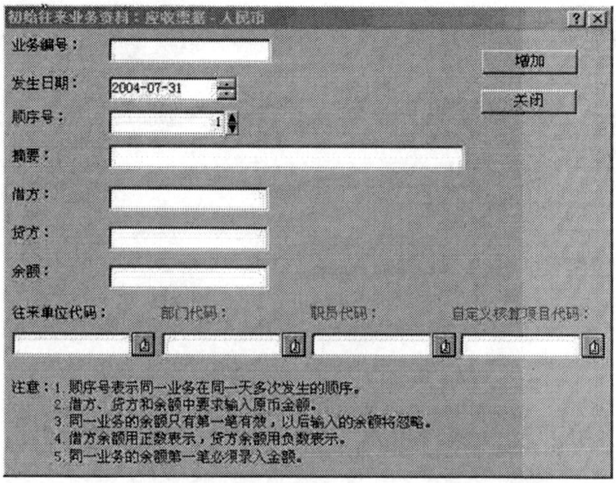

（1）业务编号：业务编号是与往来单位发生业务时的登记号，系统在处理有关往来业务时会根据业务编号来进行，将来在进行往来业务核销时，系统会根据业务编号来处理。编号最大长度为10位字符。此外，还可以分业务编号录入数量。

（2）发生日期：指往来业务发生的日期。在进行初始化时应该将往来业务发生的原始记录查出，在此处填上准确的日期，以便在将来输出往来业务对账单、账龄分析表时能够提供准确的数据。

（3）摘要：关于该项往来业务的经济业务的说明。

（4）币别：该项往来业务资料所涉及的货币名称。

（5）借方、贷方：该笔往来业务资料发生时的原币金额及方向。

（6）余额：当前往来业务中的往来业务余额，只按当前的发生额计算余额。

（7）数量：对于设置了数量金额辅助核算和往来业务核算的科目，在此处进行数量的录入时，既可以按往来业务编号录入，也可以不按往来业务编号录入。增加完毕后按“关闭”按钮返回。

3. 下挂核算项目的会计科目数据的录入

光标定位于设有核算项目的会计科目行时，双击鼠标左键进入核算项目初始数据输入窗口，如下图所示：在此窗口输入有关初始核算项目的资料。输入完毕后，点击“保存”按钮，并刷新，点击“关闭”返回到会计科目初始化界面。注意：对于既下挂核算项目又进行数量金额核算的会计科目，在此录入了数量后，就不必到“数量”录入界面重复录入了，系统会自动根据在核算项目初始化数据录入界面录入的数量，汇总计算出该会计科目的累计借方、累计贷方以及期初余额的数量。

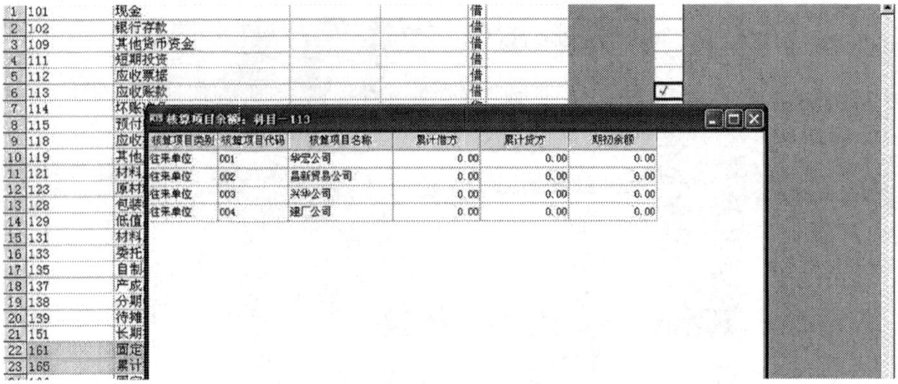

（二）固定资产初始数据录入

在初始数据录入窗口左上方的下拉框中选择固定资产科目，进入固定资产数据显示窗口。如下图所示：

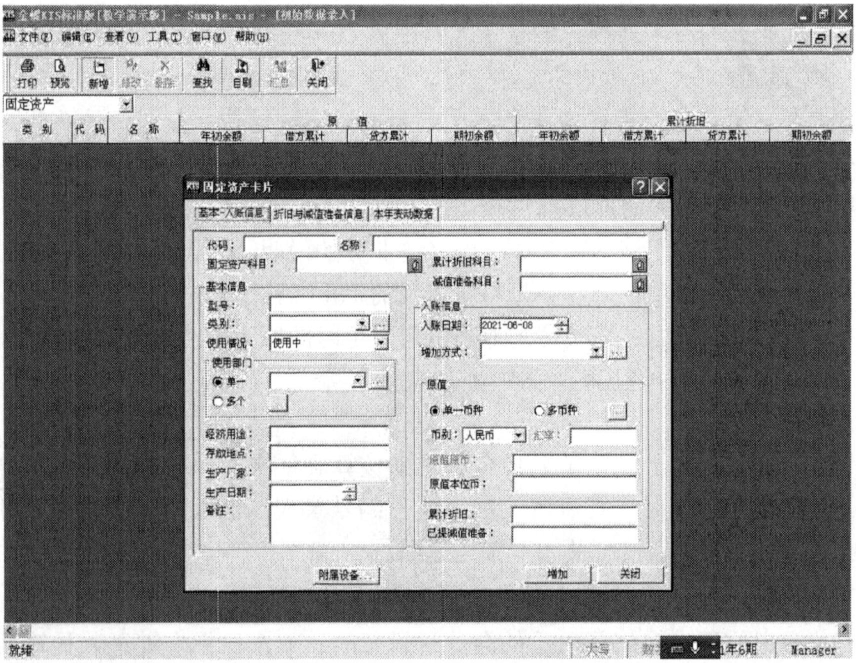

系统以列表形式显示固定资产项目，每项固定资产以一条记录显示在屏幕上。初次进入时，此窗口为空白，可以单击按钮，系统会弹出固定资产录入窗口，就可以录入固定资产资料了。单击工具条中按钮或从编辑菜单中选择“增加”，即可进入固定资产卡片录入窗口。固定资产卡片包括三方面内容：基本－入账信息、折旧与减值准备信息、本年变动数据。

1. 基本－入账信息

固定资产卡片基本入账信息内容包括固定资产代码、名称、基本信息、入账信息等项内容。

①固定资产代码：为了便于固定资产的管理，一般在使用中将固定资产进行编码。在金蝶 KIS 中固定资产编码是必须要有的。固定资产代码一般为数字或字符，其最大长度为 20 个字符位。注意！固定资产编码一经确定不可修改，所以在录入固定资产之前首先要做好固定资产的编码工作。

②固定资产名称：固定资产的名称，要求应准确明了，一般为汉字或字符，最大长度为 40 个字符位。

③固定资产科目：固定资产对应的会计科目。

④累计折旧科目：累计折旧对应的会计科目。

⑤减值准备科目："账套选项—高级—固定资产"中指定的减值准备的会计科目。如果新建账套时选择"小企业会计制度"，则不需要指定减值准备的会计科目。

⑥基本信息：基本信息中包含了固定资产中的一些最基本的信息资料，包括固定资产的型号、类别、使用情况、使用部门、经济用途、存放地点和备注等。

a. 型号：是固定资产的规格型号等方面的信息。

b. 类别：反映该项固定资产从属于哪一个类别，系统预设了一项固定资产类别——房屋建筑物类。该项固定资产类别有特殊的含义，一般房屋建筑物类固定资产是不论其使用状态如何，都必须要计提折旧的。如下图：

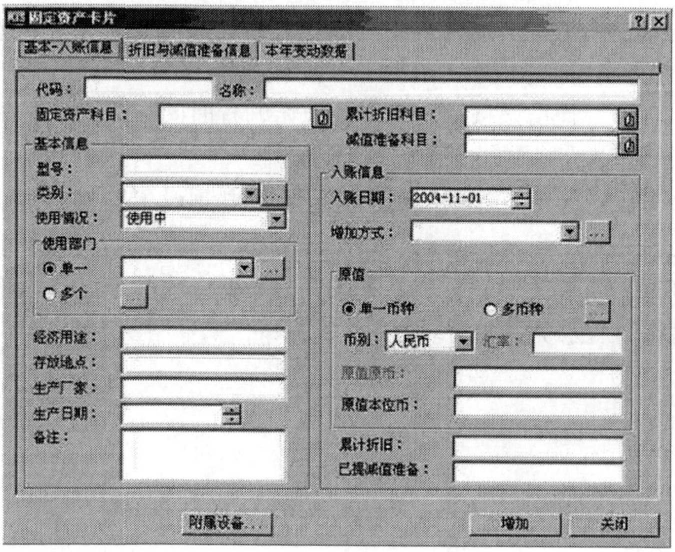

c. 类别名称：类别名称一般为汉字或字符，最大长度为 20 个字符位。

d. 常用折旧方法：系统提供了平均年限法、工作量法、双倍余额递减法、年数总和法和不提折旧 5 种折旧方法。这里可以预设每类固定资产的常用的折旧方法，在固定资产卡片录入时选择了一种类别，系统就会自动采用此处选择的常用折旧方法。也可以根据需要修改折旧方法。

e. 预计净残值率：固定资产的预计净残值一般是按照固定资产原值的 3%–5% 预留。在这里可以修改固定资产的预计净残值率。

f. 使用情况：固定资产使用情况在系统中分为使用中、未使用、不需用以及经营性租出 4 种情况。使用中的固定资产必须计提折旧，本期开始使用的固定资产，本期不计提折旧，本期开始停用的固定资产本期照常计提折旧。未使用、不需用的固定资产不提折旧（如果新建账套时行业选择“小企业会计制度”，则对于未使用、不需用的非房屋建筑物类固定资产也需要计提折旧）。经营性租出固定资产其资产的所有权属于本企业，也必须计提折旧。

g. 使用部门：选择固定资产使用的部门，这里部门选项就是在核算项目中输入的“部门”核算项目，在此使用部门可根据实际情况选择“单一”或‘多个’部门。在进行固定资产卡片录入之前，应首先输入“部门”核算项目内容。否则录入的固定资产卡片数据将因为“部门”中无核算项目而无法存盘。当“使用部门”选择“多个”时，单击后，此时系统弹出一个窗体，在这个窗体中要求各部门的费用分配比例之和为 100%。

h. 存放地点：指明固定资产放置的地点，最大字符位数为 20 个字符位。

i. 经济用途：指固定资产的经济用途，如生产经营用，非生产经营用。

2. 入账信息

入账信息是固定资产进入企业时的有关原始资料数据。主要包含入账日期、增加方式、币别、原值、累计折旧等项数据。

①入账日期：是指该项固定资产的原始购置时间，而不是指固定资产录入系统的时间。

②增加方式：固定资产增加的方式，系统共预设了购入、接受投资、接受捐赠、融资租入、自建、盘盈、其他增加等增加方式。可以根据自己的需要进行增加或修改等操作，对增加方式变动。要修改增加方式可单击进行修改，按下该按钮后系统弹出变动方式设置窗口，如下图所示：

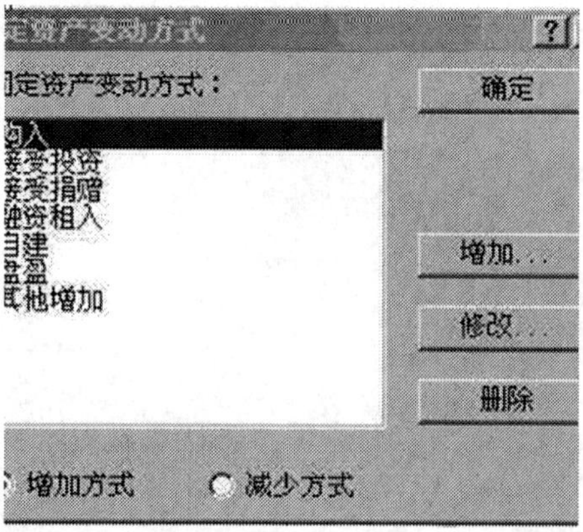

在固定资产变动方式设置窗口中可以对固定资产的变动方式进行增加、删除等操作。固定资产变动方式分为“增加方式”和“减少方式”两类。选中其前面的复选按钮就可以对该类方式的内容进行处理。增加变动方式：窗口中单击“增加”按钮，进入变动方式增加窗口。在此窗口中可以输入变动方式的名称、对应的科目等信息。可以在这里将固定资产的变动方式与相应的账务处理相联系，在此处选择对应的科目、凭证字、凭证摘要等项内容，在发生固定资产变动时系统将根据在此处输入的有关数据生成账务数据。

③币别选择：选择固定资产增加时所发生的货币的币别，当在币别选择窗口选择所对应的外币后，窗口中会自动出现该种外币所对应的预设汇率，此汇率可以修改。

④原值本位币：输入固定资产入账时的原值本位币数额，这里应注意，将原值本位币与期初原值区分开。

⑤累计折旧：此处输入的累计折旧数值为固定资产入账时的累计折旧数额，请注意与期初累计折旧区别开（累计折旧以综合本位币计算）。

3. 折旧与减值准备信息

固定资产折旧与减值准备信息主要包括了固定资产的账务处理信息，以及固定资产进行折旧计算的一些数据来源信息。这其中的数据都是固定资产当前状况的反映，主要包括固定资产原值、累计折旧、减值准备、预计净残值等折旧要素。在固定资产卡片录入窗口中单击“折旧与减值准备信息”，即可切换到“折旧与减值准备信息”窗口，如下图所示：

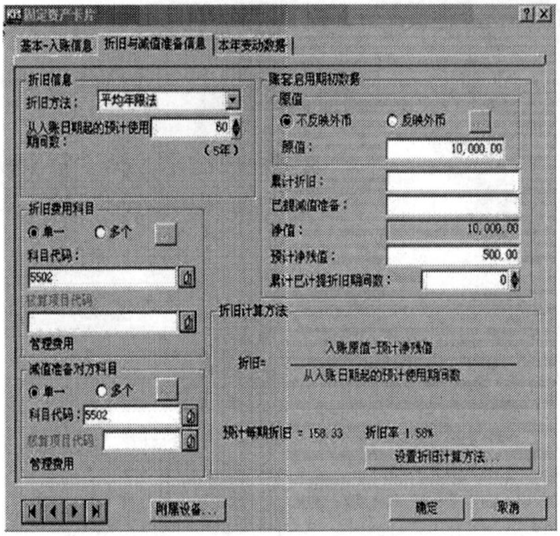

折旧与减值准备信息中包括：折旧信息、减值准备信息、期初数据、折旧费用科目、减值准备科目和设置折旧计算方法内容。

①折旧信息：折旧信息部分提供了固定资产折旧的方法和预计使用期间（年限）数等项数据选择，这部分是固定资产折旧处理的最基础资料，在输入完毕后一般不要随意变动。

②折旧方法：折旧方法是固定资产在计提折旧时所要采取的方法。

不计提折旧：此选项表示不管在任何条件下，系统都不会对该项固定资产计提折旧。即使该项固定资产的类别为房屋建筑物类，系统同样不会计提折旧。

③预计净残值：是在增加固定资产时确定的预计净残值率与原值的乘积，预计净残值率一般为3%-5%。此项数据系统会根据选定的固定资产类别，按类别中预定的预计净残值率计算。也可以在这里修改其预计净残值。

④剩余使用期间数：剩余使用期间数是指在账套启用时，该项固定资产内还剩余的使用期间数，本项数据在选用第3项折旧计算公式时需要使用。此数据实际上体现了该固定资产已使用的期间数，它将影响到启用账套后对该固定资产进行其他变动（如调整原值等）时的处理结果。

⑤折旧费用科目：折旧费用科目是该项固定资产在计提折旧时，折旧额所应计入的费用科目。必须首先在这里设置好折旧费用科目，这样系统才有可能自动计提折旧。一个固定资产至少有一个折旧费用科目，如果在实际工作中该项固定资产有两个以上折旧费用科目，系统设定了多个折旧费用科目选项。如果选取多项折旧费用科目，则可在此处输入折旧费用科目及各折旧费用科目的分配比例，此处要求各折旧费用科目的费用分配比例之和为

100%。注意事项：如果新建账套行业选择“小企业会计制度”，则不需要填写有关固定资产减值准备的信息。

4. 固定资产变动数据

固定资产变动数据主要包括了固定资产从年初到账套启用期止的固定资产原值、累计折旧等账务数据的变动情况。在固定资产卡片录入窗口中，单击“本年变动数据”系统即会弹出本年变动数据窗口，在这里输入有关本年变动数据。固定资产本年变动数据：用于输入固定资产在启用账套年度内发生的有关数据，含本年度原值调增、本年度原值调减、本年度累计折旧调增、本年度累计折旧调减及本年计提折旧 5 项。在这里需要说明的是：如果固定资产是本年度内入账的，则在固定资产项目数据之间有如下的关系：

入账原值 = 期初原值 – 本年原值调增 + 本年原值减少

入账累计折旧 = 期初累计折旧 – 本年累计折旧调增 – 本年计提折旧 + 本年累计折旧减少

系统会自动根据上述关系求得平衡，在上述有关项目发生变动以后，请注意检查一下本年变动数据，看看其数值是否符合实际账务需要。否则可能会影响账务数据的准确。

①本年原值调增。指本年年初到账套启用期止的固定资产原值调增的数额，注意此处不包括本年新增加的固定资产原值，仅指在年初基础上调增的部分原值数额（综合本位币）。如果固定资产是在以前年度入账的，此处数据构成“固定资产”科目的本年累计借方发生额。如果该项固定资产是在本年度内入账的，则入账原值与本年原值调增值之和，构成“固定资产”科目的本年累计借方发生额。例如：某一固定资产的年初原值为 36 万元，本年进行了固定资产改造，新增原值 4 万元。那么在此处就应填入 4 万元。

②本年原值减少。指本年年初到账套启用期止的固定资产原值调减的数额（综合本位币），固定资产原值由于某种原因发生调减的数额在此处填列。该数值构成“固定资产”科目的本年累计贷方发生额。

③本年累计折旧调增。本年累计折旧调增是该项固定资产在本年年初到账套启用期止，累计折旧发生变动而调增的累计折旧数额。此处不包括本年由于计提折旧而增加的累计折旧数值，此项数据反映在“累计折旧”科目的本年累计贷方发生额。

④本年累计折旧减少。是指固定资产的某些变化造成了累计折旧调减，此项数据反映在“累计折旧”科目的本年累计借方发生额。

⑤本年计提折旧。是指在从本年年初到账套启用期为止这段期间内所计提的固定资产折旧。注意：如果账套是从年初启用的，那么不输入以上 5 个

信息。

⑥固定资产本年年初数据。本年年初数据是该项固定资产在年初时的有关账务处理数据，包括原值和累计折旧，它们分别构成“固定资产”科目和“累计折旧”科目的年初余额（综合本位币）。如果该项固定资产入账日期的年度在账套启用年度之前，则本年年初数据根据以下公式由电脑自动计算得出：

年初原值 = 期初原值 – 本年原值调增 + 本年原值减少

年初累计折旧 = 期初累计折旧 – 本年累计折旧调增 – 本年计提折旧 + 本年累计折旧减少

5. 附属设备资料

输入完固定资产资料后，若该固定资产有附属设备，还应录入附属设备资料。单击“附属设备”按钮进入固定资产附属设备窗口。附属设备内容：名称、规格、单位、数量、金额。录入完毕后单击“关闭”按钮返回固定资产卡片窗口。

在全部资料输入完毕后，单击“增加”按钮，系统就会将所录入的固定资产资料保存。当所有的固定资产资料全部输入完毕之后，单击“关闭”按钮，系统关闭固定资产卡片窗口，返回到固定资产初始化窗口。

浏览：在固定资产初始化窗口中利用光标移动键和滚动条浏览已录入的固定资产名称、固定资产原值数据、固定资产累计折旧等项数据资料。

修改：在固定资产初始资料窗口，双击要修改的固定资产记录；或选中要修改的记录后，单击“修改”按钮，也可以从编辑菜单中选择“修改”项，进入修改窗口。修改窗口中的操作方法与增加时操作相同，在修改时可以使用记录移动器来选择上一项或下一项固定资产进行修改。修改完毕后单击“确定”按钮退出修改窗口，如不想保留当前卡片中所做的修改，单击“取消”按钮系统则不会保存所做的修改。

删除：在固定资产初始资料窗口，选中要删除的记录，单击“删除”按钮或从编辑菜单中选择“删除”选项。系统会弹出提示窗口，提示是否要删除。确定删除单击“是”按钮，否则单击“否”按钮。

（三）试算平衡

上述数据输入无误后，选择“试算平衡表”项目，系统会弹出试算平衡表窗口对数据进行试算平衡。在此处应特别注意：如果该账套选择了表外科目的核算功能，则在初始数据录入中同时提供了表外科目的初始数值录入窗口，但表外科目的初始数值并不参与表内科目数额的试算平衡。系统在进行试算平衡时，只将所有表内科目账务数据全部合计在一起，因此只有将所有的本位币、外币、辅助账、数量金额账、固定资产等全部数据录入完毕之后才能够进行总账数据的试算平衡。试算平衡表中会显示出所有一级科目的年初借方、年初贷方、累计借方、累计贷方、期初借方、期初贷方各项数值。如果账套数据是平衡的，系统在窗口的上方会显示“试算平衡表已平衡！”的字样。如果账套数据不平衡，系统会在窗口的上方会显示“试算平衡表不平衡！”的字样。提示账务数据不正确，需要检查修改。试算不平衡是不能启用账套的。可以在试算平衡表中仔细核对账务数据，以确保账套初始数据准确无误，否则，如果存在错误在启用账套之后是无法再修改的。

（四）刷新并汇总

点击该项，系统对所有数据进行刷新汇总操作。建议在完成初始化数据录入后，一定要记得刷新汇总数据。特别是下设多个核算科目时。

五、启用账套

至此，一个新账套的账务数据初始化工作已基本完成，经过了账务数据、固定资产数据、往来业务数据以及会计科目、核算项目的输入，就可以开始进行日常工作处理了。初始化处理中的最后一项工作就是启用账套，启用账套就是将初始化工作中所输入的数据进行处理和转化，将其转变为账务日常处理所需的格式，为日常处理提供初始数据来源。这里必须注意的是：一旦启用账套，就意味着关闭初始化界面，这一过程是不可逆的。启用账套之后任何初始化资料都不能修改，因此在完成初始化工作之后，应该再仔细检查一下初始化数据，确保无误后再启用账套。在会计之家初始设置窗口中，单击“启用账套”按钮，系统就会进入启用账套处理，如下图所示：

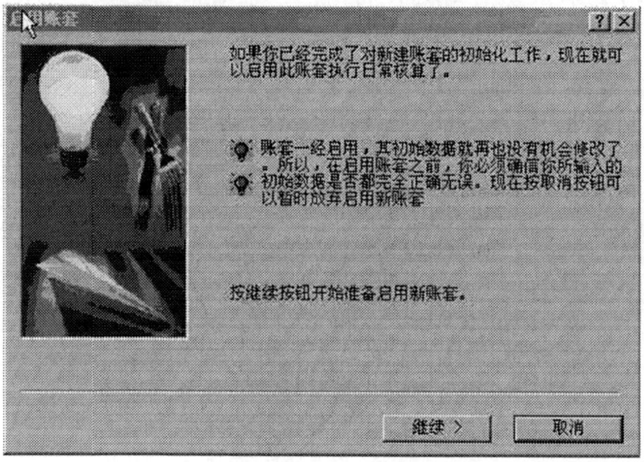

第二节　初始设置与日常系统维护

会计之家窗口单击系统维护模块，就可以进入维护模块窗口，在维护模块中包括对会计科目、核算项目、币别、账套选项等的设置及上机日志、科目合法性检查等。

一、币别

对企业核算中所遇到的所有外币进行浏览、打印、增加、修改、删除等项操作。“增加”按钮用于增加需要进行核算的货币。单击“增加”按钮，系统弹出下图所示窗口，就可以在这个窗口中增加货币了。

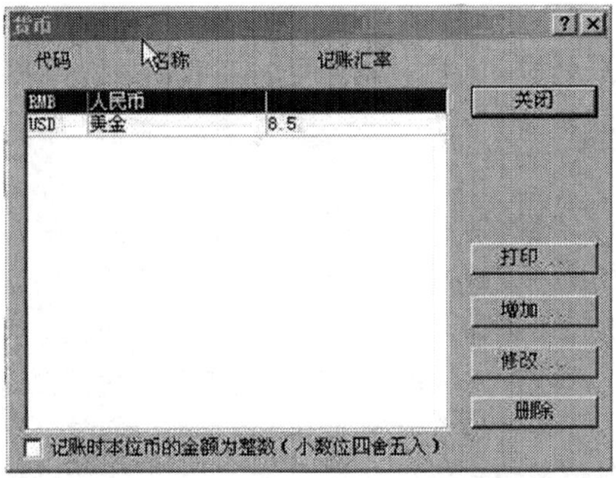

货币代码：表示货币币别的代码，本系统使用 3 个字符表示。建议使用一般惯例编码，如：RMB、HKD、USD……。在输入货币代码时尽量不要使用“$”符号，因为该符号在自定义报表中已有特殊含义，如果使用该符号，那么在自定义报表中定义取数公式时可能会遇到麻烦。

货币名称：表示货币币别的名称，本系统允许最多使用 10 个字符（即 5 个汉字）。如人民币、港币、美元等。

期初汇率和期末汇率：记账时该外币的期初汇率和期末汇率。可以在此处为本期的期初汇率，并取期初汇率作为记账汇率，在经济业务发生时想按发生时的汇率记账，则可在获取该货币后修改为发生时汇率即可。期末调整汇兑损益时，系统自动按对应期间的期末汇率折算，并调整汇兑损益额度。

折算方式：本系统可选择折算方法有直接汇率法和间接汇率法两种汇率折算公式。

直接汇率法：原币金额 × 汇率 = 本位币金额

间接汇率法：原币金额 ÷ 汇率 = 本位币金额

增加完毕后，按“ENTER”或单击“确定”按钮保存新增加的货币资料，即可完成增加工作。

“修改”：该按钮用于修改已输入的货币的代码、名称、汇率、折算公式等项内容。“删除”：该按钮用于删除不需要的某一货币。

二、凭证字

点击“凭证字”，可以对凭证字进行新增、修改和删除的操作。如下图：

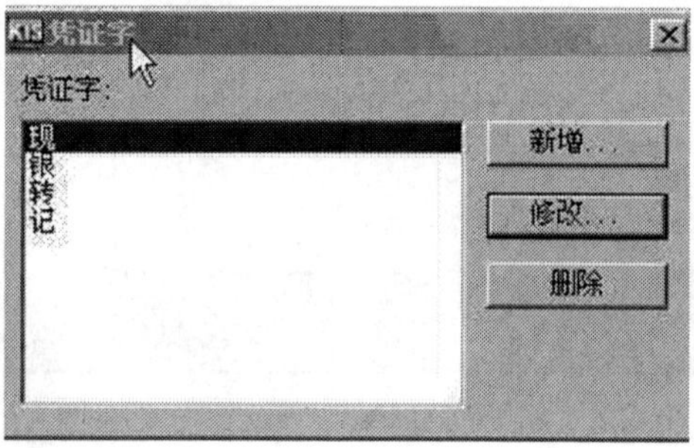

凭证字：反映凭证属性的简称，如“收”“付”“转”等。新增凭证字：输入新增的凭证字的名称，同时可以输入科目范围控制。说明：在新增凭证字窗口，系统提供了科目范围限制选项。如凭证字为“收”字时，用户可输入借方必有现金与银行存款科目，即在借方必有选择框中输入：101–102。这样，在凭证录入窗口，当选择凭证字为“收”时，如果不输入 101 或 102 科目，在存盘时系统会提示凭证不符合借方必有（101–102）的限制。删除凭证字：将光带定位至待删除的凭证字，单击“删除”即可。修改凭证字：将光带定位至待修改的凭证字，单击“修改”进入凭证字修改画面，修改后确定即可。

三、结算方式

结算方式是预先定义银行存款业务处理时所需的银行结算方式。定义之后在录入银行存款凭证时就可选择结算方式录入了。点击“结算方式”，可以对结算方式进行新增、修改和删除操作。新增结算方式：点击“新增”按钮，出现下图界面，用户输入结算方式名称后点击“增加”即可。删除结算方式：将光带定位至待删除的结算方式，单击“删除”即可。修改结算方式：将光标定位至待修改的结算方式，单击“修改”进入结算方式修改画面，修改后确定即可。

四、核算项目

单击“核算项目”，进入核算类别和核算项目设置窗口，如下图所示：

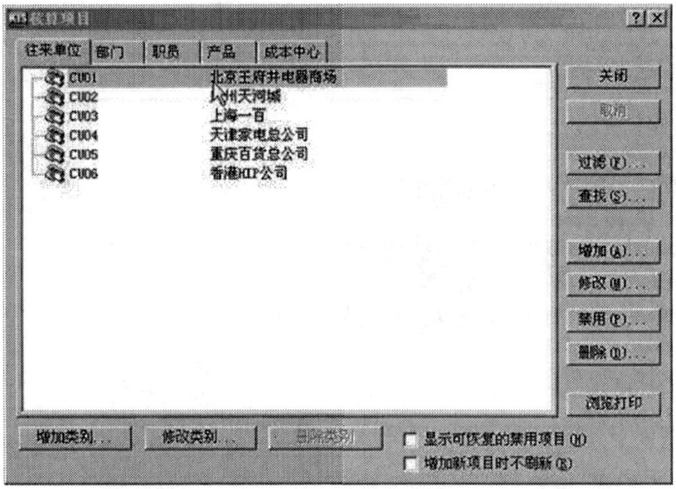

（一）核算类别设置

金蝶 KIS 已经预设了三种核算类别：往来单位、部门、职员。用户不能对上述三种类别进行删除操作，但可以根据自己的需要增设核算项目类别。例如上图中的“产品”即根据需要所增设的核算类别。本系统所指“往来单位”用于核算客户和供应商。在“核算类别”处理中，可以对核算类别进行浏览、修改、增加、删除等操作。

增加类别：根据需要增加核算类别，单击“增加类别”按钮，弹出如下图所示窗口：

可以在此处输入类别名称，并可输入相应的属性名称、属性类型及长度，当属性类型为整数、实数或日期时，不用输入长度。输入完毕后单击“确认”则系统保存所增加的类别，“取消”则不保存。类别名称：描述核算类别的名称，长度为20个字符（10个汉字）。

修改类别：在类别浏览窗口中选中要修改的类别，单击“修改类别”按钮进入修改状态。进行修改即可。

删除类别：在类别浏览窗口中选中要删除的类别，单击“删除”按钮即可删除选中的核算类别。

（二）核算项目设置

对系统预设及用户新增加的核算类别下设的核算项目的内容进行设置。对于所有核算项目，本年无业务发生的项目可以删除；本年有业务发生但余额为零的项目可以删除，若选择“显示已被删除的项目”，删除后此项以灰色显示；本年有业务发生但余额不为零的项目，不能删除。可以由屏幕下方复选框选择是否显示已被删除的核算项目。在核算项目处理窗口中可以对核算项目进行如下处理：浏览、过滤、查找、打印、增加、修改、删除等操作。

1. 往来单位设置

在核算类别窗口选中往来单位类别，进行往来单位核算项目的设置。对往来单位档案资料进行浏览、增加、修改、删除等操作。档案内容包括代码、名称、地址、电话、邮编和联系人等信息。在核算类别显示窗口，选中客户核算类别。在核算项目显示窗口中即显示往来单位代码及往来单位名称。单击“增加”按钮即会弹出增加往来单位窗口，如下图所示：

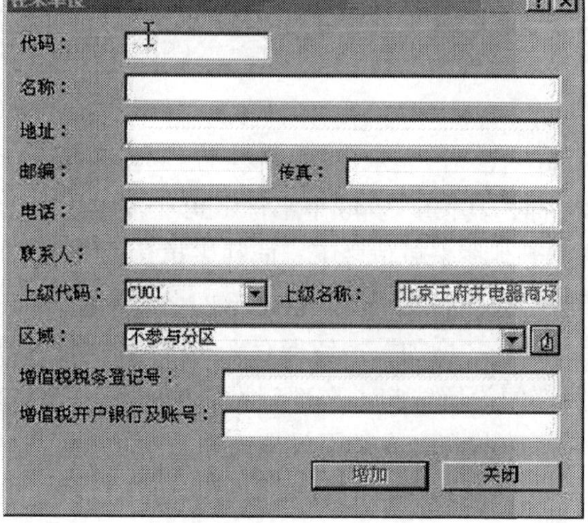

往来单位资料内容包括代码、名称、地址、电话、邮编、联系人、增值税税务登记号和增值税开户银行及账号。如果参与报表合并还会出现“内部单位代码”字段。代码：往来单位中代码长度为10个字符位，一般为字母或数字；名称：往来单位中名称长度为40个字符位，一般为字母或汉字；上级代码：表示该往来单位是否要求设置在某往来单位之下，例如：广州区域代码为“03”，其下设“广州橡胶厂、广州轮胎厂、广州胶管厂”等往来单位，此时，在“上级代码”处选择或录入代码“03”即可，上级名称随即自动显示。当选择“无”时，表示系统不设上级代码；上级名称：表示上级代码所代表的往来单位；其他：往来单位项目中除以上内容外，还提供了地址、电话、联系人等数据项目作为参考信息，可以根据实际情况填列。输入完毕后，单击窗口中的“增加”按钮保存新增客户资料。当所有的往来单位增加完毕后，单击“关闭”按钮返回核算项目设置窗口。

2. 部门设置

在核算类别窗口，选中部门类别，在核算项目窗口进行部门的设置。可以对部门档案资料进行浏览、增加、修改、删除等操作。部门详细资料窗口如下图所示：

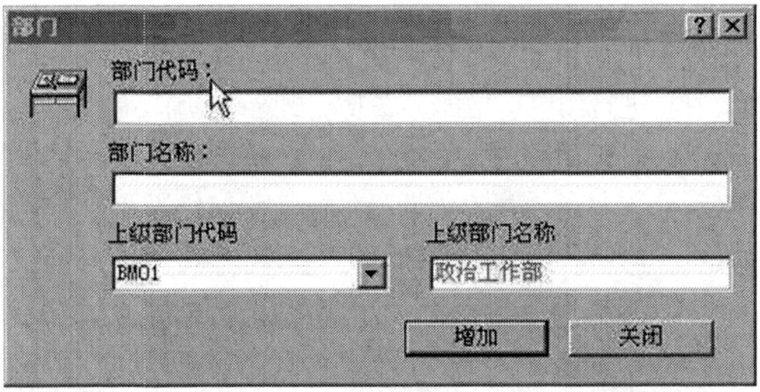

在核算项目显示窗口中即显示部门代码、部门名称及上级部门代码、上级部门名称等。部门代码：表示部门的代码，其长度为10个字符；部门名称：表示部门的名称，其长度为40个字符（20个汉字）；上级部门代码：表示该部门是否设置于某往来单位之下，同往来单位的上级部门代码设置；上级部门名称：表示上级部门代码所代表的部门名称；输入部门代码和部门名称，输入完毕后，单击“增加”按钮保存新增部门资料。增加完毕后，单击“关闭”按钮返回部门设置窗口。在部门设置窗口选中要修改的部门，单击“修改”按钮进入修改状态。在部门设置窗口选中要删除的部门，单击“删除”按钮，系统提示是否删除选中的部门。确认删除选择“是”，否则，选择

"否"。之后，系统返回部门设置窗口。

注意：如果不能设置下级部门，请在"账套选项"窗口中单击"账套参数"选项卡，再单击"高级"按钮，单击"系统"选项卡，选择"允许核算项目分级显示"，如下图：

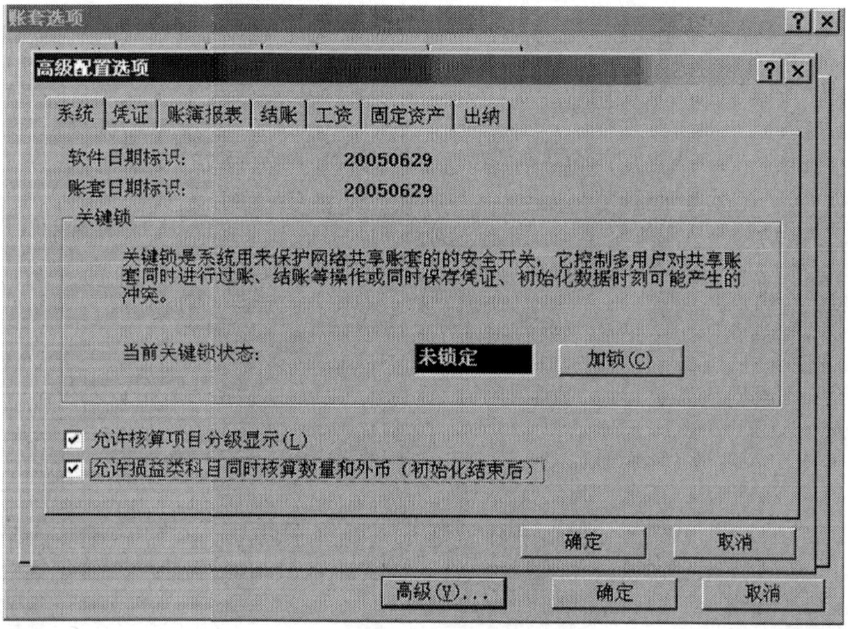

3. 职员设置

在核算类别窗口选择职员，进行职员设置。可以对职员档案资料进行浏览、增加、修改、删除等操作。职员项目不仅可以满足财务核算的要求，它还有一项十分重要的用途，就是用于工资核算。金蝶 KIS 中工资核算的许多项目数据都是来自于职员项目。如职员姓名、部门等。在职员核算项目中，可以设定哪些职员参与工资核算，在这里设定为"不参与工资核算"的职员在进行工资核算时将不会出现，无法输入其工资数据。职员信息内容包括代码、姓名、部门、职务、类别、性别、出生日期、住址、电话、进入公司日期、离职日期等信息。注：本系统日期格式与 Windows 系统中设置的日期格式相同。在核算类别显示窗口选中职员核算类别，在核算项目显示窗口中即显示职员代码与职员名称。在此可以进行职员的设置。确定在核算类别显示窗口已选中职员核算类别，单击"增加"按钮进入增加职员窗口，如下图：

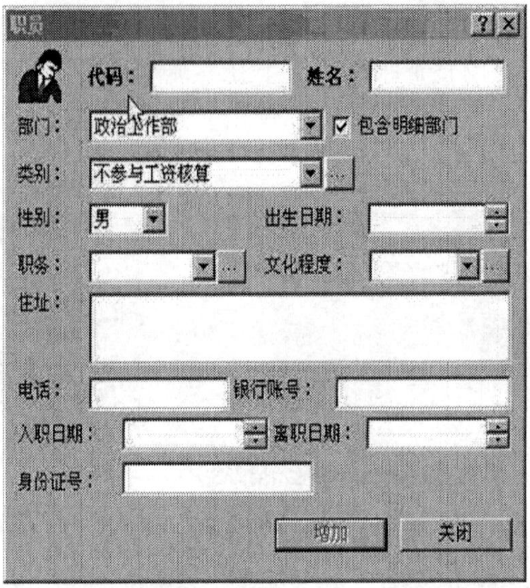

在此窗口中输入职员的详细项目资料。代码：可输入字符或数字，最大长度为10个字符位；姓名：可输入字符或汉字，最大长度为40个字符位；部门：部门项目是取自“部门”核算类别内的资料，在输入职员资料时必须先输入“部门”资料。否则这里的“部门”项目无法输入。职员也无法增加；类别：为了在工资核算中将职员按照工资费用性质进行划分，以便进行工资费用的分配，需要对职员类别进行定义。系统已预设的职员类别为“不参与工资核算”，表示该职员不参加工资核算，在录入工资数据、输出工资表等有关工资处理工作中，将不会出现该职员。对此类别不能进行修改、删除等操作。其余的职员类别可以根据自己企业的实际情况来设定。职员类别还是进行工资分配的依据，在这里要仔细设定，并且注意要按照工资分配的口径来设定，以便于今后对职员的工资费用能够进行正确的分配。

注意：如果把原来职员的类别改为“不参与工资核算”，系统会给予提示“该职员以前历史期间的工资数据将被全部删除，是否继续？”如果用户确认，则该职员以前的工资数据将全部被删除；如果职员有业务发生，在职员设置窗口选中要删除的职员，单击“删除”按钮，窗口删除的职员灰色显示，并以红色叉标志；如果职员无业务发生，选中要删除的职员，单击“删除”按钮，系统不经过提示直接删除。

4. 自定义核算项目初始设置

在类别显示窗口，选择自定义的核算类别进行相应的核算项目设置。方法：在核算类别显示窗口选中要设置用户自定义的核算项目的核算类别，在核算项目显示窗口显示核算项目代码和名称，在此可以进行该类别核算项目的设置。利用光标移动键或滚动条可浏览核算项目。增加：在自定义核算项目窗口中单击“增加”按钮，如下所示窗口：

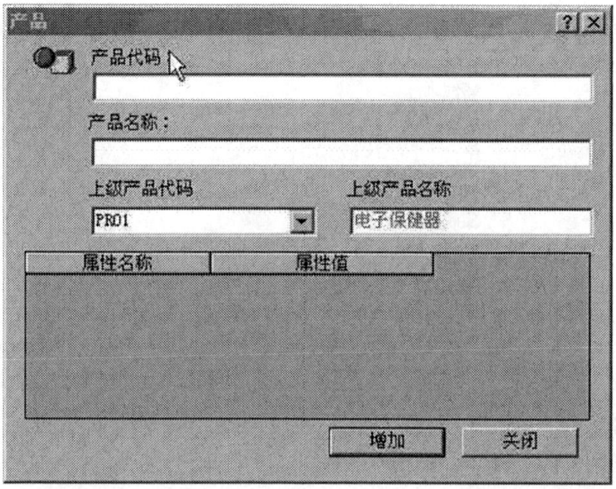

在此窗口中可以输入新增的核算项目内容，包括代码、名称等项内容。代码：表示核算项目的代码，其长度为 10 个字符；名称：表示核算项目的名称，其长度为 40 个字符（20 个汉字）；自定义核算项目属性名称：表示该属性的具体内容。其长度受制于该属性的长度定义值。修改：单击修改按钮可以对某一项目进行修改。修改窗口与增加核算项目基本一致，进入此窗口后根据需要修改即可。可利用记录移动按钮查阅和修改其他自定义项目的内容，进行成批修改。删除：选中要删除的项目，单击删除按钮可删除选中的核算项目。删除后原核算项目消失或被标以删除标记，用户可以对被标上删除标志的核算项目恢复删除。如果该核算项目已经发生了业务，系统提示无法删除。注意：删除核算项目操作只是对核算项目做了一个删除标志，如果需要彻底物理删除一个核算项目，在删除的同时按住 Shift 键即可。核算项目内容全部设置完毕后，就可以退出核算项目处理功能了。要结束核算项目设置单击“关闭”按钮即可返回到会计之家窗口中进行其他功能处理了。在我们设置完核算项目后就可以进行会计科目设置工作了。

五、会计科目

在系统维护模块中，单击“会计科目”按钮，系统进入如下图所示的会计科目维护窗口。

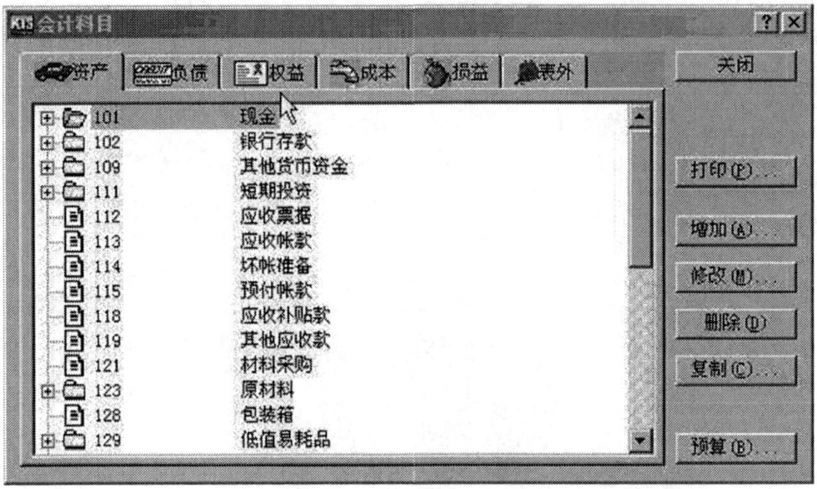

在该窗口中可以对会计科目进行浏览、增加、修改、删除、复制、预算数据输入和打印等操作。金蝶KIS系统中将会计科目分为"资产""负债""权益""成本""损益"和"表外"六大类。单击科目浏览框顶部的科目类别项目按钮，可分类浏览各类别的会计科目。要浏览某会计科目的设置属性或其属下的明细科目，双击鼠标左键，若该科目下设置了下一级科目，则该科目处之前显示展开符号"+"，否则显示折叠符号"–"，表示已经是最明细科目。如要查看下一级科目，只需单击展开符号"+"即可。

(一)会计科目增加

在会计科目设置窗口中，单击"增加"按钮进入新增科目界面，如下图所示（此图为修改会计科目的窗口，新增会计科目窗口同其类似）。在会计科目详细资料窗口中的各输入栏目中输入新增科目的信息资料，并选择单选按钮或复选框。输入完毕后，单击"增加"按钮保存新增科目的资料。增加完毕后，单击"关闭"按钮，返回会计科目设置窗口。增加会计科目必须由上级至下级逐级增加。即必须首先增加上级科目，只有上级科目存在才能增加下级科目，否则系统会提示上级科目不存在。会计科目的级别编码，完全按照在新建账套时所设各级会计科目编码长度来限制，在进行科目编码时要按照所设定的各级长度来编制。

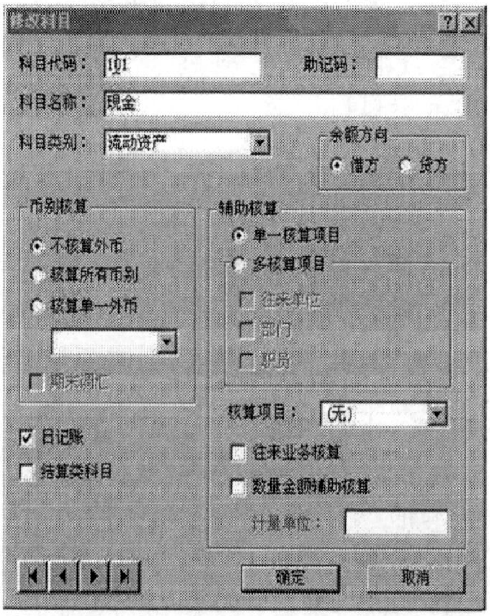

1. 科目代码：科目代码是整个系统处理的核心内容，全部账务系统的处理都是围绕着会计科目来进行的。会计科目的代码应该按照一定的规则进行编制，以便在使用中清晰明了。会计科目编码允许最大长度为 15 个字符，建议使用数字字符进行，其各级编码的长度要符合新建账套时所设置的值。

2. 助记码：帮助记忆会计科目的编码。允许长度为 8 个字符。在录入凭证时，为了提高会计科目录入的速度可以用助记码帮助科目录入。例如：将“现金”科目的助记码输为“xj”，则在输入现金科目时输入“xj”，系统将会自动找到“现金”科目，以加快凭证处理速度。

3. 科目名称：科目名称是该科目的文字标识，在命名科目名称时只需命名本级科目名称，不必带上级科目名称。输入的会计科目名称一般为汉字和字符，最长可达 40 个字符。

4. 科目类别：科目类别用于对科目的属性进行定义，按照会计科目的经济性质进行分类，可以很方便地对科目进行管理。同时，科目类别中的某些属性，系统在进行业务处理时还要做一些特殊的处理，因此千万不要轻视科目类别的输入。会计科目的属性系统都已作了设定，共分六大类：

①资产类科目：资产类科目包含流动资产和长期资产两项，流动资产一般是“现金”“银行存款”等科目；长期资产一般为“长期投资”“固定资产”等。

②负债类科目：负债类科目包含流动负债和长期负债两项，流动负债一般是“短期借款”“应付票据”等科目；长期负债一般为“长期借款”“应付债券”等。

③所有者权益类科目：所有者权益是企业投资者对企业净资产的所有权。主要包括："实收资本""资本公积"等科目。

④成本类科目：成本类科目主要反映企业在生产过程中所发生的直接材料、直接人工以及制造费用的发生额，主要包括"生产成本"和"制造费用"科目。

⑤损益类科目：损益类科目是直接反映企业经营成果的科目，其中大都是收入和期间费用科目。损益类科目一般在每期期末都要将其本期的实际发生额全转入本年利润中去，因此，损益类科目在系统中是有特定含义的。系统中损益类科目的特殊处理主要体现在两个方面：第一、在执行"结转本期损益"功能时，所有定义为"损益类"的科目的本期实际发生额都将全部自动结转；第二、在自定义报表中设置取数公式时，只有设定为"损益类"科目在使用"SY"和"SL"参数取数时才能取出其实际发生额。这一点在使用自定义报表时要特别注意。损益类科目一般包括营业收入、营业成本及税金、期间费用、其他收益、其他损失、以前年度损益调整和所得税 7 项。

⑥表外类科目：表外类科目是不包含在资产负债表中的科目。

5. 日记账：是指按日清日结的方式登记账簿，如 101 现金科目定为日记账属性。

6. 余额方向：是指该科目的余额默认的余额方向，一般资产类科目的余额方向在借方，负债类科目的余额方向在贷方。会计科目的这项属性对于账簿或报表输出的数据有直接影响，系统将根据会计科目的默认余额方向来反映输出的数值。例如：如果您将"现金"科目的余额方向改为"贷方"，则其借方余额在自定义报表中就会反映为负数。因此在新增科目时应注意这一点，尤其在自定义报表中取出的数值反向后可重点检查该项选择。

7. 币别核算：指定该科目币别核算的类型，对核算币别进行选择。系统在处理核算外币的会计科目时，会自动默认您在"货币处理"功能中输入的汇率，可以根据实际情况进行修改。

8. 核算项目：核算项目是会计科目的一个延伸，它具有灵活方便的特性。可以选择单一核算项目，也可以选择多核算项目。核算项目名称就是在核算项目中输入的核算类别名。如果选择单一核算项目类别则此类别下的所有核算项目都可参与该科目的核算。如果选择多核算项目辅助核算时，可同时选择其下的"往来单位""部门""职员"选项。需要注意的是当选择多核算项目后，再选择核算项目时，只能选择自定义核算项目类别。

9. 往来业务核算复选框：是否进行往来业务详细内容核算，如果仅仅是核算单位，则不选此项。此项选择将影响到《往来业务对账单》和《账龄分析表的输出》。

10. 数量金额辅助核算复选框：是否进行数量金额辅助核算。若进行数量金额辅助核算，要求输入核算的计量单位。

说明：

（1）需要设置为（多）核算项目属性的会计科目有：501（销售收入）、113（应收账款）、115（预付账款）、203（应付账款）、204（预收账款）等，其他成本类科目也可根据实际需要设置。

（2）金蝶 KIS 已经预设了三种核算类别（往来单位、部门、职员），同时还可自定义核算项目类别，其目的是编制客户辅助账、部门辅助账。如果对客户、部门仅仅要求统计和分析的科目而又不下设更明细的科目，此时可按需要分别下设往来单位、部门、职员。如将销售收入 501 可设置为“往来单位、部门、职员”多核算项目后，当录入凭证时，在使用 501 会计分录时，必须输入往来单位、部门、职员等内容，保存凭证并对凭证过账作业后，就可在核算项目总账、明细账中选择分不同的核算项目分别显示 / 打印出来。

（3）在账套初始化数据处理时，对多核算项目科目录入，注意核算项目设置的目的是从不同的核算角度来查看打印账务数据，所以，如果 129 其他应收款 –129（设置多核算项目 往来单位、部门、职员）的科目余额、累计借方、累计贷方必须存在以下恒等关系式：

【129】=【129– 往来单位】=【129– 部门】=【129– 职员】

如果不存在上述关系，则系统将提示：“科目 129 下设的核算项目数据不平衡！”

注意：将会计科目设置成多项目核算会导致用户对系统数据理解困难，不必要的多项目核算还可能导致账表数据显示混乱。建议用户设置科目体系时慎重规划，以避免不必要的多项目核算设置。

会计科目是否有必要设置成（多）核算项目必须在新建账套时，特别提醒要事前确定规划好。如果在启用账套后，对已经发生业务的会计科目再要求修改核算项目属性时，可参照以下方法：

方法一：删除相关业务资料，反过账或反结账，再修改会计科目属性。

方法二：将该科目余额调整为 0。需要注意的是，对关系到该科目以前的业务资料不可删除，否则系统将出现不可预料的错误。

（二）会计科目的修改

在会计科目设置窗口选中要修改的会计科目，单击“修改”按钮进入与会计科目增加类似的修改窗口。在此窗口中按增加的规则进行修改，将所需修改项目修改完毕后，单击“确定”保存所做的修改。否则按“取消”按钮返回到会计科目设置窗口。

（三）会计科目的删除

在会计科目设置窗口选中要删除的会计科目，单击“删除”按钮，系统弹出确认删除窗口，提示用户是否确实要删除所选中的会计科目。选择“是”则删除该会计科目。若不想删除选中的会计科目，选择“否”。选择完毕后，系统返回会计科目设置窗口。

六、常用摘要

点击“常用摘要”，进入下图界面：在此界面可以进行摘要类别和摘要的增加、修改及删除操作。操作方式与凭证字的操作方式相同，在此不重复描述。引入：指可以引入其他账套的常用摘要。

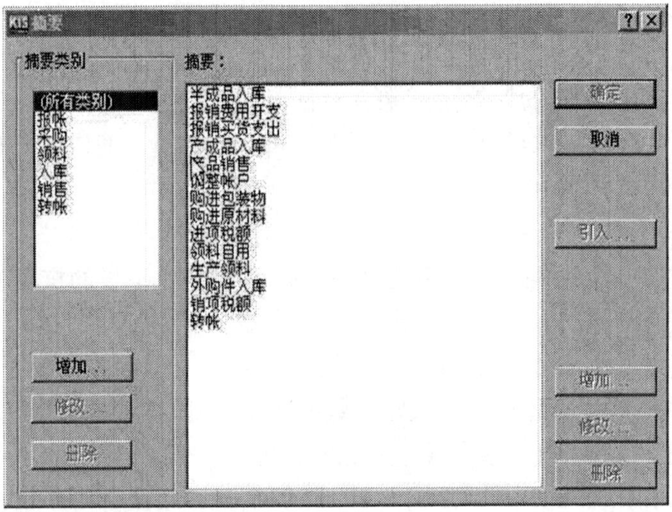

七、模式凭证

金蝶 KIS 在凭证录入和会计分录序时簿界面中，提供了可随时将某凭证保存为模式凭证和调入模式凭证的功能，以方便在录入凭证时，根据需要随时调入模式凭证作为输入凭证时的基本界面，以减轻凭证录入的工作量，见下图：

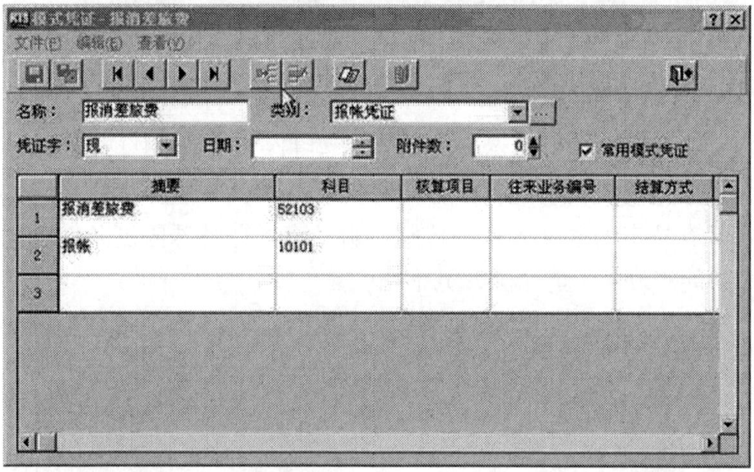

八、账套选项

“账套选项”包括了账务处理的重要信息及重大会计政策。如记账凭证字号的设定、账簿余额输出方向、固定资产折旧要素变动后的会计政策等。因而须慎重定义此选项。其中的选项一经选定，则不宜经常变动，否则会影响会计处理的一致性。

（一）账套参数

单击“账套参数”，进入账套参数显示屏。显示建立账套时设置的参数，记账本位币、科目结构、会计期间等。账套名称项可以进行修改，其他参数只能作为查看信息，不能修改，见下图：

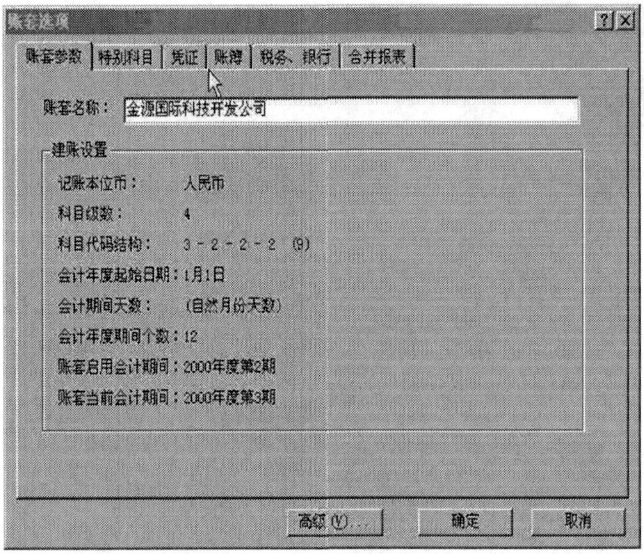

（二）特别科目

单击“特别科目”，显示系统在会计科目结构体系中预设的特别科目。特别科目一般是系统自动进行账务处理时所必需的一些会计科目，这些科目在系统中都有特定的含义，有些特别科目还有一些特殊限制条件。这些特别科目用户只能修改，不能删除，见下图：

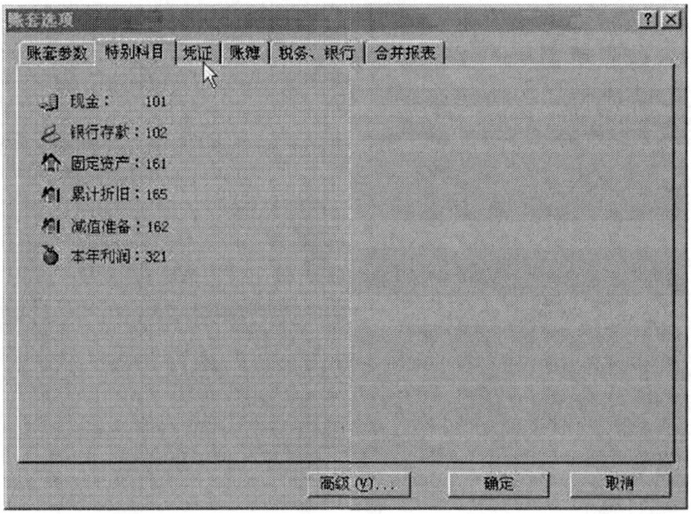

（三）凭证处理

单击“凭证”弹出如下图所示的凭证选项窗口：

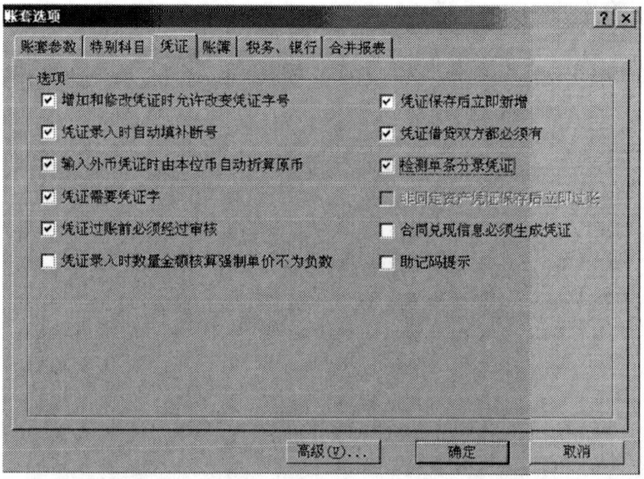

增加和修改凭证时允许改变凭证字号：确定在录入或修改凭证时凭证号能否被修改。选取，则在修改凭证时可以修改凭证字号，反之，则不可以。

凭证录入时自动填补断号：若选择此项，则在凭证录入时会自动填补“～”断号。

输入外币凭证时由本位币自动折算原币：若选择该项，则在录入外币凭证时由本位币自动折算原币。

凭证需要凭证字：如果不选择此选项，在录入凭证时就不出现凭证字，只有凭证号。

凭证过账前必须经过审核：确定凭证过账之前是否必须经过审核。如不选此项，系统在过账时不检验凭证是否经过审核。用户应根据工作需要作此项选择。

凭证录入时数量金额核算强制单价不为负数：若选择该项，则对以数量金额核算的科目强制单价不为负数。

保存后立即新增：选取则在凭证录入时，按“保存”按钮存入当前凭证后，记账凭证界面清空，等候录入新的凭证。

凭证借贷双方都必须有：表示凭证借贷双方都有会计分录，不能只存在贷方分录数或只存在借方分录数。

检测单条分录凭证：如果未选取“凭证借贷双方都必须有”的选项，则选择此项后，在凭证录入时，如只有单条分录，系统检测后，不予保存并给予提示。

非固定资产凭证保存后立即过账：若选择该项，则对于非固定资产凭证保存后立即过账。

助记码提示：选择此选项则在录入凭证时，能够进行助记码的提示。

（四）账簿选项

单击账簿弹出如下图所示的账簿选项窗口，此窗口中有账簿余额方向和账簿排列顺序及账簿排列顺序的选择窗口。

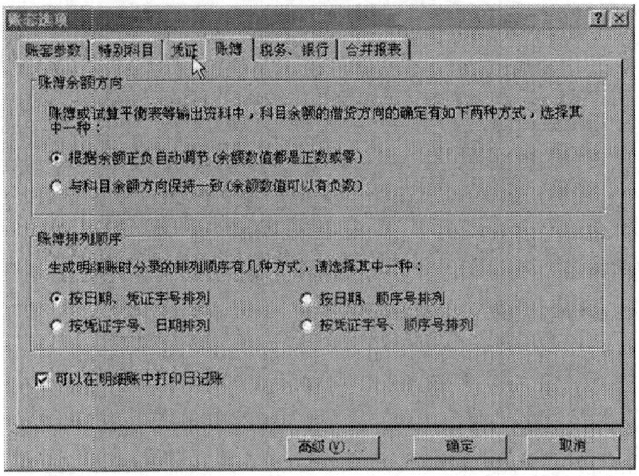

账簿余额方向，用以确定有关账表中输出时的余额方向。例如：想将“应收账款”科目的余额方向定为“借方”，就可以将选项定为第二项。如果余额变为负数，系统就会显示为借方红字。如果选择第一项选项，则会将借方红字显示为贷方。

账簿排列顺序：确定生成明细账时的排列方式。

明细账打印选项：选择是否在明细账中打印日记账。

（五）税务、银行

在账套选项窗口中，点击“税务、银行”，弹出如下图所示的窗口，此窗口包括企业信息和出纳系统两种信息。

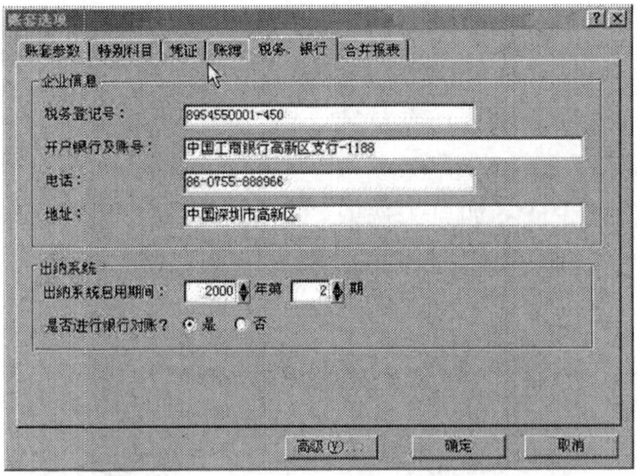

企业信息：用于登记企业税务及银行方面的有关信息。

出纳系统：用以确定出纳系统启用期间及确定是否进行银行对账，如果选择“是”，则在录入记账凭证时，对于银行存款科目要求录入“结算方式”和“结算号”。在银行日记账也相应地会输出“结算方式”和“结算号”两个栏目。如果选择“不”，则不涉及“结算方式”和“结算号”两项。

（六）高级配置选项

在账套选项窗口中，单击“高级”按钮，进入高级配置选项窗口，如下图所示：

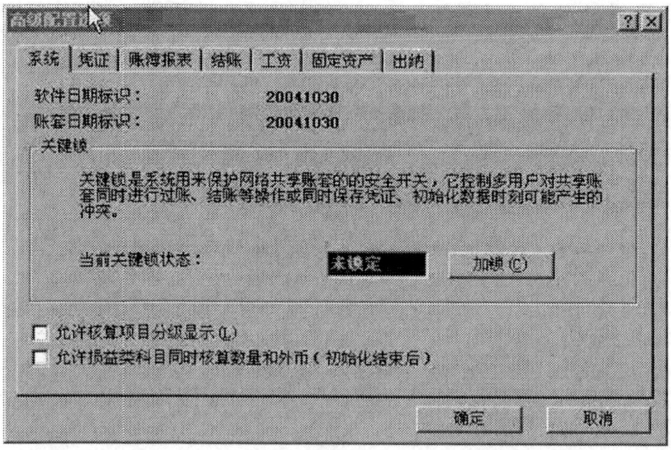

1. 系统设置

当多个用户同时使用同一账套时，多用户同时操作，有时会产生一些网络上的冲突，尤其是正在进行凭证过账，期末结账等关键操作时，并发的相同操作可能导致意料不到的错误。为了避免这些错误的发生，加强数据的安全性，系统在进行这些过程之前及过程中会对账套进行加锁，以表示这类操作的排他性。系统所设置的“关键操作锁”可通过高级选项界面来查看其状态，而且还允许账套管理员手工解锁或加锁。会计科目需要授权才能使用：对用户权限中的科目权限，只有当需要对会计科目进行授权时才选择，否则不选。具体描述如下：

当某一用户正在执行“过账与反过账、结账与反结账”等其中任一关键操作时，系统自动检测，自行加锁，这样，在上图的处理窗口中，当前关键锁处于“被锁定”状态。此时，其他用户则不能再执行任一关键操作，如果执行了关键操作，则系统给予提示：网络其他用户正在进行关键操作，当前操作被取消。但其他用户仍可以进行查询、过滤等非关键性操作。如果网络中无用户执行关键性操作，则当前锁处于“未锁定”状态。当然，用户可以强行手工加锁或解锁。当没有用户正在执行关键性操作时，如要强行加锁，则只需单击“加锁”按钮，系统弹出提示框：单击“是”，则加锁成功，其他用户不能再进行关键操作；单击“否”，则取消加锁操作。同理，如果要取消当前的“被锁定”状态，只需点击“撤销”，则系统会弹出提示框：单击“是”，取锁成功；单击“否”，取消刚才操作。但因为此功能风险较大，尤其是用户强行手工加锁或解锁，都可能无法立即保存凭证等重要数据，不能进行过账等重要操作，因此建议将账套选项的权限完全交给系统管理员。

2. 凭证设置

在“高级配置选项”窗口中，单击“凭证”选项卡，可得到凭证设置的窗口，如下图所示：

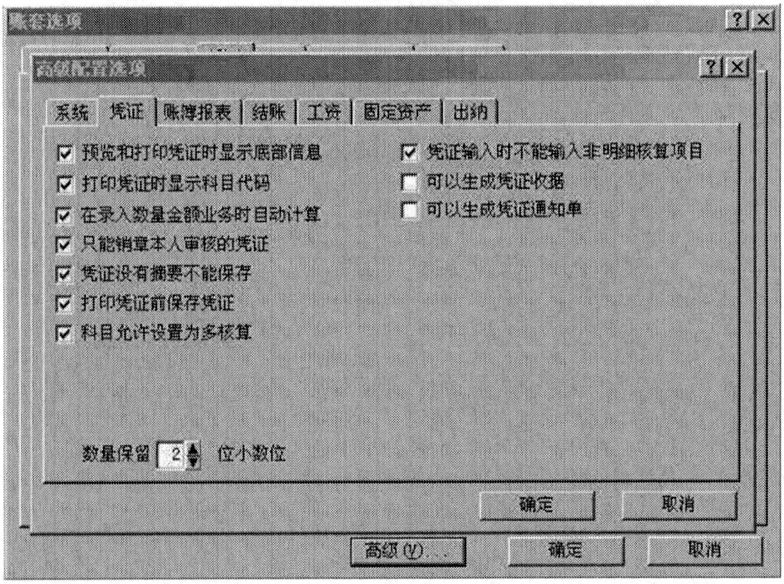

预览和打印凭证时显示底部信息：选择此项，则在凭证的打印和预览时，显示凭证底部诸如审核人、制单人、出纳、会计主管等信息，反之，则不显示。

打印凭证时显示科目代码：凭证打印时显示科目代码，如果不选则不显示。

可以生成凭证收据、可以生成凭证通知单：单击选取，在凭证界面的编辑菜单中才会有“收据和通知单”的功能选项，反之则无。

在录入凭证时自动计算分录的单价：单击选取，在凭证录入时，如科目设置了数量金额辅助核算，录入了金额和数量，则自动计算单价。

只能销章本人审核的凭证：同一登录用户只能销章本人所审核的凭证。

凭证没有摘要不能保存：选择此项，则在录入凭证时，没有摘要不能被保存。

打印凭证前保存凭证：选取，则在打印凭证时，若凭证没被保存，系统给予提示：请先保存凭证。

科目允许设置为多核算：科目允许设置多核算，否则，最多只能设置单一核算项目。

3. 账簿设置

在“高级配置选项”窗口中，单击“账簿报表”选项卡，可得到如下图所示的窗口：

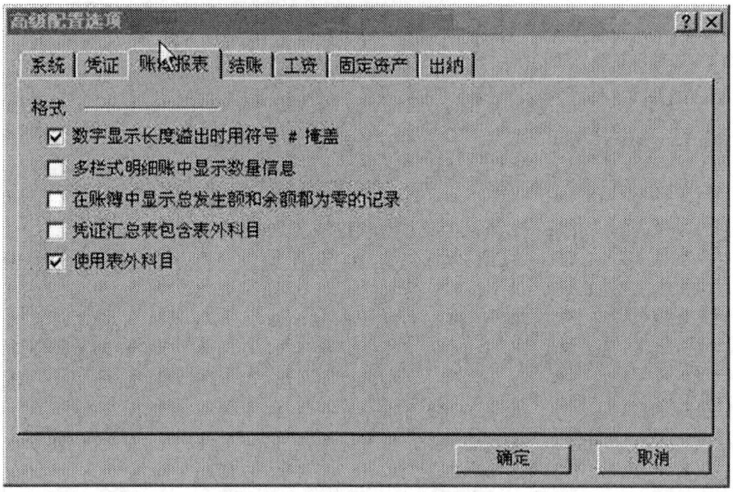

数字显示长度溢出时用符号 # 掩盖：选取此项，则在所有的账表资料中，如数字的长度超出行宽时，则系统自动用 ####### 表示。

多栏式明细账中显示数量信息：选择该项，多栏式明细账中显示数量信息，否则不显示。

在账簿中显示总发生额和余额都为零的记录：选择该项，则查询账簿时把总发生额和余额都为零的记录全部显示出来。

凭证汇总表包含表外科目：选择该项，查询凭证汇总表时能够查询表外科目的数据。

使用表外科目：单击选取，才可使用表外科目。

4. 结账设置

在“高级配置选项”窗口中，单击“结账”选项卡，就可得到如下图所示的结账设置窗口：

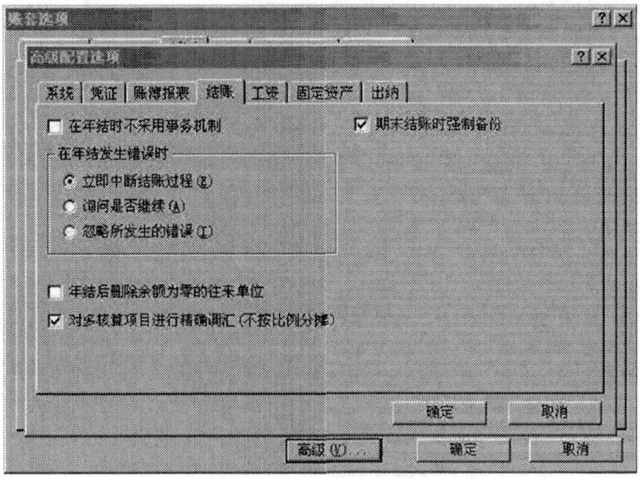

在年结时不采用事务机制：对于一些每年业务数据量特别大的企业，在系统进行年结时可能会因系统内置的事务机制加上机器容量限制而使得年结失败。此时可选择年结时不采用事务机制。

在年结发生错误时：包括立即中断结账过程、询问是否继续及忽略所发生的错误三项选项。可供用户在年结发生异常错误时的处理过程。

年结后删除余额为零的往来单位：选择该项，则年结后系统会删除“核算项目—往来单位”中余额为零的往来单位。

期末结账时强制备份：选择该选项，则在期末结账时系统强制进行备份，不备份则不能期末结账；不选则在进行期末结账时可以取消备份。

5. 工资设置

在“高级配置选项”窗口中，单击“工资”选项卡，得到如下图所示的工资设置窗口：

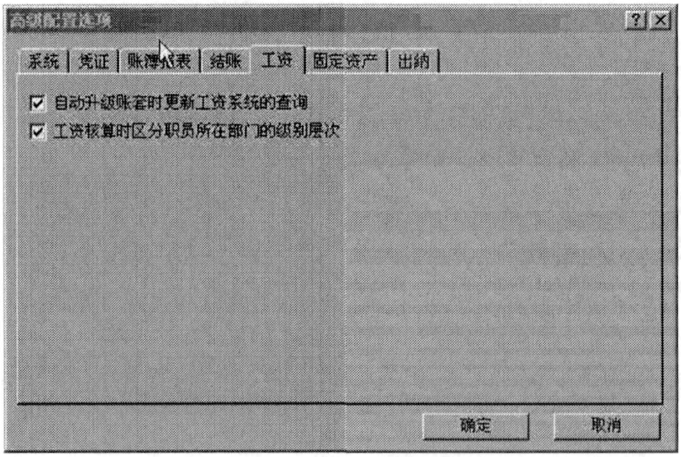

自动升级账套时更新工资系统的查询：选择此项则系统升级时保留禁用、删除和已经离职的职员的工资数据。工资核算时区分职员所在部门的级别层次：为保证工资核算时数据的正确性，选择该选项，这样在计算工资时，系统就会将所有可能的员工都考虑进去，从而避免有时因员工离职或不再参与工资核算时导致员工数据看不到的可能。

6. 固定资产

在“高级配置选项”窗口中，单击“固定资产”选项卡，得到如下图所示的固定资产设置窗口：

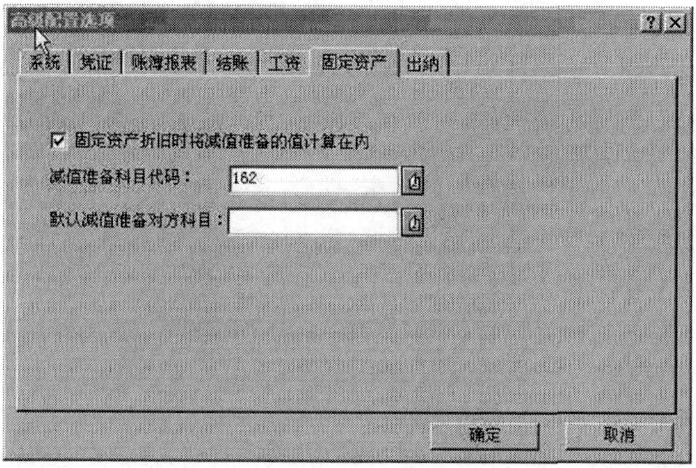

用户可以根据需要进行选取即可。

施行新会计制度的用户：按照股份有限公司的企业性质新建账套，进入系统的初始化界面，先进行选项配置，如选择“减值准备科目代码——1505”，再选上“固定资产折旧时将减值准备的值计算在内”。如图：配置选项设置完毕，进入初始化数据的固定资产界面，新增固定资产卡片，在固定资产的初始化卡片中，在基本入账信息中录入“固定资产减值准备”科目，录入“已提减值准备”的金额。注意：已提减值准备指减值准备的期末余额。

不施行新会计制度的用户：如果不对固定资产减值准备进行处理，可以沿用原来的操作方法。如果需要反映固定资产的减值准备数据，操作步骤是：首先必须在会计科目中新增“固定资产减值准备”的会计科目，然后再用上述步骤。

7. 出纳设置

在“高级配置选项”窗口中，单击“出纳”选项卡，弹出如下图所示的窗口：

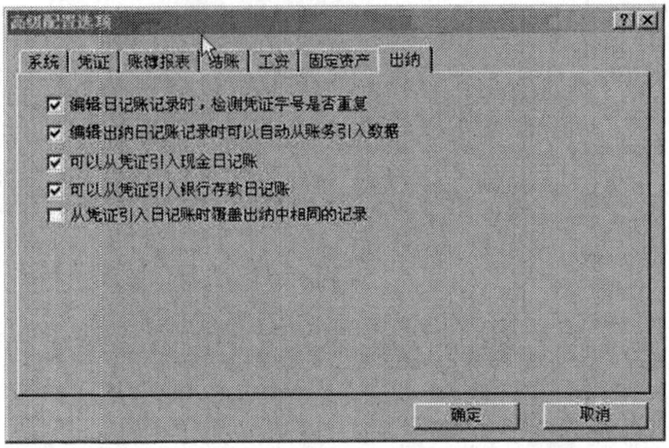

只有在此窗口中选取一项或几项，出纳模块“日常处理”子模块的现金日记账及银行日记账下的文件菜单和编辑菜单中才会有这些功能选项，才可以执行这些引入功能。

编辑出纳日记账记录时，检测凭证字号是否重复：如选取，则在增加现金或银行存款日记账时，系统自动检测凭证字号，若有重复，则给出提示，反之，则不会有任何提示。

编辑出纳日记账记录时可以自动从账务引入数据：若选取，则在现金日记账和银行日记账中，当输入凭证字和凭证号时，系统自动从账务引入数据填充借方或贷方金额框处。

可以从凭证引入现金日记账：若选取，就可通过单击现金日记账窗口中文件菜单下的此功能，进行引入操作。

可以从凭证引入银行存款日记账：若选取，就可通过单击银行存款日记账窗口中文件菜单下的此功能，进行引入操作。

从凭证引入日记账时覆盖出纳中相同的记录：其缺省值为不选，否则可能造成记录丢失。

8. 表外科目

对于外贸企业和银行来说，在会计核算上往往将所有会计科目划分为表内科目和表外科目两类。表内科目包括资产类、负债类、权益类、损益和成本类科目，纳入资产负债表的计算。而表外科目则不参与科目的试算平衡（包括表外科目的初始数据不参与科目余额的试算平衡）。

具体操作如下：

首先在“账套选项—高级选项配置”的“账簿报表”窗口中单击选取“使用表外科目”确定后返回。然后在“会计科目”窗口才会有“表外”的科目类别，如下图所示：

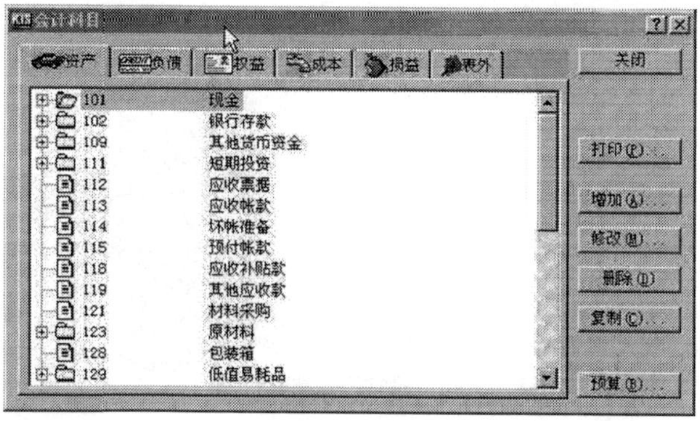

在此窗口中，可以进行表外科目的增加、修改、删除等功能操作。表内科目和表外科目的主要区别在于“科目类别”是否为“表外科目”。如果是表外科目，则在编辑时，选择“科目类别”为“表外科目”，如果是非表外科目，则在编辑时注意“科目类别”应为其他被选项。表外科目的数值除不参与总账科目对表内科目的试算平衡外，其他的使用方法和表内会计科目一致，可以由用户自定义表外科目的余额方向，可以下设多项目核算，可以核算所有币别，也可进行往来业务核算和数量金额辅助核算等。

编辑好表外科目的属性后，就可以在凭证录入中使用表外科目了。在凭证录入时，表外科目可进行科目预警，可保存为模式凭证，如表外科目属性中设置了外币核算，还可自动地将外币换算为本位币。但是在凭证录入时，为了避免出现混淆，程序规定同一张记账凭证不允许既有表内科目，又有表外科目，否则凭证将不予保存，并提示：表外科目与表内科目不能混合使用。

同时为了方便区分表内科目凭证和表外科目凭证，建议对表外科目凭证使用特殊凭证字以示区分。

在所有账簿和报表模块中，除不参与试算平衡表的计算外，表外科目均能够和表内科目一同输出其他各种账表。而且在自定义报表中，可以通过自定义取数公式提取表外科目的数据，实现表外科目的数据编辑和上报等操作。

另外，需要一提的是：在过账与反过账、结账与反结账以及年结的操作中，表外科目视同表内科目对待。

九、用户管理

金蝶 KIS 的权限管理是按照分组授权进行的。系统默认一个“系统管理员组”和一个“缺省组”，只有“系统管理员组”的操作员才有增加用户、删除用户、对用户进行授权以及反过账、反结账的权限。单击“工具”菜单中“用户管理”后系统即进入如下图所示窗口：

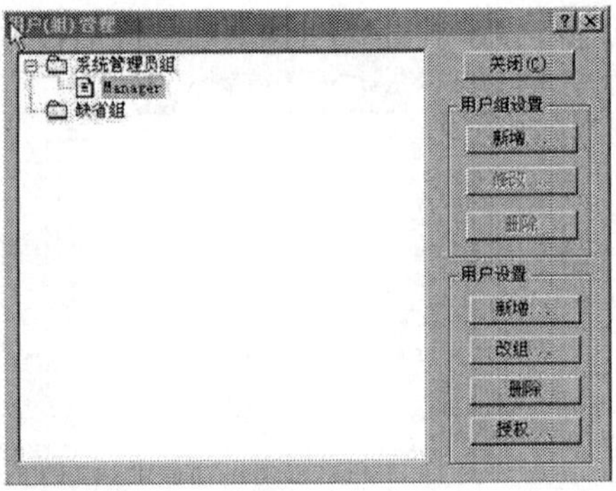

在这个窗口中共有两组设置，一是用户组设置，二是用户设置。

（一）用户组设置

用户组设置功能提供了新增、修改、删除3项功能，主要用于对用户组进行设置和管理，可对用户组进行增加、删除等项处理。例如：财务人员划分为“资金组”“成本组”“材料组”等核算小组，那么就可以用新增和修改功能将用户组设定为“资金组”“成本组”等用户组。

（二）用户设置

用户设置功能提供了新增、改组、删除、授权4项功能，主要是对操作员进行管理。新增用户用于增加一个新的操作员。执行“新增”功能后弹出如下图所示窗口：

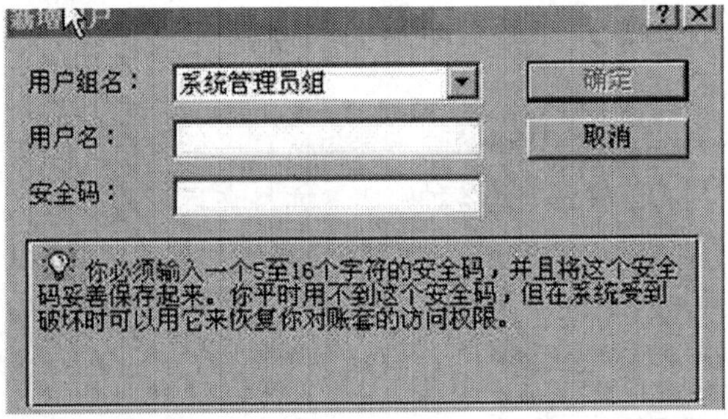

在用户组名中选择一个用户组；在用户名中输入用户的名称，其长度最大为8个字符（4个汉字），一般使用会计人员的真实姓名；在安全码中可自由输入用户安全码，安全码的长度最大为16个字符，系统要求最少输入5位。

金蝶KIS中用户和账套实行集中管理，对于特定账套，只要其用户名和登录密码在该账套中存在，便可登录。但用户是否有权对账套进行业务操作，则取决于安全码是否匹配和账套管理员的授权。

当系统打开某一账套时，系统会将输入的用户名、密码和准备打开账套中的账号设置相比较，如果匹配则打开账套，否则系统提示并拒绝打开账套。

系统预设的用户（即操作员）是“Manager”。但为了保证账套数据的安全，建议在新建账套后，新增一用户并将其设为系统管理员，或者将系统预设的“Manager”用户添加一安全的新密码。

新增用户时，不但要牢记其安全码，而且要保证安全码的安全，如发现安全码被泄密，应及时删除原用户或修改用户口令，并检查、审核账套操作日志。

（三）授权管理

设置完用户组和用户后，就可对用户进行授权。授权就是对所设立的用户进行权限分配，指定用户对账套数据的处理权限以及操作范围。在授权的过程中，用户对个人权限的修改即时生效，对个人密码的修改则在下一次登录打开账套或更换操作员时生效。值得一提的是：如果多用户正在对同一账套进行操作，此时其中一用户或管理员重新进行了权限设置（如增加或删除用户、修改用户口令等），则其他正在操作该账套的用户的操作权限将会立即受影响，而其所使用的账套号、密码则必须在关闭该账套后再重新打开，或者退出金蝶 KIS 重新登录，所做的更改（新用户账号或修改的口令）才会生效。在用户（组）管理窗口，选取要授权的用户，按下“授权”按钮，弹出如下图窗口即可对该用户授权了。

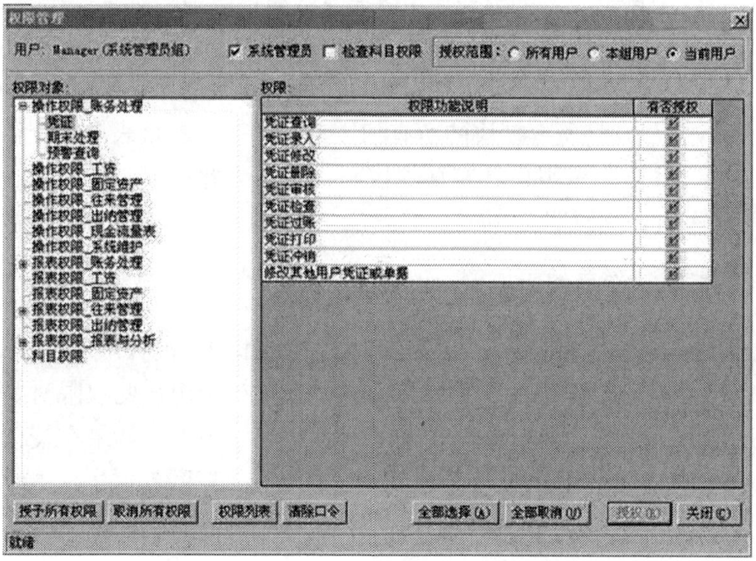

（四）用户授权范围

授权时首先要确定用户授权范围，用户授权范围是指该用户的操作权限所能作用的范围。用户授权范围分为三个级别：

1. 当前用户

只能查看、处理本人所经办的业务。例如：在查询凭证时，就只能查到本人录入的凭证。非本人录制的凭证则无法查看到，也就无法修改和审核。

2. 本组用户

只能查看和处理本组用户经办的业务。例如：某用户的授权范围选择为本组用户，权限设置为“审核”，则他只能审核本组用户所做的凭证，对超出范围的凭证不能审核。

3. 所有用户

选择此范围则可处理所有用户经办的业务，且不论这些业务是属于哪个用户组的处理范围。

（五）权限分配

分配操作权限时用打√进行选择，打上√则表示用户具有该项权限，否则无此操作权力，例如：要分配某用户凭证录入的权限，就可以在权限分配中“凭证录入”后的“是否有权限”列打上√，这就表示用户已具有该项权限。再次单击时√被去掉，表示已无该项权限。为了方便用户设置各操作权限，系统设置了和按钮，用户只需在左边树型结构中选定相应的类别，然后在其操作权限中点击“全部选择”，系统会自动将该项的所有操作权限选中，“全部取消”正好相反，它是将某项的操作权限全部清除。同时系统还设置了和按钮，用户只要选择“授予所有权限”则所有模块的所有权限全部被授予，“取消所有权限”则将所有模块的所有权限都取消。分配报表和分配科目权限时设置相同，选中表示用户具有某项权限，否则无此权限。下面就系统提供的权限设置进行详细说明。

（六）系统管理员权限

设立此权限的用户具有建立新账套、为其他用户分配权限（授权的权限）的权限以及可以进行反过账、反结账权限。因此授予用户此权限时要十分慎重，一般情况下只有企业财务负责人才有此权限。另外，如果在授权时授予用户此项权限，则该用户会自动改组到第一组（即系统预设的“系统管理员组”）。

（七）授权

权限分配完毕后，单击“授权”按钮，即可将设定的权限分配给用户。用户即具有相应的权限使用该账套。但如果系统管理员要更改某用户的权限，更改完毕后，需要先退出该用户所正在使用的账套再重新打开，所做更改才能生效。

十、修改密码

用于改变用户进行系统登录时的密码。单击“工具”下的“修改密码”功能后，系统要求依次输入原密码、新密码以及确认新密码，以便系统进行核对，其中新密码与确认新密码必须一致。如下图所示：

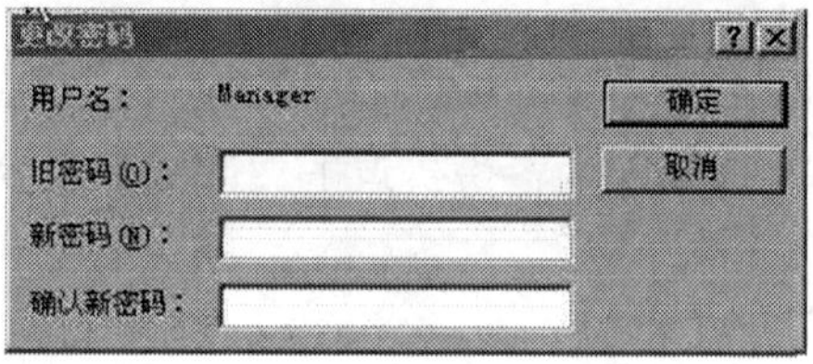

十一、上机日志

为了保证账套数据的安全，监控软件的使用过程。系统提供了上机日志功能，用于记录什么时间，哪个用户，进行了何种操作，以及操作的结果，以便于留下操作查找线索。上机日志系统设定为5000条记录，超出5000条记录，系统即按照先进先出的方式删除上机日志记录，保留最新的5000条记录。上机日志记录只能进行查看、引出、打印等项处理。

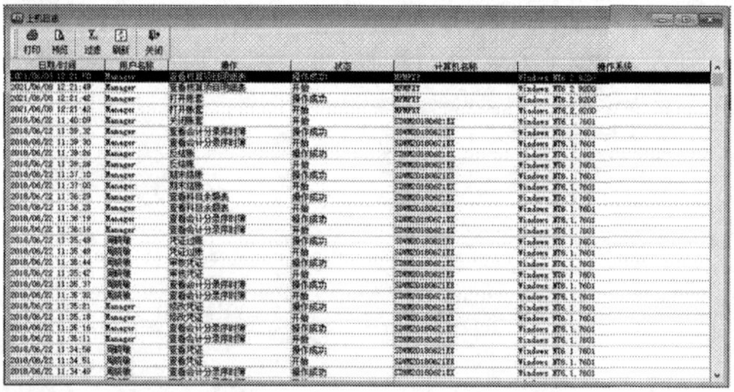

十二、账套备份

为防止系统出现故障、感染病毒等不可预料的情况，造成数据丢失，影响财务工作的正常进行。应该定期对账套进行备份，并妥善保存。利用此功能，可以将账套数据资料压缩备份到软盘或硬盘上以备后用。在“系统维护”模块点击“账套备份”，系统要求输入备份账套的存放路径，如下图：

点击“确定”即完成账套的备份，点击“取消”则放弃备份。

十三、账套修复

在使用过程中遇到的断电等意外故障，可能会对账套文件造成破坏，以致无法打开账套，这时使用“修复账套”功能将对遭到破坏的账套进行自动修复。

第三节　账务处理

系统初始化工作结束之后，我们就可以进行账务系统的日常业务处理了，日常工作主要有：凭证的录入、审核、过账等工作，具体工作流程如下图：

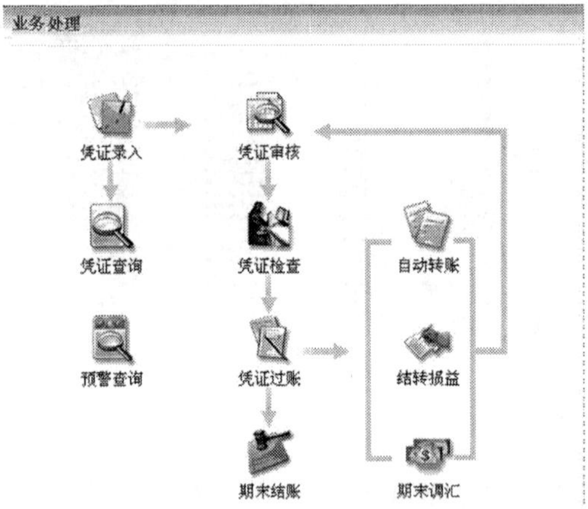

一、凭证录入

凭证录入功能为用户提供了一个仿真的凭证录入环境，系统提供了许多功能操作以方便高效快捷地输入记账凭证。在这里，可以将制作的记账凭证录入电脑，也可以根据原始单据直接制作记账凭证。

（一）案例说明

首先我们通过下面这个案例来了解一下输入一张凭证的过程。案例：2000 年 03 月 31 日通过银行美金账户收到“上海一百”应收货款 1000 美元（即 8500 人民币）。

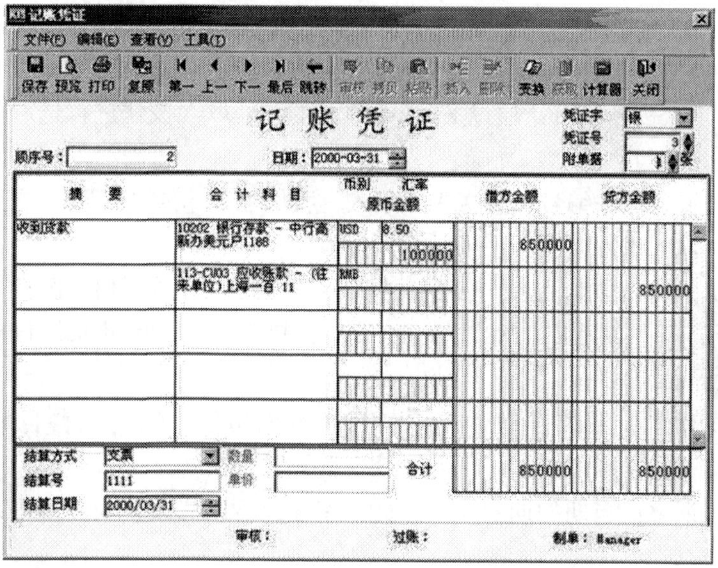

该凭证的输入操作步骤为：

（1）在“会计之家”主界面“账务处理”模块中，单击“凭证录入”按钮，系统进入凭证录入窗口。

（2）顺序号：系统预设，系统自动编号。

（3）日期：可通过上下箭头进行修改，也可手工直接录入，或者双击鼠标，弹出日历进行选择。需要注意的是凭证日期一定大于等于系统当前期间，如果小于当前期间，系统不允许保存凭证。我们双击鼠标选取日期为 2000.03.31

（4）凭证字：通过下拉菜单进行选取。由于是通过银行收到货款，我们选取“银”字。

（5）凭证号：系统自动弹出当前凭证字最大凭证号 +1。目前“银”字凭证最大号为 2，所以这张凭证的凭证号为 3 号。

（6）附单据张数：可手工录入，也可通过上下箭头进行修改。我们手工输入 1。

（7）摘要：可手工输入，也可通过 F7 从摘要库中提取，在 F7 调出界面中我们也可以对凭证库进行维护，增加相应的摘要类别，输入具体的摘要。我们手工输入“收到货款”。

（8）录入借方会计科目：会计科目的录入，有 3 种方式，第一，输入科目代码，回车，系统自动弹出科目名称；还可输入科目的助记码，如“应收账款”科目的助记码设置为 YSZK，回车，系统自动弹出科目代码及科目名称；另外还可通过 F7 或上方的获取按钮进行获取。我们手工录入“113”回车，由于“应收账款”科目下挂了核算项目并进行了往来核算，所以还要输入核算项目和业务编号。

（9）录入核算项目：通过 F7 或菜单上的“获取”按钮进行选取，我们选择“上海一百”。

（10）输入业务编号：直接手工录入，我们手工输入“11”。

（11）输入借方金额：手工录入人民币“8500”。

（12）录入贷方科目：与 8 中的操作方式相同，我们用 F7 选择“银行存款—中行高新办美元户 1188”，由于该科目核算外币，因此系统自动切换到外币录入界面。

（13）币别：系统自动弹出该科目核算的币别，这里该科目核算的是美元。

（14）汇率：当期的期初汇率，此汇率在此可以修改。我们使用系统默认的汇率 8.5。

（15）输入贷方金额：输入相应的金额，系统自动根据金额和汇率计算出本位币的金额，此金额的借贷方向可通过空格键进行相应的切换。如果想录入一个负数的金额，那么在录入完正数后按负号即可。我们输入“1000”，系统自动计算得出 8500。也可以按 CTRL+F7 取借贷平衡数。

（16）由于贷方科目属于结算类科目，我们还可以输入结算方式、结算号和结算时间。在结算方式中选择“支票”，结算号输入“111”，结算日期输入“2000.03.31”

（17）保存：输入完凭证点击左上方的“保存”按钮即保存了这张凭证。

（二）“凭证录入”的菜单和重要功能

1. 凭证录入窗口

在“账务处理”模块中，单击“凭证录入”按钮，系统进入凭证录入窗口。在这个窗口中就可以开始录入记账凭证了，见下图：

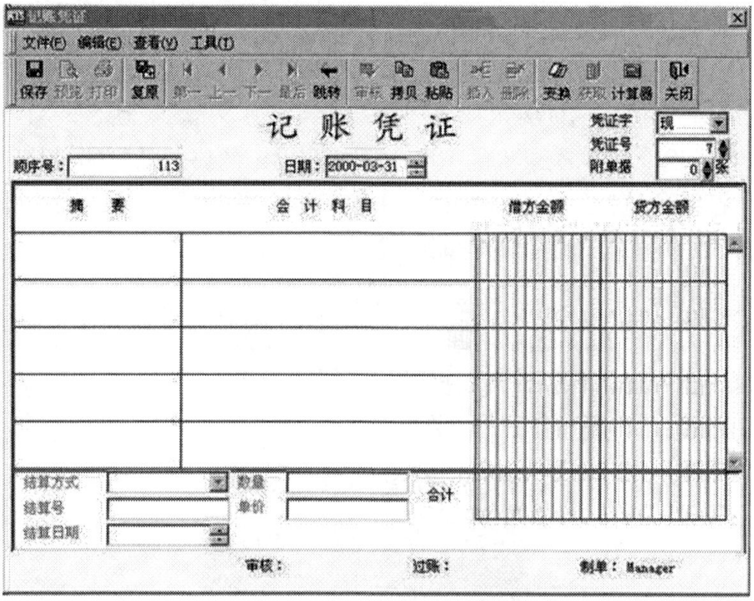

2. 凭证录入菜单描述

为了在记账凭证录入窗口中快捷有效地录入记账凭证，系统在菜单和工具条中提供了许多功能操作。由于菜单与工具条中的按钮功能一致，我们在这里就放在一起一并进行说明。

（1）文件菜单：系统在文件菜单中提供了“保存凭证”“复原”“审核”“关闭”“打印”“打印预览”等项功能，如下图所示：

①“保存凭证”：用于将已录制好的凭证存入磁盘，在保存之前，系统会首先对凭证的合法性进行检查，要检查凭证借贷是否平衡，科目代码是否存在，是否最明细科目，以及记账日期是否符合要求等。

②“复原”：用于恢复本张记账凭证修改之前的状态。执行此功能后，本次修改的内容无效。

③“审核”：执行凭证审核功能。要注意的是：审核人与制单人必须不能为同一人。而且该功能只有在“更换操作员”后，进入“会计分录序时簿”窗口，执行“审核”功能方可。

④“打印”：将本次录入的记账凭证按照设定的格式从打印机打印出来。

⑤“打印预览”：将记账凭证录入窗口按照打印出来的样式在屏幕上显示出来，以便调整打印输出的凭证样式。

（2）编辑菜单

在编辑菜单中可以执行“插入分录”“删除分录”“拷贝分录”“粘贴分录”“收据”“通知单”“启用科目预警”“保持模式凭证”“调入模式凭证”和“保存为模式凭证”等操作，见下图：

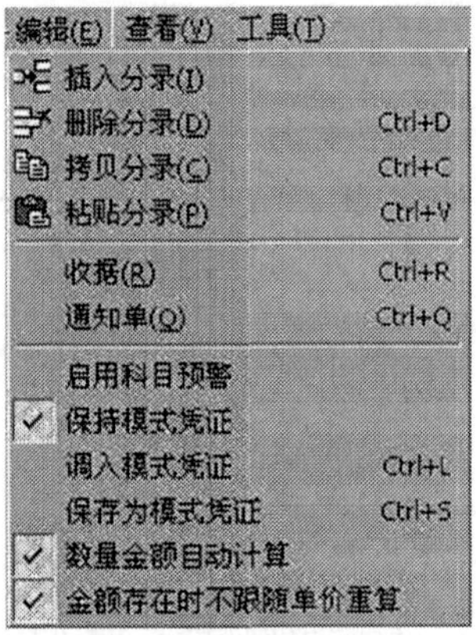

①插入分录：在当前行的前面插入一条空白的记录，此时可以录入一条新的科目及金额等项数据。

②删除分录：删除当前光标所在的一条记录。

③拷贝分录、粘贴分录：在录入记账凭证分录时，如果有一条或多条分录摘要及会计科目相同，就可以使用拷贝分录和粘贴分录的功能。将光标分别移至要拷贝的分录和要粘贴的地方，再先后点击编辑菜单中“拷贝分录”和“粘贴分录”即可，这样就改善了只有金额和结算日期不同的分录输入。只需修改金额和结算日期，方便操作，提高效率。

④收据、通知单：现在有很多集团公司与下属分公司是通过内部往来通

知单来进行业务费用、资金的结算，这就有必要在制作凭证的同时将内部往来通知单一并制出。

⑤启用科目预警：当事先在工具菜单“科目预警设置”功能中进行了预警条件的设置。则在凭证输入或凭证修改窗口录入或修改时，如果录入或修改的分录与凭证相关控制有冲突，系统即时报警提示。

⑥保持模式凭证：对当前凭证所启用的模式保持不变，不作修改。

⑦调入模式凭证：当调入模式凭证时，可在模式凭证窗体中选取某模式凭证，在这个窗体中可以做增加、修改、删除模式凭证。

⑧保存为模式凭证：可以通过将当前凭证的格式保存为模式凭证，并将第一条分录的摘要作为模式凭证的名称。

（3）查看菜单

查看菜单中可以执行“第一张凭证”“上一张凭证”“下一张凭证”“最后一张凭证”“格式变换”“获取”“科目余额”功能，见下图：

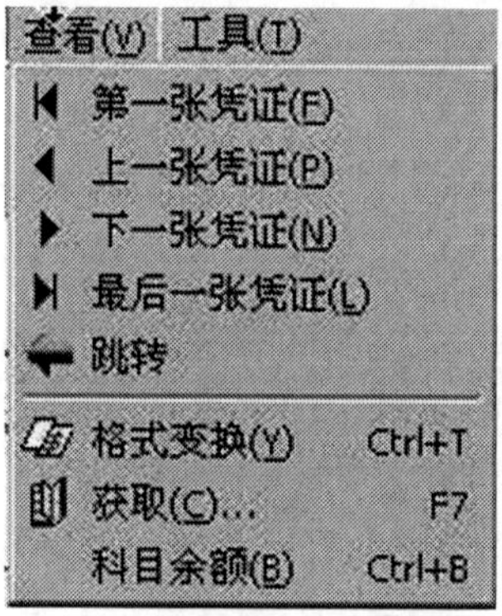

①记录移动：利用菜单中的“第一张凭证”“上一张凭证”“下一张凭证”“最后一张凭证”功能选项来移动当前所处理的会计记账凭证。

②格式变换：用于转换记账凭证的输入格式。系统提供了两种记账凭证输入查看格式：一种是一般格式，一种是外币格式，系统默认一般输入格式，在一般格式中不显示录入凭证的外币原币及汇率数据，如果要查看全部凭证中的外币汇率及原币数据，可用此功能转换成外币格式查看。

③获取：获取是凭证录入中十分有用的一项功能，它是一种具有智能化的功能，能根据光标所在位置自动选择需要获取的代码内容。获取摘要：从摘要库中获取摘要。选择此项后，系统弹出凭证常用摘要库，可以在常用摘要库中选取常用摘要。获取科目：从科目库中获取科目。选择此项后，系统弹出会计科目表，可以在会计科目表中选取要查找的会计科目。获取核算项

目：从核算项目中获取项目代码。选择此项后，系统弹出核算项目代码表，可以在核算项目代码表中选取要查找的核算项目。获取货币代码：从货币库中获取货币代码。选择此项后，系统弹出货币代码表，可以在货币代码表中选取要查找的货币代码。

④科目余额：当输入科目名称后，直接使用快捷键 Ctrl+B 或点击此菜单，可查询该科目的即时科目余额。如下图：

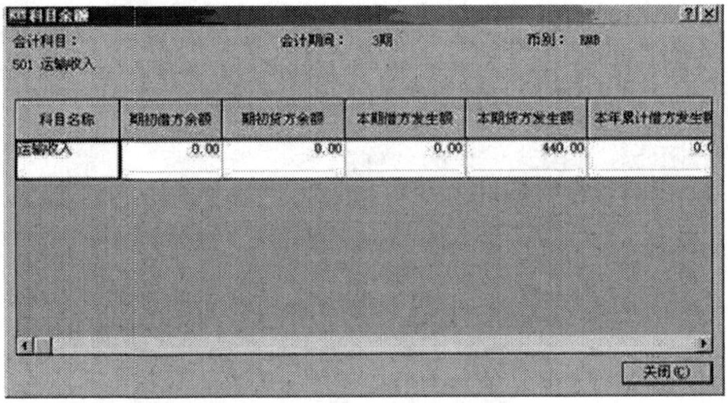

（三）记账凭证录入

（1）制单日期：系统会自动给出上一次录入的最后一张凭证的日期，可以修改。凭证录入的日期若在当前的会计期间之前，则系统不允许输入；但允许输入本期以后的任意期间的记账凭证，在过账时系统只处理本期的记账凭证，以后期间的凭证不作处理。

（2）凭证字：是指实际工作中凭证的类别，如“收”“付”“转”“记”等。在凭证字输入窗口中用下拉按钮可调出在账套选项中已经设定的凭证字，从中选择一个凭证字；如果账套选项的“凭证”为选定时，则此处‘凭证字’被隐藏。

（3）凭证号：凭证号系统会自动给出，按照当前期间同类凭证的最大号加 1 给出。可以修改此凭证号，但修改的凭证号不能与当前已有的凭证号重复；如果重号，系统会发出警告，重号凭证不能够存盘。

（4）摘要栏：在摘要栏中输入凭证摘要，在输入凭证摘要时，如果每一行都输入了摘要，在记账时按科目前的摘要内容记录，如果科目前未输入摘要，则在记账时，系统会自动按第一条记录中的摘要记账。后一行分录的摘要可以通过复制上一行的摘要来完成，方法是：在后一行摘要栏内，输入 // 或 .. 均为英文状态下输入。为了提高凭证录入的速度，系统还设计了摘要库，在录入凭证过程中，当光标定位于摘要栏时，按 F7 或单击“获取”按钮，即可调出凭证摘要库，选择所需的摘要即可，在这个窗口中，还可以新增摘要或删除已有的摘要，见下图：

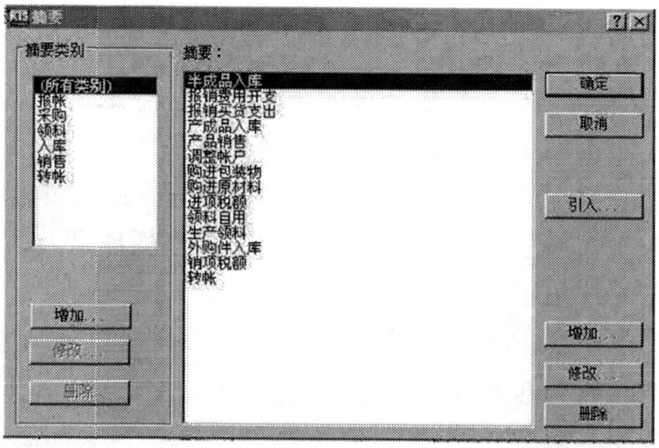

（5）会计科目栏：录入会计科目代码，在科目栏中录入会计科目的方法有多种。如果记得会计科目代码，则可以直接录入，在录入过程中底部状态栏会随时动态提示代码所对应的科目名称，供录入时检查。如果输入完代码后，状态栏中没有科目名称显示，则说明输入的代码不全或有错误。在录入会计科目及后面的核算项目过程中，需要看到底部状态栏动态提示的当前科目全名，则应该将操作系统的显示器分辨率设置为800×600。

如果在科目设置中定义了助记码，则可以在此处直接输入助记码，系统会根据助记码查到所需要的科目，最简便的方法是用系统提供的查看代码功能，当光标定位于会计科目栏时，按F7键或用鼠标单击窗口中的“获取”按钮，即可调出会计科目代码表，在科目代码表用鼠标或箭头键选择所要录入的科目，双击鼠标左键或回车键，或选定后单击“确定”按钮，即可获取科目代码。

如果所选的科目下设核算项目，则在选定了该科目后，科目代码栏中就会出现两栏。前面的一栏中可以输入核算项目代码。如果该科目选定了下设往来核算，则后面的一栏要求输入业务编号，在这两项中都能够使用‘F7’功能键或‘查看代码’功能查看并输入相应的代码。当用户不用F7功能键，而是手工输入核算项目代码时，如果输入了一个当前系统不存在的代码，系统会自动提示是否立即增加该核算项目。如果用户手工输入会计科目或核算项目的前面部分再按F7键，则系统会在选择界面中依据部分输入自动定位好相关的项目记录，从而加速选择输入操作。

如果会计科目中设定了“核算单—外币”选项，则在输入科目代码之后，系统会显示出外币输入格式，显示出币别代码，汇率数据，要求输入原币金额。如果选择了“核算所有外币”，在输入外币时还必须进行格式转换。输入原币金额后，系统会自动根据汇率折算为折合本位币金额并显示在金额栏中，折合本位币金额可以修改，若原币乘以汇率不等于金额，系统会提示是否继续。

（6）金额栏：在输入完前面的项目以后，就可以输入金额了，金额分为借方金额和贷方金额两栏，每条分录的金额只能在借方或贷方，不能在借贷双方同时存在。如果要将已录入的金额转换到另一方，只需将光标定位于要转换的金额栏上，然后按“空格”键进行切换。若要输入负金额，在录入数字后再输入“-”号，系统即会以红字显示。如果在凭证录入时需要对当前分录作自动借贷平衡，可使用快捷键 Ctrl+F7 完成。

（7）结算方式，结算号，结算日期：如果所录入的科目是银行存款，并且在账套选项中将银行对账选为“是”，就可以在这里选择结算方式，录入结算号和结算日期。

（8）数量，金额：如果会计科目中选择了下设数量金额核算，系统会要求用户输入数量和单价，并会检验数量单价的乘积是否与原币金额相等，如不相等，系统会提示是否继续。如果选择“是”则按输入的金额保存，若选择“否”则系统要求修改相应项目，以使金额=数量 × 单价。此外，系统还可以由数量、金额自动计算出单价。在凭证录入、修改窗口中，如果凭证分录中的会计科目为核算所有币别或单一外币属性，则系统除了保持原来的由汇率、原币算出金额外，还可以由汇率、金额自动算出原币金额。在输入了借方及贷方金额后，系统会自动将借方金额和贷方金额合计数分别显示在合计栏中，只有借贷方合计栏数值相等，记账凭证才能存盘。凭证录入完毕后，单击“存盘”按钮系统即可保存所录入的凭证，如果“账套选项”凭证参数被设置为“保存后立即新增”时，系统会显示空白凭证等待继续录入凭证，否则，必须按“复原”才能新增凭证。

（四）凭证记录的跳转功能

在凭证录入或修改窗口，可通过“跳转”按钮来查询、修改凭证。查询窗口如下图所示：

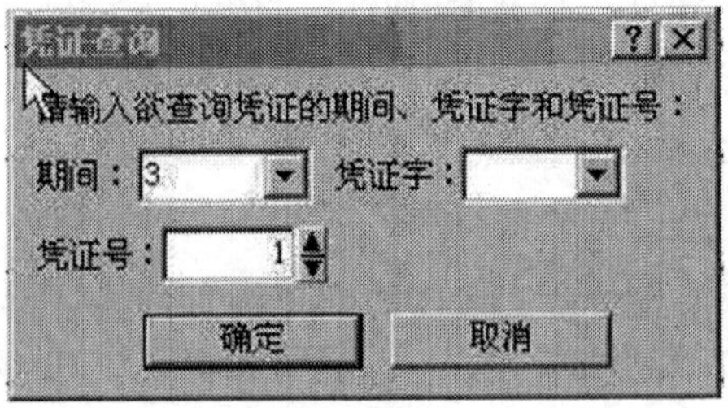

在该凭证查询窗口中，输入相应的查询条件并确定后，系统将调入唯一符合查询条件的记账凭证，供用户查看或修改。待凭证都录入完毕，要结束凭证录入时可从菜单中选择“退出”或单击工具条中“退出”按钮即返回会计之家窗口。

二、凭证审核

当输入记账凭证后，就需要相关人员对这些凭证进行审核。在这里要注意的是制单人与审核人不能为同一操作员，否则系统拒绝审核签章。凭证一旦进行了审核，就不允许对其进行修改和删除，用户必须进行反审核操作后才能对凭证进行修改和删除。对输入的凭证进行审核，有单张审核和成批审核两种方式。

案例说明：继续第一节的案例，我们对刚才录入的“银 -3”号凭证进行审核和反审核。

操作流程：通过“文件”菜单下的“更换操作员”功能切换系统操作员。如：更换操作员为“董为民”；单击账务处理模块的“凭证审核”功能，系统进入凭证序时簿界面，将光标定位于“银 -3”号凭证，单击菜单栏中的“审核”按钮，系统进入凭证界面，单击菜单栏上的“审核”按钮，凭证下方的审核人即打上“董为民”的名字，表示这张凭证被审核；审核后，当再次点击“审核”按钮，审核人的名字将会去掉，表示这张凭证被反审核。如下图：

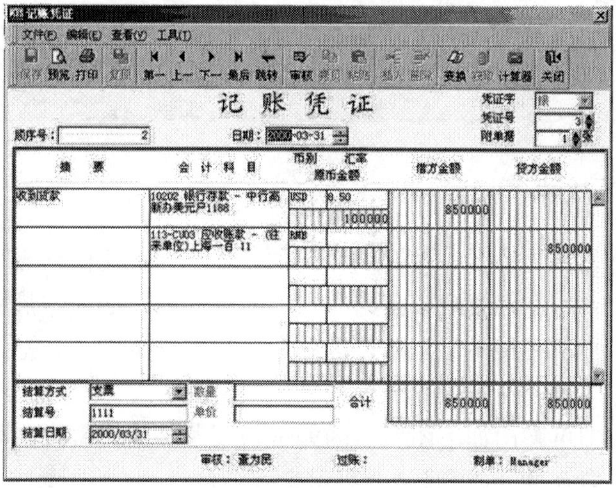

（一）单张审核

用鼠标点击“业务处理”流程中的“凭证审核”，系统会弹出菜单，选择其中的单张审核，即进入凭证的单张审核状态。系统进入记账凭证窗口，在此窗口中可以对记账凭证审核。此窗口中的项目不能修改，只能查看。查看完毕后可以对此张凭证审核并签章，按下按钮或“F3”即表示审核通过，并在审核人处进行了签章，用户可以利用记录移动器对多张凭证进行审核。如果记账凭证已经过审核，则在按下按钮后会消除原审核签章，该凭证即变为未经审核状态。要修改已审核过的记账凭证时，必须先销章，然后才能修改。

（二）成批审核

金蝶 KIS 提供了成批审核、成批销章功能，以便减少由于因单个凭证审核或冲销时花费时间。用鼠标点击凭证审核，系统首先需要用户过滤出所需要审核的凭证，在会计分录序时簿文件菜单，单击‘成批审核’或 Ctrl+H 时，系统弹出对话框：“批量审核序时簿中的凭证吗？”如单击“是”后，系统随即出示一份审核报告，如下图所示。成批销章的具体操作类似成批审核。

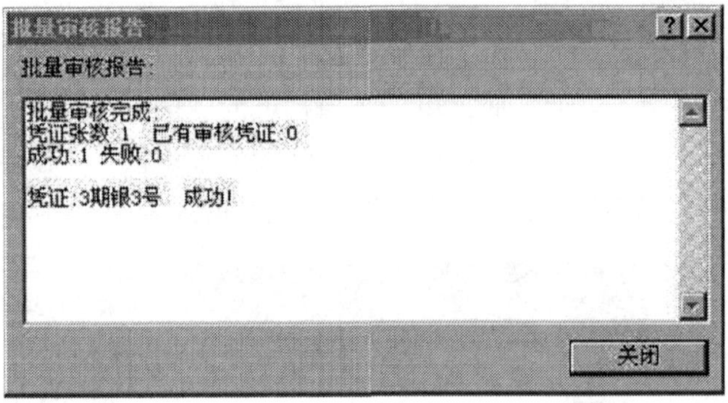

三、凭证检查

凭证检查是系统进行针对输入凭证的合理、合法性检查的简称。其检查范围及标准有：a. 是否按照账套选项设定的条件。b. 是否遵循基本的凭证输入原则，如借贷不平衡等。c. 用户自行设定的检查条件。d. 凭证字所许可的会计科目范围等等。在会计凭证输入完成后，随时可以检查凭证，单击“凭证检查”按钮即可弹出如下图所示的凭证检查条件输入窗口，可以输入相应的条件，检查当前期间的凭证，并显示检查结果。

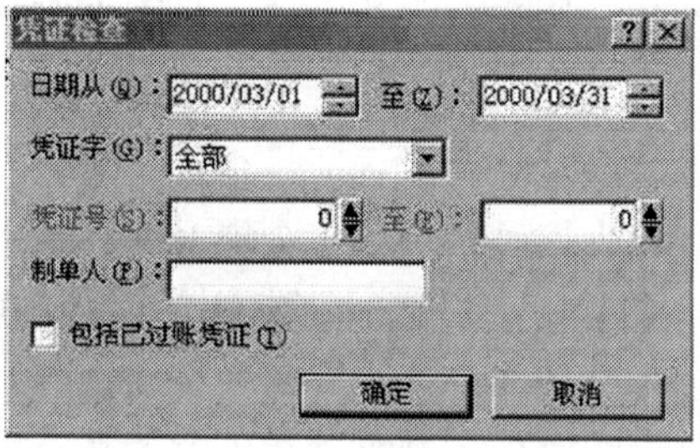

（1）日期范围：当前期间的开始日期和结束日期。

（2）凭证字：确定要检查属于哪一种凭证字的凭证，系统在此默认全部凭证字，但可以用下拉按钮根据需要进行选择。

（3）凭证号：确定要检查凭证号的范围，当凭证字为非全部凭证字，如“现付”的情况下才可以输入凭证号的范围，否则系统默认为灰色不可选。

（4）制单人：凭证的制作人，系统默认空白表示全部制单人。

（5）包括已过账凭证：当选择此选项时，表示包括当前期间已过账的凭证，系统默认为未过账凭证。

四、凭证过账

凭证过账就是系统将已录入的记账凭证根据其会计科目登记到相关的明细账簿中的过程。经过过账的凭证以后将不再允许修改，只能采取补充凭证或红字冲销凭证的方式进行更正。因此，在过账前应该对记账凭证的内容仔细审核，系统只能检验记账凭证中的数据关系错误，而无法检查业务逻辑关系。这其中的内容只能由会计人员自己检查。注意事项：为了方便用户对已经过账凭证的修改，系统提供了反过账的功能（Ctrl+F11），进行反过账、反审核的凭证就可以进行修改和删除了。

系统在过账时，会根据用户在账套选项中是否选定了“过账前凭证必须经过审核”选项对凭证审核进行控制，如果选择了“过账前凭证必须经过审核”选项，则在过账时，系统会检查记账凭证是否经过审核。否则，系统不对凭证是否经过审核进行检查，直接过账。尽管金蝶 KIS 在录入会计凭证时已经进行了较严格的检查工作。但在凭证过账时，系统还要进行更进一步的严格检查，以防止账务数据产生错误。凭证过账是一项十分简单的操作，可以在过账向导的带领下，轻松地完成过账操作，过账可分为以下几个步骤进行：

第一步：在账务处理窗口中单击“凭证过账”按钮，系统进入提示信息窗口，如下图所示：

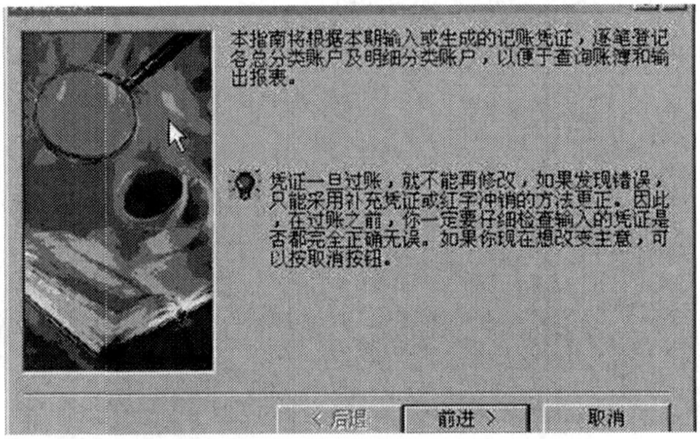

在窗口中，系统会提示用户在凭证过账之前需要完成的准备工作，如果还没有准备好，可以改变主意，按下“取消”按钮，停止过账。按下“前进”按钮，系统就进入到了凭证过账的第二个操作步骤。

第二步：对凭证号连续性处理的选择。系统在这里为了给用户灵活的操作提供方便，未对凭证号的连续性做严格的限制，而把控制权交给了用户自己。在这里用户可以根据自己对凭证号连续性的要求的高低来进行选择，如下图所示：

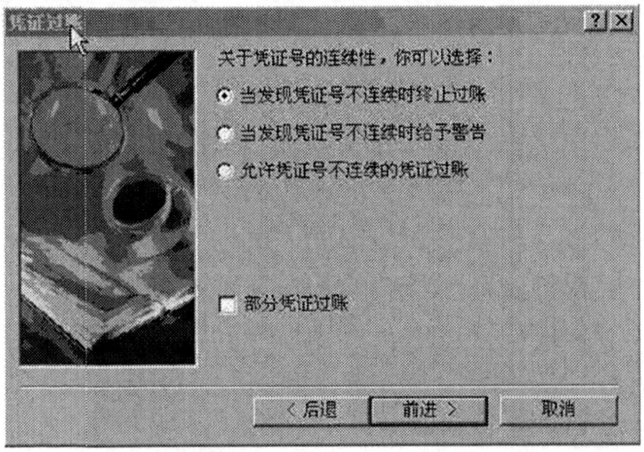

金蝶 KIS 为了方便用户在账务处理过程中由于某种特殊需要，或业务员只处理自己的所辖范围的业务，系统提供部分过账功能，这样一来对其他业务员的业务处理可能带来许多便利的地方。如果不选取“部分凭证过账”选项，则系统和原版本功能一样，否则，当选取“部分凭证过账”选项时，系统即时弹出一凭证需过账的过滤条件，此时输入相应的过滤条件并确认之后，系统将对满足过滤条件的凭证进行过账。在选择完之后，按“前进”按钮，就进入了第三步操作过程。

第三步：完成过账。

进入第三步所示窗口后，如下图所示，系统就要开始对凭证过账了，在过账之前系统最后给用户一个机会，确定是否要进行过账处理。如果此时想改变主意还来得及，只要按下“取消”按钮即可放弃凭证过账。按下“完成”按钮系统就开始过账，并显示出过账进度。凭证过账过程中不只是对记账凭证过账，还要对固定资产变动资料进行过账，一旦过账完成，则这些固定资产资料就不能再进行修改了。在过账过程中，系统要对所有的记账凭证及业务资料的数据关系进行检查，一旦发现错误，系统会给出错误提示信息，并中止过账。在修正完错误之后重新过账。过账完毕之后，系统进入第四步操作。

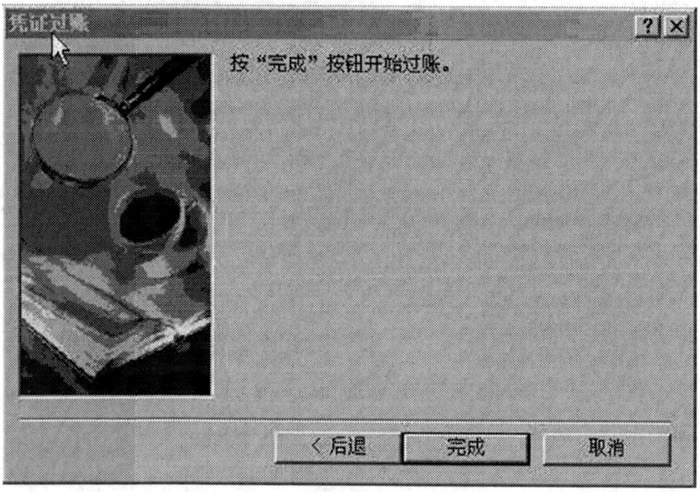

第四步：显示过账凭证信息。

在这个步骤中，系统将本次所过账的表内科目和表外科目凭证及各种业务资料的数量、金额等项内容显示在窗口中，为用户提供过账信息。用户在看完过账信息之后，可以按下“完成”按钮，结束本次过账操作，见下图：

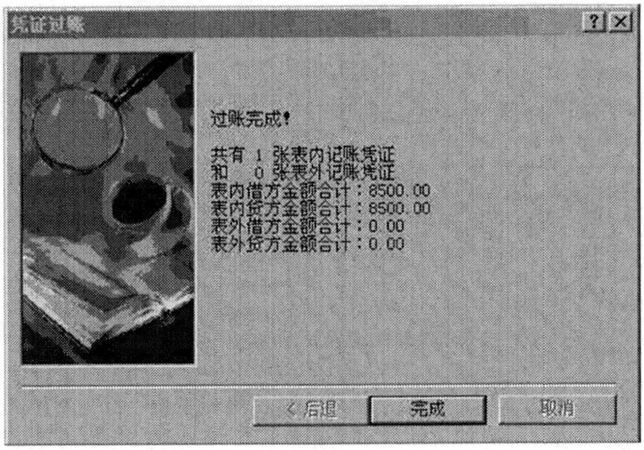

五、凭证查询

凭证查询功能提供了十分丰富的凭证处理功能，在单击“凭证查询”后，系统弹出凭证过滤窗口如下图所示，下面进一步详细说明凭证查询功能。

1. 过滤条件

其操作方法分别在‘内容’‘比较’‘比较值’列选择或填值，接着可继续输入类似条件，并且在最左边选项窗口选择‘且’或‘或’，同时还可以选择“已过账”“未过账”和“全部”三选项中之一，“审核”“已审核”和“全部”三选项中之一；最后单击“确定”系统进入“会计分录序时簿”窗口，可以增加、修改、审核、查看、删除和凭证打印，也可以查找或复制记账凭证。

2. 浏览会计分录序时簿

会计分录序时簿是经过凭证筛选后生成的，序时簿中凭证默认为不排序，按录入的顺序排列。

3. 凭证打印

在凭证打印设置功能中，用户除了可设置打印尺寸外，还可通过“常规设置”标签页来设置凭证里面的分录按指定汇总到哪个科目级次和按核算项目汇总，如果选择凭证汇总的科目级次为非明细级，则凭证打印预览及打印时，自动累加一张凭证中同科目的记录，然后再打印，及决定是否打印外币、数量。如果用户决定在凭证输入和打印时，要显示带多核算项目的科目的全名，也需要在“多核算”设置界面里进行有关设置，当一个会计科目带多个核算项目时，在会计科目名称后各个核算项目名称的不同排列顺序可能有着不同的业务含义，所以用户必须根据实际为系统指定一个恰当的多核算项目名称排列显示顺序。为了简便，系统用数字 1 来代表往来单位核算项目类别，2 代表部门，3 代表职员，4 代表用户自定义的核算项目。上述数字所组成的字符串中，每个数字的相对位置顺序则代表了相应类别核算项目在一个科目全名中的位置顺序。

举例：要求带多核算科目在名称中反映：不同部门各业务人员（职员）的往来单位及该业务员所销售的产品（自定义核算项目）。即：科目全名 = 科目名 - 部门 - 职员 - 往来单位 - 自定义核算项目，则需定义的相应多核算项目名称排列顺序：2314，所定义的多核算项目名称排列顺序是针对所有带多核算项目的科目的。如果一个科目并不带有名称排列顺序串中定义的核算项目类别，则在显示该科目全名时，所定义的核算项目位置为空，即不影响全名显示。

（一）查找记账凭证

系统提供了完善的查找功能，选择编辑菜单的“查找”选项，或单击工具条中的查找按钮，系统弹出如下图所示的记账凭证查找窗口：

内容：在此处选择要按什么项目内容去查找。系统提供了日期、凭证字、凭证号、摘要、会计科目、币别、原币金额、汇率、数量、单价、业务编号、

结算方式、结算码、借方金额、贷方金额等项目内容。

比较关系：选择项目内容按照什么比较关系与比较值进行比较。系统提供了等于、不等于、大于、大于或等于、小于或等于、包含、不包含、为空值、不为空值等几项比较关系。

比较值：输入要查找凭证中比较项目条件满足的数值。凭证查询功能还提供了各项条件的综合查询，在多项条件之间提供了“且”与“或”的逻辑运算。

例如：我们要查找借方金额大于 25000 或会计期间等于 3，并且币别为 RMB 的凭证。即可按如上图所示的方式设定条件，条件设定完毕之后，单击“确定”按钮，系统即开始在当前序时簿中查找满足条件的凭证。如果查不到，系统提示：“是否要从头开始查找”，如选择“是”则系统会从头开始查找到当前记录，选择“否”则停止查找，查找到满足条件的凭证之后，系统会将光标定位于满足条件的凭证上供用户查看，要查下一条满足条件的凭证，可按 F3 键，系统会继续查找。

（二）新增凭证

如果需要在查看凭证序时簿时新增记账凭证，不必退回到凭证录入中新增。只需在文件菜单中选择“新增”选项，或单击工具条中的按钮即可，其操作过程与凭证录入中的操作过程一致。只有当会计分录序时簿所选的会计期间为“未过账”或“全部”时，此时新增的会计分录方可显示。

（三）修改凭证

在凭证查询功能中，对凭证过滤器选择“未过账”进入会计序时簿后，可以修改已录入的未过账凭证。将光带定位于要修改的凭证中，在文件菜单中选择“修改”选项或单击工具条中相应的按钮。在未过账的凭证中也可以将鼠标移到要修改的凭证上，然后双击鼠标左键。系统会显示记账凭证修改窗口，可以在此窗口中对记账凭证进行修改，其操作方法与凭证录入相似，请参阅凭证录入。如果要修改的记账凭证已经过审核，系统会弹出对话框，提醒用户凭证已经过审核，问是否要查看此凭证。选择“是”则进入记账凭证窗口，此凭证只能进行查看，不能修改，只有未审核且未过账的凭证才允许修改。在凭证修改窗口中系统提供了一些快捷处理功能，以便于用户使用。在修改凭证时，可以利用工具条中的按钮进行快速定位和查找凭证。

（四）删除凭证

凭证的删除，只能是未过账和未审核的凭证，对已审核或已经过账的凭证是不能删除的，系统将会提示，如果确要删除已过账或已审核之凭证，需反过账或销章处理。删除不需要的凭证，将光带定位于要删除的凭证上，选择编辑菜单中的“删除”功能项或单击工具条中相应的按钮，系统会提示您是否确认删除该张凭证。确实要删除时单击“是”，不要删除时单击“否”。如果删除的凭证是本类凭证的最后一张，则系统会直接将它从序时簿中完全删除。否则，系统只对该凭证加注“作废”标记“X”，并不真正删除。要想真正删除该张记账凭证，可选中已作废的凭证再次执行删除功能，系统会提示是否要真正删除该张凭证。确定后，系统将该凭证永久删除。

（五）作废凭证可恢复

在凭证会计分录序时簿中，可以使用编辑菜单中的“恢复已删除凭证”选项对分录有作废标志“X”的凭证进行恢复。

六、自动转账

自动转账功能用于自动生成可按比例转出指定科目的“发生额”“余额”“最新发生额”“最新余额”等项数值的会计业务。

案例说明：根据本期应付工资的 14% 计提福利费，并把计提的福利费转入到“管理费用—福利费”科目中。

操作方法：在“账务处理”模块点击“自动转账”，出现下图窗口：

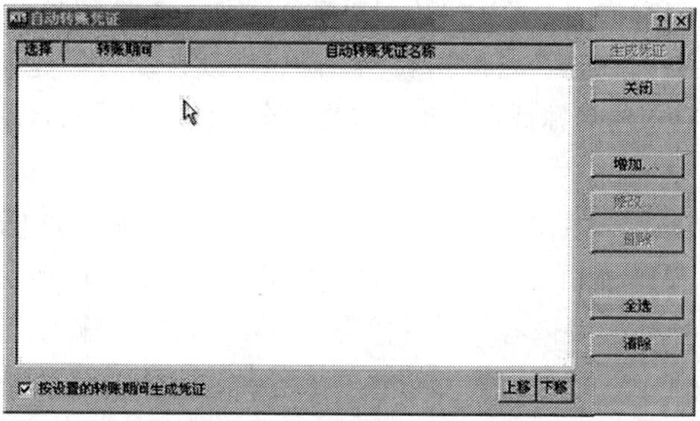

点击“增加”按钮，出现自动转账凭证设置窗口。自动转账名称：我们输入“计提福利费用”。转账期间：系统自动为 1–12，表示每个期间都可以按照此设置进行自动转账，也可以进行修改。凭证字：用户进行选择，我们选择为“转”。摘要：同凭证输入方式相同，F7 选择或手工输入，我们手工输入“计提福利费用”。会计科目：同凭证输入方式相同，F7 选择或手工输入，由于是把计提的福利费转入到“管理费用—福利费”科目中，因此借方科目输入“管理费用—福利费”，转账方式为“转入”；贷方科目输入“应付福利费—福利费计提”，转账方式为“按公式转出”，公式可通过公式向导进行设置，设为取应付工资贷方金额的 14%。保存：输入完毕后，我们点击“保存”按钮即可。下图为我们输入好的自动转账凭证。生成凭证：保存后我们回到生成自动转账凭证的界面，鼠标双击选中需要生成凭证的自动转账凭证格式，点击“生成凭证”按钮，系统就按照定义的格式生成相应的凭证。下面我们详细介绍一下自动转账的功能。

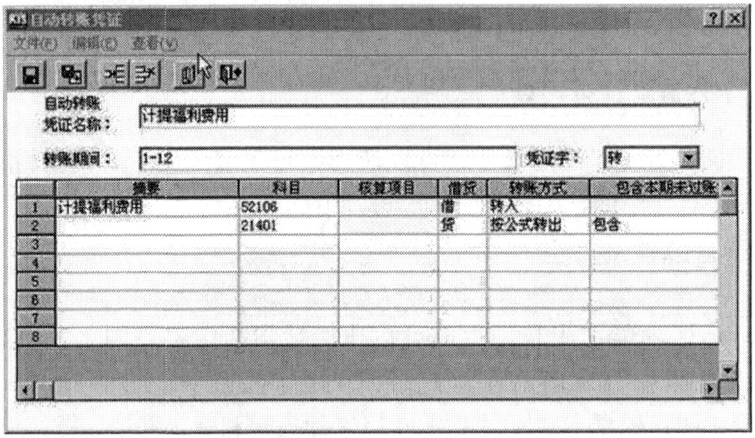

（一）设置自动转账格式

在账务处理窗口中，单击“自动转账”按钮，系统即弹出自动转账凭证设置窗口。在此窗口中，可以增加、删除、修改自动转账凭证的凭证格式。可以生成指定格式的记账凭证，也可以生成全部设定格式的自动转账凭证。

1. 增加

在“账务处理”主窗口单击“自动转账”，系统弹出如上图所示的“自动转账凭证”设置窗口。单击“增加”按钮，进入如上图所示的增加状态：选择凭证字，输入摘要内容、科目代码、核算项目。在输入科目和项目代码时可通过工具条中的查看按钮或相应菜单来查看选择代码，用户亦可自己输入代码。通过设置在借方或贷方转账参数，确定转账凭证中分录的借贷方向。单击借方或贷方输入框后，接着选择转账方式。

转入：是否属于转入科目。

按比例转出余额：按该科目余额的比例转出。

按比例转出发生额：按该科目的发生额的比例转出。

按公式转出：表示按本位币金额公式转出。

包含本期末过账凭证：选择“包含”和“不包含”二者之一。

转出比例：将转出内容转出的百分比。

本位币金额公式：该条分录的科目必须为最明细科目，如明细科目下设了核算项目，还必须输入核算项目代码，在输入科目及核算项目后，还须录入币别。根据科目是否下设外币及数量，可以录入原币取数公式、本位币取数公式、数量取数公式。公式设置可以按 F7 或点按工具条中“获取”按钮进入公式向导辅助输入，公式的语法与自定义报表完全相同，通过取数公式可取到账上任意的数据。另外，在公式中还可录入常数。(“本位币金额公式”即“数据来源公式”）分录设置完毕后，单击确认按钮返回进行下一条分录的设置。所有分录设置完毕后，单击确认按钮返回自动转账定义窗口。设置分录时，转入科目必须为最明细科目（或为科目下辖的核算项目），转出科目可以是非最明细科目。同一笔转账业务中，转入科目和转出科目必须都存在，最好只设置一个转入项目。如果需设置多个转入科目，则几个转入科目比率之和必须为 100%。

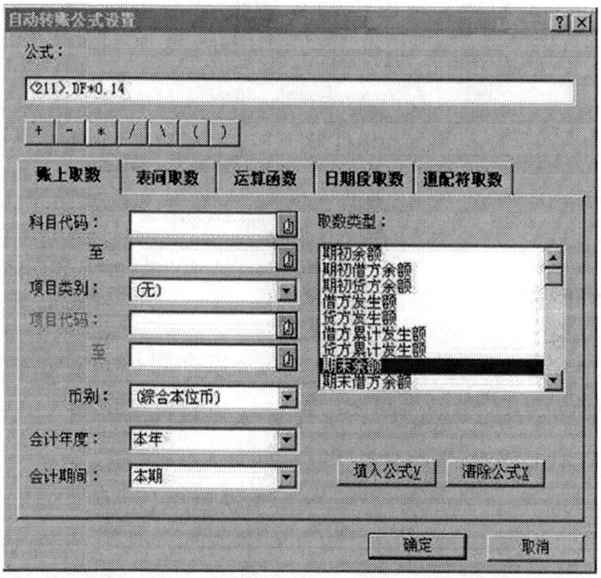

2. 删除

若想删除不需要的自动转账凭证格式。可先选中要删除的凭证格式，然后单击“删除”按钮，系统提示是否确实要删除。选择“是”则删除，选择

"否"则保留该凭证格式。

3. 修改

如果对已有的自动转账格式不满意，可对其进行修改。在自动转账凭证格式设置窗口中，单击"修改"按钮，即弹出自动转账凭证修改窗口，此窗口的操作基本上与自动转账凭证格式增加一致。

（二）生成凭证

自动转账凭证格式设置完毕之后，需要生成相应的转账凭证时，就可以在这里生成记账凭证了。

1. 生成单张凭证

选择要生成的自动转账凭证格式，然后单击"生成凭证"按钮，系统即根据用户所设定的自动转账记账凭证，生成所需的凭证。所生成的凭证与普通凭证一致，可以在凭证处理功能中进行修改、审核及删除等项操作。生成完毕后，系统提示是否要保存生成的记账凭证。选择"是"系统保存记账凭证。选择"否"则不保存。

2. 生成全部凭证

选择"全选"按钮然后再生成凭证，则系统将所设定的所有的自动转账凭证格式，按照从上到下的顺序生成记账凭证。如果要改变记账凭证生成的顺序可以用和来进行调整。在开始生成凭证时，系统会向用户提示是逐张确认生成或一次性全部生成。如果用户造择逐张确认生成凭证，要终止整个生成凭证的过程，在确认界面中选择"取消"即可。自动转账处理完毕之后，单击"关闭"按钮，即可退出自动转账处理。

七、结转损益

使用此功能将所有损益类科目的本期余额全部自动转入本年利润科目或本年利润科目的明细科目中，自动生成结转损益记账凭证。这里需要注意的是，系统是按照在"会计科目"中选定的科目类别来进行自动结转损益工作的。只有在科目类别中设定为'损益类'的科目余额才能进行自动结转。在日常财务处理中，损益类科目的余额在每期的期末都要结转到本年利润科目或本年利润科目的明细科目中去。如果要结转本期损益，建议最好使用系统提供的"结转本期损益"功能，否则在输出有关损益类的会计报表时，会出现不正确的数据。

八、期末调汇

本功能主要用于对外币核算的账户在期末自动计算汇兑损益，生成汇兑损益转账凭证及期末汇率调整表。系统执行此功能时，是根据在会计科目中的会计科目属性来进行的，只有在会计科目中事先设定为期末调汇的科目才可进行期末调汇处理。

九、期末结账

在本期所有的会计业务全部处理完毕之后，就可以进行期末结账处理了。系统的数据处理都是针对本期的，要进行下一期间的处理，必须将本期的账务全部进行结账处理，系统才能进入下一期间。

第一步：在账务处理窗口中单击“期末结账”按钮，系统进入结账处理界面，见下图所示，在此窗口中系统对在做结账工作中需要注意的事项进行说明。

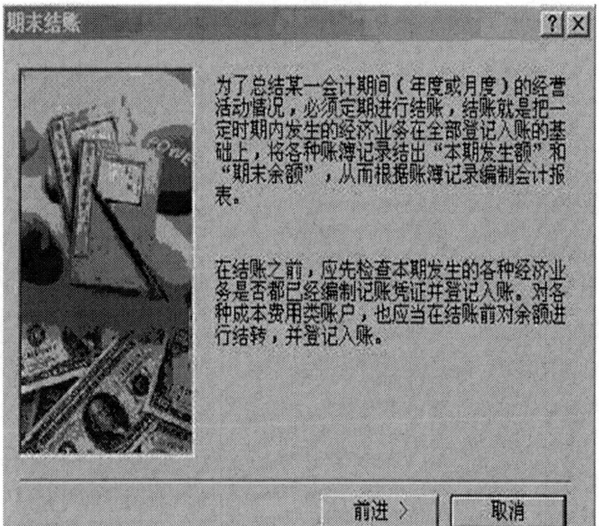

第二步：输入口令开始结账。在上述窗口中查看完毕之后，单击“前进”按钮，系统即要求输入用户口令，在确认了口令之后系统即开始结账，见下图：

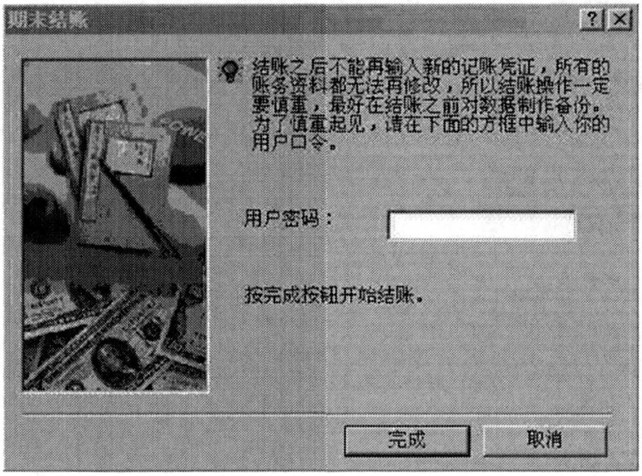

系统在过账之前要对账务处理进行检查，必须将本期间的所有会计凭证及业务资料全部输入了电脑并且过账之后才能结账。如果系统发现本期内还有未过账的记账凭证，系统会发出警告，然后中断结账。

系统在进行结账之前，还要检查“期末调汇”“结转损益”“出纳扎账”以及“计提折旧”四项处理事项是否已经完成。如果其中有一件事项未完成，则系统会提示还有哪些事项没有完成，要确认是否要继续结账。

在全部事项处理完毕后，系统开始结账。窗口中显示进度指示器，反映结账工作的进程。在结账过程中，如果想改变想法，中止结账可以单击“取消”按钮，系统会弹出提示窗口，询问是否要中断结账过程。

如果当前的会计期间是年度的最后一个会计期间，则此时结账是执行年结过程。年结基本上与日常结账没有什么区别，但年结的实际内容则完全不同于日常结账。年结时，强制用户做系统备份。系统在年结过程中，将所有的凭证及业务资料全部删除，只将有关账务数据的余额及发生额结入到下一年。年结结转到下一年度之后是无法反结账的，因此在进行年结时要特别慎重。进行年结后所有的凭证及业务资料全部都被清除，只有账套备份中留有这些数据资料。必须要仔细保存好这些备份数据，以备查账时能恢复出来记账凭证及业务资料进行查询等处理。

结账完成之后，系统进入下一个会计期间，并返回到结账处理窗口。

备份账套的查询：年结后，除有关部门业务记录结转到下年度外，所有的当年度已过账的凭证及业务资料全部保留在备份账套内，要查看年结前的账套数据资料可采用续改账套文件名的后缀形式打开备份账套，如原账套名为“SAMPLE.AIS”，则年结后查询备份账套文件为”SAMPLES.A04”。其中后缀名可以为“A+ 年份”的形式。进行期末结账后，还可以进行反结账功能，将当期会计期间退至其上一期会计期间，其具体操作方法只能使用快捷键 Ctrl+F12。但是如果已经进行了年结操作，则不能使用该方法。

十、试算平衡表

在账务处理窗口中单击“试算平衡表”按钮，系统弹出试算平衡表查询条件设置窗口，如下图所示：

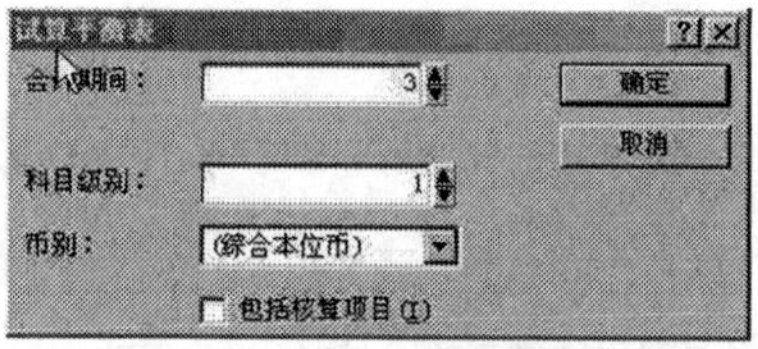

试算平衡表用于输出和查询所选期间的各科目的期初余额、本期发生额及期末余额数据。可以查询不同的会计期间以及不同币别的试算平衡表数据。

十一、科目余额表

在账务处理窗口中，单击“科目余额表”按钮，系统即弹出科目余额表查询条件设置窗口，如下图所示：

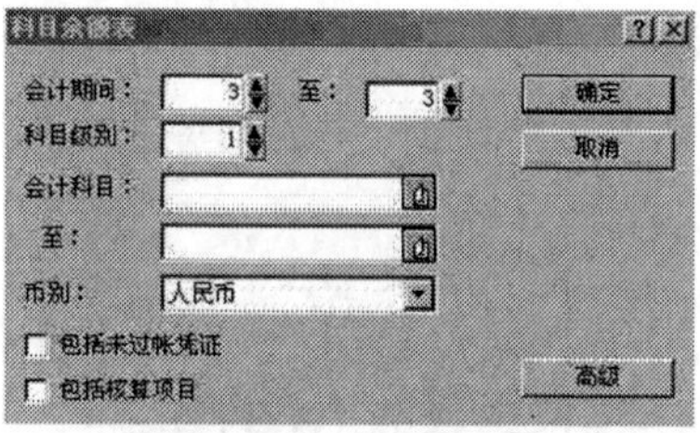

在该窗口中设定科目余额表输出的各项条件值，系统将根据所设定的条件生成科目余额表。

会计期间：选择科目余额表输出的会计期间范围。科目级别：选择要输出到哪一级科目的科目余额表。会计科目：输入要输出科目余额表的会计科目范围，选定后系统只将此范围内的会计科目余额输出到余额表中。币别：选择输出何种币别的科目余额表。包括未过账凭证：该选项用于选择在输出会计科目余额表时，是否要将未过账凭证的数据一并输出，如选择此项则同时输出未过账凭证的数据。包括核算项目：该选项用于选择在输出会计科目余额表时，是否要将核算项目包括一并输出，如选择此项则同时输出核算项目。

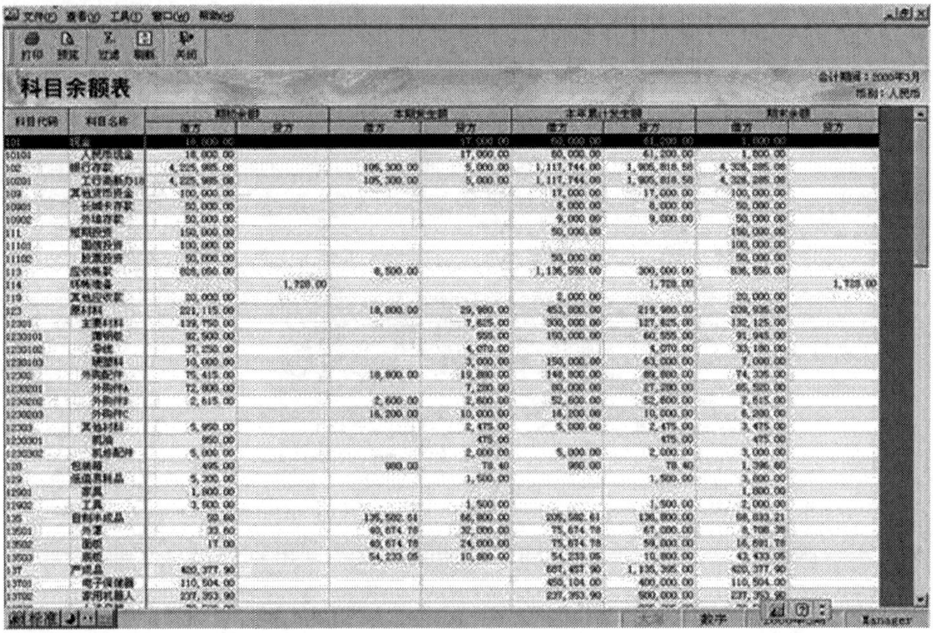

注意：

1. 如果某科目挂了多个核算项目，在未过账的情况下查看科目余额表，则只能显示该科目的情况，不能按核算项目分别显示余额情况。如果想按核算项目分别显示余额情况，则必须过账。

2. 如果选择了“包括未过账凭证”，会计期间只能选择当前期间，币别不能选择“所有币别”。

第四节　出纳管理

出纳系统能及时地了解掌握某期间或某时间范围的现金收支记录和银行存款收支情况，并做到日清月结，随时查询、打印有关出纳报表。

出纳管理使用流程图如下：

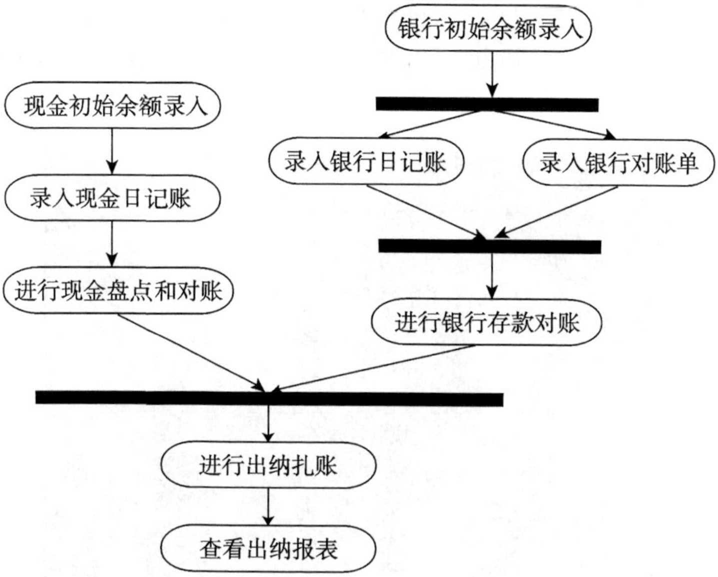

一、初始化数据录入

出纳管理初始化设置，主要要求定义好出纳系统的起始期间并进行“现金余额初始录入”和“银行存款初始录入”，下面就初始设置的有关问题分别说明。首先我们通过一个案例来了解一下如何进行出纳的初始化工作。

案例：某单位 2004 年 11 月开始使用出纳系统，期初现金为 10000 元，银行存款企业账面为 50000 元，10 月 31 日取得银行对账单，银行账面为 52000 元，发现银行已经收到但企业未入账的金额为 1500 元，银行已付但企业未入账的金额为 4500 元，企业账面已经支付但银行未支付的金额为 5000 元。

1. 我们首先到“系统维护—账套选项—税务、银行”中设置出纳系统启用期间为 2004 年 11 月，如下图：

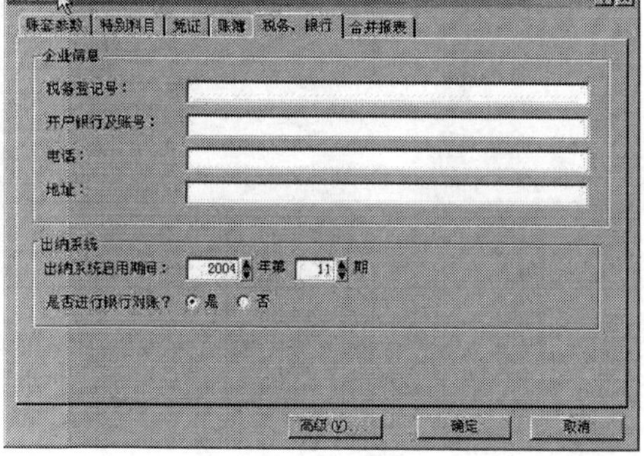

2. 设置好出纳启用期间，我们进入“出纳系统—现金初始余额”录入现金的期初余额为 10000，并点击“确定”，这样我们就完成了现金的初始化。如下图：

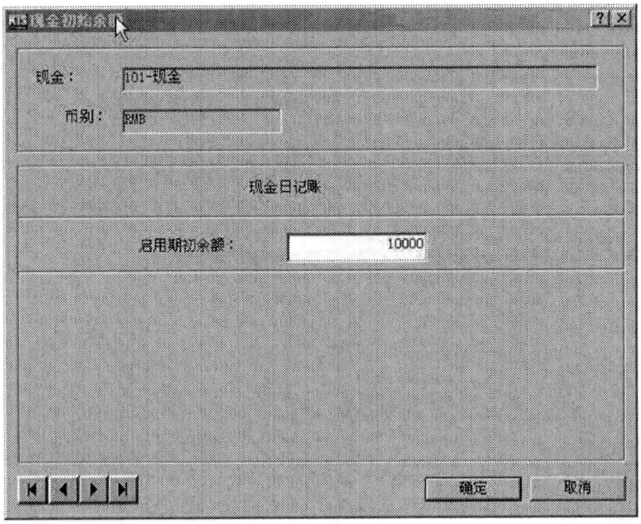

3. 进入“出纳系统—银行初始余额”，录入银行存款的期初余额。我们首先在银行日记账和银行对账单的“启用期初余额”中分别录入 50000 和 52000。如下图：

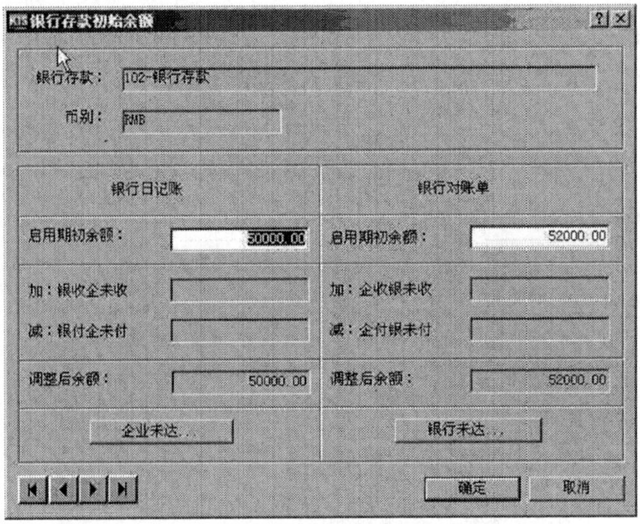

4. 由于还存在银行已经收到但企业未入账的金额为 1500 元，银行已付但企业未入账的金额为 4500 元。因此我们在“企业未达”中录入这部分金额，

点击“企业未达”按钮，进入“银行对账单”录入界面，点击“新增”按钮，我们新增两张银行对账单，如下图：

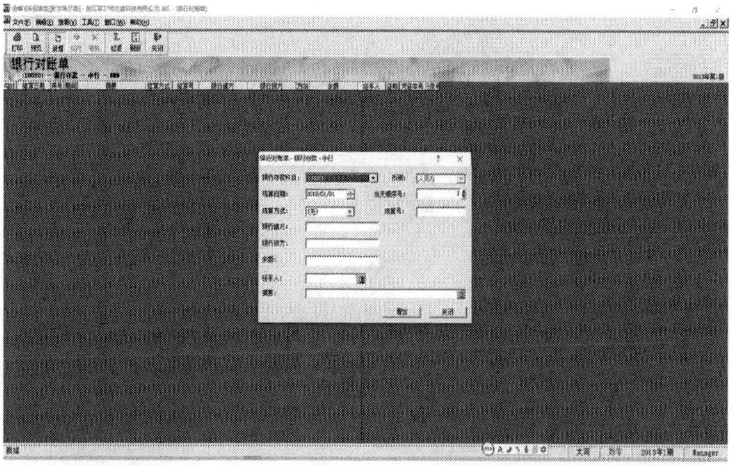

5. 由于存在企业账面已经支付但银行未支付的金额为 5000 元，因此我们还必须输入银行未达账，点击“银行未达”按钮，进入“银行日记账”录入界面，点击“新增”按钮，新增一条银行日记账记录，如下图：

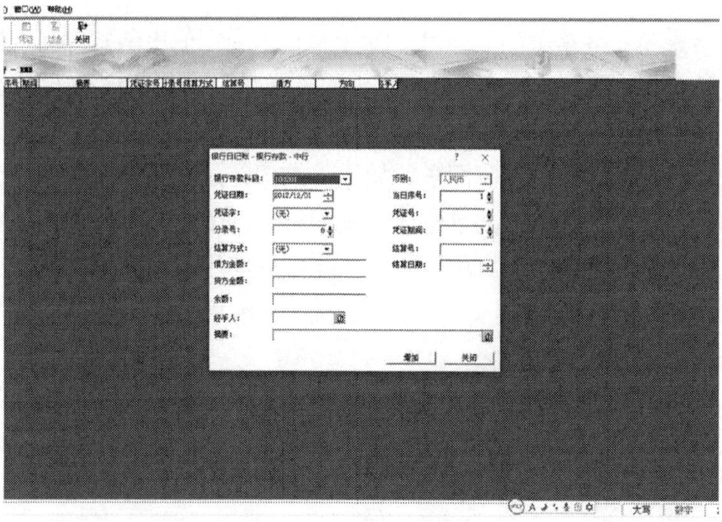

6. 录入完毕后，我们可以看到通过调整，余额达到平衡，点击“确定”按钮，就完成了银行存款初始化工作，至此我们就完成了出纳的初始化工作。当然如果用户的现金和银行存款科目下设多个明细科目，就必须对各个明细科目逐一进行初始化。

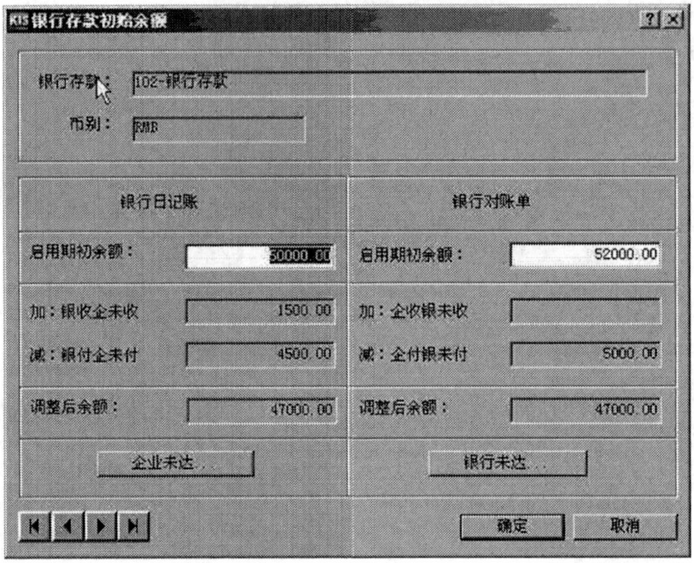

7. 调整后的余额平衡后，我们就可以正式开始出纳系统的日常工作。下面我们就初始化工作中的一些功能进行详细讲述。

二、定义出纳系统起始期间

出纳系统与账务系统的期间界面方式完全相同，但出纳系统的启用期间与账务系统的启用期间（账套启用会计期间）却可以是不同的。出纳系统的启用期间在“系统维护—账套选项”里的“税务、银行”进行设置。出纳系统的启用期间最好能与账务系统期间同步。如果出纳系统的期间与账务系统分离，则会对出纳和会计之间的数据共享造成一定困难，并使得二者的期末处理缺乏直观性。在设置好出纳系统的启用期间后，才可以使用出纳系统的其他功能。

三、现金余额初始录入

现金余额初始录入是指某一时点账簿现金科目余额。在会计之家单击“出纳管理”模块“现金初始余额”，此时系统弹出窗口。现金启用期初余额设置仅仅录入启用期初余额即可。

四、银行存款初始余额设置

银行日记账和银行对账单启用期初余额要求输入某时点的银行存款科目余额数据，该数据必须是当前账套前一期间的银行存款科目余额。具体可参照如下：

假设当前账套期间为 2000 年第 3 期，在第 2 期 28 日取得银行对账单，并输入银行对账单启用期初余额；同样，在银行日记账准备好的前提下，从账簿或科目余额取得银行存款余额，并输入下图中的启用期初余额。这样一来，就可按照稍后的描述录入“企业未达账”“银行未达账”，直至全部输入完毕，并查看初始数据余额两边是否相等。还必须录入银行存款日记账和银行对账单的启用期初余额，其他诸如“加：银收企未收”“减：银付企未付”“调整后余额”等 6 项将通过功能选项“企业未达”“银行未达”录入后由系统自动算出。单击“企业未达”，系统将显示出企业期初未达账序时簿，并可使用“过滤条件”对序时簿进行过滤筛选，在该窗口中可对序时簿进行修改、打印、预览、增加及删除等操作；在增加“企业未达”项资料时，可单击“新增”按钮，系统进入录入窗口，如下图所示：

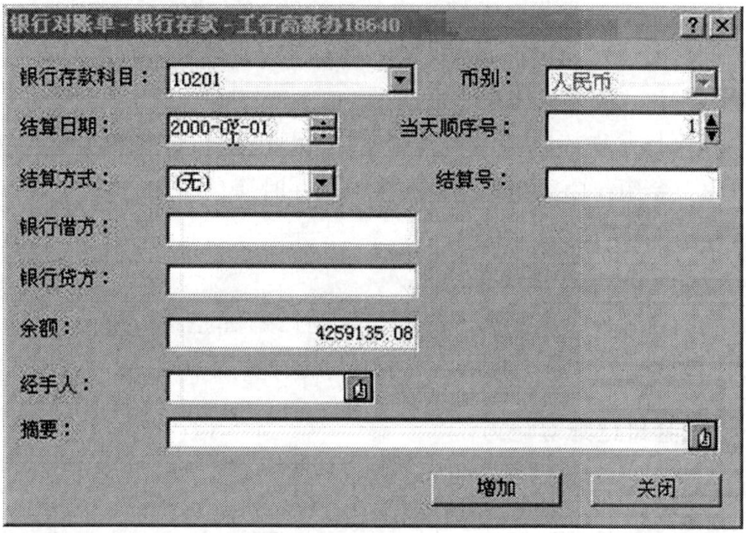

在此窗口中，可根据银行对账单记录录入相应的企业未达账资料。系统将根据录入的企业未达账相关资料即可调整“银收企未收”和“银付企未付”发生额和“调整后余额”数据。说明一点，企业未达账项资料录入窗口中，“银行借方”和“银行贷方”是指银行对账单中“借方”和“贷方”相应数据。单击“银行未达”，系统将显示出银行日记账期初未达账序时簿，在该窗口中可对序时簿分录进行修改、打印、预览、增加、删除及从凭证中引入银行日记账等操作；当增加银行存款日记账期初未达账时，单击“新增”按钮，系统进入银行日记账期初未达账记录录入窗口。

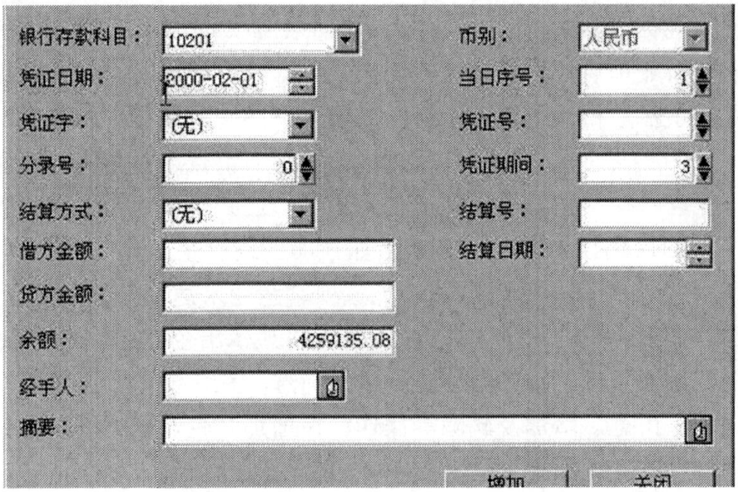

在此窗口中，可根据企业银行存款日记账记录确认录入银行未达账项资料。系统将根据录入的银行未达账相关资料及时调整“企收银未收”“企付银未付”发生额和“调整后余额”数据。

当天顺序号：指对账单中银行存款科目、币别和日期都相同的每条记录的顺序号码。余额：由系统根据期初余额及序时簿自动算出。

五、现金日记账

下面我们通过一个案例来了解现金日记账录入的三种方式。

案例：2004 年 11 月 5 日使用现金支付管理费用 1000 元

（一）现金日记账登记方法

1. 接录入法

（1）在“出纳管理”模块点击“现金日记账”，进入现金日记账序时簿。

（2）点击“新增”按钮，弹出现金日记账录入窗口，录入日期、贷方金额、经手人和摘要后，点击“增加”即可，如下图：

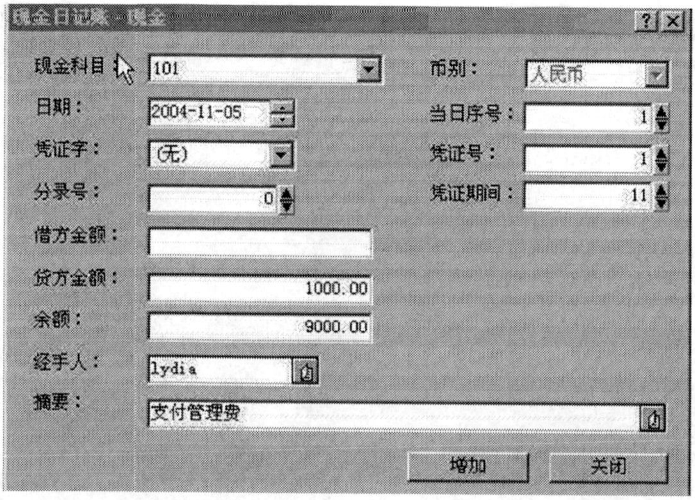

2. 从凭证引入现金日记账

（1）在凭证录入功能中录入 1 张支付管理费用的凭证，如下图：

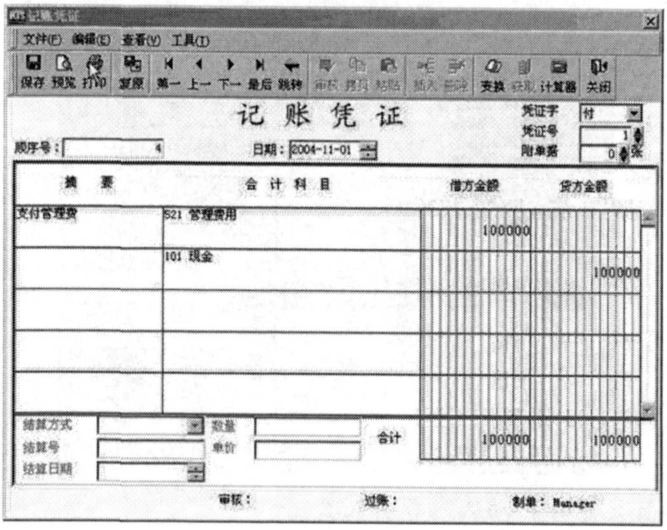

（2）在“系统维护—账套选项—高级—出纳”中选择选项“可以从凭证引入现金日记账”。

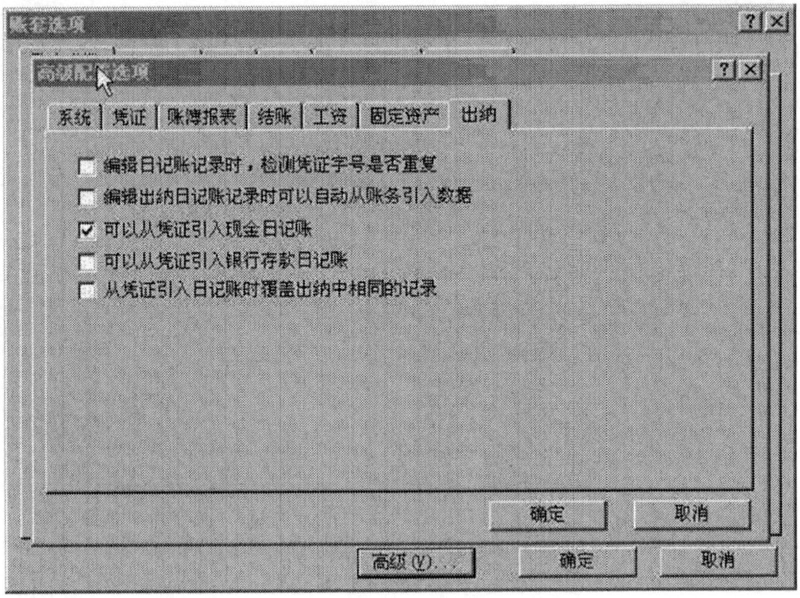

（3）进入“出纳管理—现金日记账”，通过“文件”菜单下“从凭证引入现金日记账”功能即可引入符合一定条件的现金日记账。

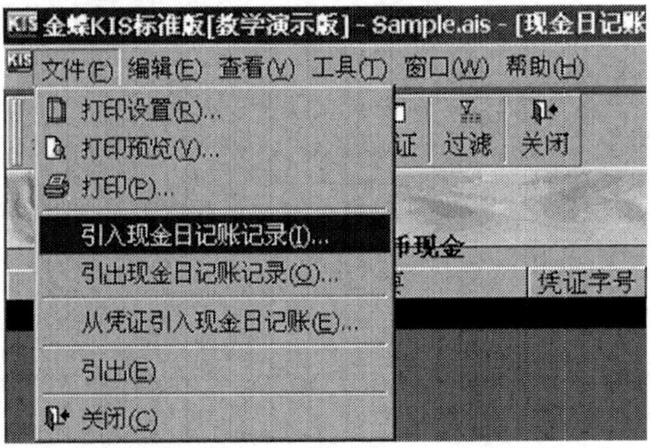

3. 编辑日记账时自动从账务引入数据

（1）同前面讲的一样首先录入好凭证。

（2）在“系统维护—账套选项—高级—出纳”中选择选项“编辑出纳日记账记录时可以自动从账务引入数据”，如下图：

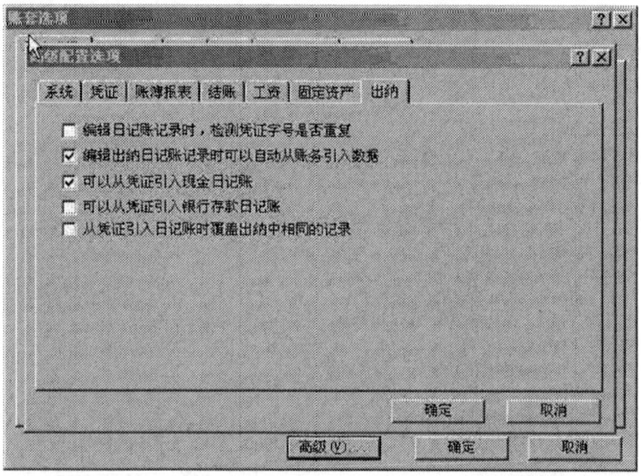

（3）进入“出纳管理—现金日记账”，选择“编辑”菜单下“编辑时自动从账务引入数据”子菜单。

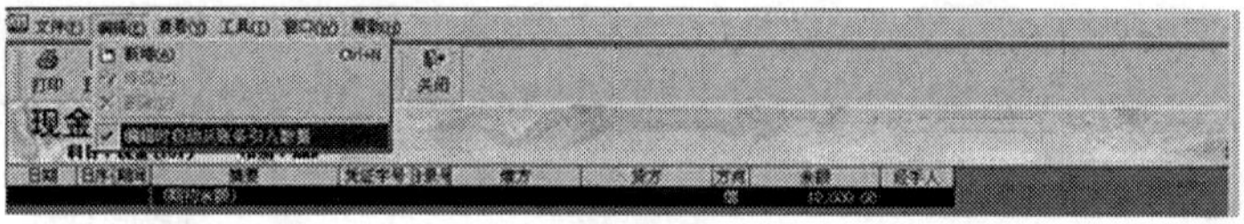

（4）点击“新增”按钮，由于我们做的是付—1号凭证，因此要引入这笔现金日记账，我们选择凭证字为付，凭证号为1，系统自动把发生额、摘要带出来，如下图：

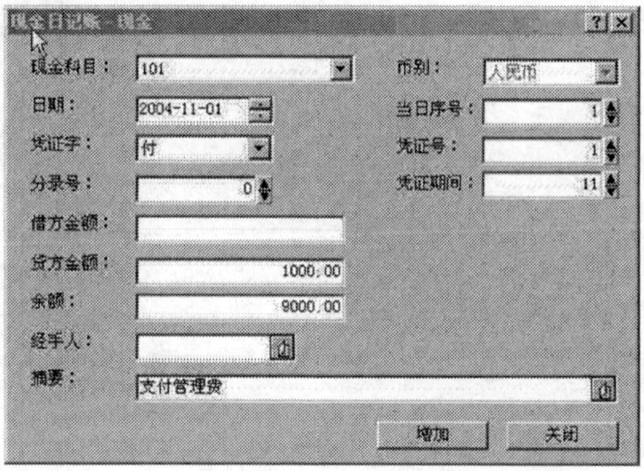

（5）填补经手人、日期等信息，点击“增加”即可。

以上就是新增现金日记账的三种方式，下面我们就现金日记账的功能进行详细说明。

（二）功能说明

单击“出纳管理”模块中的“现金日记账”，此时系统弹出条件窗口如下：

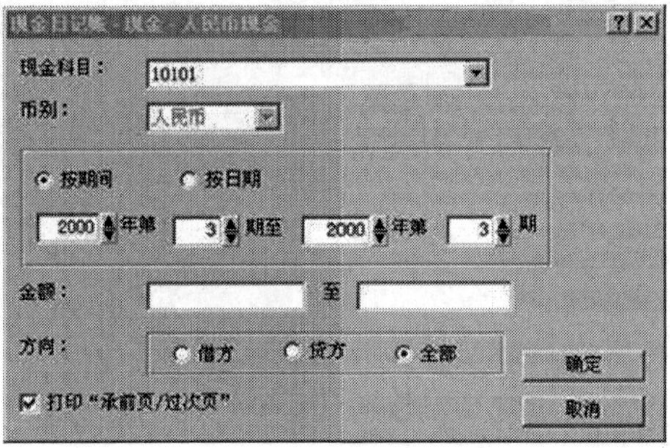

按期间：选取现金日记账的期间范围；按日期：选取现金日记账的日期范围。金额：金额大小范围。方向：指现金流向，分为借方、贷方和全部。当不输入该选项时，系统默认“全部”。打印“承前页 / 过次页”：若选取，则在打印多页现金日记账时，系统打印输出自动将上一页的余额衔接到次页。上述条件确认后，系统将进入现金日记账序时簿，如下图所示。此时可进行打印、预览、增加、修改和删除等操作。

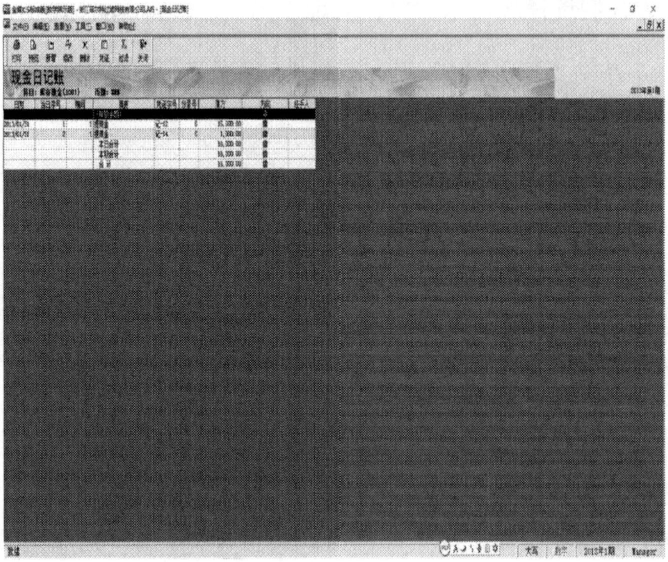

上图中的分录遵循下述关系：

当前分录余额 = 前一分录余额 + 当前分录借方 - 当前分录贷方

在现金日记账增加窗口中，系统将当前余额反映出来，如下图所示：

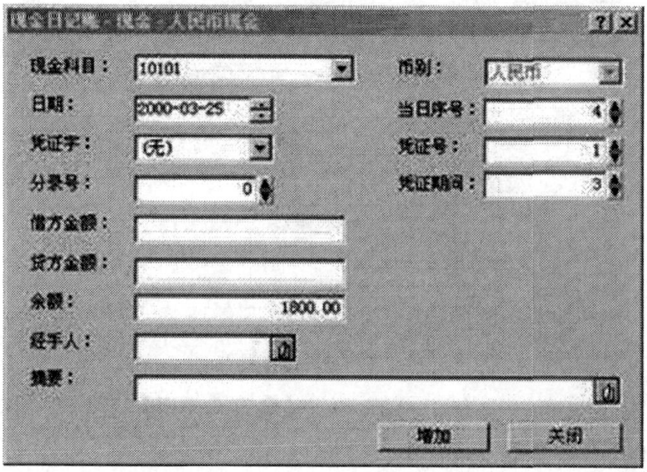

“当日序号”，一般由系统自动给出。“余额”由系统自动算出，且“余额”方向在“借方金额”，当首次进入该窗口时，余额数据与“现金、银行存款科目”中的现金日记账“启用期初余额”完全一致。此外，金蝶 KIS 还提供引入现金日记账记录和从凭证引入现金日记账的功能。在现金日记账序时簿窗口中，点击“文件”菜单中的“引入现金日记账记录”系统将按步骤提示，引导用户成功地从其他目录下引入现金日记账的 *.DBF 文件。如果要执行文件菜单中的“从凭证引入现金日记账（E）”和编辑菜单中的“编辑时自动从账务引入数据”功能，还需在“维护”模块的“账套选项”子模块中进行一些操作。在此窗口中，单击选取所需要的项目，连续“确定”后，才会在现金日记账窗口的文件菜单和编辑菜单中出现此选项，否则，文件菜单和编辑菜单中便无这些功能选项。

完成这些操作后，可以直接在现金日记账序时簿处理窗口中，单击“文件菜单”下的“从凭证引入现金日记账”，系统提示是否确认从凭证中引入，单击“是”，即可成功引入现金日记账。单击“编辑菜单”下的“编辑时自动从账务引入数据”进行选取。然后在现金日记账增加窗口中，录入与账务系统相同的凭证字号时，系统自动从账务中获取金额和余额。

六、现金盘点与对账

现金盘点与对账反映会计核算体系中账账相核、账实相核；其中账账相核体现出纳系统现金日记账与账务系统现金分类账相核对，账实相核体现出纳系统现金日记账与库存现金实盘数相核对。

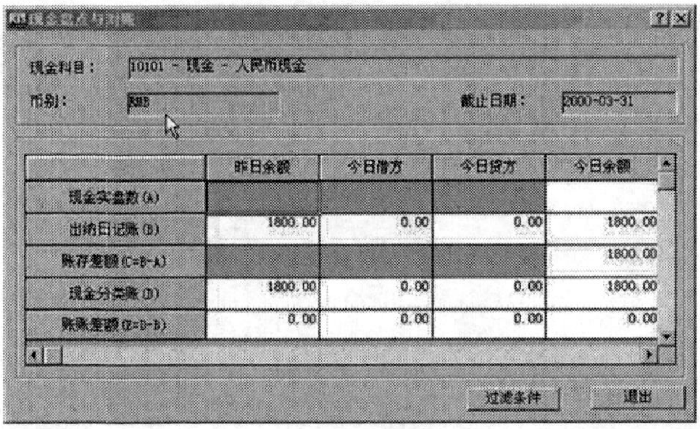

在上图中，只有“现金实盘数→今日余额”可手工输入，其他数据均由系统自动算出。

出纳日记账：显示出纳系统现金日记账中昨日余额、今日借方、今日贷方、今日余额、期初余额、本期借方、本期贷方、本期余额数据。账存差额：今日现金实盘数与现金日记账今日余额的差额。现金分类账：表示凭证进行过账处理后，系统将自动调用该现金科目的相关汇总数据。账账差额：反映账务系统现金总账与出纳系统现金日记账的差额（E=D−B）。

七、银行日记账

银行日记账与现金日记账的使用方法相同，同样也可以通过直接录入、从凭证引入和自动从账务引入三种方式添加，在此就不再举例说明，可以参考现金日记账的案例。

在“出纳管理”模块单击“银行日记账”后，系统要求输入银行日记账查询条件，如下图所示：

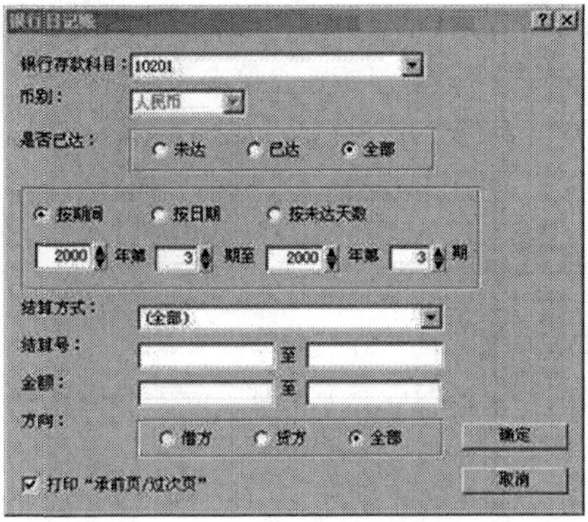

银行存款科目：用下拉列表选择要对账的银行存款明细科目。币别：选择要对账银行存款科目的币别。是否已达：系统提供了三个选项“已达”“未达”“全部”，根据需要选取输出资料的范围。时间范围：系统提供了三个选项：“按期间”选取对账的期间范围；“按日期”选取对账的日期范围；“按未达天数”选取到截止日期为止超过指定未达天数，以上的账项结算方式：选取指定结算方式的账项进行处理。结算号：指定输出选择结算号范围内的账项。金额范围：输出在指定金额范围内的账项。方向：选择处理何种方向的账项，包括：“借方”“贷方”和“全部”。打印“承前页 / 过次页”：选择打印时是否承前页或过次页。确定了上述各项对账条件之后，单击“确定”按钮，系统即按照用户所设定的条件过滤出符合条件的银行日记账分录序时簿。如下图所示：

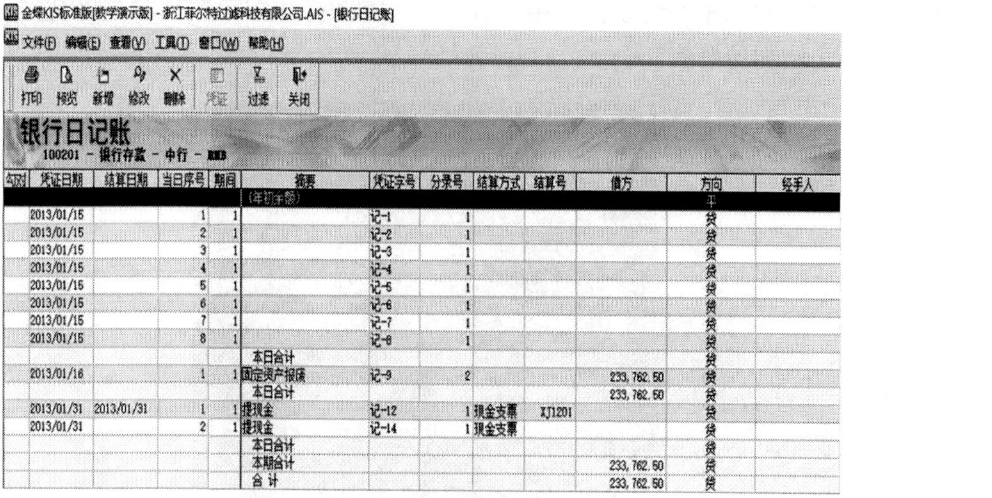

勾对	凭证日期	结算日期	当日序号	期间	摘要	凭证字号	分录号	结算方式	结算号	借方	方向	经手人
					(年初余额)						平	
	2013/01/15		1	1		记-1	1				贷	
	2013/01/15		2	1		记-2	1				贷	
	2013/01/15		3	1		记-3	1				贷	
	2013/01/15		4	1		记-4	1				贷	
	2013/01/15		5	1		记-5	1				贷	
	2013/01/15		6	1		记-6	1				贷	
	2013/01/15		7	1		记-7	1				贷	
	2013/01/15		8	1		记-8	1				贷	
					本日合计						贷	
	2013/01/16		1	1	固定资产报废	记-9	2			233,762.50	贷	
					本日合计					233,762.50	贷	
	2013/01/31	2013/01/31	1	1	提现金	记-12	1	现金支票	XJ1201		贷	
	2013/01/31		2	1	提现金	记-14	1	现金支票			贷	
					本日合计						贷	
					本期合计					233,762.50	贷	
					合 计					233,762.50	贷	

在该序时簿中，可以进行浏览查看、查询凭证（引入的凭证）、增加、删除、修改、从凭证引入银行日记账等工作。

从凭证引入银行日记账：表示引入当前期间会计序时簿中含银行存款科目的银行日记账。查询凭证：表示查询所引入的某凭证。具体操作是将光带移动至银行日记账序时簿某分录，单击查询凭证按钮即可查看该凭证的有关信息；银行日记账增加窗口界面（如下图），其中“借方金额”和“贷方金额”二者仅选其中之一录入，余额由系统自动计算显示。其他各字段字面意义已经很清楚，这里就不再一一累述。

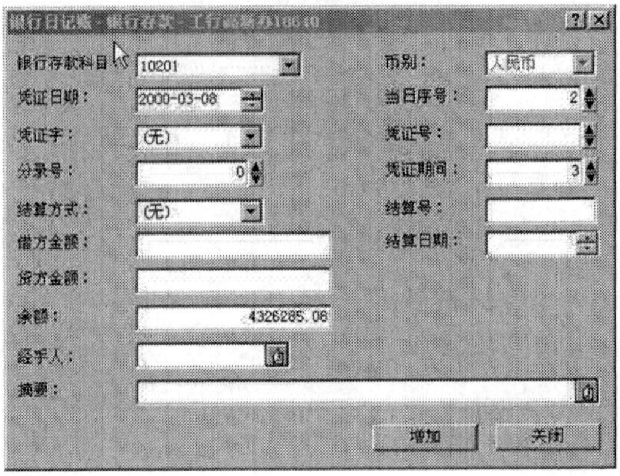

八、银行对账单

银行对账单查询条件与银行日记账查询条件相同，其增加界面与“银行未达”增加界面基本相同，如下图所示：

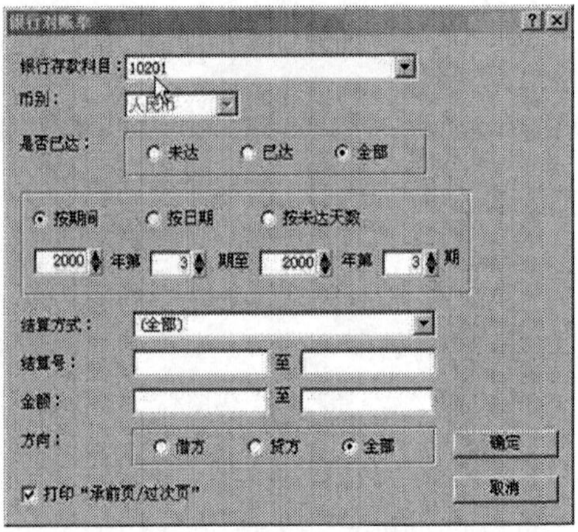

在该窗口中，输入查询条件后，就进入对账单的输入窗口，如下图所示。在该窗口中，录入银行对账单。

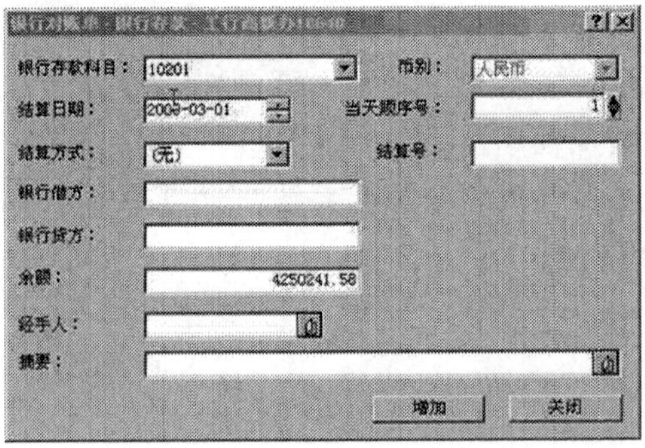

九、银行存款对账

（一）案例说明

我们首先通过一个案例来了解一下银行对账的两种方式。

案例：我们接着第一节的案例，期初有一笔5000元款项企业已经做账，但银行还没有实际支付，到11月4日，银行支付这笔款项，支付后我们进行银行对账。

（1）由于11月4日银行支付5000元款项，我们首先制作一张银行对账单，如下图：

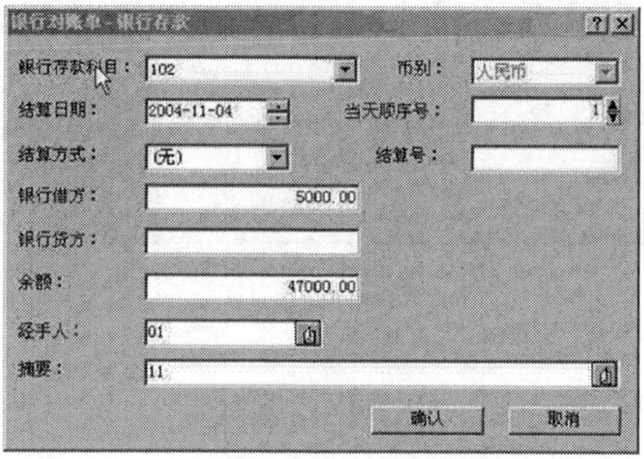

（2）进入“出纳管理—银行存款对账”功能，输入对账日期2004.11.10

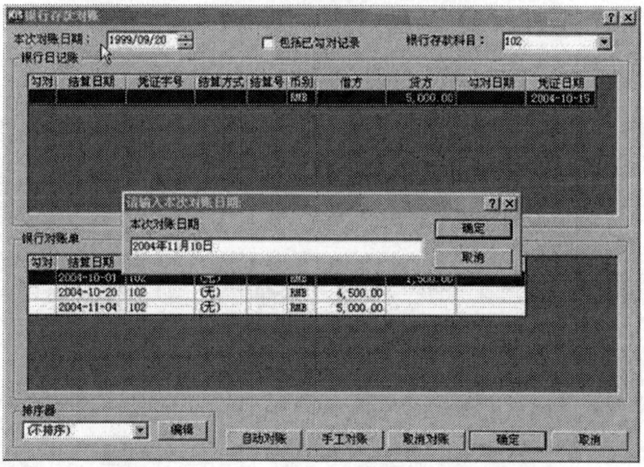

（3）系统提供了两种对账方式：自动对账和手工对账。

自动对账：只需点击“自动对账”，设置对账条件后即可把符合条件的记录进行勾对。手工对账：需要分别在银行日记账和银行对账单记录中选中需要进行对账的记录，双击后，记录前方出现 *，然后点击“手工对账”即可。对账后的记录将不会在对账界面显示，除非选择上方的“包括已勾对记录”。

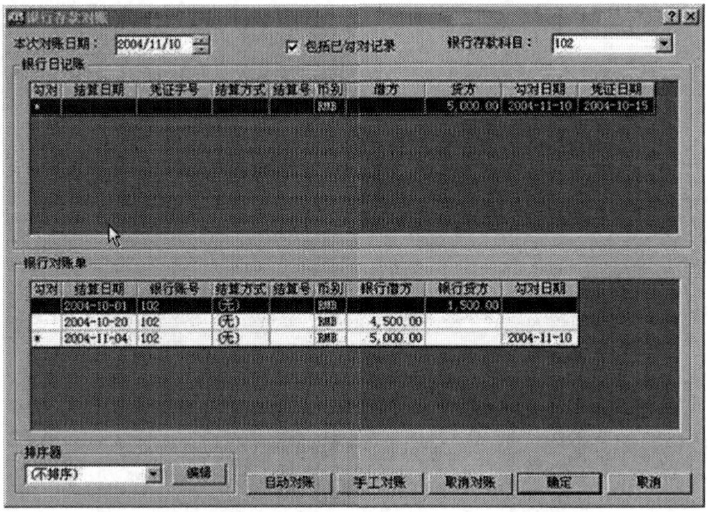

（二）功能说明

在“出纳管理”模块单击“银行存款对账”后，出现对账窗口如下图所示：

进入此窗口后，系统提示录入本次对账日期，此对账日期即为本次银行存款对账操作的勾对日期。“确定”后，即进入如下图所示的银行存款对账窗口。

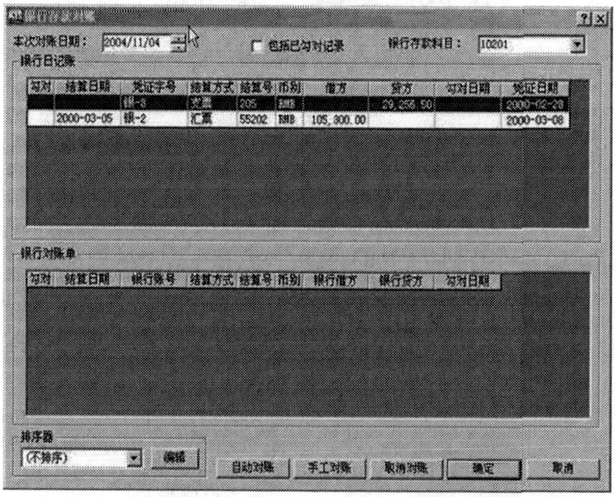

1. 自动对账

单击该按钮，系统出现如下图所示：

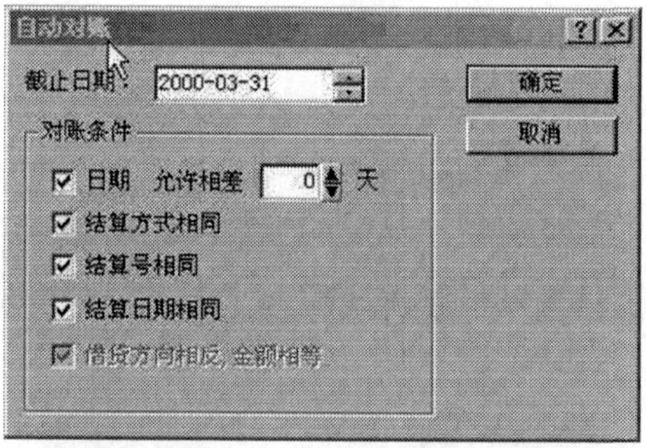

用户可以选择自动对账限制条件：“日期 允许相差天数”“结算方式相同”“结算号相同”“结算日期相同”等。这些条件在进行自动对账时可以根据情况选择，没有选定的条件在自动对账时将被忽略。因此，为了保证对账结果的准确，建议在录入凭证和银行对账单时各种资料都应全面一致地录入。

在选择完条件后，单击“确定”系统即开始自动对账，对账完毕后会提示用户已自动勾对的记录数，将已勾对上的记录同时在单位对账单和银行对账单中以“*”标注，同时底色变成黄色，可以在此窗口中翻阅查看。如果想取消某一条自动勾对的记录，将光标定位于要取消的记录上，双击鼠标即可取消勾对。查看完自动对账记录后，要确认自动勾对记录单击“确定”键，完成自动对账，保留对账结果。单击“取消”，则此次自动对账结果无效。取消对账：如果想一次性地全部取消所有已勾对的记录，则点击银行存款对账窗口中的“取消对账”按钮，系统接着弹出如下图所示的窗口：

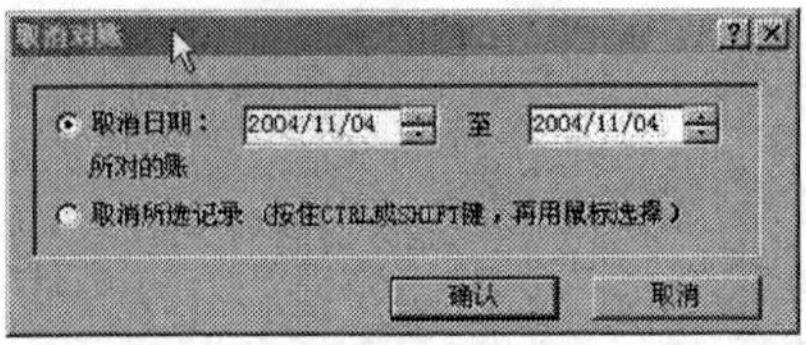

在此窗口，选择“取消会计期间 XX 至 XX 所对的账”，“确认”后将取消此会计期间范围内所有已勾对的记录。如果是再次进入银行对账窗口，则需要先选取“包括已勾对记录”后再执行此功能。选择“取消所选记录”，“确认”后，则取消选定的已勾对记录。

2. 手工对账

将光标移到要勾对的未达账项上，分别在银行日记账和银行对账单中选中对应的记录后双击鼠标左键，勾对栏中就会出现“**”，此时再单击“手工对账”按钮，系统提示是否要求确认手工对账，然后按“是”确认勾对结果，如不想确认勾对结果，单击“取消”键放弃勾对，否则单击“确定”键系统保存勾对结果。

此外，在实际出纳账中，有可能一笔银行对账单对应多笔银行日记账，但又需要一次性勾对。怎么办呢？金蝶 KIS 就为银行手工对账提供了“一对多”功能。只需要确认其相互对应的记录，然后执行手工对账的操作即可。当然，执行银行手工对账的“一对多”功能，还有比较快捷的方法：利用排序器。单击银行存款对账窗口中排序器的“编辑”，出现编辑窗口，如下图所示：

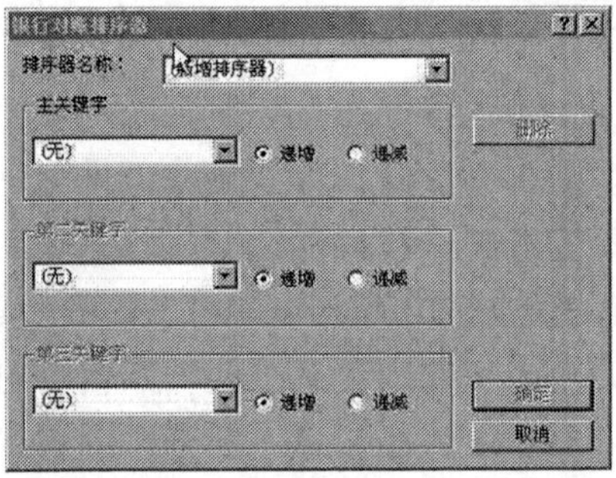

然后，在下拉框中，主关键字选“结算方式”，第二关键字选“结算日期”，确定后，在银行存款对账窗口，将按关键字的顺序排列对账单和日记账，便于查看一笔对应多笔的银行日记账和银行对账单。这样，执行手工对账时就方便多了。在排序器的设置中，可以将预设的被选项按照任意顺序排序并生成排序器，并可作为单独的排序方案进行保存，以便随时调用。

十、出纳扎账

出纳扎账是将出纳系统所涉及的现金日记账余额、银行存款日记账余额及银行对账单未达项资料等结转至下一期，并对现金日记账、银行日记账加注发生额。单击出纳管理模块中的“出纳扎账”，此时系统弹出窗口如下：

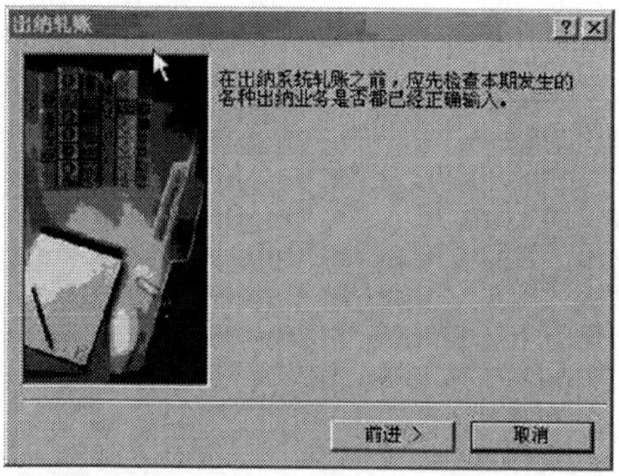

按下“前进”按钮，进入下一个窗口：

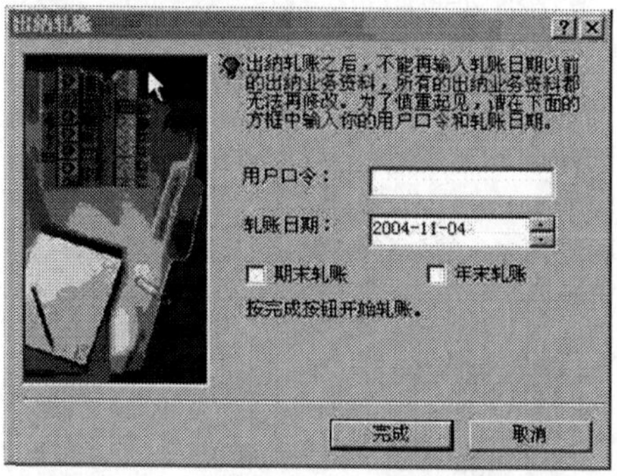

在此窗口中，按照提示输入用户口令、扎账日期等，点击“完成”，即可完成期末扎账的工作。

进行扎账后，扎账前的现金和银行存款日记账将不允许再进行修改。如果需要修改，需要进行反扎账才行。执行反扎账操作请使用 Ctrl+F9。

注意：为了方便出纳银行对账，在出纳模块中可以在任意期间内进行多次扎账操作。但必须至少有一次是在该期的最后一天进行。也只有最后一天的操作才符合出纳期末扎账的意义。如果上个期末未进行出纳扎账的操作，则会在本期的任一次扎账中出现提示信息。为了确保余额调节表的正确性，我们强烈建议按照严格的操作程序逐期进行出纳期末扎账。

注意事项：如果不进行期末扎账，则最多只能录入或引入下一期的日记账；若要录入或引入下一年的日记账，则必须进行年末扎账。

十一、出纳报表

出纳报表提供“资金日报表”“资金月报表”“长期未达账”和“银行存款余额调节表”查询功能，以便及时掌握资金动向。

1. 资金日报表

在“出纳管理”模块选择并单击“资金日报表”，系统弹出下图窗口：

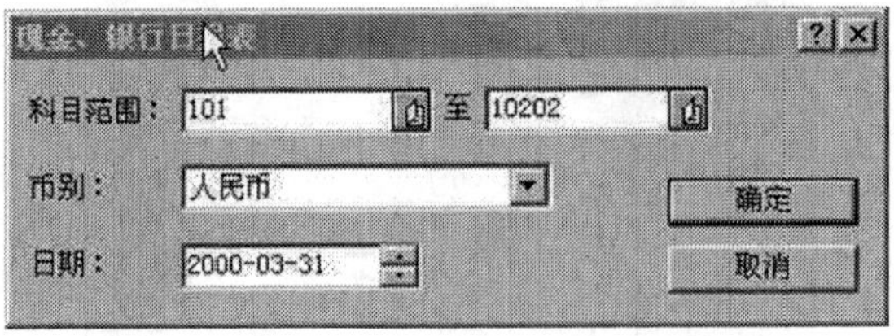

资金科目范围：可使用查询按钮来获取单一资金科目，也可以手工输入，手工输入时条件更灵活，可输入以下形式：“101-102”“101，10201-10204”“101-102，109”。日期：指资金、银行存款业务所发生的时间，系统只对该日期内发生的业务系统输出资金日报表。在选择相应的条件并确定后，系统进入资金日报表窗口，在该窗口中，系统提供“打印”“预览”“引出”等功能。

2. 资金月报表

在出纳管理窗口，单击“资金月报表”，选择需要查看的资金科目范围，选择“币别”，选择期间，单击“确定”后，系统进入资金日报表窗口，在该窗口中，系统提供“打印”“预览”“引出”等功能。

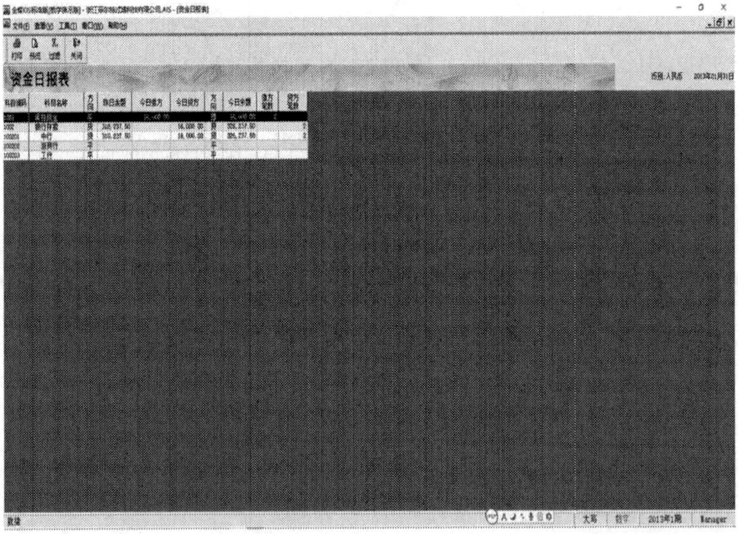

3. 长期未达账

“长期未达账”是对银行日记账和银行对账单进行报表输出之功能。单击“出纳报表”模块并选择“长期未达账”选项后，系统进入长期未达账条件窗口。

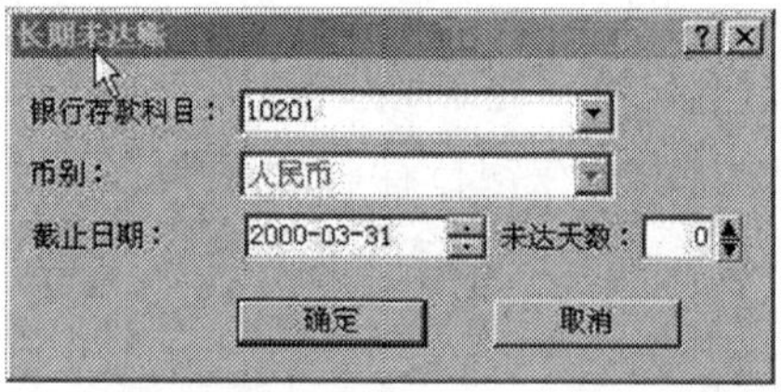

银行存款科目范围：可使用下拉按钮选取银行存款科目，也可以手工输入，手工输入时条件更灵活，可输入：“10201，10202–10204，10208”。未达天数：指银行日记账与银行对账单之间未达多少天以上。在输入相应的条件并确定后，系统进入“银行日记账 / 银行对账单”未达序时簿。

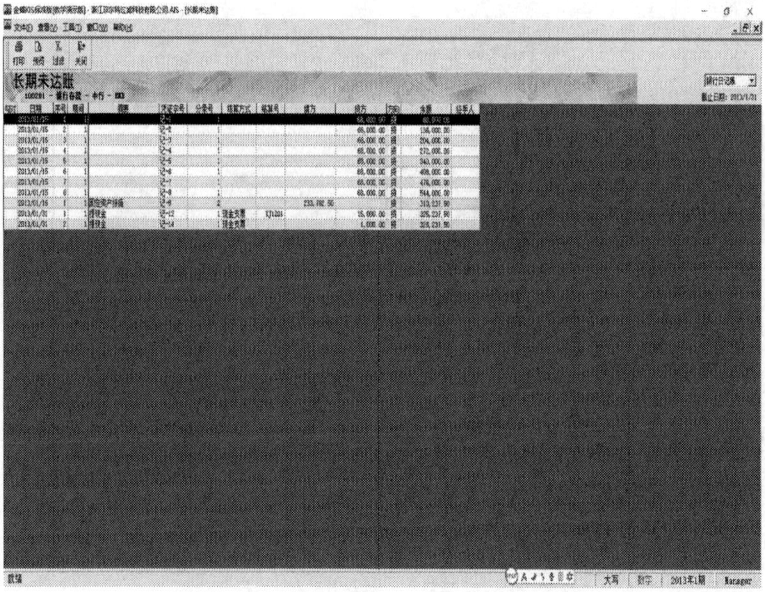

该序时簿中可使用图中右上角下拉按钮对“银行日记账 / 银行对账单”之间相互切换，同时系统提供“打印”“预览”“引出”等常用操作功能。

4. 银行存款余额调节表

在输入了期初单位未达账项、银行对账单，对未达账项全部勾对完毕之后，就可以输出银行存款余额调节表了。在窗口中右上角的下拉列表框中选择“银行存款余额调节表”系统即弹出银行存款余额调节表供用户查看或打印。在生成的银行存款余额调节表上，系统会自动判别调节是否平衡，同时给出相应的提示信息。在银行存款余额调节表中，系统是按照用户所选取的对账条件来设定默认的截止对账日期的。如果条件设定为“按期间”，则默认截止对账日期为截止期间的最后一日；如果条件设定为“按日期”，则默认截止对账日期为所设定的截止日期；如果条件设定为“按未达天数”，则默认截止对账日期为设定的截止日期。可以根据需要修改余额调节表的截止对账日期，以满足实际对账的需求。在银行存款余额调节表窗口中，单击（查询条件按钮），系统弹出银行存款余额调节表查询条件设置窗口。在窗口中可以选择银行存款余额调节表输出的银行存款科目、币别、截止日期等选项，系统会根据设定的条件重新生成余额调节表。系统会根据勾对的情况分别对银行存款账面余额以及银行对账单余额进行调整，生成余额调节表，并自动检测所生成的余额调节表是否平衡，如下图所示：

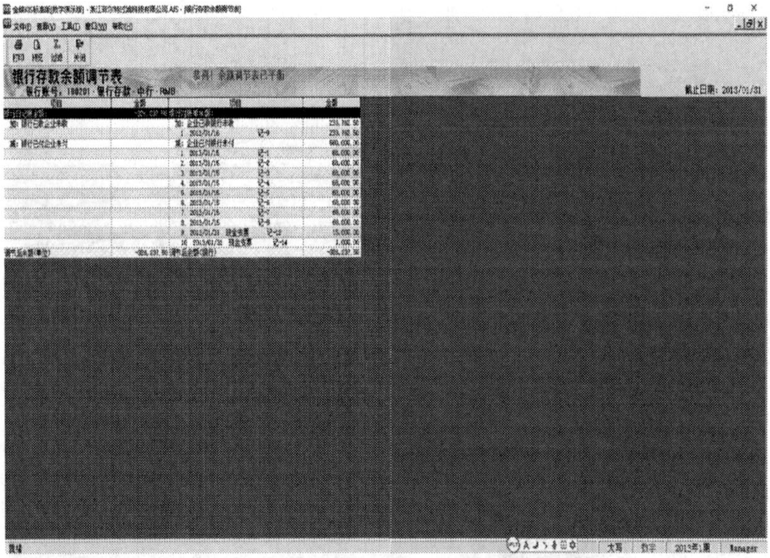

第五节　报表处理

一、资产负债表

资产负债表是反映企业一定日期全部资产、负债和所有者权益情况的报表。只要用户进行了账务处理，并对凭证进行了过账操作，即可随时查看到当期及以前期间各种时段的资产负债表，非常方便。

1. 查看资产负债表

系统给用户提供了资产负债表的预设模板，在“报表与分析”窗口，点击“资产负债表”即可查看到当前期间的资产负债表，见下图：

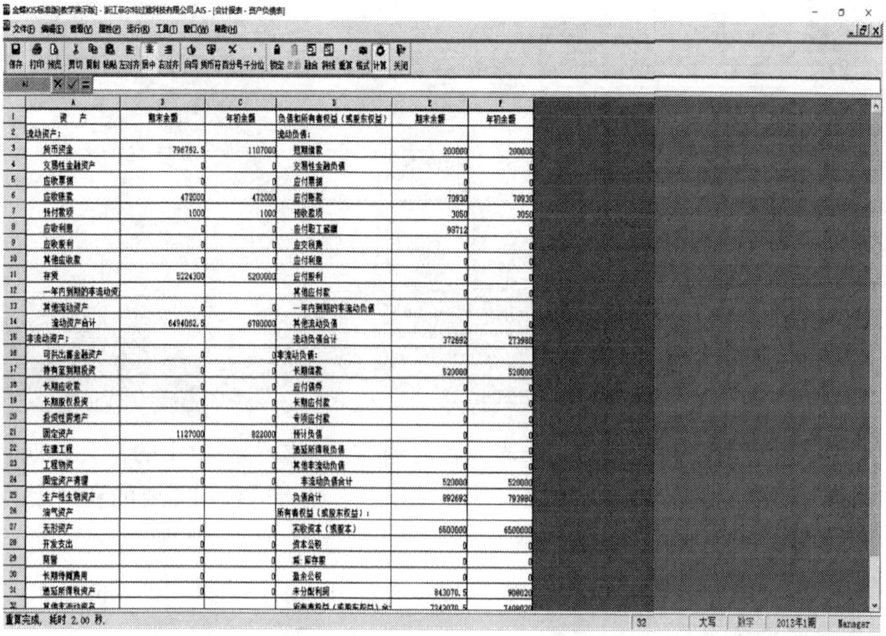

	A	B	C	D	E	F
1	资 产	期末余额	年初余额	负债和所有者权益（或股东权益）	期末余额	年初余额
2	流动资产：			流动负债：		
3	货币资金	796762.5	1107000	短期借款	200000	200000
4	交易性金融资产	0	0	交易性金融负债	0	0
5	应收票据	0	0	应付票据	0	0
6	应收账款	472000	472000	应付账款	70930	70930
7	预付款项	1000	1000	预收款项	3050	3050
8	应收利息	0	0	应付职工薪酬	98712	0
9	应收股利	0	0	应交税费	0	0
10	其他应收款	0	0	应付利息	0	0
11	存货	5224300	5200000	应付股利	0	0
12	一年内到期的非流动资			其他应付款	0	0
13	其他流动资产	0	0	一年内到期的非流动负债		
14	流动资产合计	6494062.5	6780000	其他流动负债	0	0
15	非流动资产：			流动负债合计	372692	273980
16	可供出售金融资产	0	0	非流动负债：		
17	持有至到期投资	0	0	长期借款	520000	520000
18	长期应收款	0	0	应付债券	0	0
19	长期股权投资	0	0	长期应付款	0	0
20	投资性房地产	0	0	专项应付款	0	0
21	固定资产	1127000	822000	预计负债	0	0
22	在建工程	0	0	递延所得税负债	0	0
23	工程物资	0	0	其他非流动负债	0	0
24	固定资产清理	0	0	非流动负债合计	520000	520000
25	生产性生物资产			负债合计	892692	793980
26	油气资产			所有者权益（或股东权益）：		
27	无形资产	0	0	实收资本（或股本）	6500000	6500000
28	开发支出	0	0	资本公积	0	0
29	商誉	0	0	减：库存股	0	0
30	长期待摊费用	0	0	盈余公积	0	0
31	递延所得税资产	0	0	未分配利润	843070.5	908020
32	[illegible]			[illegible]	7342070.5	7408020

如果要查看以前期间的资产负债表，首先通过“查看”菜单中的“会计期间”选择要查看的期间，然后进行报表重算操作后，就可以得到需要的资产负债表。

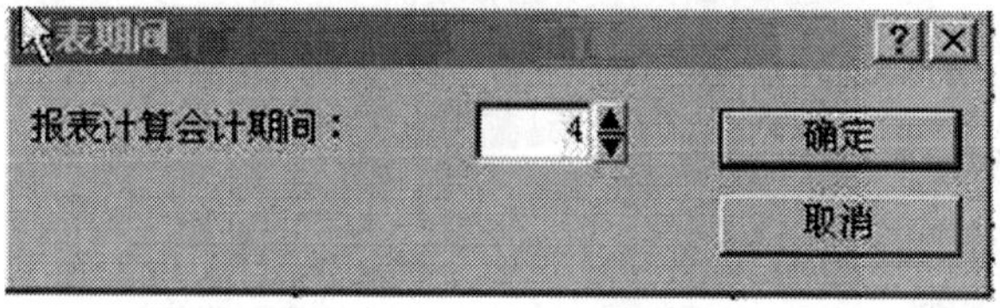

2. 修改资产负债表

可以根据不同的需要对资产负债表进行修改，包括报表项目和公式的修改。

二、利润表

利润表是反映企业在一定期间内实现利润（亏损）的实际情况。只要用户进行了账务处理，并对凭证进行了过账操作，即可随时查看到当期及以前期间各种时段的利润表，非常方便。

1. 查看利润表

系统给用户提供了利润表的预设模板，在“报表与分析”窗口，点击“利润表”即可查看到当前期间的利润表，见下图：

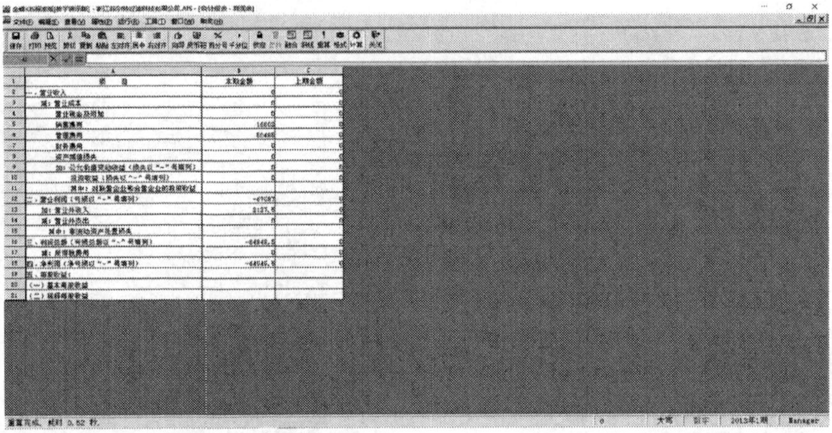

如果要查看以前期间的利润表，首先通过“查看”菜单中的“会计期间”选择要查看的期间，然后进行报表重算操作后，就可以得到需要的利润表。

2. 修改利润表

可以根据不同的需要对利润表进行修改，包括报表项目和公式的修改。

三、自定义报表

金蝶 KIS 在该模块中，提供类同 Microsoft Excel 报表处理功能，表头、表尾、表体格式任意制定，十分灵活，并利用同以往所提供丰富的取数公式，能方便灵活地设计报表。

（一）功能特点

实现打开时即时调入上次计算结果、上次计算时间，并可浏览、打印报表而无需重新计算，大大提高工作效率，并随时保存报表计算结果。编辑表体时，实现表内任意单元融合；单元（含融合单元）实现任意斜线组合，并可随行高列宽任意调整而自动变化。行、列单元属性实现对齐方式、数字格式、前景、背景灵活设置以及单元边框四边进行不同颜色设置；同时还可对行或列冻结、列宽锁定、超界警告。二进制独立报表文件可完整引入报表，无需拷贝整个账套。自动/手动计算方式，使得单元格式公式在选用手动计算方式时被修改不致引发报表重新计算，直至单元公式编辑完后再重新计算。即时终止计算：报表计算过程中可实现即时终止计算。独立保存报表打印设置：每一报表实现按当前所配置的打印机独立保存打印类型、页面大小、纵横选择参数，在打开报表后，系统自动调入这些打印参数，而不必像以前版本当打印另一报表可能要求每次更改打印设置而苦恼。鼠标拖放操作，可实现单元内容拖动及单元公式拖拉填充。单元取数公式仍按以前方式不变，分手动录入取数和取数向导方式。在实际工作中，常用的会计报表一般是由表头、列标题表体、表尾几项构成。如下图：

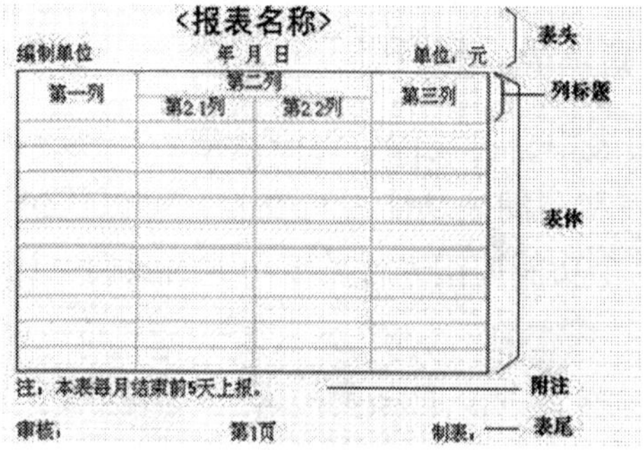

因此，只要将上述几个功能特点了解后，并熟练掌握报表取数公式，就可以编制出精美的会计报表。在报表与分析窗口中单击“自定义报表”，系统进入下图所示的窗口：

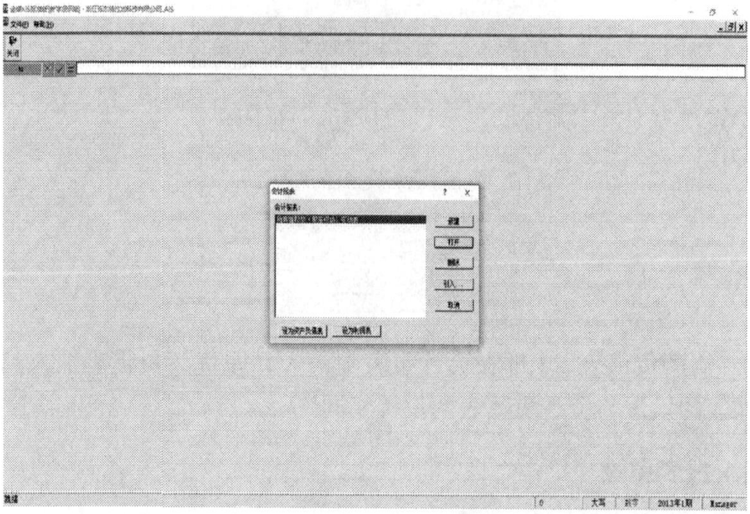

在此窗口中，可以新建 / 打开自定义报表，系统缺省设置有“财务状况变动表”和“利润分配表”，同时在打开报表窗口中，可以进行“新建”“打开”“删除”“授权”“引入”等操作，下面对自定义会计报表的使用、编辑修饰等操作做进一步说明。

（二）新建、修改报表

在自定义报表新建的报表处理窗口中，空白表体处可输入报表行项目及列项目标题内容，表体部分列号用 A、B、C 等字母表示，系统预设 15 列，最大列数达 702；报表行号用阿拉伯数字表示，系统预设 25 行。单元用“列号”在前“行号”在后的方法表示（如左上角单元 A1），选中的单元在报表的左上角表示，随着选中单元的变化，该标示内容也随着变化。

（三）设为资产负债表、利润表

如果在自定义报表中自己设计了资产负债表和利润表，希望直接通过主界面中的资产负债表和利润表功能进行查看，可以通过“设为资产负债表”和“设为利润表”两个功能按钮进行设定。下面我们以设定资产负债表为例，讲解其操作步骤：

（1）在自定义报表打开界面选中需要设定的报表，选择“资产负债表1”；

（2）点击“设为资产负债表”，系统提示如下图：

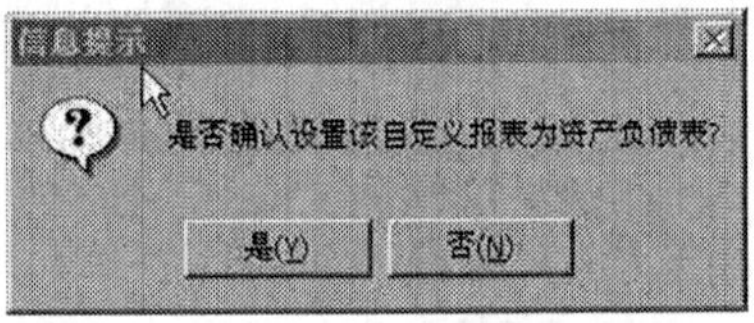

（3）点击“是”，系统即提示设置成功，如下图：

（4）“资产负债表”1 即在会计报表中消失，原资产负债表加入到该列表中，利润表的设置与资产负债表的设置相同。

（四）报表属性

1. 报表行列属性设置

在自定义报表窗口中，单击“属性”菜单中的“报表属性”选项，系统弹出下图所示窗口：

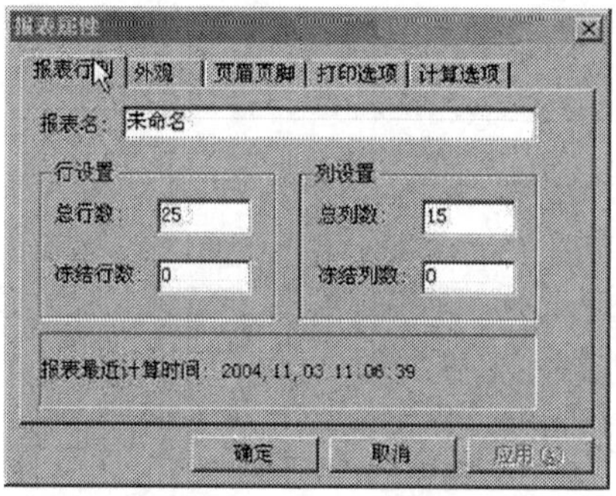

在上图中，必须输入报表名、行列数量等参数。当每次打开自定义报表后，系统自动显示“报表最近计算时间：…”。现就报表基本参数设置说明如下：

报表名：输入用户所定义的报表名称，如“利润分配表”，保存后对应系统安装目录中的 report 目录下的“利润分配表.kds”二进制文件。

总行数：自定义报表的总行数，系统预设 25 行。

总列数：自定义报表总列数，系统预设 15 列，最大列数可达 702 列（26×27）。

冻结行：冻结行数（报表显示滚动用）。

冻结列：冻结列数（报表显示滚动用）。

2. 外观属性设置

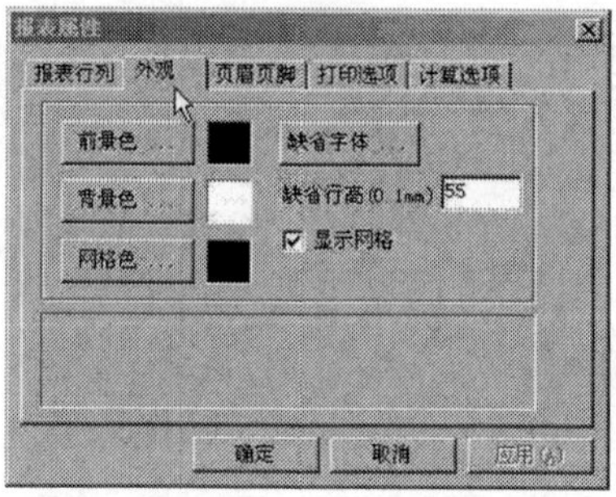

前景色：报表的前景颜色，系统缺省值为黑色。当某单元格及其相应的行列都未设置前景色时，此单元格的前景色即取此缺省色。

背景色：报表的背景颜色，系统缺省值为白色。颜色取用顺序与前景色完全相同。

网格色：报表网格色，即单元格间的隔线颜色，系统缺省值为黑色。

缺省字体：报表表体的字体，报表单元格未单独设置字体时，系统即取用该字体。

缺省行高：报表缺省行高，单位为 0.1 毫米。例如：当缺省行高为 55 时，缺省行高度为 0.1 × 55=5.5 毫米，也就是当打印报表时，报表体行高为 5.5 毫米。

显示网格：选择该选项，表示报表将显示或打印网格。

说明：

定义报表属性遵循规则：在相同属性的情况下，级别由单元格（最高）→所在列→所在行→报表（最低）。

3. 页脚页眉属性设置

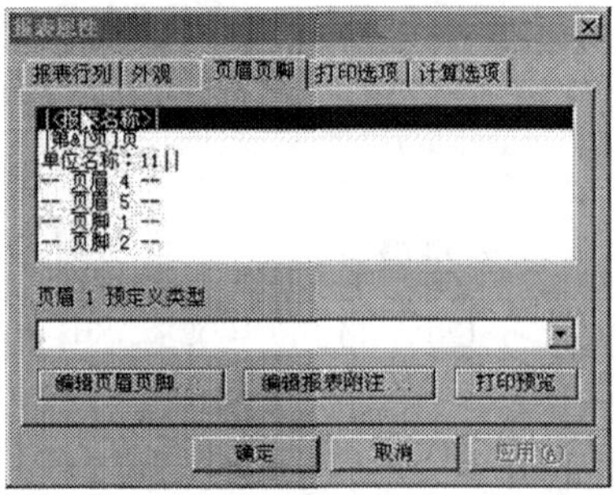

在上图中，页眉有 5 行，页脚有 2 行，同时显示所有的页眉页脚于显示框中；当用鼠标选择页眉页脚时，画面同时显示出“页眉 1 预定义类型”，此时可通过页眉预定义类型下拉框进行预定义，然后单击“编辑页眉页脚”对其进行编辑，如下图所示：

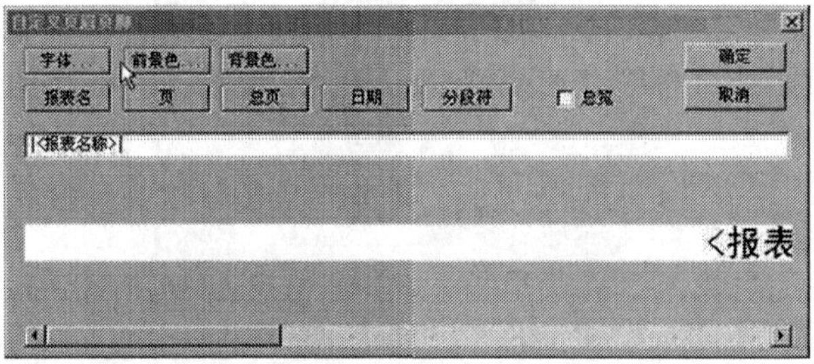

编辑框：在如“| 资产负债表 |”编辑处，对“资产负债表”进行更名，如果未选择页眉预定义类型时，此编辑框为“|< 报表名称 >|”，并可将“< 报表名称 >”修改。

报表名：表示取当前报表的名称，如“& [报表]”，此时系统自动在上图中的模拟显示框中显示出如“资产负债表”字样。

页：取纵向报表页码。

总页：取纵向报表总的页数。

日期：报表年月日取数

在自定义报表的表头、表尾中，可以对会计年度、会计期间及日期取数，取数公式如下：

&[会计年度，n]：n 必须小于或等于零；n=0 表示当前年度；n〈0 表示从当前年度起往前第（–n）年；n 可以省略，此时与 n=0 相同。

&[报表期间，n]：n 必须小于或等于零；n=0 表示当前报表期间；n〈0 表示从当前报表期间起往前的第（–n）期间；n 可以省略，此时与 n=0 相同。

&[报表日期，y，m]、&[最大日期，y，m]、&[最后凭证日期，y，m]，公式中，y=0 表示当前会计年度；y〈0 表示从当前会计年度起往前第（–n）年；0〈y〈100 表示当前年度加 1900，如 96 表示公元 1996 年；y〉=100 表示 y 年，如 1980 表示公元 1980 年；m=0 表示当前报表期间；m〈0 表示从当前报表期间起往前的第（–m）期间；m〉0 表示第 m 期间，以上 y，m 可以同时省略，此时与 y=0 且 m=0 相同；y，m 中只出现一个时，相当于当前会计年度 y=0，未省略的参数表示月份。当进行“最后凭证日期”和“报表日期”取数时，年度只能为当前会计年度，即 y 必须等于零或省略。进行“最大日期”取数，可以指定任意年度和期间。当指定期间小于当前会计期间时（即已结账），“报表日期”的取值与“最大日期”相同；当指定期间大于或等于当前会计期间时（即未结账），“报表日期”的取值与“最后凭证日期”相同。

&[当前期间，n]：n 必须小于或等于零；n=0 表示当前会计期间；n〈0 表示从当前会计期间起往前的第（–n）期间；n 可以省略，此时与 n=0 相同。

取计算机当前系统日期。如“报表打印日期：&[日期]”。

分段符：表示对当前页眉或页脚进行平均分段。

总览：对当前页眉或页脚全部显示预览。

字体、前景色、背景色：分别表示对当前页眉页脚进行字体大小、前景色、背景色设置。

4. 编辑报表附注

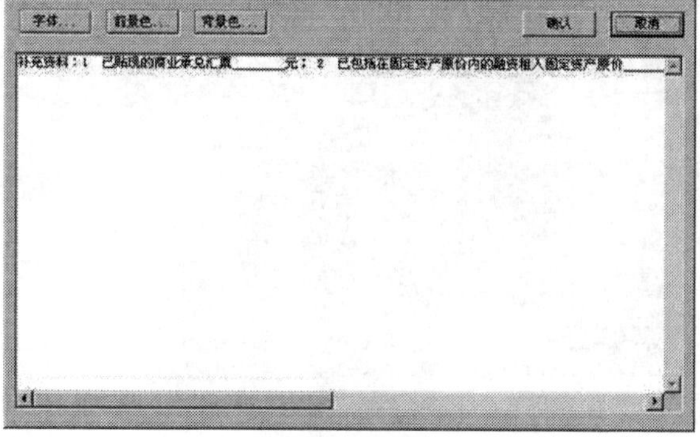

在报表附注编辑窗口中，既可编辑文字说明，又可取报表公式及单元数据。如“&［<101：109>.C@1］”“&［c3］”分别表示取101至109第一期期初余额和第3行C列单元数据。这样就为在报表附注中要求填列科目数据或单元数据提供了灵活方便的功能。字体、前景色、背景色：具体功能操作与页眉页脚编辑中相关操作完全类似。

5. 计算选项属性设置

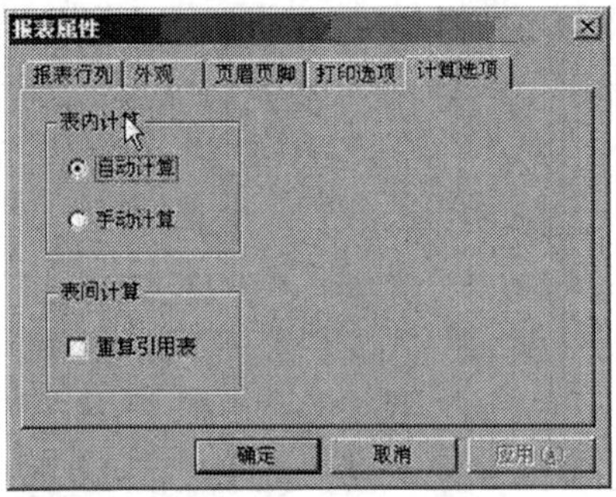

自动计算：表示改变任意单元格的公式或数值后，系统自动计算此单元及相关单元。

手动计算：改变单元格的公式后，系统不自动计算此单元公式及相关单元。当编辑大量单元公式并且计算较慢时，该选项较为适用。

重算引用表：如果当前报表有表间取数公式时，选择该选项，表示系统将按当前报表会计期间重新计算被引用表的相应单元格（重算不影响被引用表的实际数据），这将使得当前报表的计算速度变慢；如果不选择该选项，为保证当前报表计算结果的实时性，需先重算，并保存当前报表所引用的其他所有报表。

6. 单元属性设置

对自定义报表所激活的单元属性进行设置。单击“属性”菜单中的“单元属性（D）”→“单元属性（S）…”，系统弹出下图所示窗口：

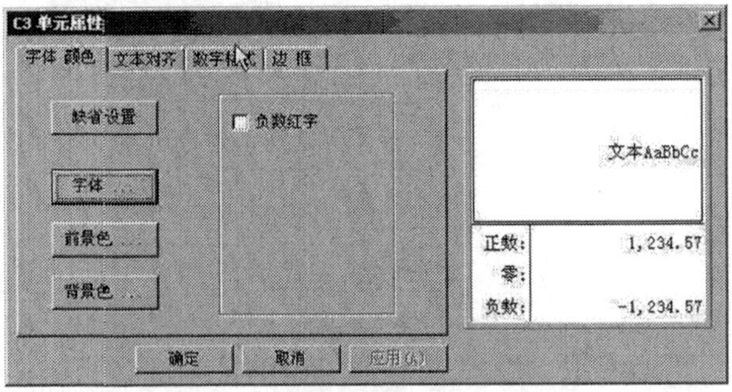

7. 字体颜色设置

在上图中，可对单元字体、颜色进行设置，其设置操作方法与页眉页脚中的相关操作相同。

缺省设置：将该单元格以缺省参数值设置该单元。

负数红字：表示当某单元格所取数到的数据或填列数据为负数时，选择该项后，报表将在该单元格以红色数据显示，这对彩色打印机才能起作用，如果使用黑白打印机时，建议不要选择该选项。

8. 文本对齐方式

水平对齐：表示对该单元格文本或数字的对齐方式，系统默认方式为“常规”，除此以外还有“靠左”“居中”和“靠右”供选择，同时可查看右窗口中的预览显示情况。

垂直对齐：如果水平对齐方式为“常规”时，系统固定设置为“居中”，用户不能修改；否则，垂直对齐方式有“靠上”“居中”和“靠下”供选择，同时可查看右窗口中的预览显示情况。

9. 数字格式

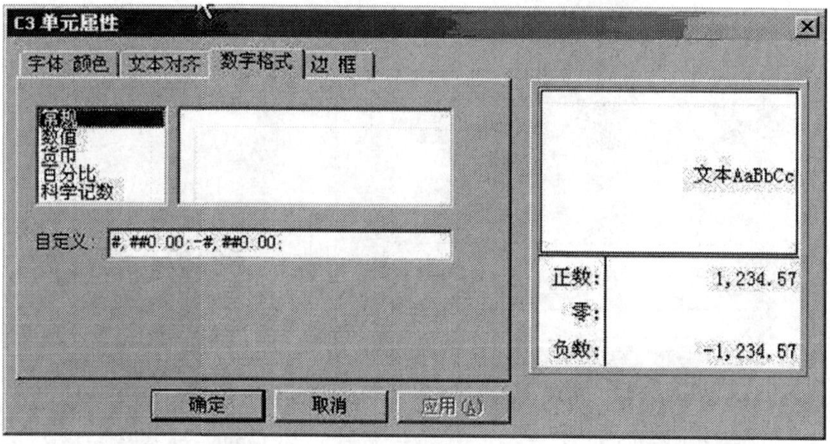

对单元格中的数字格式选择相应的显示或打印格式。可供选择数字格式方式有“常规”“数值”“货币”“百分比”和“科学记数”5种，同时还可在上图“自定义”编辑窗口对格式进行修改，并即时可查看右窗口中的预览显示情况。

10. 单元边框设置

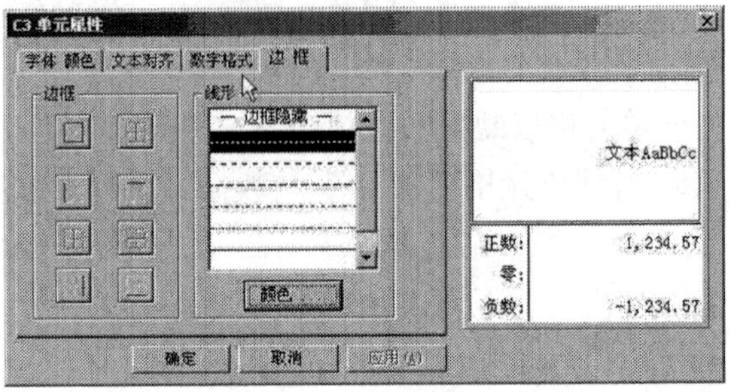

在上图中，可对单元格边框的样式进行定义，并选择相应的线形以及对边框颜色设置等。对上述中的属性选项设置完毕后，单击“应用”或“确定”完成对单元属性的设置。

11. 定义斜线

单元斜线设置功能，是为满足某些特殊表格样式功能而设。在属性菜单中，单击“单元属性（D）“中的“定义斜线（I）”选项或单击工具栏中“单元斜线”按钮，系统弹出下图所示窗口：

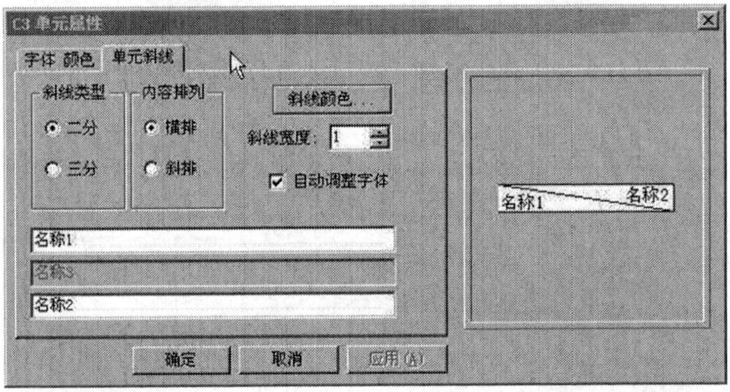

二分、三分：对所选单元二等分或三等分，如上图右部分为二等分。

横排、斜排：表示“名称 1”“名称 2”显示方式为横向排列或斜向排列。

斜线颜色：对斜线颜色设置。系统默认设置为黑色。

斜线宽度：斜线的宽度，当改变宽度时，上图右部即时显示单元斜线样式。

名称 1、名称 2：定义斜线单元的名称，用户按需要对其进行修改。如分别修改为“项目名称”“项目内容”。

自动调整字体：表示“名称 1”“名称 2”字体大小、前景色及背景色是否随着选项卡“字体 颜色”中的设置改变而自动变化。

注意：删除单元格中的斜线，删除后不可恢复。

12. 单元融合处理

首先，用鼠标选定 N × M 个单元格，此时这些单元格变成黑色，然后单击属性菜单中“单元属性”中的“融合”选项，或单击工具栏中的“单元融合 / 解融”按钮后，系统即时将所选单元中的纵横线删除。

当要求解除某融合的单元时，单击属性菜单中“单元属性”中的“解融”选项，或单击工具栏中的“单元融合 / 解融”按钮后，系统即时将所选单元中的纵横线恢复。

如果要求对整个自定义报表全部解除被融合单元时，单击属性菜单中“单元属性”中的“全部解融”选项，系统即时将所有被融合的单元纵横线恢复。

13. 行属性

单击属性菜单中的“行属性”后，系统弹出下图所示窗口：

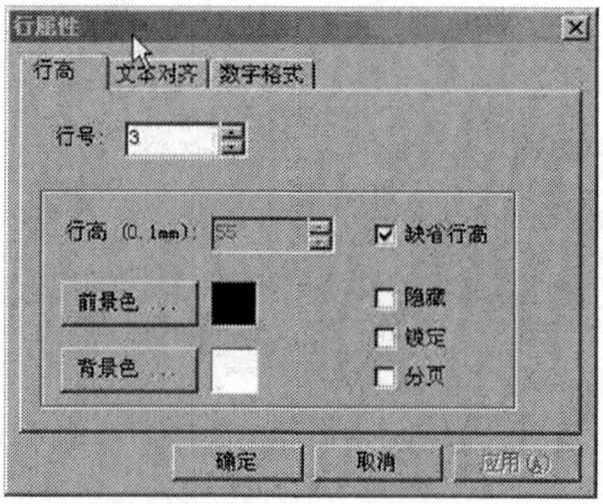

行号：对所在的行进行相关设置。如果要求对其他行进行设置，可改变行号即可进行相关参数设置。

行高、缺省行高：当选择“缺省行高”后，系统将行高显示为不可更改的行高值，其中该值大小取决于报表属性中的“外观定义”缺省行高值。当不选择缺省行高时，可对行高值修改。

前景色、背景色：参见报表属性中的页眉页脚相关设置。

隐藏、锁定：分别表示对报表中所选定的行隐藏、锁定。

分页：表示从 N+1 行（分页行号）起开始分页，同时所在的行号被改变成［N］，其中 N 表示所选行号）。

文本对齐、数字格式：参见前述过的单元属性中相关设置。

14. 列属性

单击属性菜单中的“列属性”后，系统弹出下图所示窗口：

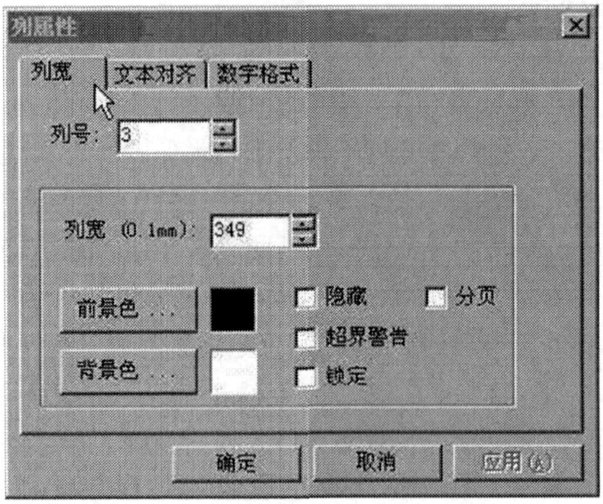

超界警告：当选择超界警告选项时，如果当报表列宽过小时，某些单元格将显示“#######”以示警告。这样，就可避免原版本中经常出现的由于数字过长被截去某些数字而不容易查出的现象。

（五）另存为独立报表文件 / 打开独立报表

单击文件菜单中“另存为独立报表文件”后，可将当前打开的报表另外存为一个独立的二进制文件，文件类型为“金蝶报表（*.KDS）”。保存后，可在“文件”菜单中打开文件类型为“金蝶报表（*.KDS）”的独立报表。

（六）取数公式

自定义报表中的数据录入和表间取数是十分方便灵活的，系统会自动根据用户在单元内输入的数据，判断数据类型，同时还可以使用强大的“公式向导”功能取得公式。如果用户输入的是 0 ~ 9 的数字，则该单元会自动定义为数字型，可以参加运算；如果输入的是字母，则该单元为字符型，不能参加运算；如果输入的内容是以“=”号打头的，则该单元系统自动定义为取数公式。

1. 公式的设置方法

（1）使用公式向导：在自定义报表窗口先选中单元格，然后点击公式向导图标，即进入如下图所示处理窗口：

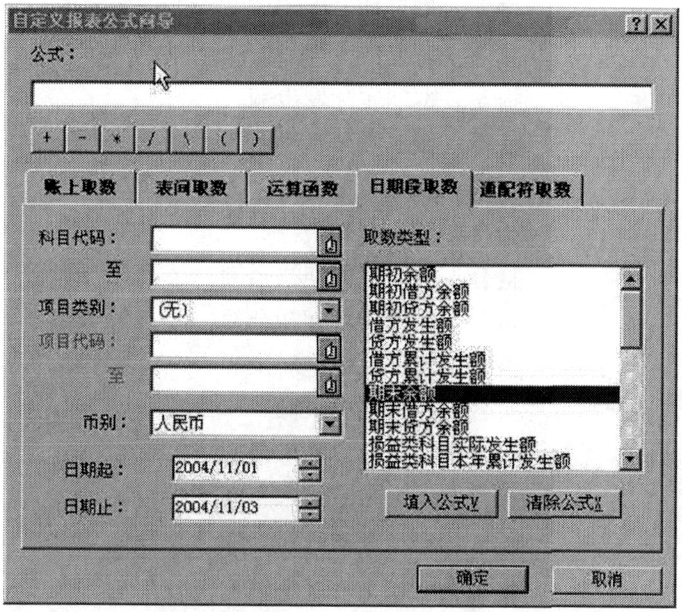

（2）直接输入公式

2. 有关报表取数公式说明

（1）科目取数公式

=〈科目代码 1：科目代码 2〉[$币别] [.SS] [@n]

或 =〈科目代码 1：科目代码 2〉[$币别] [.SS] [@（y，p）]

参数说明：

科目代码 1：科目代码 2：会计科目代码范围。"：科目代码 2" 可以省略。

币别：币别代码，如 RMB。省略为综合本位币。

SS：取数标志，省略为本期期末余额。

C	期初余额
JC	借方期初余额
DC	贷方期初余额
AC	期初绝对余额
Y	期末余额
JY	借方期末余额
DY	贷方期末余额
AY	期末绝对余额
JF	借方发生额
DF	贷方发生额

JL	借方本年累计发生额
DL	贷方本年累计发生额
SY	损益表本期实际发生额
SL	损益表本年实际发生额
B	取科目预算数据
TC	折合本位币期初余额
TJC	折合本位币借方期初余额
TDC	折合本位币贷方期初余额
TAC	折合本位币期初绝对余额
TY	折合本位币期末余额
TJY	折合本位币借方期末余额
TDY	折合本位币贷方期末余额
TAY	折合本位币期初绝对余额
TJF	折合本位币借方发生额
TDF	折合本位币贷方发生额
TJL	折合本位币借方本年累计发生额
TDL	折合本位币贷方本年累计发生额
TSY	折合本位币损益表本期实际发生额
TSL	折合本位币损益表本年实际发生额

n：会计期间（若 0：本期，-1：上一期，-2：上两期，……），省略为本期。

y：会计年份（若 0：本年，-1：前一年，-2：前两年，……）。

p：指定年份的会计期间。

（2）核算项目取数

核算项目取数，与科目取数公式兼容。公式描述如下：

=〈科目代码 1：科目代码 2|项目类别|项目代码 1：项目代码 2〉$币别.ss@n

或 =〈科目代码 1：科目代码 2|项目类别|项目代码 1：项目代码 2〉$币别.ss@（y，p）

取数公式中除"〈〉"内有所区别，其余与科目取数中的描述完全相同。下面只针对"〈〉"中的内容进行补充说明：

"〈〉"中内容用于选择科目和核算项目，公式中的科目代码，项目类别和项目代码，在字符"|"和"："的分隔下可以进行 20 种组合，得到不同范围的科目和核算项目。组合情况如下：

〈a〉　〈a：〉　〈：a〉　〈a1：a2〉

〈a|b〉　〈a：|b〉　〈：a|b〉　〈a1：a2|b〉

〈a|b|c〉　〈a：|b|c〉　〈：a|b|c〉　〈a1：a2|b|c〉

〈a|b|c：〉　〈a：|b|：c〉　〈：a|b|c：〉　〈a1：a2|b.c：〉

〈a|b|c1：c2〉　〈a：|b|c1：c2〉　〈：a|b|c1：c2〉　〈a1：a2|b|c1：c2〉

其中：

“a”“a1”“a2”表示科目代码

“b”表示核算项目类别名称

“C”“C1”“C2”表示核算项目代码

“a：”表示代码大于或等于科目 a 的所有科目

“：a”表示代码小于或等于 a 的所有科目

“a1：a2”表示代码大于或等于 a1 并且小于或等于 a2 的所有科目

“C：”表示代码大于或等于 C 的所有核算项目

“：C”表示代码小于或等于 C 的所有核算项目

“C1：C2”表示代码大于或等于 C1 并且小于或等于 C2 的核算项目

当核算项目类别 b 和代码 C，C1，C2 都缺省时，表示指定科目下设所有的核算项目类别。

当核算项目类别不省略，而核算项目代码缺省时，表示指定核算项目类别 b 中所有核算项目。举例：

=〈：123|客户|003：〉$HKD.JF

表示科目代码小于或等于 123，下设客户项目，项目代码大于或等于 003 的港币借方发生额。

=〈214|职员|0001：0012〉.C

表示科目 214 下设职员核算，职员代码 0001 到 0012 之间的本位币期初余额。

注意：系统在对核算项目进行取数或计算时，是不区分项目代码的大小写的，如果取数公式中将代码设置为带小写字母，有可能导致结果不正确或获取数据失败。

此外，报表除可取数值外，还可取字符值、日期值、逻辑值，可取用户自定义的核算项目属性值。

（3）数量取数

取数标志	描述
QC	期初结存数量
QY	期末结存数量

QJF	当期收入数量
QDF	当期发出数量
QJL	本年累计收入数量
QDL	本年累计发出数量

另外，核算项目也可以进行数量的取数。

（4）表内单元取数

= 单元 1 [[+ 单元 2] +……]

归集公式：

描 述	公 式
求和公式	=SUM（起始单元：终止单元）
求平均值	=AVG（起始单元：终止单元）
舍位函数	=ROUND（X，小数位数）
计数公式	=COUNT（起始单元：终止单元）
求最大值	=MAX（起始单元：终止单元）
求最小值	=MIN（起始单元：终止单元）

（5）表间取数公式

= 表名！单元

如果表名中含有空格或一些特殊字符，可用方括号“[ ]”将表名括起来，这样可以避免取数时出错。建议在使用表间取数公式时，最好使用方括号将表名括起来，这样可以保证取数公式的可靠性。

（6）四舍五入公式

为满足报表中数据处理的需要，系统提供了四舍五入取整公式。此公式非常灵活，它不仅可以对小数进行取整操作，而且还可以指定任意位数取整。

格式为：

\n

\	是取整标志
n	是个数字，用于指定取整开始的位置。此位置是以小数点为基准的，小数点以前为负值，小数点以后为正值。

例如：

=〈145〉的值为 267634.6874，那么取两位小数的公式为：

=〈145〉\2 的值为 267634.69，那么取小数点前两位的公式为：

=〈145〉\-2 的值为 267600.00

以上各种公式可使用 +，-，*，/，( ) 进行组合。

（七）设置计算公式

选中单元，双击该单元，输入取数公式。单击确认或按回车键。输入完公式后，单元显示计算所得的数据。如：=〈101：109〉.C@1 表示101科目至109科目本年度一月份期初余额总和。=〈113〉$RMB.JY@2 表示113科目人民币本年度二月份借方期末余额。=C5+C6-C7 表示C5单元数与C6单元数之和减C7单元数。

（八）勾稽关系定义、勾稽关系审核

1. 勾稽关系定义

在报表编辑时，选择运行菜单中的“勾稽关系定义”功能，系统出现勾稽关系定义对话框，如下图所示：

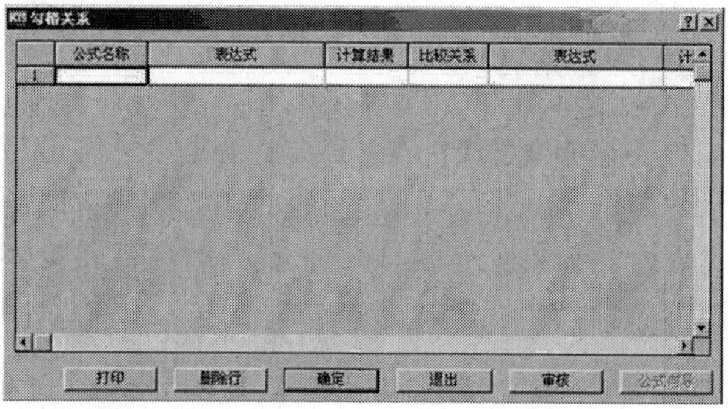

公式名称：所定义的勾稽关系名称，如资产负债表是否平衡公式。

表达式：指条件两边表达式，可按公式向导定义表达式。

如：资产负债表 D18

计算结果：指条件两边表达式的计算结果，如：18560.17。

比较关系：指左、右两边条件的比较关系，分为6种：

= 等于

> 大于

< 小于

>= 大于等于

<= 小于等于

<> 不等于

条件不满足时的提示：指条件不满足时用户希望提示的信息。

如：资产负债表年初数不平！

上次审核结果：上次审核的结果

公式定义后即可执行勾稽关系审核

2. 勾稽关系审核

选择“运行”菜单中的“勾稽关系审核”选项，即可审核已设定的勾稽关系。若不满足条件，则提示用户已设定的信息。如：“资产负债表年初数不平！”

四、报表重算 / 终止计算 / 刷新

当自定义报表在手动计算模式下，可通过功能键 F9、运行菜单中的“报表重算”或工具栏报表重算按钮重新计算报表，并将计算所用的时间显示在报表窗口底部。如果报表计算所用时间较长时，可通过单击运行菜单“终止计算”选项或按 Ctrl+Z 终止计算。如果当屏幕出现一些不正常的线或点等情况时，可使用运行菜单“刷新”选项来刷新屏幕，该功能不做任何报表运算。

五、显示数据 / 显示公式

当在自定义报表编辑过程中，经常需要查看报表公式或数据，此时可使用 Ctrl+F、Ctrl+D 分别实现显示公式、显示数据功能，除此之外还可通过工具菜单中的“显示数据 / 公式”按钮来实现显示数据 / 公式相互切换，突出状态为显示数据，陷入状态为显示公式。

六、手动 / 自动计算

金蝶 KIS 加入手动计算模式，修改单元格式公式后不致引发报表重算，单元编辑后再重新计算报表即可。具体操作可单击工具栏“手动 / 自动计算”按钮来实现二者切换，按钮呈突出状态时为手动状态，否则为自动计算状态。

第六节　实习资料

一、基本建账参数

1. 账套名称：广东非凡工业有限公司（建议输入公司全称）
2. 记账本位币：人民币（RMB）
3. 企业类别：工业企业（用户可根据自己行业属性选择）
4. 科目级别：6 位数：3-2-2-2-2-2
5. 会计期间：自然月份

6. 启用期间：2004 年 9 月（用户选择时一定要慎重）

操作：双击打开“金蝶 KIS 标准版”→点“新建”→文件名输入公司简称：（例：非凡公司）→“保存”

注：该文件名不能与当前文件夹中的文件名重复；金蝶中每一账套都会产生一个文件，其扩展名为 *.AIS

二、初始化设置

1. 币别：港币（HKD）汇率：1.07　　美元（USD）汇率：8.33

注意：输入期初汇率时，必须对应显示器右下角的当前会计期间，并且将输入法的标点符号切换在英文状态。

2. 基础资料：凭证字：记

结算方式：现金支票、转账支票

3. 核算项目

客户		部门		职员					
代码	名称	代码	名称	代码	名称	部门	职员类别	职务	银行账号
SZ 001	时代公司	001	财务部	001	王刚	财务部	财务人员	一般工作员	1234
SZ 002	明月公司	002	销售部	002	李言	销售部	销售人员	一般工作员	2123
SH 001	大明公司	003	生产部	003	陈一	生产部	管理人员	外籍工作员	3123

注意：为使用工资模块，必须首先设置职员类别，不能选“不参与工资核算”，职员类别一般根据工资费用分配的方向来设置。

4. 会计科目（增加明细分 5 种情况）：

练习 1：增加核算记账本位币的明细科目（102——银行存款、211——应交税金 、522——财务费用）

科目代码	科目名称	币别核算	期末调汇	辅助核算
10201	工行	选：不核算外币		
22101	增值税	选：不核算外币		
2210101	销项税	选：不核算外币		
52201	汇兑损益	选：不核算外币		

练习 2：增加核算外币的明细科目（102——银行存款）

科目代码	科目名称	币别核算	期末调汇	辅助核算
10202	建行	选：核算单一外币（港币）	选：期末调汇	
10203	中行	选：核算单一外币（美元）	选：期末调汇	

练习 3：增加核算数量、金额的明细科目（123——原材料）

科目代码	科目名称	币别核算	辅助核算	计量单位
12301	A 材料	选：不核算外币	选：数量金额辅助核算	公斤
12302	B 材料	选：不核算外币	选：数量金额辅助核算	箱

注意：针对没购买 KIS 业务版的企业，存货类的科目要做到数量金额核算，按这种方法设置。

练习 4：增加一级会计科目 （167——固定资产减值准备）

科目代码	科目名称	科目类别	余额方向	币别核算
167	固定资产减值准备	选：长期资产	选：贷方	选：不核算外币

注意：该科目增加完毕，需到“账套选项”→“高级”→“固定资产”把该科目选上，否则系统当中的固定资产数据不能输入。

练习 5：挂接核算项目的会计科目（双击 113——应收账款、双击 203——应付账款、521——管理费用）

科目代码	科目名称	辅助核算	核算项目	辅助功能
113	应收账款	选：单一核算项目	选：往来单位	选：往来业务核算
203	应付账款	选：单一核算项目	选：往来单位	选：往来业务核算
52101	工资	选：单一核算项目	选：部门	
52102	折旧费	选：单一核算项目	选：部门	
52103	差旅费	选：多核算项目	选：部门、职员	
119	其他应收款	选：单一核算项目	选：往来单位	

5. 初始化数据（录入数据分三种情况）：

练习 1：明细科目数据输入

科目代码	科目名称	借方累计	贷方累计	期初余额	损益实际发生额
101	现金			266004	
10201	——工行	99100		20000	
321	本年利润		98300	98300	
501	产品销售收入	123456	123456		98300

练习 2：往来业务核算科目（双击“应收账款”或“应付账款”绿色的空格，会带出数据输入的窗口）

科目名称	业务编号	发生日期	摘　要	借 / 贷	余　额	往来单位代码
113- 应收账款	113001	2003-12-20	售 A 材料	（借）12345	12345	SZ001（时代公司）
203- 应付账款	203001	2003-11-20	收到货款	（贷）433000	-433000	SH001（大明公司）

注意：（1）业务编号自己编（可按日期或合同号），起到核销作用；

（2）不管“应收”或“应付”，借方余额用正数表示，贷方余额用负数表示。

练习 3：核算外币的会计科目数据输入（点击左上角倒三角按钮，选“港币”或“美元”）

科目代码	科目名称	借方累计	贷方累计	原币期初余额
10202	建设银行（港币）			1000
10203	中国银行（美元）			2000

练习 4：固定资产数据输入（点击左上角倒三角按钮，选“固定资产”）

卡片一：

<table>
<tr><th colspan="2">基本入账信息</th><th>折旧与减值准备信息</th><th>本年变动数据</th></tr>
<tr><td>1、代码：FW001</td><td>6、类别：房屋及建筑物（残值率：5%）</td><td rowspan="5">1、折旧方法：平均年限法
2、预计使用期间数：600（50 年）
3、折旧费用科目：52102
4、减值准备对方科目：542
5、原值：123456
6、累计折旧：2000
7、已提减值准备：2000</td><td rowspan="5">1、本年计提折旧：500</td></tr>
<tr><td>2、名称：厂房</td><td>7、使用部门：生产部</td></tr>
<tr><td>3、固定资产科目：161</td><td>8、入账日期：1998-10-5</td></tr>
<tr><td>4、累计折旧科目：165</td><td>9、增加方式：自建</td></tr>
<tr><td>5、减值准备科目：167</td><td>10、原值本位币：123456</td></tr>
</table>

卡片二：

<table>
<tr><th colspan="2">基本入账信息</th><th>折旧与减值准备信息</th><th>本年变动数据</th></tr>
<tr><td>1、代码：QC001</td><td>6、类别：交通工具
（残值率：5%）</td><td rowspan="5">1、折旧方法：工作量法
2、从入账日期起的预计工作总量：98765
3、工作量计量单位：公里
4、折旧费用科目：52102
5、减值准备对方科目：542
6、原值：98765　累计折旧：1500
7、已提减值准备：1500</td><td rowspan="5">1、本年计提折旧：300</td></tr>
<tr><td>2、名称：小汽车</td><td>7、使用部门：财务部</td></tr>
<tr><td>3、累计折旧科目：165</td><td>8、入账日期：2002-10-3</td></tr>
<tr><td>4、固定资产科目：161</td><td>9、增加方式：购入</td></tr>
<tr><td>5、减值准备科目：167</td><td>10、原值本位币：98765</td></tr>
</table>

注意：（1）“基本－入账信息”卡片中的“累计折旧”和“已提减值准备”是指固定资产购买时已经提过累计折旧和已提减值准备，即二手的固定资产才有数据。

（2）“折旧与减值准备信息”卡片中的“累计折旧”和“已提减值准备”是指固定资产从入账到现在已经提取了多少折旧。

练习 5：结存数量输入（针对没购买 KIS 业务版的企业，点击左上角倒三角按钮，选“数量”）

科目代码	科目名称	数量余额
12301	A 材料	1000

练习 6：试算平衡（点击左上角倒三角按钮，选“试算平衡表”，必须确保初始数据录入完整并试算平衡）

6. 启用账套→“继续”→（选择备份路径，备份在 C：\ 目录下）点“确定”（备份完毕）→点“完成”

三、添加用户（“工具”菜单 →“用户管理”）

添加以自己姓名命名的一个用户，属于系统管理员组。赋予所有操作权限，操作权限范围为所有用户。

赋予所有报表权限。赋予所有科目权限。

四、凭证录入练习

凭证录入快捷键说明

“..”复制上一条分录的摘要 “//”复制第一条分录的摘要	“F7”获取代码 “Ctrl”+F7 自动借贷平衡	“F8”保存凭证 “F11”计算器

练习 1：凭证字：记　凭证号：1　附单据：3 张　日期：2004—09—01

<table>
<tr><th>摘　　要</th><th colspan="2">会计科目</th><th>借方金额</th><th>贷方金额</th></tr>
<tr><td>收时代公司货款</td><td colspan="2">10201 银行存款—工行</td><td>2000</td><td></td></tr>
<tr><td rowspan="2">收时代公司货款</td><td colspan="2">113　应收账款</td><td rowspan="2"></td><td rowspan="2">2000</td></tr>
<tr><td>SZ001</td><td>11301</td></tr>
</table>

F7 键关联

练习 2：凭证字：记　凭证号：2　附单据：2 张　日期：2004—09—02

自己编号，直接录入

<table>
<tr><th>摘　　要</th><th colspan="2">会计科目</th><th>借方金额</th><th>贷方金额</th></tr>
<tr><td rowspan="2">向时代公司销售商品</td><td colspan="2">113　应收账款</td><td rowspan="2">3000</td><td rowspan="2"></td></tr>
<tr><td>SZ001</td><td>11302</td></tr>
<tr><td>向时代公司销售商品</td><td colspan="2">501　产品销售收入</td><td></td><td>2500</td></tr>
<tr><td>向时代公司销售商品</td><td colspan="2">2210101 应交税金—增值税—销项税</td><td></td><td>500</td></tr>
</table>

数量 100
单价 200

练习 3：凭证字：记　凭证号：3　附单据：2 张　日期：2004—09—03

摘　　要	会计科目	借方金额	贷方金额
购 A 材料	12301　原材料—A 材料	20000	
购 A 材料	10201　银行存款—工行		20000

练习 4：凭证字：记　凭证号：4　附单据：2 张　日期：2004—09—04，

<table>
<tr><th rowspan="2">摘　　要</th><th rowspan="2">会计科目</th><th>币别</th><th>汇率</th><th rowspan="2">借方金额</th><th rowspan="2">贷方金额</th></tr>
<tr><th colspan="2">原币金额</th></tr>
<tr><td rowspan="2">收到港资投资</td><td rowspan="2">10202　银行存款—建行</td><td>HKD</td><td>1.07</td><td rowspan="2">10700</td><td rowspan="2"></td></tr>
<tr><td colspan="2">1000</td></tr>
<tr><td rowspan="2">收到港资投资</td><td rowspan="2">301 实收资本</td><td>RMB</td><td></td><td rowspan="2"></td><td rowspan="2">10700</td></tr>
<tr><td colspan="2"></td></tr>
</table>

直接录入
原币金额

练习 5：凭证字：记　凭证号：5　附单据 2 张　日期：2004-09-05

摘　　要	会计科目	借方金额	贷方金额
提现	101　现金	12345	
提现	10201　银行存款—工行		12345

练习 6：凭证字：记　凭证号：6　附单据：2 张　日期：2004—09—05

摘　　要	会计科目	借方金额	贷方金额
王刚报销差旅费	52103 管理费用—差旅费—财务部—王刚	1500	
王刚报销差旅费	101 现金		1500

五、练习“凭证审核”（凭证审核与制单不能为同一人，审核前需更换操作员）

六、练习“凭证过账”，反过账必须在主界面才能操作（按 Ctrl+F11）

七、练习“凭证查询”（打印凭证、删除凭证、修改凭证、反审核、冲销）

八、查看“总账”“明细账”和建立“多栏账”

“多栏账”操作步骤：双击“多栏账”→“增加”→（通过黄色文件夹按钮选科目）。例如“管理费用”。

“确定”→点左下角“自动编排”→“确定”→“确定”

九、查看试算平衡表、资产负债表和制作一张内部报表

注意：（1）在制作表格时，输入文字必须先双击单元格后才能输入。

（2）取年初数时，会计期间必须默认为其他月，其他取数类型一般默认为“本期”。

（3）会计年度最好默认为“本年”，因为 KIS 版不支持跨年度取数。

通过“属性”“报表属性”来添加页眉、页脚

简　表

单位名称：广东非凡工业有限公司　　　　单位：元

&［会计年度］年 &［报表期间］月 &［最大日期］日

金额 / 项目	资产资料		损益资料	
	年初数	期末数	本期实际发生额	本年累计发生额
现金				
货币资金				
应收账款—时代公司				
管理费用				
合计				

制表人：　　　　审核人：　　　　单位负责人：

十、工资模块

练习 1、核算方法——增加工资项目如下（注意：黑体带下画线的必须从倒三角按钮当中选择）：

职员代码、职员姓名、部门、银行账号、职务、基本工资、奖金、扣房租、所得税、应发工资、实发工资、（应税工资）

练习 2、核算方法——计算方法如下：

应发工资 = 基本工资 + 奖金

实发工资 = 应发工资 – 扣房租 – 所得税

练习 3、个人所得税定义（注意：在定义公式时，各工资项目从“项目”栏双击选择，符号也从“运算符”中选择）。

方法一：如果 应发工资＞ 1600 则
所得税 =（应发工资 –1600）×0.05
如果完
如果 应发工资＞ 2100 则
所得税 =（应发工资 –1600）×0.1–25
如果完
如果 应发工资＞ 3600 则
所得税 =（应发工资 –1600）×0.15–125
如果完
如果 应发工资＞ 6600 则
所得税 =（应发工资 –1600）×0.2–375
如果完
如果 应发工资≤ 1600 则
所得税 =0
如果完

如果 职务 是“一般工作人员”则
应税工资 = 应发工资 –1600
如果完
如果 职务 是“外籍”则
应税工资 = 应发工资 –4000
如果完
如果 应发工资＞ 1600 则
所得税 = 应税工资 ×0.05
如果完
如果 应发工资＞ 2100 则
所得税 = 应税工资 ×0.1–25
如果完
如果 职务 是“一般工作人员”且
应发工资≤ 1600 则
所得税 =0
如果完
如果 职务 是“外籍”且
应发工资≤ 4000 则
所得税 =0
如果完

练习 4、银行代发工资文件定义。

练习 5、结转工资费用。

十一、固定资产处理

练习 1、当月购进电脑一台，单价 6000 元（点击“变动资料录入” 点击左上角“增加”）。

基本信息		折旧与减值准备信息 1	折旧与减值准备信息 2
1、代码：FD001	5、减值准备科目：167	1、类别：办公设备（残值率：5%）	1、原值：6000
2、名称：电脑	6、入账日期：2004-09-08	2、使用部门：财务部	2、折旧方法：平均年限法
3、固定资产科目：161	7、增加方式：购入	3、减值准备对方科目：542	3、预计使用期间数：60
4、累计折旧科目：165		4、折旧费用科目：52102	4、点“记账凭证”

借：固定资产　　贷：银行存款——工行

注意：凭证点击“保存”以后，关闭该凭证，点击“确定”按钮退出。

练习 2、其他变动。

09-30	行政楼装修使原值增加 200，000.00，开出工行面额 200，000.00 元转账支票一张，汇票号码为 7505。		
	借：固定资产	200,000.00	
	贷：银行存款——工商银行		200,000.00

练习 3、计提固定资产折旧。

十二、期末处理

1. 自动转账：制作提取福利费的自动转账凭证并生成凭证。

凭证借方科目为管理费用——工资及福利费，贷方为其他应付款——福利费，按应付工资当期贷方发生额的 14% 计算计提金额。

2. 期末调汇（注意：在做期末调汇前应将所有凭证审核过账）。

期末汇率：美元 8.27，港币 1.12

3. 结转本期损益（注意：在结转本期损益前，必须将所有凭证过账）。

十三、出纳

练习 1、先设定出纳系统的启用期间（“维护”→“账套选项”→“税务、银行”）。

注意：“高级”按钮当中还有相关的选项。

练习 2、录入初始数据（“出纳”→“初始设置”）　现金：51504、银行存款——工行 20000。

练习 3、日常处理：从凭证引入现金日记账和银行日记账。

练习 4、录入银行对账单。

银行存款——工行

日期	摘要	借方	贷方
09-03	支付材料	20,000.00	
09-06	收到货款		20,000.00

练习 5、进行银行对账并生成银行余额调节表。

十四、往来业务

1. 核销往来业务。

2. 查看往来对账单和账龄分析表。

十五、期末结账（反结账 Ctrl+F12，必须是系统管理员操作）

特别提醒：在做期末结账前，必须把当期工作完成后才能做（因为期末结账后不能再修改上期业务资料）。

第五章　新中大软件

第一节　核算单位

一、新中大软件概述

新中大财务软件是杭州新中大软件股份有限公司众多软件产品中最具代表性的产品。它可以在各种网络环境下运行，如 Windows NT/2000、UNIX、NetWare 等；可以直接挂接各种大型数据库，如 MS SQL Server、Sybase SQL Server、Oracle、Informix、DB2 等；也可以挂接各种中小型数据库，如 Dbase、Sybase SQL Anywhere 等；并且它还能实现异构平台、异构网络间的实时处理，以满足大中小型企业的不同应用需求。新中大财务软件是一套 MIS 型财务软件，它既能满足财会人员的日常核算工作，又能用于企业的日常管理工作。它共包括十三大模块：账务处理系统、报表处理系统、固定资产管理系统、工资管理系统、财务分析系统、采购管理系统、库存管理系统、销售管理系统、成本管理系统、资金管理系统、合并报表管理系统、集团分析系统、领导查询系统等。

新中大软件网址：http：//www.newgrand.cn

二、核算单位管理

核算单位即“账套”。新中大软件可为多个独立核算的单位进行财务核算，即“多账套处理”。核算单位管理就是专门为了实现、方便核算单位管理这一功能而专门制作的。通过本模块，每个核算单位可以选出已经安装在计算机中的其他功能模块，如账务、报表、工资、固定资产等；任何一个核算单位要使用任何一个功能模块，都必须先在此进行注册。根据新中大软件所确定的各类操作员及职责，本模块必须由系统管理员掌握，所有的操作不允许包括财务主管在内的财务人员进行操作。但系统管理员本身不涉及任何会计业务处理。

三、启动核算单位管理模块

在 Windows 操作系统中，单击“开始”，指向其中的“程序”，找到“新中大软件”，指向并单击“核算单位管理”；或双击桌面上的“新中大软件”图标，打开后双击其中的“核算单位管理”均可运行“核算单位管理模块”。接下来，系统要求输入系统管理员密码。如下图：

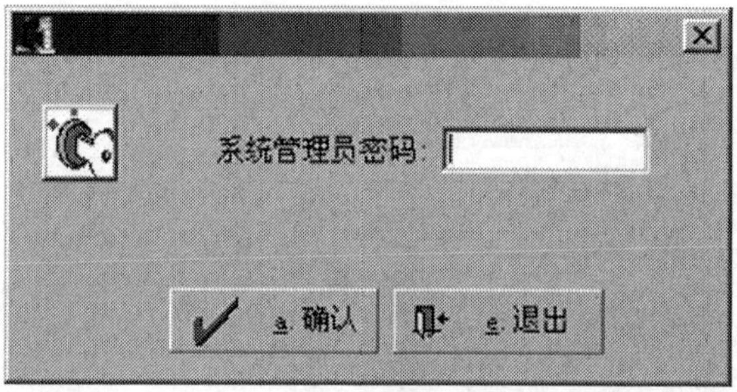

首次运行时的缺省密码为 12345，密码输入正确后，按回车键或用鼠标点击“确认”，即可进行具体的操作。

（一）核算单位的建立

举例：我们现在利用核算单位管理建立一个自己单位的核算账套，各项参数为：

账套号：0001　单位名称：上海东方实业公司　地址：上海市天目山路 18 号　电话：85828888　行业：工业企业　邮编：200012　法人代表：王静　财务主管：张蒙　建账日期：2000 年 1 月 1 日

操作步骤：

第一步，在下所示的图中，点击“账套功能”菜单的“新建账套”，弹出如下图所示的菜单；第二步，在下图所示的菜单中，填入“账套号”——

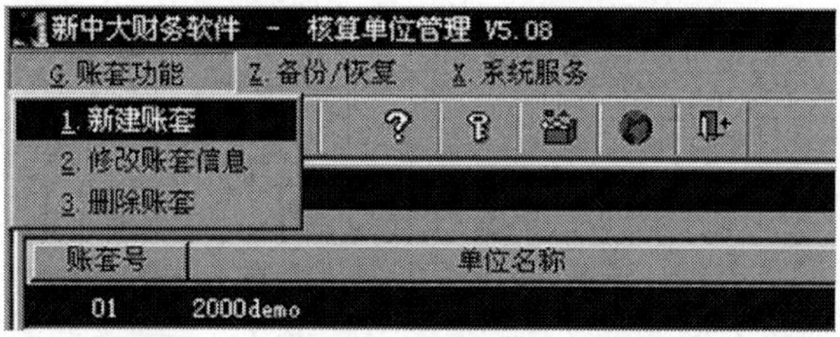

0001，注意账套号宽度最大可为 4 位；第三步，填入单位名称：“上海东方实业公司”；第四步，填入地址：“上海市天目山路 18 号”；第五步，填入电话：85828888；第六步，在“行业”后下拉列表框中选择“工业企业”；第

七步，填写单位的邮编：200012；第八步，填写单位负责人：王静；第九步，填写财务主管：张蒙；第十步，填写建账日期：2002.01.01；第十一步，在窗口下部的模块选择中对账务、报表、工资、固定资产 4 个模块进行注册，模块名后面如果出现一个红色的小勾，则表示已经选中；第十二步，点击“存入”；第十三步，在随后出现的“决定建立此核算单位吗？”的对话框中选择“是”。

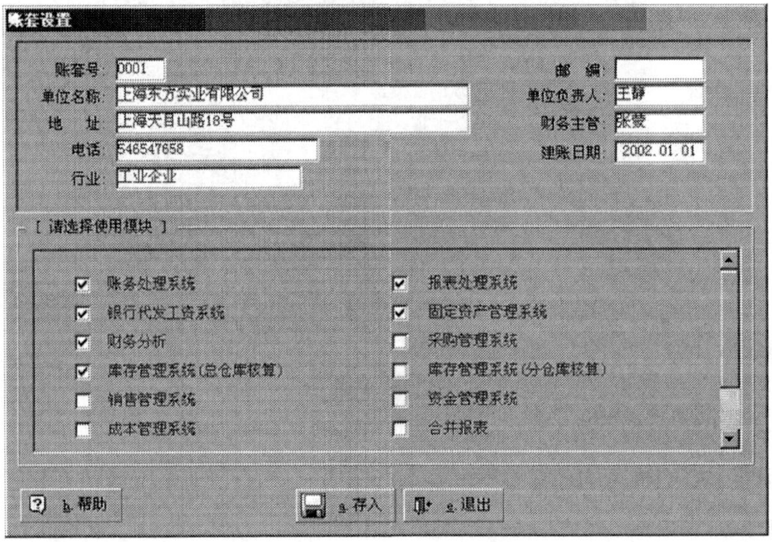

备注：在以上的参数中，账套号、单位名称、行业、单位负责人、财务主管、建账日期及模块选择（至少一个模块）这几项是必须要填的，其余则可空白；此外，在以上的参数中，账套号，行业，建账日期这几项是不允许直接修改的；本系统内定了 20 种行业的初始会计科目和会计报表，根据所选的行业，系统会自动生成相应行业的会计报表；“财务主管”输入时要注意，因为在首次使用其他模块时，财务主管就是软件的首位操作员；“建账日期”是指计算机正式记账的月份。假如当前月份是 2002 年 3 月，而又想从本年的 1 月份开始做账，则“建账日期”处输入的是 2002 年 1 月 1 日。“建账日期”还将影响账务中科目余额的输入：如某单位的建账日期为 2002 年 1 月 1 日，初始化时应录入 2001 年年底的余额；如某单位的建账日期为 2002 年 7 月 1 日，则初始化时应录入 2002 年 6 月底的余额和 1 至 6 月的借贷方累计发生数；建账日期在“存入”后即使修改也不会生效；报表模块需要和账务处理模块同时安装。可以单独安装账务模块，但仅安装报表模块没有意义；模块中不是黑体字的代表这些模块没有购买或未经许可。

（二）账套维护

1. 增加账套

在核算单位模块中的“账套功能”菜单下的“新建账套”可以增加新的账套。

2. 修改账套信息

在核算单位模块中的“账套功能”菜单下的“修改账套信息”，可以对本账套的一些基本信息进行修改。在进行修改时要注意以下几点：只能进行局部的修改，并不是所有的项目都可以修改的，如账套号、行业性质、建账日期等是不允许修改的，如果要对这些选项进行修改，则必须把此账套删除，然后重新增加账套；“财务主管”名称的修改，只能针对以后的年度有效，对于以前年度和当前年度，财务主管是不允许修改的；其他的内容可以自由修改。

3. 删除账套

在核算单位模块中的“账套功能”菜单下的“删除账套”可以把选中的账套删除。注意，删除账套后的数据是无法恢复的，不管是在单机版、单用户版、工作组版和大型版，因此，对账套删除操作千万慎重。

4. 年度数据维护

对于每一个账套，可以进行年度数据的管理，年度数据的管理包括年度数据的添加、年度数据的删除，以及年度中各个模块的添加和删除等。选中某一套账之后，在“核算单位”右边窗口，有一树状的“年度数据”管理。

（1）添加年度数据：用鼠标右键点击“年度数据”窗口中的某一年度，在弹出的菜单中选择“添加年度”，然后输入需要添加的年度如 2000、2001等，选择要添加的年度中注册的模块点击“确定”即可。

（2）删除年度数据：可以把年度中所有数据全部删除，操作方法与添加年度数据基本一致。注意年度数据删除后将无法恢复。

（3）添加模块：可以利用此功能对任何一个账套已有的年度中的模块进行添加，操作方法与添加年度数据基本一致。

（4）删除模块：可以利用此功能对任何一个账套已有的年度中的模块进行删除操作，操作方法与添加年度数据基本一致。

5. 集中备份与恢复

为了解决多个账套的财务数据备份与恢复的烦琐性，特别是大型集团企业或会计核算中心，均需要集中备份与恢复功能。点击“备份 / 恢复”\“集中备份”，并点击“增加”来设置一备份方案，如下图：

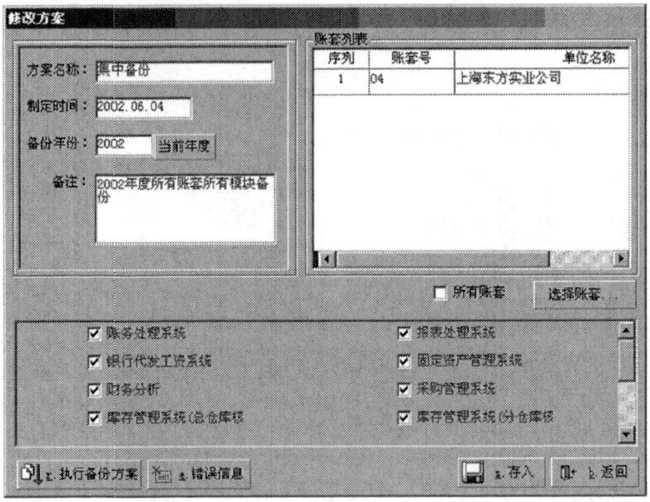

在此可以输入方案名称、时间、备份年度、模块、账套单位，账套可以进行选择。确定后即可执行备份方案。点击“执行备份方案”后如下图：

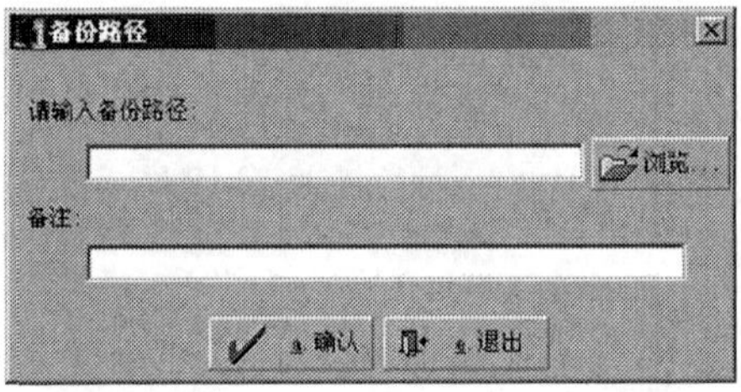

同样，通过“集中恢复”可进行账套的集中数据恢复。恢复时系统要求输入备份的路径，正确选择后，系统将列出该备份的账套和模块信息。

注意：（1）若备份数据的年度在目标账套中不存在，则该账套不被恢复。

（2）备份的模块在目标账套中不存在，则不被恢复。

第二节　初始设置

账务处理系统是整个财务过程之根本，“账务处理系统”模块也是整套财务软件的核心部分。由于账务处理涉及的会计业务比较多，本软件为了方便使用，将总的功能划分为以下几个子模块：初始设置、日常账务、部门核算、往来账管理、项目核算、出纳及对账、系统间转账、系统管理、账套选择、帮助、返回 Windows 等功能。下面分别进行详细介绍。

一、账务处理流程

为了使用户特别是刚接触会计电算化的人员在阅读以后内容时，能清晰整个新中大软件的操作流程，做到深入浅出，融会贯通，有必要掌握整个系统的操作流程。流程图如下：

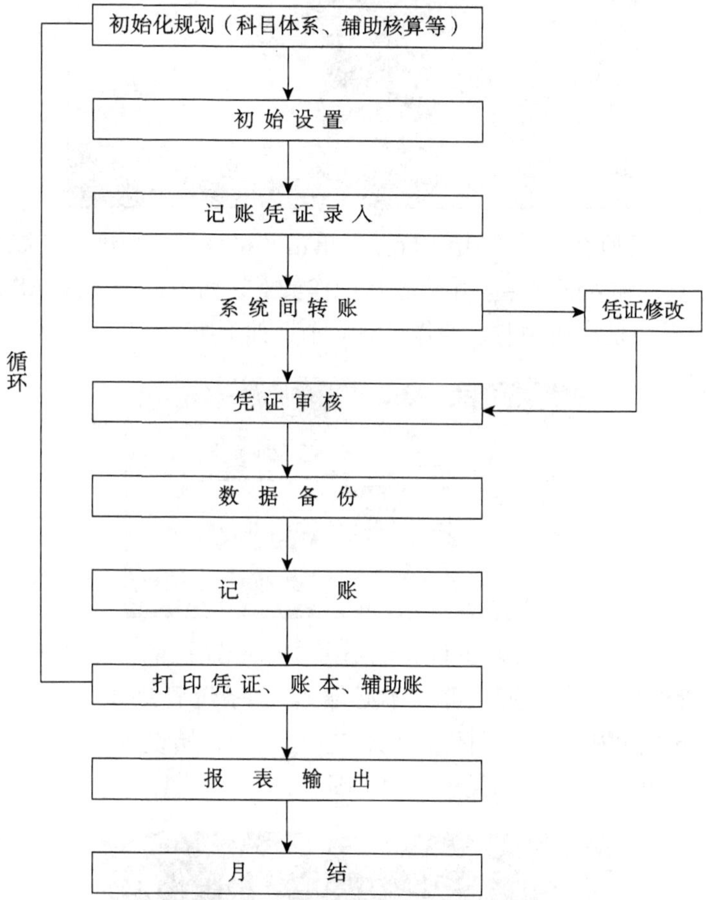

在使用“账务处理系统”模块前，必须先运行“核算单位管理”，待分配到核算单位后才可以进行具体的操作。

二、初始设置

打开 Windows 中的新中大文件夹后，用鼠标双击“账务处理”图标，即可进入“账务处理系统”。软件安装完毕后，在程序组的“开始”菜单和桌面上将出现“新中大软件”项目。如果系统只有一个账套，双击运行程序，直接进入账务处理系统。如果用户已建立了多个账套，那么开始软件会要求用户选择其中的一个，如下图。

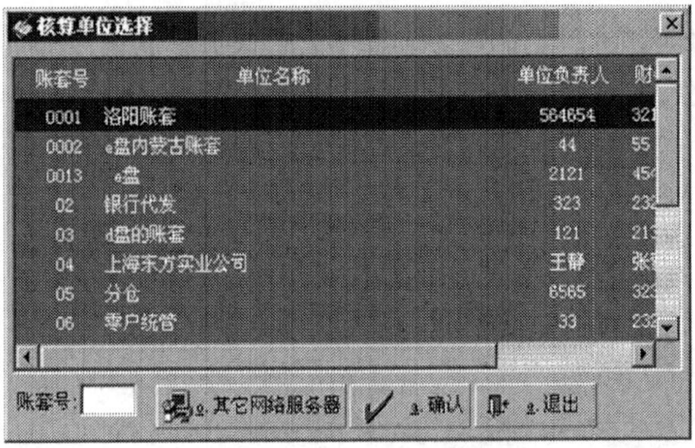

双击该账套所在行或单击该行，再单击“确认”，则进入“账务处理系统”。也可直接输入账套号。用户要从操作员下拉列表框中选择操作员，并要求输入密码。当首次使用时，操作员有两个：如下图：

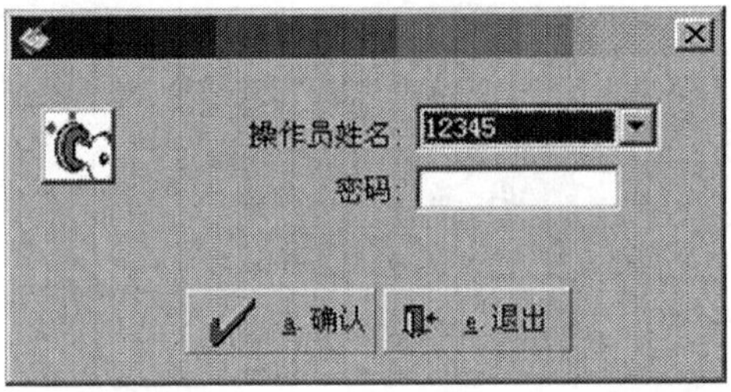

即在“核算单位”模块中设置的财务主管和默认的“系统管理员”，如果财务主管的密码未设置，可以不必输入；“系统管理员”的默认密码为“12345”。单击“确认”，关闭登录窗口。单击“初始设置”图标或双击图标下方的文字，即可进入初始设置。如下图：

初始设置窗口自身有一套菜单系统。具体做任何一项初始工作都是从鼠标点击选择菜单条开始的。菜单条中有 4 个子菜单：基本设置、科目及余额初始、初始完成确认、系统服务，整个初始化工作的顺序基本上和前三个子菜单从左至右、从上至下的顺序一致。下面按子菜单内容逐一加以说明。

（一）基本设置

基本设置是反映会计核算中最基础的设置，主要内容包括以下 4 项：

1. 凭证类型设置

许多单位为了便于管理或登账，一般对记账凭证进行分类编制，但各单位的分类方法不尽相同，所以系统提供“凭证类型设置”功能，用户完全可以按照本单位的需要对凭证进行分类。系统提供了 5 种分类方法可供选择：不分类、分 3 类（收款、付款、转账）、分 5 类（现收、现付、银收、银付、转账）、分 3 类（现金、银行、转账），凭证类型自定义。如下图：

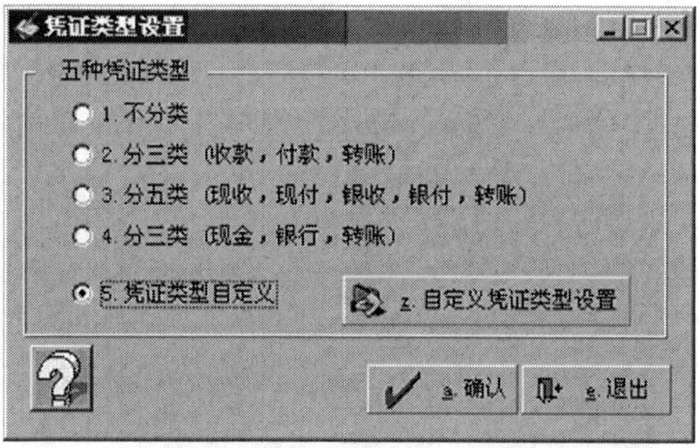

具体操作：

单击窗口左上方的“基本设置”菜单，选择“凭证类型”；屏幕显示窗口，选中“1. 不分类”，单击“确认”键保存。

提示：

凭证分类，对计算机而言，在记账时便于汇总、查询、统计、分析。凭证类别存放在相应的数据库中。对于不分类凭证，计算机按凭证填制先后分配连续的凭证号；对于分类的凭证，每种类型的凭证分别拥有连续的凭证号。例如：收款 0030、付款 0030。计算机处理时，不同类型的凭证相对独立，互不干扰。若进行凭证类型自定义，则需要确定借方、贷方、凭证必有和必无科目，如下图：

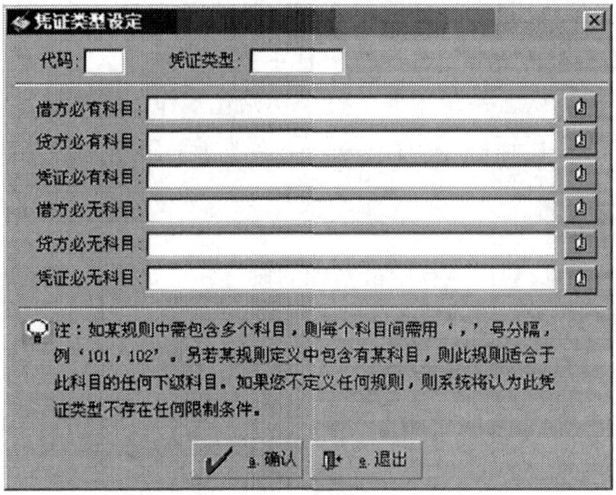

2. 部门核算设置

手工方式下，对部门账的管理同往来账的管理较为相似。手工做账时，为了区分不同的部门，通常是设立子科目，比如工业企业中需要核算到部门的典型科目“521 管理费用”。但是，如果521科目本身已经有许多二级科目，或者在部门众多的情况下，将产生很多的明细科目。不论如何管理，都存在手工工作量大，不易统计等问题。为此，本软件提供并推荐如下做法：部门不作为明细科目，而设立一个部门库，在输入部门费用凭证时自动跳出部门列表，选择该笔业务所属的部门。这样不但避免了科目设置凌乱复杂、部门账查询不方便等问题，而且还非常便于对部门账作统计分析处理。如下图：

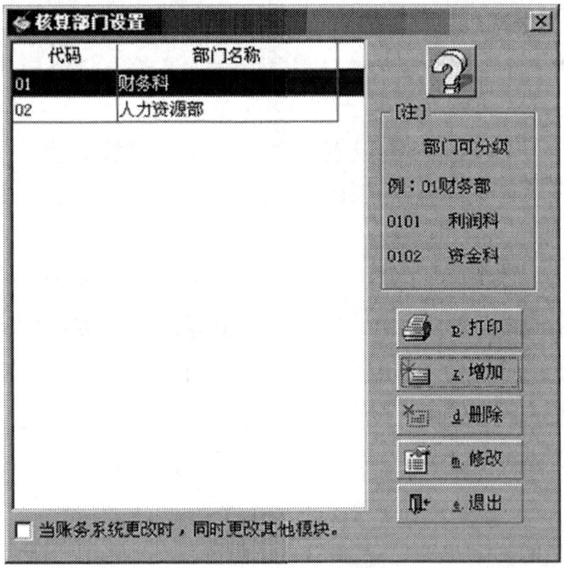

提示：

部门可从代码中进行分级设置，日后系统将逐级汇总统计。部门代码最多为 8 位。核算部门设置完毕后，在会计科目设置时，需要按部门核算的，只需将“是否核算到部门”项设置为“是”即可。在填制凭证时，需录入部门的地方会直接弹出部门列表供选择。查账时，同样选择部门，即可显示部门账。

会计科目设置为部门核算外，具体的核算部门设置及以后部门账的查阅、统计等工作可在账务处理系统的“部门核算”功能子模块中进行。详见“部门核算”。软件提供了所有模块部门同时更改的功能。只要选中“当账务系统更改时，同时更改其他模块”，则新中大软件所有模块即可共享同一部门数据库。

3. 外币设置

账务处理系统处理外币的思路同手工模式基本一样，为清楚管理每一笔外币业务，也开设了相应的外币账。登记外币的信息如：汇率、外币发生数等，需要在制单时录入。查询账簿时，同时显示外币金额和本位币金额。凭证格式打印时，自动增设“外币”一栏。

举例：设置美元、英镑两种外币。

具体操作：

单击“初始设置”窗口左上方“基本设置”菜单，点中“外币设置”弹出“外币设置”窗口。在窗口的前两行分别输入“美元”“英镑”。在“汇率方法”中选中“直接汇率”，如下图：

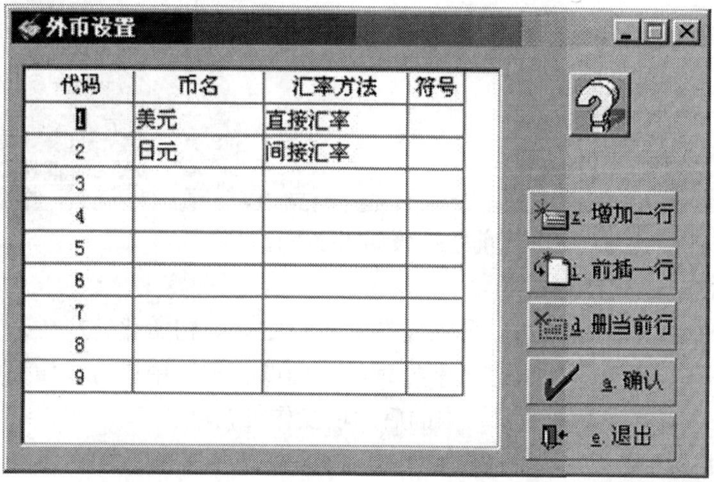

单击“确认”，关闭“外币设置”窗口。请紧接着阅读“汇率设置”。外币最多可设置 16 种。

4. 汇率设置

软件对汇率的处理较为灵活。对于“直接汇率”，可以理解为：一个单位的外币金额可以折合成的本币数；同样“间接汇率”，可以理解为：一个单位的本币金额可以折合成的外币数。

举例：设置以上两种外币“美元”“英镑”的汇率。2000 年 1 月 1 日：美元汇率 8.33；英镑汇率 12.5。

单击“基本设置”菜单下的“汇率设置”，屏幕出现汇率设置窗口，用鼠标单击“增加一行”按钮，窗口跳出的日期为“0000.00.00”，汇率为“00.00000000”，鼠标单击“币种”一栏，弹出下拉列表，选中“美元”，在日期栏输入 2000.01.01，汇率 8.33。同样方法设置英镑汇率。如下图：

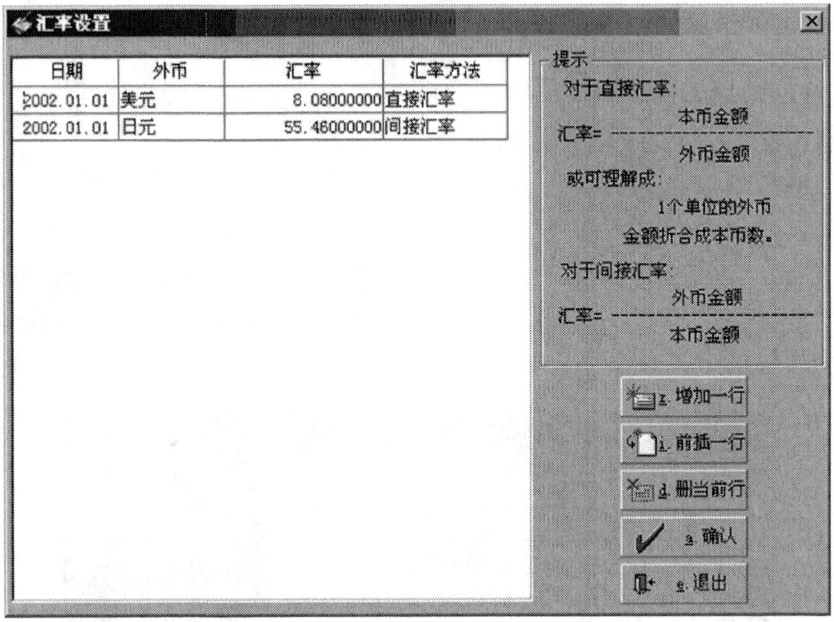

单击“确认”，保存当前汇率设置并关闭窗口。

提示：

财务核算涉及的外币，要预先在此进行定义。初始化完成后，如果要增加外币品种、调整汇率可在日常处理的“辅助管理”中进行。如果财务核算不涉及外币，则“基本设置”中的后两项操作可忽略。

5. 项目设置

对于有项目核算的科目，必须先设置好项目处理方式等信息，如下图：

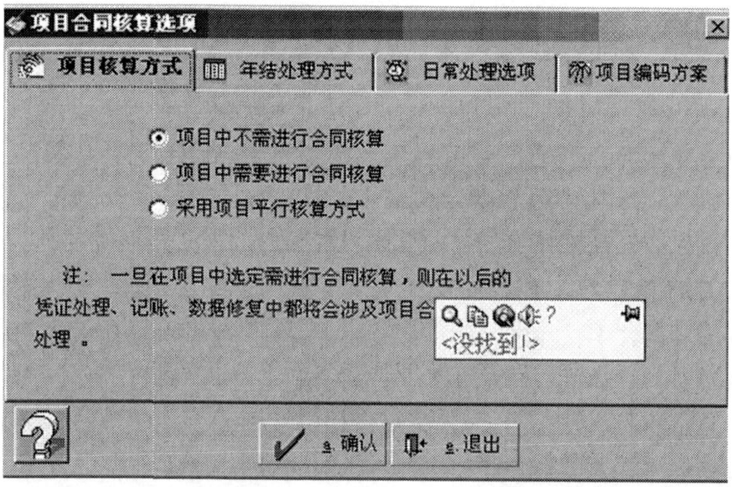

项目核算方式中包括对项目核算方式和年结处理方式设置。项目核算提供了3种核算方式：需要进行合同核算、不需要进行合同核算和采用项目平行核算方式，合同是在项目下的细分，一旦选定了需进行合同核算，以后的凭证处理、账表及数据修复等都会涉及项目合同的处理。系统还支持“项目平衡核算”，即对同一经济业务可以将其归纳至不同的项目中分别进行核算。

年结处理方式中也包括两种处理方式：在年结时，已终止的项目也参加结转；在年结时，已终止的项目不参加结转。若选择了后者，在下年度项目数据中将不包括已终止的项目。只需单击某种选项，便可选定所需的方式。

6. 小数位数设置

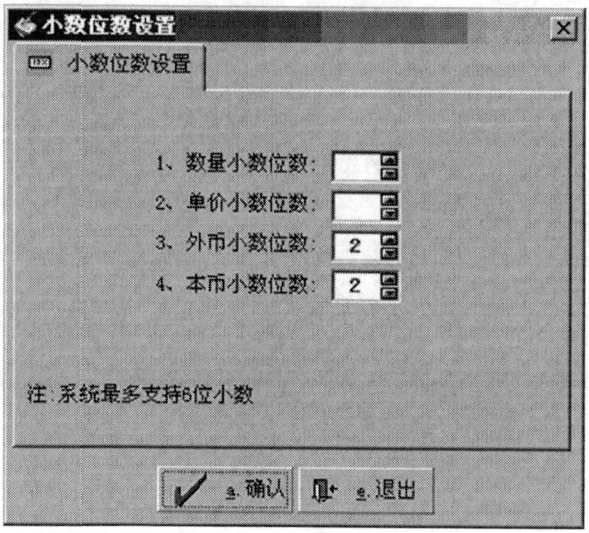

（二）科目及余额初始

这部分是初始设置中最主要的内容之一。会计科目是财务核算的核心，填制凭证、记账、查账、对账乃至作报表几乎都是以会计科目为核心进行，各种会计账簿也都按科目开设账户。在此需要用户设定所有总科目、明细科目，然后输入每个明细科目的年初余额、数量类外币类科目的年初数及发生数、往来科目中各往来单位的当前余额、各部门的当前余额等。

1. 科目代码宽度设置

账务处理系统中，在定义核算涉及的所有科目之前，必须首先明确科目的级数，各级科目代码的长度。本软件最多允许有 10 级科目，科目代码总长度最多不得超过 20 位数字。一般每级科目代码宽度为 2 或 3（也有 1 和 4），在操作中，假如不需要某级科目，那么可将该级科目代码的长度置空或置零即可。例如不需要第六、第七级科目，可将六七级科目代码的长度置空或置零。

举例：某单位最末级科目代码如 5210101001，设置科目代码宽度。

会计根据实际经验分析为：一级代码为 3 位，二级代码为 2 位，三级代码为 2 位，四级代码为 3 位，共四级。

具体操作：

单击“科目及余额初始”，点中“科目代码宽度设置”。屏幕显示科目代码宽度设置窗口，按要求输入各级宽度，如下图：

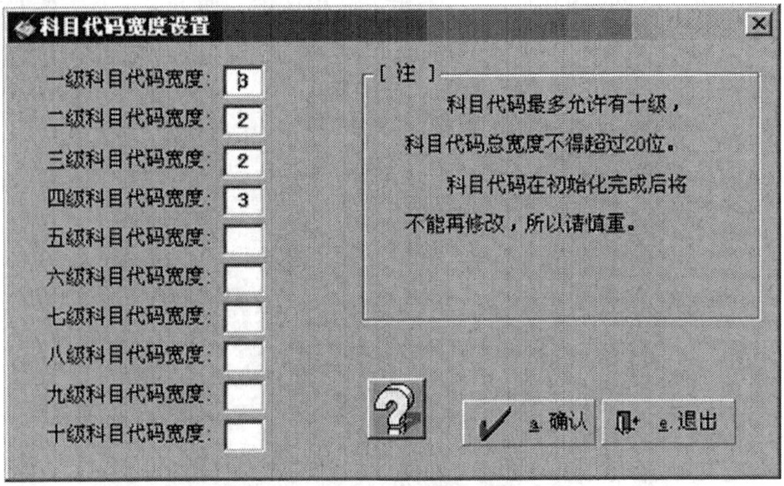

单击“确认”，保存设置后退出。

2. 会计科目设置

首次进入会计科目设置时，会发现已经有一级科目设置在里面了，这是新财务制度规定的相应行业的一级科目，但可以根据实际情况修改这些科目，如修改这些科目的属性等，并可新增二级、三级等科目。每个科目在此有以下属性：

科目代码、科目名称、助记码、科目特征、余额方向、部门核算、复币、数量类科目相关内容、收付方向、计量单位、规格共10项，在科目列表中可用鼠标拖拉纵向滑动杆使科目列表上下滚动，横向拖拉横向滑动杆使列表左右滚动。窗口中有一蓝底亮条，表示此行是“当前”行，当前的修改、删除都是对该行科目进行的，可以用鼠标直接点击来选择当前科目。

（1）增加会计科目

当需要增加新科目时，单击“增加”按钮或键盘的Insert键，屏幕会出现科目输入窗口，窗内的内容和前述10项内容一致。如下图：

①“科目代码”输入时要求符合“科目代码宽度设置”中设置的科目级数及各级宽度。

②“科目名称”可以输入汉字，也可以是英文、数字或其他字符，最多为40个字节（折合20个汉字）。

③“助记码”处可以不输入。这里需要说明的是，“助记码”主要是为了以后方便凭证的录入而设的。凭证的录入需要输入科目代码或科目名称，但科目代码、科目名称不管是记忆还是输入都比较困难、繁琐，而如果我们对某些常用科目设置一个简洁易记的助记码，系统便会自动识别，转换成科目名称。

④“科目特征”中有以下7种选择，每个科目都必须根据自身性质而选择其一：

现金：用于现金科目及其下级科目。

银行：用于银行科目及其下级科目。

数量：用于具有数量属性的科目，数量属性如数量，单价，金额，规格等。

数量 + 单位往来：用于具有数量属性的又具有单位往来特征的科目。

单位往来：用于与外单位发生业务关系的科目。

个人往来：用于与个人发生业务关系的科目。

一般：是指除“现金”“银行”“数量”“数量 + 单位往来”“单位往来”“个人往来”性质以外的其他科目。即没有辅助账的科目。

⑤“余额方向”是指本科目的余额是在借方还是在贷方，或是可借可贷，软件相应地也有 3 种选择：借方、贷方、两性；如果选择了“两性”，那么该科目在以后的账页输出中，余额能自动根据其正、负切换成借或贷，而余额始终显示为正数；而借方科目在以后的余额方向始终为借，金额可能是正数或负数。

⑥“部门核算”表示该科目是否参与部门核算。例如在流通行业中，通常损益类科目需要核算到部门。该项选择只有在“部门核算方式”中已设定核算到部门后，才会起作用。

⑦“复币”表示该科目是否采用外币记账，该项选择在“外币设置”中已经设置了外币后才会起作用。输入完毕后用“确认”键存盘，如果有以下情况软件将阻止存盘并作出提示：科目代码级数或宽度不对；科目代码级数跳空，如在“102”科目不存在的情况下输入“10201”科目；需要增加的科目代码在科目表中已存在，即重复输入；“助记码”以外其他任一项未输入；科目表中已有同样名称的科目存在。存入成功后，新增科目将列入科目列表窗中，并且已自动按科目代码进行排序，处于表中适当的位置上。如果要修改某个科目，可以直接用鼠标双击列表中的所需科目，也可以单击所需科目使亮条处于该科目位置，然后击“修改”键进行修改，修改窗口和输入窗口一样，操作也基本一致。

（2）“刷新”：当前科目经过转换输入或其他工作站进行科目的修改，按此按钮能更新科目体系，与最新科目表一致。

（3）“定位”：当科目体系比较庞大，使用此按钮就可以快速寻找。但输入的科目代码不存在，则无法定位。如下图：

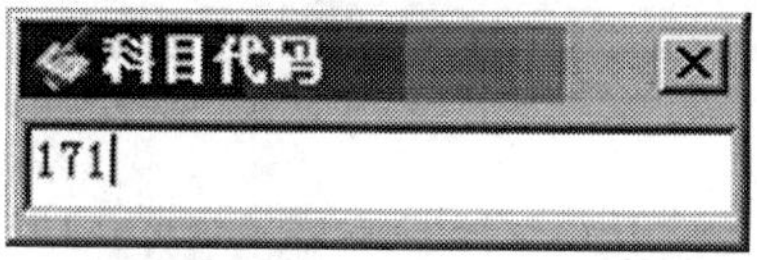

（4）“成片复制”：一些科目的明细科目大致相同，在输完一个科目的明细科目后，可以将这些明细科目复制给另一科目。如下图：

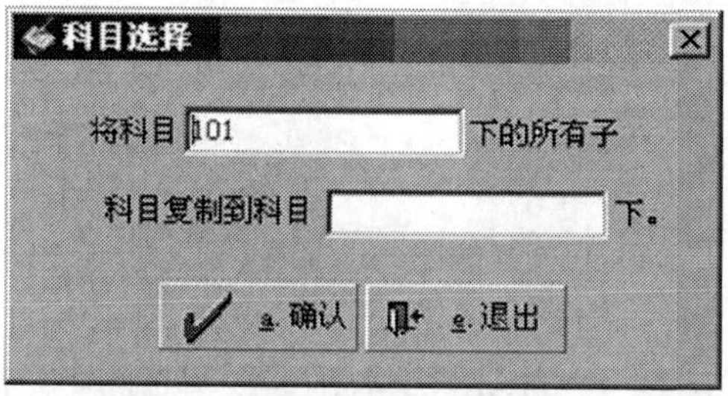

（5）“筛选”：用于不同级别的科目选择。如下图：

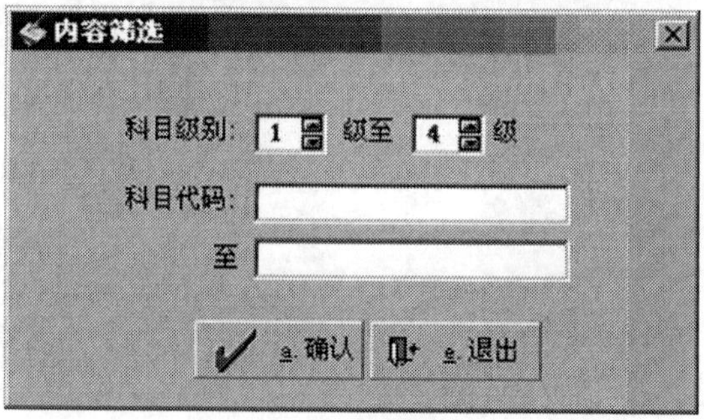

（6）“删除”：用于删除当前科目，等同于 Delete 键，在当前科目有下级科目的情况下，不能删除本科目，必须从最末级科目删起。当科目余额录入之后，这个科目也不能进行删除。

（7）“增加”“修改”是对科目体系的操作。“退出”即能退出操作。

（8）“打印”是对当前科目表打印输出。对弹出的窗口进行打印设置完成后，按确认键进行打印输出。

提示：打印设置操作。

页面：系统支持表格线是否打印及打印页的奇偶选择，如下图：

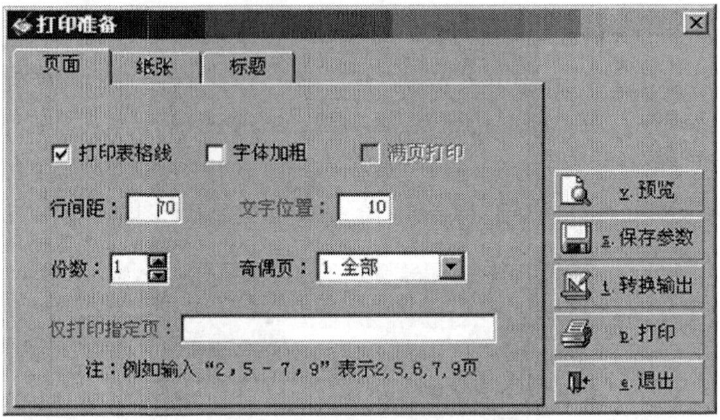

纸张选择，如下图：

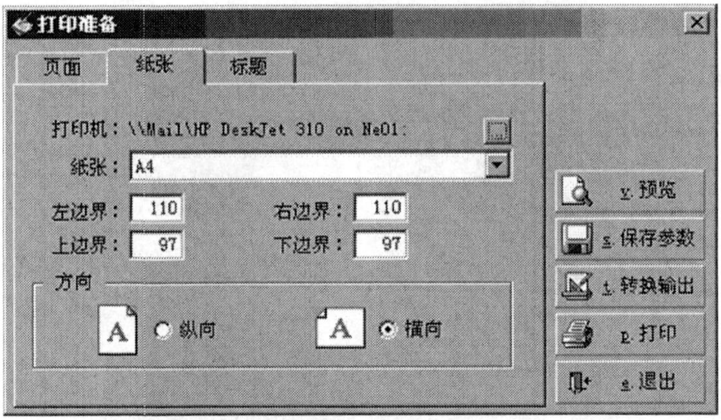

标题设置：标题的格式可以进行自定义，如下图：

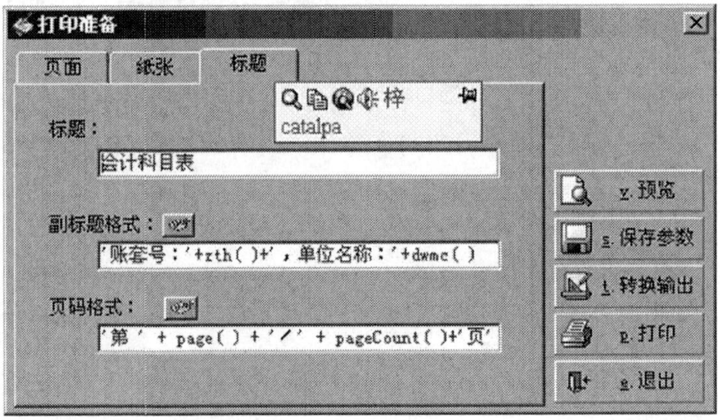

打印设置的“转换输出”比“文件转换输入\输出”支持的格式多，如下图：

可根据具体的格式进行选择。

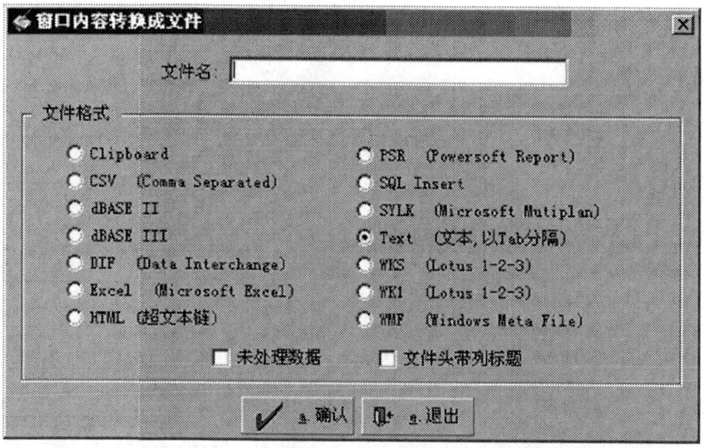

3. *初始余额设置*

录入期初余额，类似于手工方式下的年初结转，就是将手工账账面余额经过整理后，“移植”到计算机中的过程。例如建账日期为“1999 年 7 月”，那么用户必须准备的数据是：各个科目的 1998 年年底的余额，1999 年 1 月初至 6 月底（已结账）的借、贷双方累计发生额。其次，数量类科目还必须输入年初结存数量、年初到 7 月份的收、发累计数；复币类科目也必须输入外币年初余额、年初至 7 月份的借贷累计数。

（1）初始科目余额

进入“账务处理系统”的“初始设置”模块，单击“科目及余额初始”菜单下的“初始科目余额”，弹出“科目余额设置”，如下页图上，有些条项的字体颜色呈黑色，表示这类科目不属末级科目，其数据是由逐级汇总得到的，不能直接输入，那些字体颜色呈蓝色的科目属末级科目，其数据可以直接输入。当输入科目的年初余额后，其左栏“借 / 贷”栏中会自动根据该科目的余额方向跳出“借”或“贷”字样。对于两性科目，系统默认的余额方向为“借方”；如果是贷方余额，只输入负数即可，系统会自动反映到贷方。窗口的“当前余额”栏是软件根据输入的年初余额、借方累计、贷方累计自动计算出来的。末级科目的余额输入完成后，点击“逐级汇总”键系统将自动逐级向上汇总科目余额。对于数量、复币类科目，除了在本窗口录入金额外，还需点击“内容切换”键切换到“录入数量 / 外币金额”窗口。如下页图下。按同样的方法录入数量类科目的年初结存数量、收累计、发累计；复币类科目的外币年初余额、外币借方累计、外币贷方累计。录入完毕后，点击“逐级汇总”键系统将自动逐级向上汇总非末级科目的数量、外币余额。对于既有数量又有外币核算的科目，亦可同时录入，即数据不会重复（以前优先考虑数量），每次完成数据录入工作后都必须点击“存入”键进行存盘。其他还有打印、回车键切换、退出等功能。

提示：

若建账日期为年初，则“初始科目余额”表中将不会出现“借方累计”及“贷方累计”两栏。“当前余额”与“年初余额”保持一致。

（2）初始部门核算科目余额

包括初始部门数量账和初始部门余额两部分内容。凡在科目表中被列为部门核算的科目，一般都需要确定每个部门的余额；如果该科目又是数量类科目，则还需初始部门数量账。进入“账务处理系统”的“初始设置”模块，单击“科目及余额初始”菜单，鼠标指向“初始部门账”，然后单击“初始部门余额”。弹出一个部门核算科目窗，上面列举了所有部门核算科目，双击所选科目即可进入具体设置。

举例：初始各部门“管理费用”科目余额。

具体操作：

在“初始设置”窗口，单击“初始部门账”菜单下的“初始部门余额”，系统将提供一个部门核算科目窗，里面列举了所有部门核算科目，双击“管理费用”科目后弹出窗口。如下图：

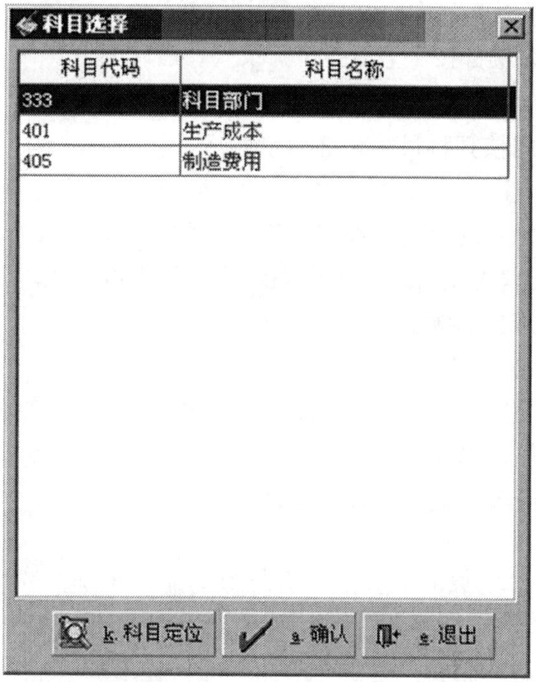

用“增加”按钮输入各部门的余额，屏幕跳出输入窗口。如下图：

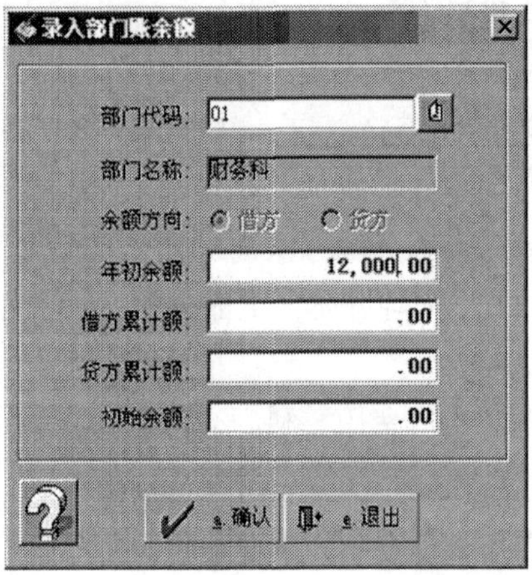

在代码栏中输入前面“基本设置”中设置好的部门代码（也可以使用“部门帮助”），系统就会自动弹出相应的部门名称。在余额栏中输入该部门的余额，最后点“确认”键存盘。

其他部门的余额都按照上面的步骤录入。最后退出。

提示：

通常一个部门核算科目一张部门余额表，在窗口的左下方有一个参考数据：“总账对应余额”，即科目余额表中该科目的当前总余额，在此输入的每个部门的余额总计数应该与之相等。输入部门代码时，该部门必须是已经在“基本设置”中定义好的部门，否则系统会拒绝继续录入。其他“修改”“删除”“打印”键功能介绍略。

（3）初始单位往来账

当在“科目设置”时，科目的性质是“单位往来”且期初余额不为零时，需在此确定每个往来单位的余额。

举例：输入应收账款的往来单位期初余额。

具体操作：

在“初始设置”界面，单击“单位往来账”下的“初始单位往来账”。弹出一个单位往来科目窗，窗口列举了所有性质是“单位往来”的科目，双击“应收单位账款”科目。单击“增加”键，弹出菜单，有两种方式可供选择：1. 只录入余额；2. 录入未核销明细账。这里选择“1. 只录入余额”，进行余额录入。

地区代码可直接输入，也可使用“地区代码表”，用鼠标选择分类类别后“确认”。单位代码输入同地区代码类似。如果该科目按部门核算，别忘了还要输入部门代码。点击“余额”栏，输入期初余额。并选择余额向“借”

或“贷”，确认。如下图：

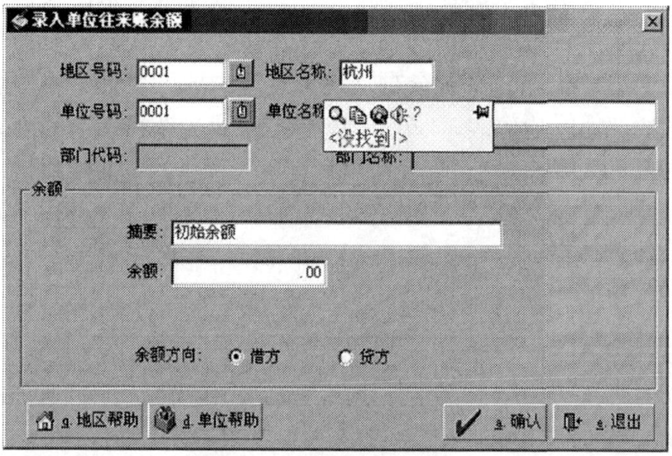

继续对其他往来单位录入期初余额。检查各往来单位应收账款余额总数，应等于科目余额表中的总账余额（反映在左下角）。点击“退出”返回“初始设置”界面。

提示：

在点击“增加”键后，可以直接录入某往来单位的余额，或不输余额只输该单位的所有未核销的明细账。如下图。选择后者，主要是基于日后“账龄分析”作考虑。因为光录入一个余额无法分析该笔余额是如何发生的、挂账多久等问题。具体有凭证日期、凭证号码、摘要、发生额、业务编号等项目录入。

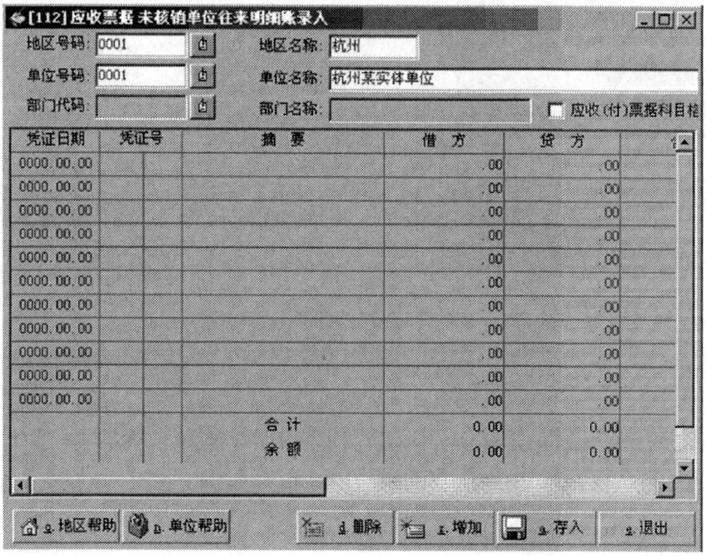

一般来说，大部分情况下我们只需直接录入某往来单位的期初余额即可。对于有账龄分析要求的往来单位，一般录入往来关系比较密切或者挂账时间较久的往来单位的未核销明细账。在直接录入某往来单位的余额时，输入地区代码、单位代码，系统会自动跳出已有的地区名称、单位名称；也可以点击下方的“地区代码表”“单位代码表”，通过选择表上的内容来替代输入；或者使用“模糊查询”，即在“单位名称”框中输入某单位的一到两个字符，然后点击“单位帮助”，则所有与这一到两个字符相关的单位自动被筛选出来。如果输入的往来单位在原单位通讯录中不存在，系统会自动增加进去（这一点和“部门核算”科目不同）。

提示：

模糊查询。在初始往来账中，点击“增加”按钮，选择“只录入余额”，在跳出的窗口中的“单位名称”中键入“友谊”二字，然后点击“单位帮助”，则在“单位号码表”中列出了所有含有“友谊”二字的单位名称，选择“上海友谊服务厂”，点击“确认”即可。如下图：

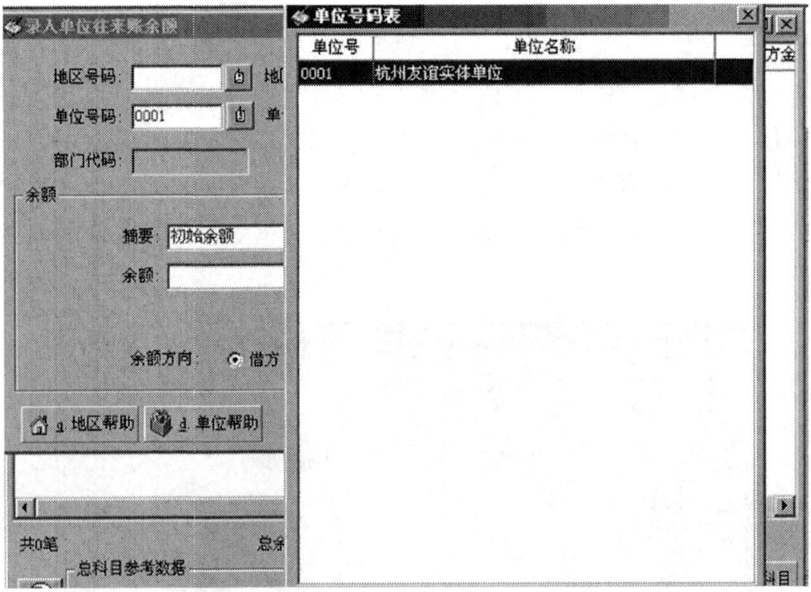

（4）初始个人往来账

个人往来账是指和单位内部职工的往来款，如借款、保证金等。进入“个人初始往来账”后，屏幕首先列出所有个人往来科目，选择其中一个科目后即可对此科目的具体个人设置余额。和单位往来账一样，窗口下方有一个该科目的余额数值，在此输入的所有往来个人余额总计最后应与之相等。如下图：

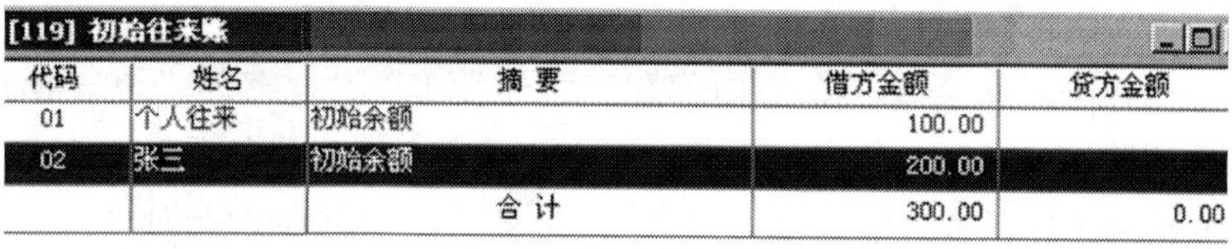

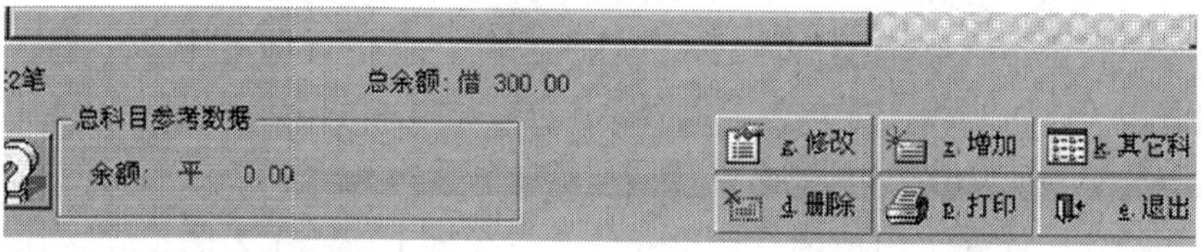

（5）初始辅助账设置

①对辅助核算账的说明

账务处理系统提供的辅助核算功能有：日记账辅助核算、银行账辅助核算、个人往来辅助核算、单位往来辅助核算、部门收支辅助核算、专门经营对象的辅助核算（又称项目辅助核算账），另外，还有数量及外币的辅助核算账。启用以上 8 类辅助核算功能，必须在设置末级会计科目时，按屏幕的提示用鼠标点击相应的可选项。

a. 银行、现金日记辅助账

日记账辅助核算用于标注需要生成日记账式账簿的会计科目。在日常账簿查询时，不但能以总账、明细账的形式对该科目进行查询，还能以日记账的形式对该科目发生的经济业务予以反映。一般企业中，必须设日记账要核算的科目有：现金（101）、银行存款（102）。银行存款类科目有特殊的核算要求，需定期将其发生的经济业务（各类银行票据的收支）和银行递交的银行存款对账单进行核对，借以生成银行存款余额调节表。当工行存款科目被设置为记银行辅助核算账后，该科目发生经济业务，在填制凭证时，系统会要求用户输入结算方式和结算号（即平时所说的票号、票据日期等内容）。记账时，不但将该笔业务记入总分类账、明细账，而且还将诸如结算方式、结算号、金额、方向、业务日期等内容记入“待核银行账”，等待和银行对账单进行核对。

b. 个人往来辅助账

个人往来是指企业与企业内部职工之间发生的往来经济业务，比如销售人员的差旅费借款、私人借款等。当企业的个人往来业务较频繁，个人往来业务清理工作量较大时，可启用系统提供的个人往来辅助账对个人往来业务进行管理。这时，往来个人不再作为明细科目出现。科目结构调整为如下形式：

暂付款	一般	
10501	暂付个人款	个人往来
10502	其他暂付款	单位往来
……		

往来个人户存放在往来个人目录库中。进行科目设置时，若某一科目被指定为进行个人往来辅助核算，系统就会自动将该科目纳入往来辅助总账与明细账中，以备进行个人往来辅助核算。当10501科目有一笔经济业务发生，在填制凭证及记账时，不但要将该笔业务的发生额记入10501科目的总分类账和明细账，还要求用户确定该笔业务发生在哪个往来个人头上，该往来个人属于哪个部门等信息，然后进入个人往来辅助账的总账与明细账中，找到该往来个人，将这些信息登记在该个人账页上。采取这种方式处理个人往来业务，可以方便地实现对个人往来业务多种形式的查询统计，如：按指定科目、按指定个人、按指定部门等查询相应的个人余额及明细。实现这些功能不需要用户进行任何数据的重复录入。为了便于统计和分析管理，账务处理系统中，个人往来户是按部门划分的，每个往来个人都有一个隶属部门。

举例：将财务部的“王新宇”代码为“0101”和销售部的“胡志杰”代码为“0201”设置到往来个人名册中。

具体操作：

在“初始设置”界面，单击“科目及余额初始”菜单，单击指向“往来个人名册”。屏幕显示“往来个人名册”窗口。单击“增加一行”按钮，录入“0101”“王新宇”“财务部”“0201”“胡志杰”“销售部”。如下图，单击“确认”。

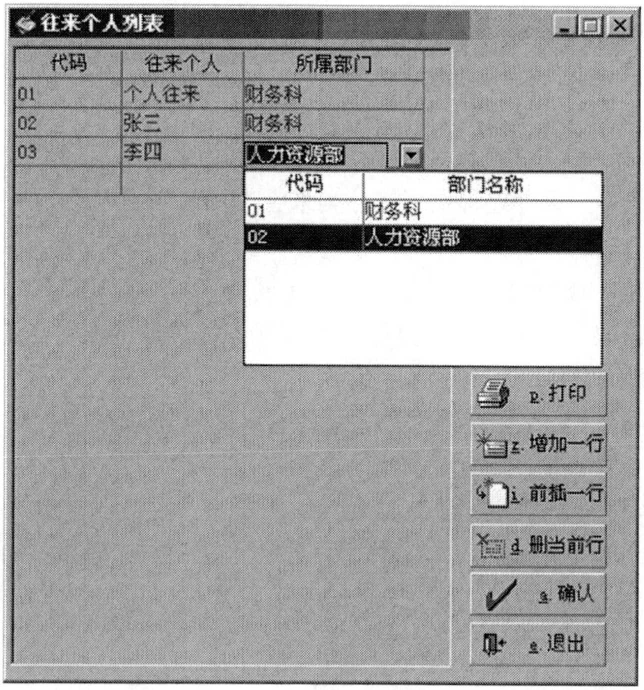

提示：

如果个人有所属部门的话，那么个人代码的前几位可以是所属部门的代码。这样使操作员容易识别，特别是企业人员有重名时。

c. 单位往来辅助账

单位往来辅助核算的处理原理与个人往来辅助核算账的处理是相似的。所谓单位往来是指企业在对外交往过程中和外部单位发生的经济往来业务。当企业往来客户较多，往来业务频繁，清欠清理工作量大时，可启用系统提供的单位往来辅助完成对往来业务的管理。采用单位辅助核算后，往来单位不再以科目的形式出现，它只存在于往来单位目录库中。相应要求会计科目设置成如下形式：

113	应收账款		
11301	应收电话机款	末级科目	单位往来
11302	应收材料款	末级科目	单位往来

……

在日常核算中，当 11301 有经济业务发生，在填制凭证时，系统会要求用户确定该笔业务发生于哪家往来单位以及经手人、业务编号等内容。在记账时，不但要将该笔业务的发生额登记入总分类账、明细账，还要登记往来单位辅助核算总账与明细账。当企业往来单位较多（数百家，上千家），往来业务量大时，采用单位往来辅助核算可大大减少科目数量，减少科目结构，同时可对应收（或应付）账从不同角度进行统计查询，极大地减少往来清理的工作量。账务处理系统提供了以开设辅助账页形式管理往来账的功能。启用这项功能时，必须按照系统的要求将手工账中各单位往来户进行整理，然后录入到系统中。另外还提供了按分类来管理往来户的方式。在实际应用中，用户可以按地区、科目、产品等内容划分大类。“往来单位通讯录”用来集中登记往来单位，登记内容包括往来单位所属地区号、地区名、单位代码、单位名称、助记码、地址、开户银行、账号等。每个单位都由 2 个代码：地区代码和单位代码表中，代码都是 4 位数。

举例：将 32 个省市自治区作为大类设置，将下面的单位输入到杭州大类中。

单位名称：浙江水泥机械设备有限公司、助记码：zjsn、税号：5455323132123、地址：东新中路 12 号、邮政编码：310005、电话：5545454、传真：5545457、联系人：金柯、开户银行：工行东新支行、账号：65454231212312

具体操作：

在“初始设置”界面，单击“初始单位往来”菜单下的“往来单位通讯录”，屏幕显示“修改 / 录入往来单位通讯录”。右窗口第一行“地区代码”输入 0001，敲回车键，如已将 0001 设置为“浙江”，则“地区名称”自动显示，如第一次录入，则在“地区名称”输入“浙江。”单位代码自动显示，在“单位名称”输入“浙江水泥机械设备有限公司”。输入“助记码”：zjsn 依次输入以下内容：税号“5455323132123”；地址“中山中路 198 号”，邮政编码“310002”；电话“5545454”；传真“5545457”；联系人“金柯”；开户银行“工行东新支行”；账号“65454231212312”，单击“确认”。如下图：

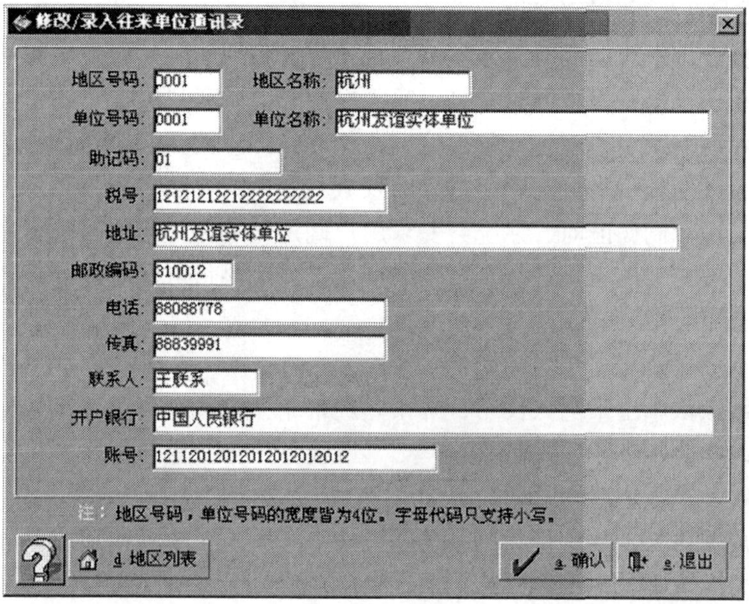

提示：

一个往来单位会有很多信息，但只有地区号、地区名、单位代码、单位名称几项是必输的，其他内容可输可不输。对于已存在的地区代码和地区名称，也可通过“地区列表”按钮参照获得。系统还提供了排序功能，可以按单位编码排，也可按单位名称排，这两种方式的区别在于将要参照输入单位名称时，各单位出现的先后顺序不一样。排序方式可随时改变。地区代码，单位代码组合后确定唯一的单位，编码必须是 4 位数字的组合。在操作中，单击帮助按钮“？”会得到帮助。

d. 部门核算及项目核算辅助账

部门辅助核算适用于对各种收支业务进行部门核算的企业，如差旅费、办公费、招待费等。某些收入科目也可按部门进行核算，如销售收入，营业收入等。采用部门辅助核算后，可以在不增加财务人员工作量的前提下，方便地对部门的各种收入、支出进行管理。

e. 项目辅助核算账

所谓项目可被认为是专门的经营对象或核算对象。比如制造企业中产品成本核算，即可认为是一种项目核算；施工企业的施工项目，也可被认为是一种项目核算。项目的特点是，围绕一个专门的对象，将所有发生在该对象身上的各种收支以项目辅助账的形式进行归集。项目辅助核算账另一用法是辅助编制现金流量表，这种方法是将现金流量表主表的各个栏目当作一个“项目”，应用项目核算的原理进行单独的核算，以便现金流量表的产生。

f. 数量及外币核算辅助账

账务处理系统彻底支持数量及外币核算。任何账类的科目，如果要进行某一外币币种的核算或数量核算，只需在建立会计科目时在“外币名称”一栏输入相应的币名或在“计量单位”一栏输入相应的数量核算计量单位，系统即会自动为该科目设立相应的外币及数量辅助核算账。当该科目有经济业务发生，在填制凭证时，系统会要求用户确定该笔业务相应的外币信息和数量信息。数量和外币辅助核算可同时应用，一个科目可同时进行数量和外币辅助核算。

提示：

系统默认本位币为人民币，外币是经汇率换算成人民币进行核算的，但系统可以产生外币科目余额表。

②账类组合使用的说明

集成账务处理系统提供的6种辅助核算账类，可单独使用，也可组合使用，以满足企业实际核算的要求。但并不是所有账类都可随意进行组合。如：

单位往来、部门核算、项目核算可相互两两组合使用，往来账和部门账组合使用时，可以分部门进行往来账管理；往来账和项目账组合使用，可以对某些特殊核算项目发生的往来业务进行专门管理；部门账和项目账组合使用时，可以对某些专门经营对象的收支按部门进行管理。

（三）初始化完成

在做完前面的工作后，可以认为已基本完成初始化工作了。本菜单有两个功能。

1. 验证初始工作的正确性

共有4个验证项目：科目设置合法性检查、科目余额逐级汇总检查、核对部门账、往来账余额和试算平衡。

（1）“科目设置合法性检查”主要用来检查科目代码长度是否正确、是否存在代码跳空。

（2）“科目余额逐级汇总检查”将自动对所有科目的余额重新从下级科目往上级科目汇总一遍，发现错误自动更正，这一步检查通常不会有问题。

（3）“核对部门账、往来账余额”即对逐笔输入的部门单位往来账、个人往来账求合计，并和科目余额表中的当前余额按科目核对，发现错误则弹出错误提示；如若某科目不能通过校验，会出现提示。

（4）“试算平衡”将对3个方面进行平衡检查：年初余额的借方合计数=贷方合计数；借方发生额累计数=贷方发生额累计数；当前余额的借方合计

数 = 贷方合计数。以上检查实际上随时可以使用，不一定到初始化完成时才使用。

2. 初始完成确认

初始化工作都做完后，就可以在此做确认完成工作了。其自动执行的步骤为：检验 - 数据备份 - 形成账表。具体步骤在进入该菜单后，屏幕将会详细显示并附带说明。如下图：

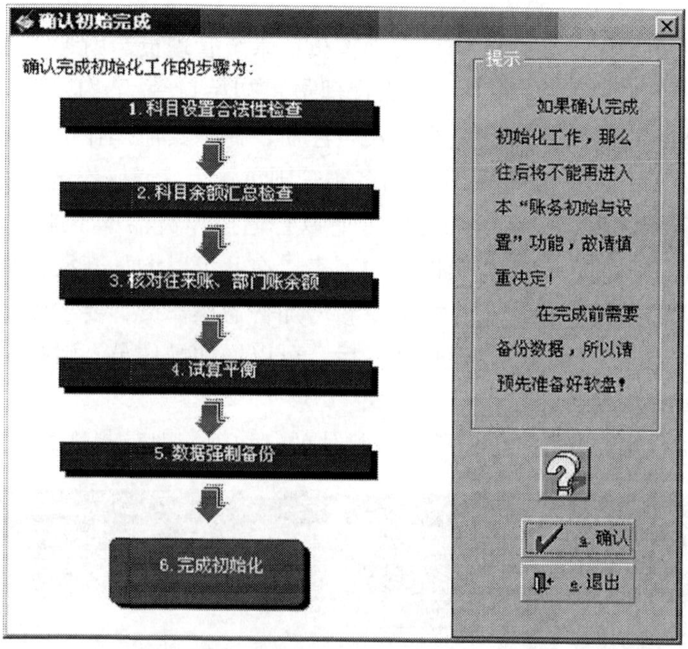

首先，将进行检查工作，实际上是将前述的 4 种检验按顺序执行一遍，一旦发现有错则给出错误信息，例如：如下图这样的错误，并跳出本过程不再执行下去；数据备份是把所有数据压缩处理后强制备份至其他盘片上，以供初始化完成后反悔；备份后将生成各类正式账表，初始工作宣告完成。

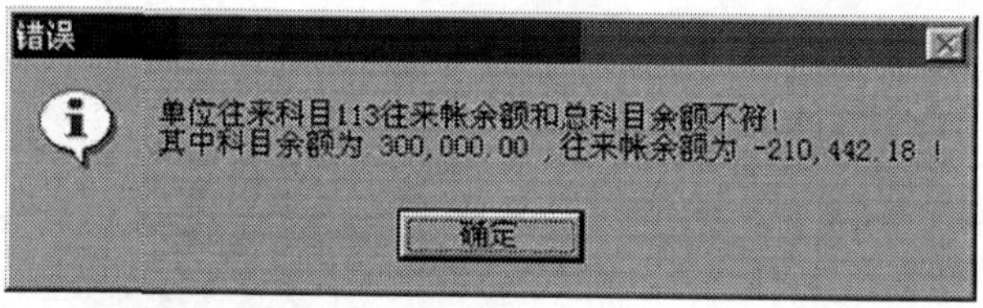

提示：

由于初始化完成后不能再使用“科目代码宽度设置”，所以建议用户在设置科目级数时宁可从宽考虑。

初始设置完成后，能再进入“初始设置”子模块，其中的往来单位通讯录、个人名册、外币设置、汇率设置、科目变更、核算部门设置等在以后仍然可以再使用。初始化完成以后，请谨慎使用“系统服务”菜单中的“数据恢复”功能。“数据备份”是一个很重要的功能。备份的数据是指在备份操作之前的所有数据，一旦数据恢复，即把这些数据恢复过来。特别注意数据恢复会覆盖数据备份之后所有操作的数据。

三、操作员及权限管理

严格说来，财务软件需要三类操作员：系统管理员、财务主管、普通操作员。在所有这些操作员中，系统管理员（初始口令为“12345”，以后可以自行修改，以保证系统的安全）负责注册、撤销其他操作员（包括财务主管），他本身不能介入财务操作；财务主管则负责为普通操作员分配权限。本模块就是实现注册、分配等功能的，所以普通操作员根本不能进入本模块。点击菜单后，随即出现所有操作员的列表，在此可以增加新操作员、修改操作员权限、删除某一操作员。如果要新增加普通操作员，要求以系统管理员身份登录，点击“操作员权限管理”后，可以增加操作员。财务主管的权限是由系统管理员赋予的。

操作员权限管理在“系统管理”模块的“权限管理”菜单中，如下图：

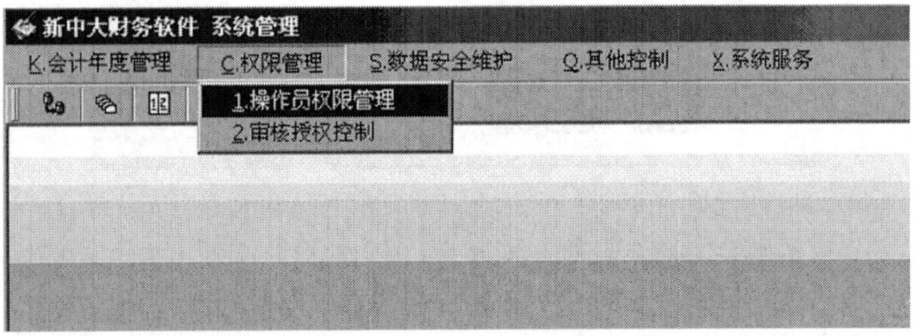

操作员密码由操作员自行修改，其他操作员包括财务主管也无法知道、修改其密码。

第三节　日常账务

日常账务是账务处理的主要组成部分，账务处理的大部分业务都是在本子模块中完成的。与“初始设置”一样，进入“日常账务”窗口后，日常账务也拥有自己的一套菜单系统。如下图：

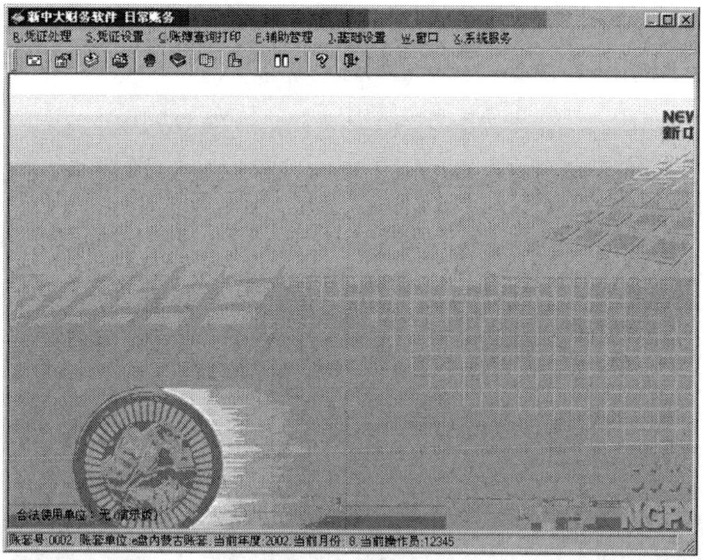

在这个菜单系统中，菜单上的内容放置顺序和实际的会计业务没有什么关系，“凭证处理”子菜单围绕凭证展开工作，包括：凭证输入、修改、科目汇总、审核、记账、结账等工作；“凭证设置”用于设置和凭证录入有关的选项，如设置快速凭证、设置自动转账凭证等；“账簿查询打印”用于对诸如明细账、总分类账、日记账、科目余额表等电子账簿的查询和打印；“辅助管理”用于管理会计科目、外币汇率、往来单位、个人设置等辅助性工作。“基础设置”用于凭证、账本处理的相关设置和打印设置。

一、凭证设置

开始用计算机处理日常会计业务后，记账、账簿查询、会计数据分析等工作都已高度自动化。利用系统提供的功能，进行凭证设置，并在适当时候加以利用，会提高工作效率。

1. 设置快速凭证

在实际的录入凭证过程中，操作员往往要重复录入大量相类似的凭证，这些凭证只是金额不一样，其他内容如科目、摘要都基本一致。为了节省录入时间，避免重复劳动，可以在此预先设计好科目和摘要，在录入凭证时随时调出，填入发生额即可。可以根据需要设置多种快速凭证，每张快速凭证都有一分录号，以相互区别。

举例：东方公司准备对计提折旧这笔业务设置快速凭证，这笔业务分录为：

借：管理费用——折旧费——财务部

营业费用——折旧费——销售部

管理费用——折旧费——企划部

制造费用——折旧费——生产中心

贷：累计折旧

具体操作：

单击“凭证设置”菜单条，单击“设置快速凭证”就可以进行快速凭证的设置；屏幕跳出“快速凭证分录管理”窗口后，单击“增加”键可以进行新增操作，若在之前已有快速凭证定义的，则以列表方式显示。屏幕出现窗口后，点击“凭证类型”左边的箭头，用鼠标选择“转账”；对于凭证类型不分类的，不必选择；点击“摘要”，蓝光条变成白光条后，输入摘要内容“提折旧”，如下图：

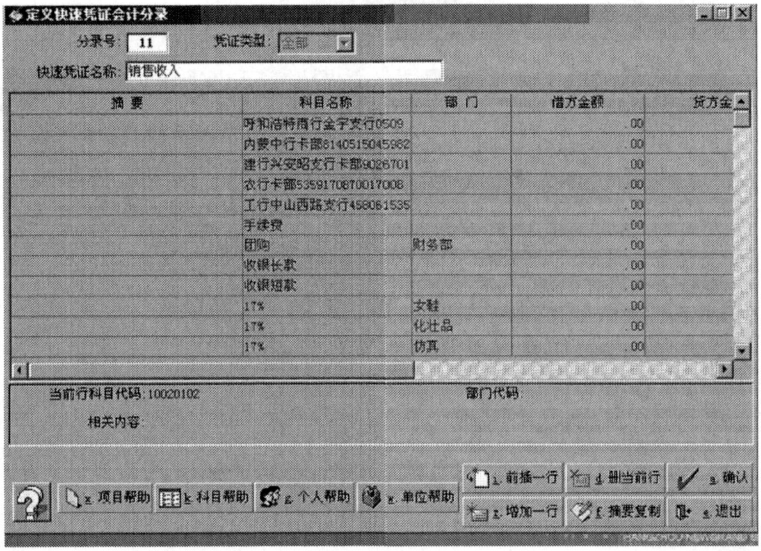

点击“科目名称”，输入各科目代码或用“科目帮助”按钮选择；此时你会发现屏幕上已形成一张会计凭证，今后如有折旧业务，就可以调用。

提示：

定义快速凭证也可输入金额、数量。定义好的快速凭证可在“凭证录入”界面通过点取“快速凭证”按钮调用。不一定利用格式完全一致的快速凭证，当某张凭证的分录有许多笔时，能利用格式大致相近的快速凭证，调入后，再稍加改动，也可以减轻劳动量，节省时间。

2. 设置自动转账凭证

每个核算单位在月底都必须制作转账凭证，诸如结转管理费用、结转产品销售成本等，像这类凭证相对较为“机械”而繁复，每月基本一致，完全可以用计算机代替手工来自动生成，为此软件提供了自动转账凭证功能，能够自动生成转账凭证，大大减轻财务人员的工作量。在自动生成前，必须先在此定义好凭证中的内容，如科目、数据来源等。单击“凭证设置”菜单条，单击“设置自动转账凭证”就可以进行自动转账凭证的设置；首先屏幕将列出已有的转账凭证列表，首次使用时列表中无内容，选择“增加”功能，然后屏幕将进一步出现“方式选择”窗口，提供3种自动转账凭证生成方式供选择。如下图：

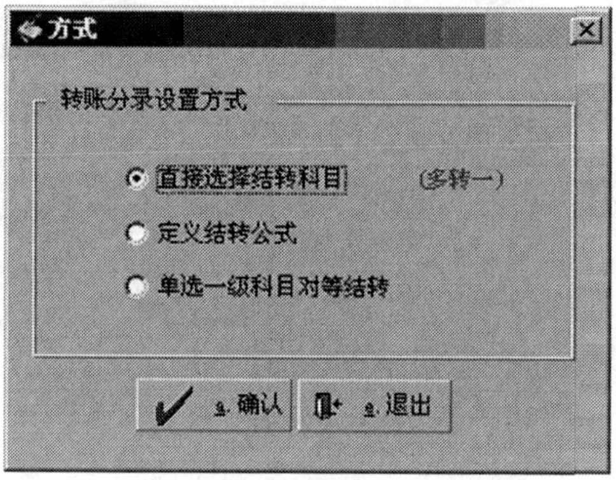

下面将分别介绍。

（1）直接选择科目法（多转一）

“多转一”式的转账凭证如结转管理费用、结转财务费用、结转营业外收入到本年利润科目等。转出的内容有以下几种：借方期初余额、贷方期初余额、借方期末余额、贷方期末余额、借方发生额、贷方发生额、借方净额（借方发生 - 贷方发生）、贷方净额（贷方发生 - 借方发生），如果用户设置了部门核算方式，那么在制作过程中可以不考虑部门因素，在以后自动生成凭证的过程中，软件将会在同一种凭证中按照部门依次生成相应的业务量。

举例：上海东方公司在月底对以下几笔转账业务设置自动转账凭证：

结转产品的成本、费用科目、结转产品的收入科目、计提所得税

具体操作：

①点击“设置转账凭证”菜单条，跳出窗口后，选“增加”键；跳出窗口要求选择方式时，这里可以选“直接选择结转科目（多转一）”，进行确认；点住“凭证类型”左边的箭头，选择“转账”；点中凭证摘要，输入：成本结转；在右边的窗口用鼠标选择转出方，这里选择“主营业务成本”“主营业务税金及附加”“营业费用”“管理费用”下各明细科目、“财务费用”“营业外支出”“其他业务支出”；在转入方中用鼠标选择“本年利润”；选择好转出、转入的科目之后，来决定凭证的借贷方。成本、费用、支出科目是借

方余额在贷方转出，因此借方科目为“本年利润”，所以在窗口左边的“凭证借方”栏中，点击右边箭头，选择“转入方”；“结转内容”栏用鼠标选择“借方净额”，最后点击“存入”即可。这就已经完成了主营业务税金和各支出科目的结转，屏幕跳出一个窗口，列表显示系统已增加了一笔自动转账设置，摘要是“成本结转”，如下图：

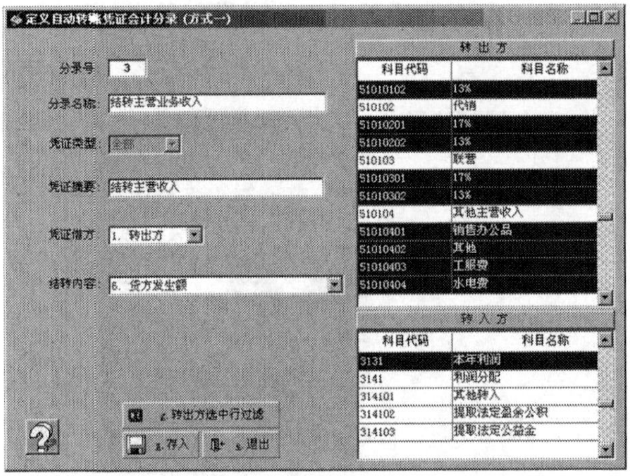

②再选“增加”键，跳出窗口要求选择方式时，选择“直接选择结转科目”，确认；“凭证类型”栏中点中“转账”；点中“凭证摘要”输入“收入结转”；移动右边窗口科目名称在转出方中选择“主营业务收入”“其他业务收入”“投资收益”“补贴收入”“营业外收入”；转入方中选择“本年利润”；收入类科目余额是在贷方而在借方转出，因此“凭证借方”选择“转出方”；结转内容选择“贷方净额”，然后存入。此时机器跳出窗口，显示已有两笔分录，表明你已成功地设置了收支科目的转账凭证，如下图：

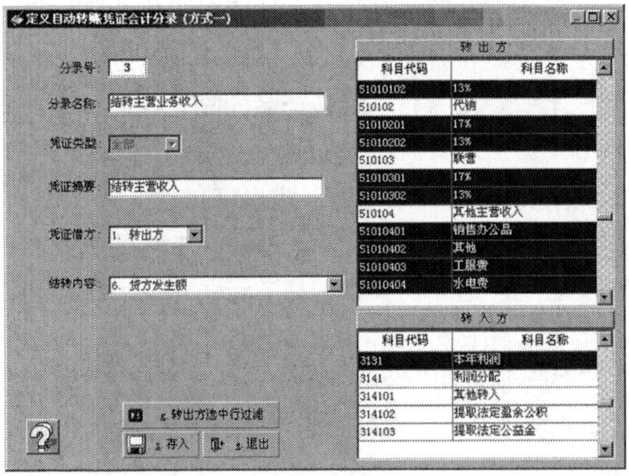

提示："转入方"与"转出方"的科目均应选择科目表中最末级的明细科目。前面具体操作中的第 3 步操作中，在"设置自动转账凭证"界面输入的"分录号"，不是指该转账凭证的凭证号，而是系统内所有自定义转账凭证的先后顺序号。真正的转账凭证序号只有在执行了"自动生成转账凭证"功能时，由系统根据当月凭证号的顺序自动排列。一张转账凭证对应一个转账分录序号。当选中的科目涉及部门核算、外币、数量、往来等业务时，软件均会自动处理相关内容。

（2）公式定义法

在"公式定义法"中能完成的转账业务主要有："费用分配"的结转，如工资分配等；"费用分摊"的结转，如制造费用、财务费用的分摊；"税金计算"的结转，如城建税、增值税、所得税等；"提取各项费用"的结转，如提取福利费、提取折旧等；"部门核算"的结转；"数量"属性，如数量多少的结转。这类转账凭证的每一行中的数据来源都可以定义一个"取数公式"，公式中都允许有加减乘除，括号运算。

公式函数说明：

函数中的科目必须是系统中已定义的会计科目编码。如 J_QMYE（521），表示 521 科目的借方期末余额，以下取数公式在语法上是正确的：

872*DFE（521）/1096+D _ QMYE（211）-2300.35

如果 521 科目为部门核算科目，那么括号内还可以再加一个部门代码，例如：J _ QMYE（521，03），表示代码为 03 的部门 521 科目借方期末余额。

JZJE（C1，C2）和 DZJE（C1，C2）函数参数中，可带有两个参数 C1，C2，其中 C2 表示结转科目代码，通常指科目"生产成本""本年利润"等。

JZJE（521，321）表示 521 科目结转至 321 科目的借方结转净额。

JZJE、DZJE 公式中 C2 参数可省略，例如：JZJE（521）表示从 521 科目结转至其他科目的借方结转净额。

PHS（）函数表示自动寻找平衡数，括号内不带任何参数，一般也不用加减乘除运算。

REF_BB（报表类别，月份，单元）表示账务处理系统可以从报表处理系统的具体报表中取得数据来制作转账凭证。

为了方便使用，窗口中有"公式帮助"键，以引导用户输入。

举例：以 33% 的税率计算应交所得税。

具体操作：

在"日常账务"界面，单击"凭证设置"菜单下的"设置自动转账凭证"，弹出"自动转账凭证分类管理"窗口。单击"增加"按钮，选择"定义结转公式”方式后，确认。屏幕弹出“定义自动转账凭证会计分录”（方式三）窗口。“凭证类型”栏中选择“转账”。点击摘要栏，输入“计提所得税”。单击第一行“科目名称”，输入“550”或用“科目帮助”按钮，选择“所得税”，如下图：

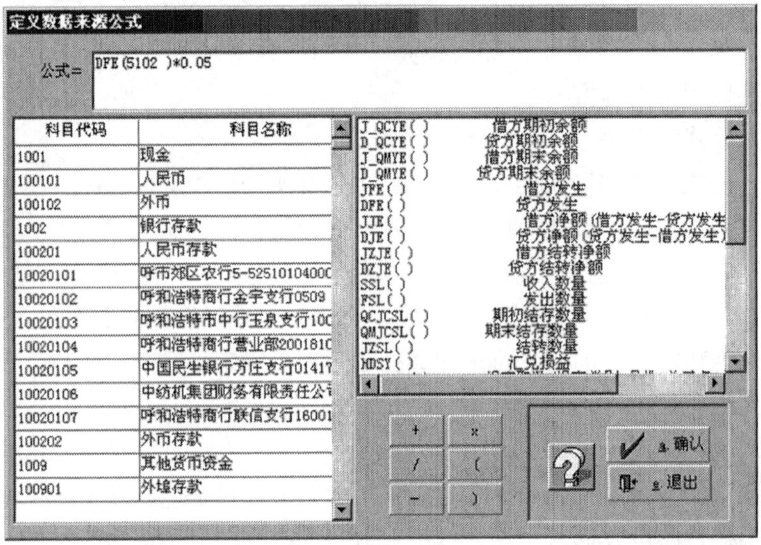

双击“金额来源公式”栏，输入公式：DJE（321）*0.33。点击第二行科目名称，输入“22104”或通过“科目帮助”按钮选择“应交税金 应交所得税”。点击第二行的金额来源公式，输入 DJE（321）*0.33 或 PHS（ ）。然后存入。

提示：

上述操作步骤第 8 步中，公式录入方法为：用鼠标单击所需公式，则该公式自动显示在“公式”编辑框。将光标移至公式括号中，在“科目”列表中选择所需科目，科目代码将自动显示在函数公式中。

（3）单选一级科目对等结转法

对等结转，又称平等结转，就是指两个科目的下级科目一一对应的结转。对应结转只允许选择两个科目，科目可为上级科目，但其下级科目必须相同且一一对应。

3. 设置原始单据自动转换关系

原始单据是指单元业务，尚未确定借贷关系。系统提供“原始单据录入”“原始单据转成记账凭证”功能。设置原始单据自动转换关系为原始单据自动转成记账凭证提供了依据。当这种设置完成之后，根据录入的原始单据可以直接转换成记账凭证。

二、基础设置

1. 凭证处理设置

在凭证录入、查询、打印时，用户可以根据需要设置相关选项，从而使之按用户设置的方式进行。主要内容包括3部分，下面将逐一细述：打开“基础设置”菜单，单击“凭证处理设置”，如下图：

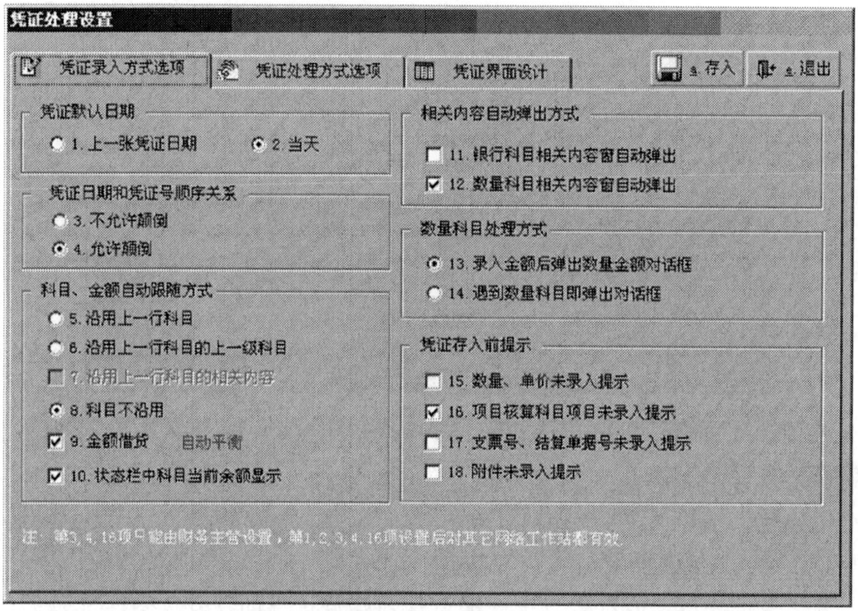

（1）凭证录入方式选项：“凭证默认日期”“相关内容自动弹出方式”“数量科目处理方式”“凭证存入前提示”等。

提示：

①上面第 3、4、15 项只能由财务主管设置，如果是工作组版或是大型版（结构），则第 1、2、3、15 项设置后对其他网络工作站都有效。②“凭证日期和凭证号顺序关系”中的第 3、4 项主要基于以下考虑：在电脑账和手工账并行阶段，运用工作组版或大型版，在各站点同时集中录入记账凭证。由于网络数据库的抢占式任务处理，凭证日期大的凭证在计算机中的凭证序号可能先于凭证日期小的凭证。由此可设置“允许颠倒”。第 9 项中，金额自动平衡指：在录入凭证过程中，输完借方（贷方）科目及金额，当光标移到新一行位置时，贷方（借方）自动弹出平衡金额。此功能适合于一借一贷，多借一贷的凭证。

（1）凭证处理方式选项：“如果凭证需要修改”“凭证查询显示方式”“凭证打印”等。

提示：

上述第 1、2、3、4、7、8、9、12 项只能由财务主管设置，设置后对其他网络工作站都有效。选中第 3 项“允许删除凭证”，可在“日常账务”界面下“凭证处理”菜单项下的“凭证修改、删除”功能删除最后一张或中间一张未经审核的凭证，详见“凭证处理”一章中相关内容。“凭证查询显示方式”中凭证的两种显示风格的异同可在凭证查询、修改、审核等界面得到体现。选中第 4 项允许按凭证日期重排凭证号，然后执行“日常账务”界面下的“凭证处理”，菜单下的“重新排列凭证号”功能将对录入未审核凭证按凭证日期进行重新排序、整理。预算控制设置后，当凭证输入时，科目或部门或项目的核算金额超过预算时会相应提示，例如预算控制设为报警方式。如下图：

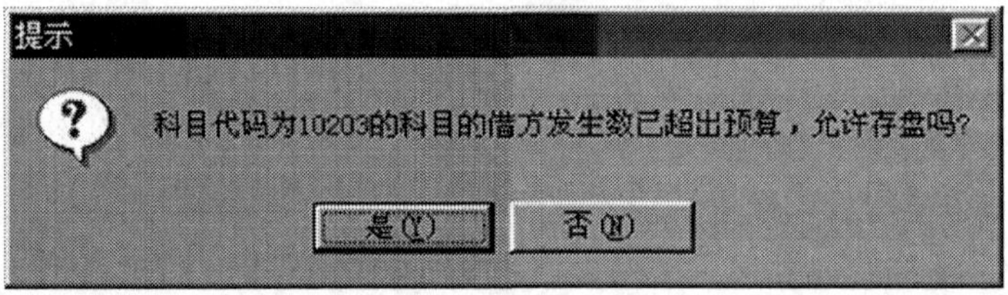

关于凭证特殊处理的说明：对于有外币核算的单位，至月底都要结算汇兑损益，凭证分录如下：

借（贷）：银行存款——XXXX 外币

贷（借）：财务费用——汇兑损益

此类凭证在单位凭证处理中一般认作转账凭证，而在软件中通常认为银行凭证，需在此填入特殊科目处理：如 52204（财务费用——汇兑损益），如下图：

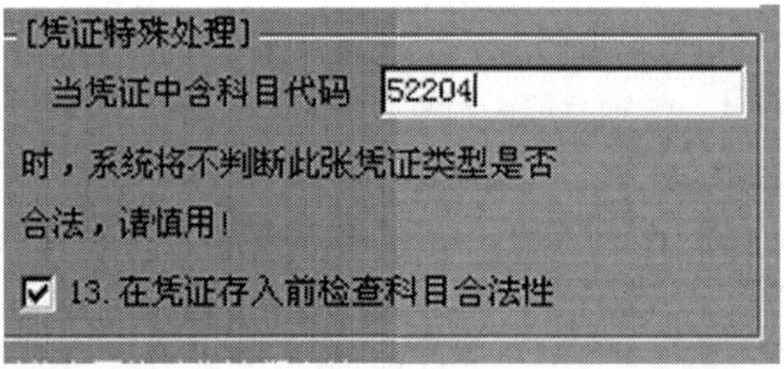

（3）凭证界面设计：进行凭证的“字体”“栏宽”“科目栏显示内容”等。

例如：当选中“一级科目名称”以及“末级科目名称”两项时，凭证录入、查询时，将同时显示一级科目名称以及末级科目名称，两者以“——”号相连，如“银行存款——浦发银行”。另外，“凭证界面设计”还允许修改凭证界面中各栏的宽度和行高，以及选择字体、字号等可用鼠标在栏与栏的交界处直接拖拉实现。如下图：

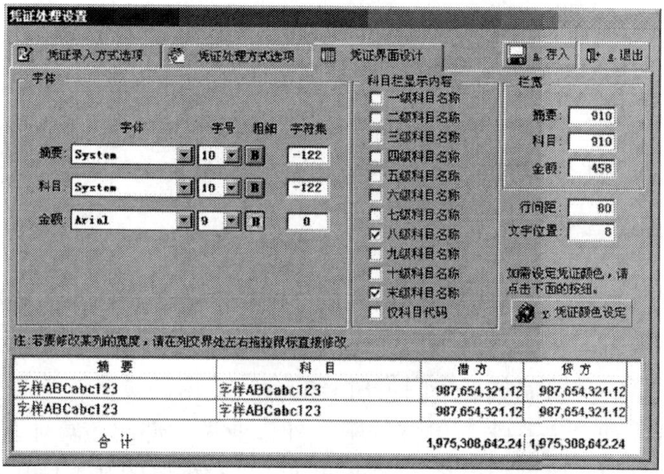

“凭证处理设置”工作应是“日常账务”的首要步骤，设置的完善与否，将大大影响凭证处理中各项工作的顺利进行。当进行完设置后，单击“存入”按钮，以保存上面各选项的设置。

提示：

凭证处理设置有些选项必须由财务主管设置，但一旦设置完成后，一般操作员都能使用这种功能。大型版、网络版还具有工作站共享的功能。对于一般企业操作而言，系统默认的设置比较适宜。

2. 凭证打印设置

有两类凭证打印格式可供选择：采用统一格式和采用自定义格式。打开“基础设置”菜单，单击“凭证打印设置”如下图所示，用户可以根据需要进行相应的设置。

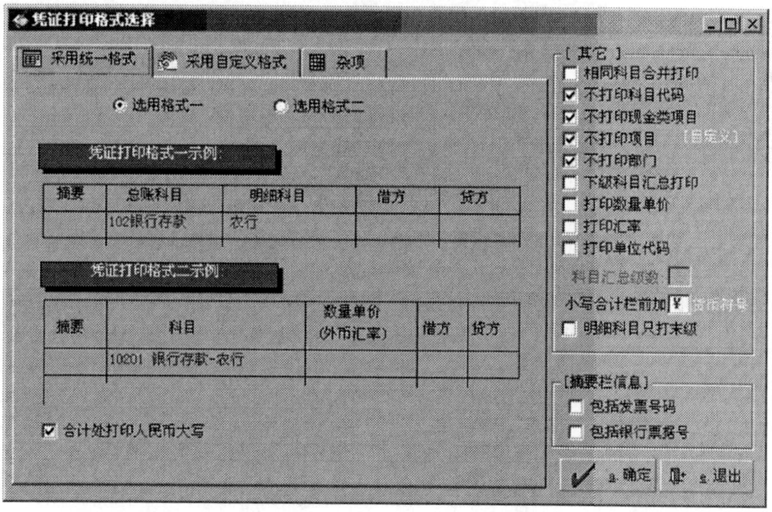

三、凭证处理

“凭证处理”主要围绕着凭证处理业务这个基本工作，如凭证录入、修改、删除、审核、记账、结账。本节从练习填制各种各样业务形式的凭证入手，引导读者逐步掌握系统各项功能的操作，并将其应用到企业实际工作中。

（一）凭证录入

开始用计算机处理日常会计业务后，记账、账簿查询、会计数据分析等工作都已高度自动化，只要用户操作得当，瞬间就会得出结果。工作量相对较大、较频繁的是填制凭证，因为所有的会计数据都要通过填制凭证这个途径进入系统。如个人往来、单位往来、外币业务、部门核算业务等辅助账，在记账时是自动完成的，但系统完成自动记账时需要的基本信息和辅助信息却都是在凭证中输入的。这里将分别介绍涉及各种各样业务凭证的录入方法，这些凭证都是企业日常运营过程中比较有代表性的案例，大家在练习中应联系企业实际情况，通过对这些案例的分析和操作，做到举一反三，融会贯通，以便更快地将学习到的知识、技能运用到企业实际工作中去。

1. 涉及银行科目的凭证处理

银行科目在企业会计核算中，属比较特殊的会计科目。一是这些科目发生业务最为频繁；二是根据会计制度要求，这些科目必须建立日记账簿进行核算。这里我们重点学习如何填制涉及银行业务发生的凭证，至于如何对银行账进行查询、打印输出，我们将在其他章节进行叙述。

举例：某单位凭证类型分 5 类核算，本年度 1 月 30 日从工行提取现金 91200 元，用于发放职工工资及福利费。

会计分录为：

借：现金　　　　　　　　　　91200

　　贷：银行存款——工行　　　　　　91200

具体操作：

在“日常账务”界面，单击“凭证处理”菜单下的“凭证录入”。屏幕显示一张空白记账凭证，系统自动分配一个凭证号。如下图：

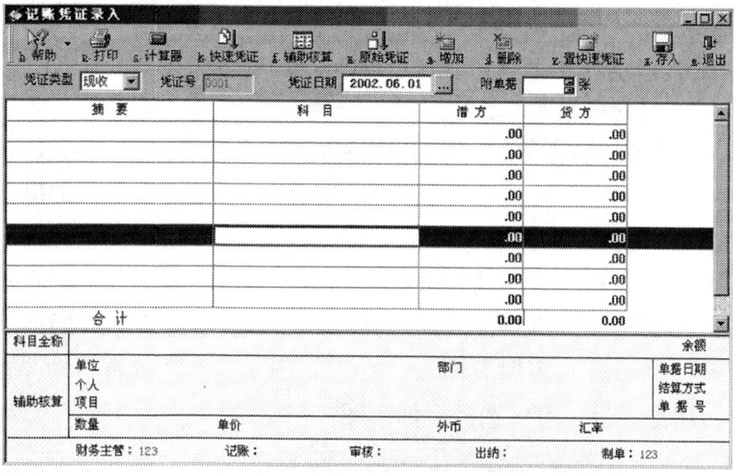

在左上角的凭证类型处，单击下拉列表框选择“银付”类型，回车。输入凭证日期1月1日，“凭证日期”系统默认方式可在“凭证设置”菜单下的“凭证录入方式设置”中进行设置。光标移到“附单据张”处，输入单据数量，回车。光标跳至“摘要”栏，输入“提现金”，如果摘要库中有“提现金”摘要，则可点击“摘要”按钮，弹出摘要帮助窗口双击提现金，回车。“科目”栏输入101，回车。“借方”金额输入2500，回车。

“科目”栏输入10203，回车。屏幕弹出“银行相关内容”窗口提示输入结算日期、结算方式、单据号3项内容，分别输入，然后单击“确认”，如下图。输入贷方余额，若“凭证设置”中设置了借贷方金额自动平衡，则贷方余额自动显示2500。单击“存入”按钮，这样一张凭证做完。新一张凭证界面出现，新凭证号自动生成。这时，可继续输入下一张凭证，也可单击“退出”按钮，返回“日常账务”界面。

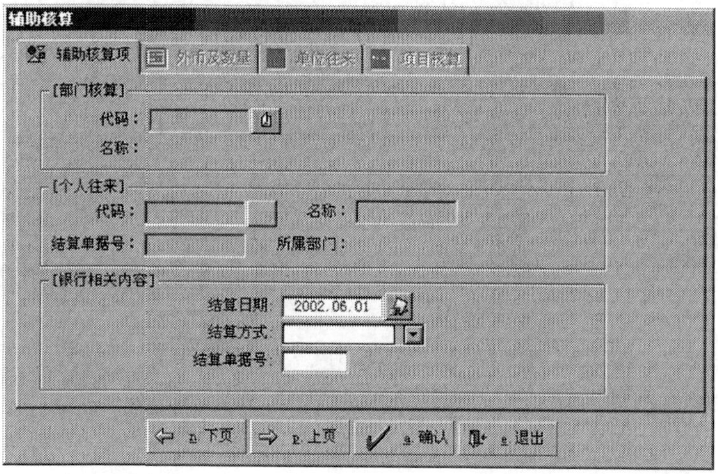

提示：

通过填制这张提款凭证，我们应注意到：在输入会计科目时，只须输入末级科目（明细科目），总账科目由系统自动填写，并显示在凭证下方的“科目全称”栏中。输入科目有以下几种方法：一是直接输入末级科目名称；二是输入科目编码，系统自动转换为科目名称；三是输入科目的助记码，系统自动将助记码转换为科目名称；四是点击“科目帮助”按钮，系统弹出会计科目参照窗，即利用参照功能选择输入会计科目。值得注意的是，输入科目代码时，可只输入该科目代码的前几位，如“应缴税金—应缴所得税”的科目代码是“21002”，可以只输入“210”，回车后，系统将自动弹出210科目下的各级明细科目，可供选择。如下图：

在输入银行科目分录时，系统弹出“银行相关内容”窗口，要求输入结算日期、结算方式，单据号等内容。这些内容是进行银行对账时的重要依据。在输入凭证摘要时，我们可利用一种更方便的摘要输入法：快速摘要输入法。快速摘要的实现思想是：将企业频繁发生的经济业务中的摘要预先在“辅助管理”菜单下的“摘要库维护”中进行定义。以后在填制凭证时就可直接选择相应的摘要而不必自行输入了。例如：在摘要库中有以下两摘要：

助记码	摘要
jz	结转
glfy	管理费用

在凭证录入窗口，单击“摘要”按钮，弹出摘要库，选择已有摘要“结转”和“管理费用”即可。在填制凭证过程中，在“摘要”栏输入：glfy，回车后，自动显示为汉字“管理费用”。输入jz，显示“结转”，输入助记码，

可以连续识别。输入“jzglfy”，回车后自动显示“结转管理费用”，填制该类业务发生较频繁的凭证时，也可使用“快速凭证”功能。详见“凭证设置”一节中的相关内容。

2. 往来业务凭证的处理

往来业务分为两类，一类是个人往来业务，另一类是单位往来业务。个人往来一般指企业与内部员工间发生的经济往来业务。如个人借款、差旅费借款等。与企业发生往来业务的个人称为个人往来户。由于各单位的经营性质、经营方法不同，有些单位的个人往来业务很少，有些单位的个人往来业务很多，业务发生也非常频繁，对于后者，在进行账务处理时，可启用账务处理系统提供的个人往来核算功能。个人往来账管理可大大减轻工作量，有利于企业加强对个人往来户的管理。单位往来是企业与其他企业间发生的经济业务。会计科目中的“应收票据”“应收账款”“预收账款”“预付账款”“应付账款”等都是处理此类经济业务的账户。和其他辅助核算功能一样，对往来业务实施辅助核算主要体现在填制凭证上。即当往来业务发生时，如何填制凭证才能准确地反映这些往来业务的内容。账务处理系统处理涉及往来业务的凭证时，系统会自动探明科目的性质，进而弹出信息输入窗口，要求输入往来户的代码、姓名、所属部门、单据号等各项往来辅助信息。记账时，系统会自动登记各种账簿，完成往来账的自动整理、账龄分析等。

举例：1 月 6 日财务部胡志杰报销差旅费 1000 元，同时归还多余款项 200 元。

会计分录为：

借：现金（101）　　　　　　　　　200

　　管理费用——差旅费（52103）　　1000

　贷：其他应收款——个人（11901）　　1200

具体操作：

输入凭证头：现收，2000、01、01，附单据：3，回车；点击“摘要”栏，输入“报销差旅费”，回车；“科目”代码输入 101，回车；借方金额输入 200，回车；在第二行“科目”栏输入 52119，回车；借方余额输入 1000，回车。在第三行“科目”输入 11902，回车；由于 11902 为一个人往来科目，此时屏幕会跳出个人往来相关内容窗口，这时输入代码 0201，回车；姓名自动显示：胡志杰，个人代码也可通过“代码”按钮参照获得；输入后，点击“确认”按钮。如下图：

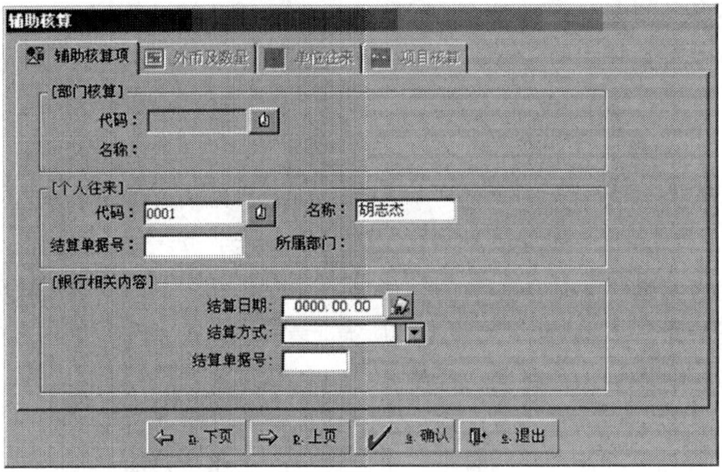

点击“存入”按钮。

提示：

个人往来账的工作原理、实现手段基本同部门辅助核算账。在录制凭证分录过程中，当系统检测到当前科目带有个人往来性质时，就会自动弹出辅助信息录入窗，不但要求输入往来个人，还要求输入往来个人所属的部门，为日后的复合查询提供依据。如果单位的个人往来业务不多，可根据需要在设置会计科目时，依照手工方式的做法，将个人往来户设成明细科目，核算方法同手工方式一样。在输入往来个人时，如果输入一个不存在的（即没有预先定义的）个人代码及姓名时，系统会将该人姓名及其他资料追加到往来个人名册中。

在录入单位往来性质的科目时，系统会弹出单位往来辅助信息窗口，输入地区号码、单位号码、合同号、单据号等。如下图：

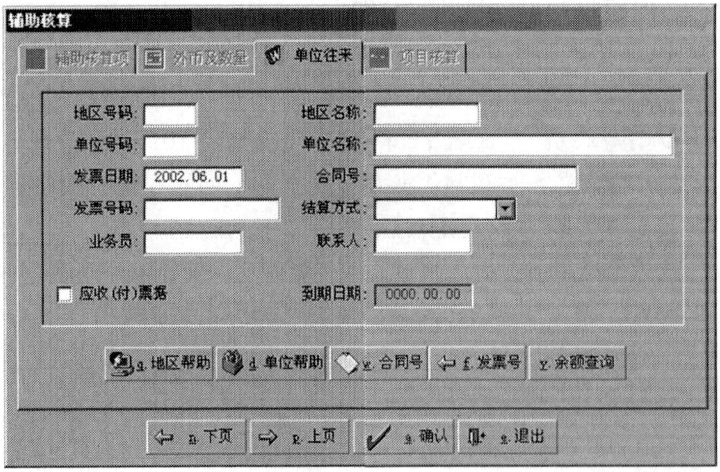

当该科目既是部门核算又是单位往来，在填制凭证时还需输入部门信息。如果输入一个预先不存在的地区及单位时，系统会自动追加到往来单位通讯录中去。

提示：

系统根据科目特征判别输入的科目是否为“个人往来”“单位往来”，并自动弹出相关窗口。

输入个人姓名，单位名称可以直接输入代码。也可使用“往来个人列表”中的“地区帮助”“单位帮助”选择录入。“个人名册”“单位通讯录”可以在上述窗口中追加录入。“单位代码”“地区代码”均为 4 位字符组成。

3. 涉及部门核算业务的凭证处理

在手工方式下，有的部门需对经费进行包干，对收入进行考核。为实现这种财务管理功能，在现行财务制度下，只能按各种费用为各部门开设辅助账，逐笔分类以多栏账的形式记录每个部门的各笔经费支出或创收情况，定期根据计划对比，编出费用及收入指标完成情况表或部门费用 / 收入完成情况多栏账。

集成账务处理系统基本沿袭手工模式，由系统为部门自动开设部门核算辅助账，有处理涉及部门核算业务时，系统会自动弹出相应辅助信息输入窗，操作者只需指明该笔业务发生在哪个部门，即完成了填制凭证工作。记账时，系统自动登记相应的账簿，如部门明细账、部门余额表、部门收入结存表等。

举例：1 月 5 日，销售一部购买显示器 50 台，金额为 100000 元。

具体操作：

参见上例，完成凭证头录入工作；鼠标移到“摘要”栏，在此输入购买显示器，回车；科目名称输入 1230101，回车；“借方金额”输入 100000，回车；“贷方金额”回车，通过；光标移到第二行的摘要栏，并自动复制上一行的内容，回车；“科目名称”栏输入 10203，回车；屏幕弹出“选择部门”窗口，选择“销售一部”后，单击“确认”按钮，如下图：

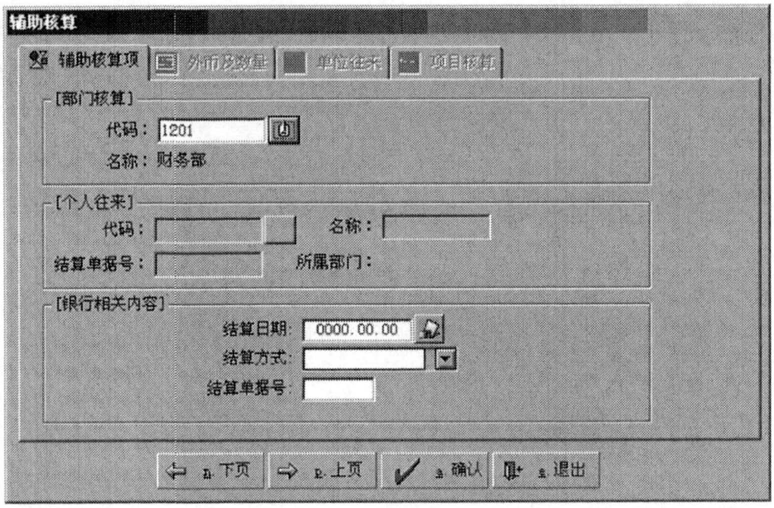

随后弹出数量/单价窗口，“数量”栏录入50，回车；“金额”输入100000，回车，如下图：

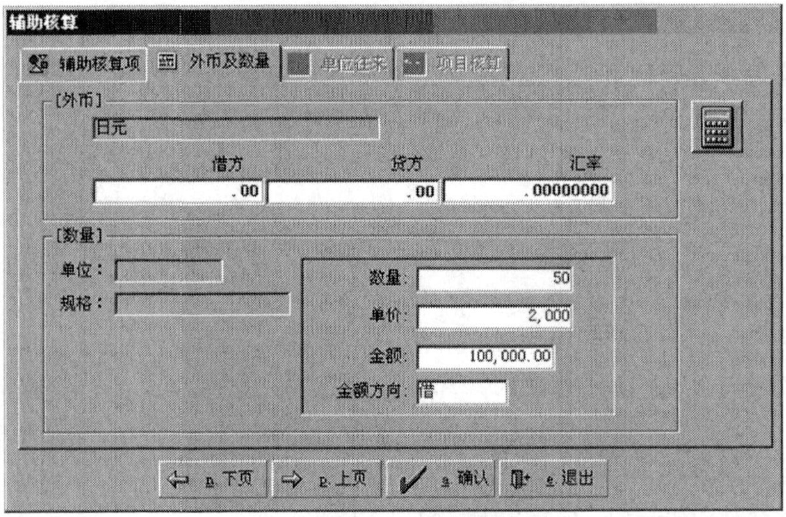

“贷方金额”栏显示100000；这样，一张具有数量、部门的凭证就录入完毕。单击“存入”按钮，或按F12存盘，屏幕显示下一张凭证的录入界面。

提示：

这张凭证牵涉到了数量、部门业务。对于涉及有部门核算要求的业务，在填制凭证时，系统会自动弹出部门列表窗口，要求用户输入部门名称。输入部门名称时，有“列表”或“树形”两种方式可供选择。在此可输入欲查找的代码的头一位或前几位，再按回车或“Tab”键，光标会自动定位到满足条件的第一条记录上。通过这种方式，实现快速查找。若在部门列表中无当前部门，则必须退出，到“辅助管理”菜单下的“部门设置”中添加。凭证界面有“相关核算”一栏，当在凭证分录科目上移动时，与科目辅助核算相关的，辅助项按钮会变活动，单击某个按钮，会弹出窗口，以便辅助内容输入。具体看本节总结提示。

4. 涉及项目核算的凭证处理

在系统中，一切辅助核算的特点及所需的辅助信息都体现在填制凭证操作中，用户可结合实例参见部门核算业务凭证处理方法，学习如何处理有项目核算业务发生的凭证。系统应用账表集成，辅助“项目核算”，可以编制现金流量表。方法如下：将现金流量表主表各个栏目当作“项目”，报表生成时调用项目函数计算所得。

举例：上例中，用项目核算编制现金流量表，凭证录入时出现窗口，如下图：

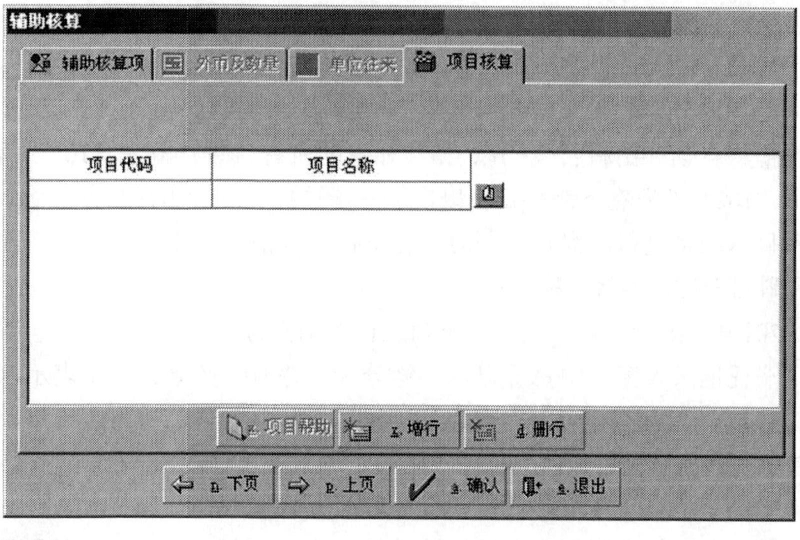

提示：

科目核算性质不同，屏幕显示的辅助项输入窗口中的内容也不一样。如果要求输入往来单位、项目名等内容时，说明该科目既进行项目核算，同时又进行往来核算。进行项目核算，系统就要求用户确定项目名称；进行往来核算，系统就会要求操作者确定往来单位的名称。在录入凭证时各辅助信息窗口依次弹出，如果忽略其中一项，在凭证“存入”时会做出提示。这时，可以找到并单击凭证界面下方相应的按钮，录入遗忘的辅助信息。关于项目核算的具体内容，请参阅本书“项目核算”一节的内容。

5. 涉及外币、数量业务的凭证处理

在填制凭证过程中，当业务涉及外币或数量核算科目时，系统会根据科目性质弹出相应的窗口或格式。若科目有数量核算，系统弹出辅助项窗口，输入数量、单价自动折算好金额，或输入数量、金额自动折算为单价。至于采用何种方式，可在“凭证设置”一节的“凭证处理设置”中进行设置。若科目为外币核算，需每月初进入“辅助管理”中的“外币/汇率设置”录入期初汇率，也可在填制凭证时录入当日汇率，系统自动弹出窗口，要求输入外币金额及此外币科目的汇率，并根据外币金额自动折算为本币金额。如下图：

在记账凭证录入窗口，关于“科目”的输入，有4种方法可以使用：输入科目代码、输入科目助记码、直接输入科目名称、打开科目帮助窗口双击所选科目。此外，软件还支持一定的智能操作，例如只输入“5”后按回车键，屏幕将自动弹出科目代码以“5”开头的所有科目；输入“102”后，屏幕弹出“102”的所有下级科目，以供进一步选择。不管用什么方法输入，屏幕最后显示的都是科目名称，同时，在下面“当前行”中将显示本行的科目代码和科目全称，科目全称如：

1020101　银行存款　工行　　杭州工行西湖支行

记账凭证录入窗口中每屏显示7笔分录，并有一蓝条，蓝条表示该行为“当前行”，用鼠标点击任一行可以切换到当前行，用↑、↓键也可以上下切换当前行，用回车键可以使光标位于下一个输入条目，用Alt+Tab键可以使光标返回上一个栏目。窗口底部有一合计行，上有借方合计和贷方合计，只要金额一经录入，软件立即会自动统计并显示合计，所以借贷是否平衡一目了然。在窗口上方有两排按钮，分成“帮助”“相关内容”“功能”三部分。

“帮助”部分包括：系统帮助、科目帮助、摘要帮助、查询凭证。“查询凭证”是在凭证录入界面可以查询本月已有的凭证，如若本月没有凭证发生则会显示未找到凭证的信息。“打印”用于打印合法输入、检验合格的凭证。“快速凭证”主要调用“凭证设置”时的设置，供凭证录入使用，以提高工作效率。辅助核算按钮：包括“数量”“复币”“往来”“核算项目”“银行”等，当前行科目的性质与之有关时，会自动起作用。“存入”则指凭证存盘，当凭证有错误或有些辅助项目没有输入，系统显示错误信息，拒绝存盘。“退出”

即不进行凭证录入操作，当有一些数据录入时，系统提示是否确认离开操作。

（二）生成自动转账凭证

在“凭证设置”中，我们设置了自动转账凭证，所以在月底结转这些业务的时候，无需另外输入，只要选择“凭证处理”下的“生成自动转账凭证”菜单条，就会自动结转。

举例：将系统已设置的 4 张自动转账凭证生成记账凭证。

具体操作：

单击“日常账务”界面“凭证处理”菜单下的“生成自动转账凭证”，弹出选择自动转账分录窗口，上面罗列了 4 张已定义的自动转账凭证，如下图，单击“全选择”按钮，选取这 4 张分录；单击“确认”按钮，屏幕依次生成转账凭证。用户核对后可以存入。若单击“退出”则生成无效。

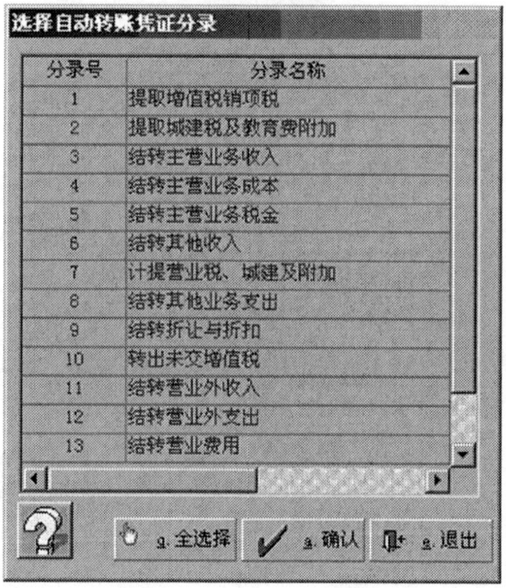

提示：

生成自动转账凭证可以一张张生成，即单选取一笔生成转账凭证后，再选择其余的进行操作。

自动转账凭证在凭证录入的后期阶段进行，本月某业务的自动转账凭证生成并存盘后，再次选择该业务执行，会出现提示：未发生，本张凭证生成无效。自动转账凭证生成格式以事先设置的为基准。

（三）重新排列凭证号

将录入的凭证按日期先后重新排列。也可手工进行重排。

（四）凭证修改、删除

如果凭证录入错误，在未审核前可进行修改；如果凭证录入错误，而本张凭证已经经过审核，需经审核员取消审核后才能由录入员进行修改。

举例：现发现当月（已审核且未记账）第 20 号凭证：财务部报销差旅费 400 元一笔业务误将 400 写成 4000。

操作员列表	录入权	审核权	是否财务主管
A	有	无	否
B	无	有	是

当前操作员为 B，具体操作流程：

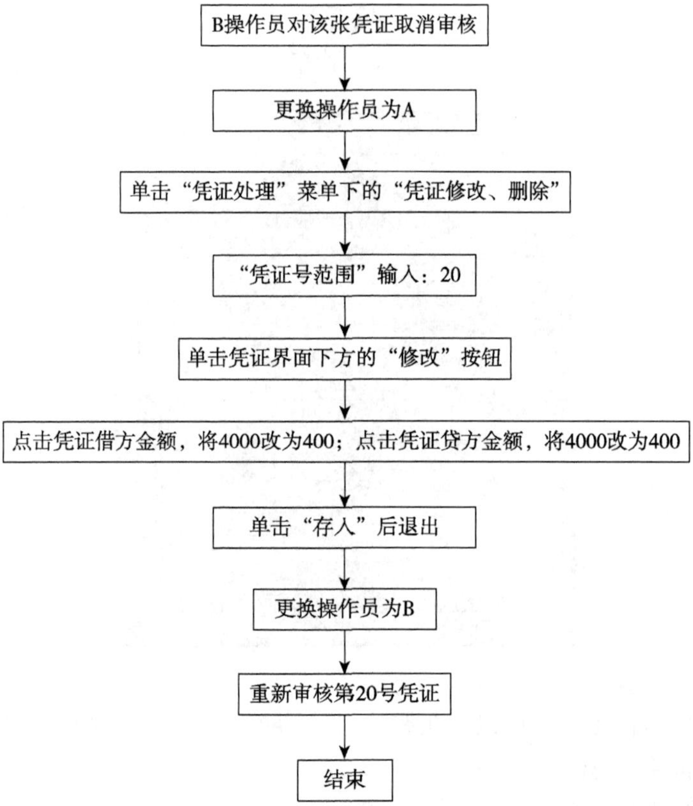

凭证修改只能针对当月未经审核的凭证进行处理，如果凭证已经审核，可按上例方法进行，如果本月已记账或结账，修改凭证须先恢复本月记账前的备份数据，再按上例操作进行修改，修改完成后，重新审核并记账、结账。

提示：

用上述的数据恢复法只适用于修改本月刚刚记账或结账完毕而下月尚没

有录入记账凭证的情形。当要修改数月前的错误凭证时，请参阅“系统管理”之“数据安全与维护”一节中关于数据修复的内容。凭证修改由该张凭证的录入员进行，只有未经审核的凭证才能修改。要取决于“凭证设置”菜单下的“凭证处理设置”，若设置只能删除该类凭证的最后一张凭证，如已输入20张转账凭证，软件只能删除第20号转账凭证；若设置为可以从中间删除，则可对已存在的凭证进行删除，系统重新排列凭证号，但此功能慎用。

对于“不分类”凭证类型和分类的各凭证类型的凭证序号互不干扰。删除凭证如上所述。若不想删除凭证，做一张冲错凭证以对冲该张凭证。当本月已记账或结账，可以先数据恢复，然后删除，处理方法与“凭证修改”相同。当凭证查询显示风格为列表形式，无删除功能键。凭证设置为“有修改权的均可修改凭证”，修改时会出现选择选项以确定是否更换制单员。如下图：

（五）凭证冲红

本版本支持凭证冲红功能，点击“凭证冲红”图标，系统将根据当前凭证产生一金额为负的记账凭证，如下图：

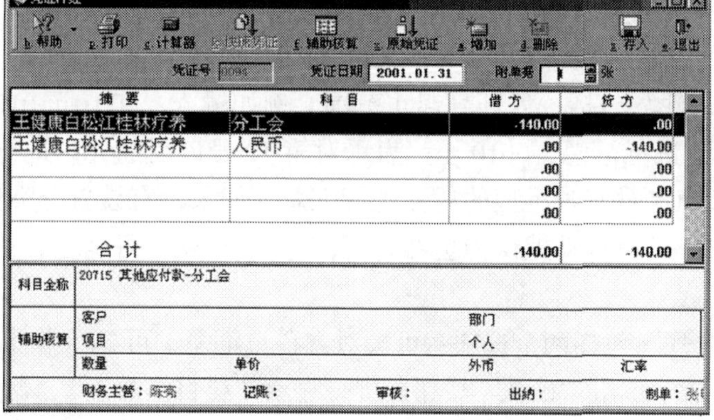

（六）科目汇总表

在手工方式下，财务人员按凭证内容或凭证类别将某一区间范围内的凭证进行汇总，生成一张科目汇总表，然后用于登记总分类账。而账务处理系统除了可以按手工方式对凭证汇总，生成凭证汇总表外，还可以将所有已记和未记账凭证以流水账形式或其他形式汇总在一起，财务人员可在凭证未全部记账前，随时查看企业目前的经营状况及其他财务信息，这是计算机处理与手工方式处理会计凭证的重要区别之一。

举例：将本账套 1 月份的记账凭证汇总。

具体操作：

进入“日常账务”界面，单击“凭证处理”菜单下的“科目汇总表”，屏幕弹出“汇总范围”窗口，如下图，“总范围”可确定参与汇总的凭证是否已记账；对于未记账凭证，还可进一步确定凭证是否已审核。

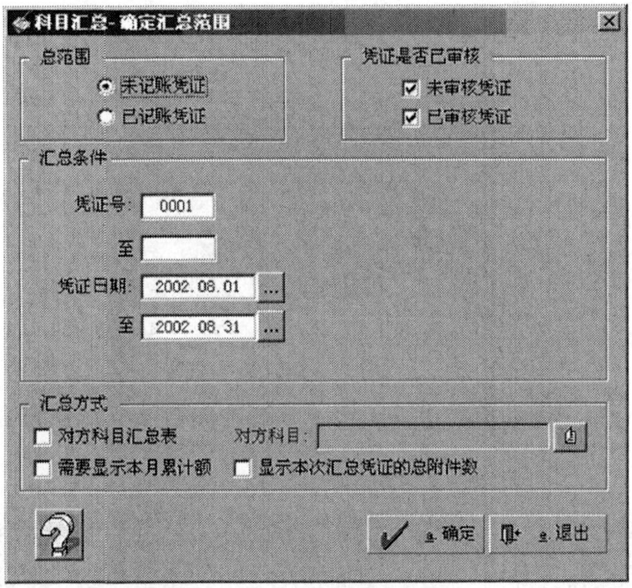

“汇总条件”包括：凭证号起止范围，例如输入：0001 至 0120，表示对 1-120 号凭证进行汇总，0010 至，表示对第 10 号以后的凭证进行汇总；“凭证类型”可确定对何种类型的凭证进行汇总，如果没有设置分类凭证，此选项为不可选，系统自动默认为全部凭证；“凭证日期”可确定起止日期范围，不能跨月汇总。

“汇总方式”包括两个选项：可按对方科目汇总；可显示本月累计额。输入以上条件后，单击“确认”按钮。屏幕显示“科目汇总表”，财务人员可进行查阅，并可打印输出。如下图：

科目代码	科目名称	借方金额	贷方金额
1001	现金	244,600.00	241,931.41
1002	银行存款	20,368,716.49	28,997,674.26
1009	其他货币资金	107,568.25	209,258.97
1131	应收账款	19,279,842.80	19,288,416.62
1133	其他应收款	11,507,461.29	487,361.67
1151	预付账款	5,893,458.00	9,035,872.37
1231	低值易耗品	4,732.05	1,684.92
1243	库存商品	4,291,741.15	5,666,728.09
1271	受托代销商品	1,409,969.41	1,541,790.40
1301	待摊费用	3,748,063.69	1,421,175.46
1501	固定资产	1,116,810.00	
1502	累计折旧		11,113.13
1901	长期待摊费用	6,457,245.09	53,810.38
2121	应付账款	6,299,578.88	21,047,469.18
2131	预收账款	538,038.00	198,658.80
2141	代销商品款		1,474,143.18
2151	应付工资	347,335.60	402,162.72

（七）查询打印

如果要查询本月以及自本月之前所录入的凭证，可执行本功能。单击“日常账务”界面“凭证处理”菜单下的“凭证查询、打印”，弹出二级菜单。下面将逐一介绍。

1. 简单条件查询

单击“简单条件查询”，弹出凭证简单条件查询窗口，当“总范围”选择“已记账”单选按钮时，“是否已审核”框中的内容将自动消失。凭证类型中可选择其中一个，也可选其中最后一项“全部”，当本账套凭证类型为“不分类”，则凭证类型下拉框自动默认为“全部”；凭证号范围可输入起止凭证号，科目代码栏可输入待查找的所有涉及该科目符合其他条件的凭证。如下图：

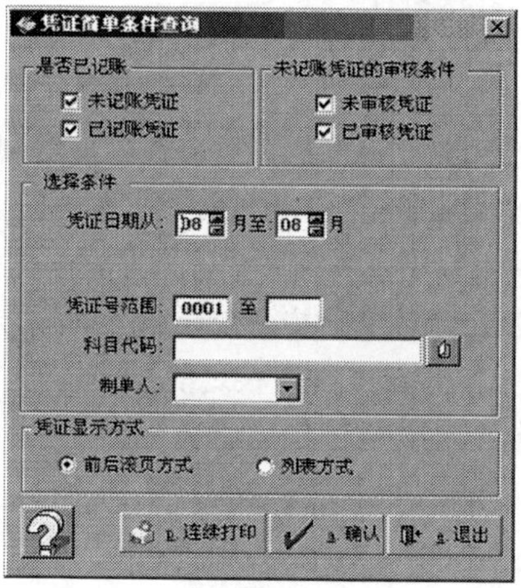

2. 复合条件查询

单击此菜单，弹出凭证复合条件查询窗口，它比简单条件窗口中的选项要多。“凭证日期”可输入日期起止日。“核算部门”可直接输入部门代码，或通过下拉列表选择部门名称即可查得涉及此部门核算的凭证。“借方金额”“贷方金额”栏可分别录入金额范围。“摘要”栏输入一个或几个汉字（字符），可查得所有摘要包含该汉字（字符）的凭证。另外，还可根据“单据号”“往来地区号”“单位号码”“制单员”“审核员”等内容进行组合查询。

提示：

凭证日期可以进行跨月查询，每个选项可以多项选择。凭证号可以定向输入：若从第一张开始，输入 0001 号即可；若从第十张开始，输入 0010 号；若只查第十张，输入从 0010 号至 0010 号即可。

（八）凭证数量统计

“凭证数量统计”用以简单统计任一个月发生的各类型的凭证中，未审核凭证、已审核凭证、已记账凭证的数量。点击“其他月份”，可以统计其他月份的凭证数量。凭证按录入员、部门分类统计表：用来统计按录入员或按操作员所在部门来统计某月所有凭证。

提示：

在两种查询方式的条件设置窗口中，都有“打印”按钮，这时点击“打印”键，电脑将自动把所有选中的凭证全部分页打印出来。凭证的打印格式按“凭证设置”中设置的格式打印。通常 1 张打印纸打印两张凭证，固定格式每张最多 7 笔，如果 1 张凭证超出 7 笔，可自动分成多张打印或不作分解；自定义打印格式则可最多每页打印 10 笔。应密切注意“凭证处理设置”之“凭证打印界面设置”

（九）凭证审核

手工方式下，记账凭证在记账前，当审核人员对制单员填制的记账凭证进行审核，审核的内容主要是记账凭证是否与原始凭证相符，经济业务是否正常，记账凭证中相关项目是否罗列齐全等。审核中如发现差错，即予更正，并由更正人盖章。账务处理系统则按照会计制度的规定，限制记账凭证的填制与审核不能为同一个人，因此，在审核之前，需先列“系统服务”菜单中更换操作员，然后再对制单填制的记账凭证进行检查核对，审查出有错误有异议的凭证，交与填制人员修改后，再复核，只有拥有审核权限的操作员才能使用本功能。

举例：审核本账套 10 月份的记账凭证。

具体操作：

单击“日常账务”界面“系统服务”菜单下的“更换操作员”，选择另一操作员（有审核权限）和口令，单击“确认”。单击“日常账务”界面“凭证处理”菜单下的“凭证审核”，弹出窗口。如下图：

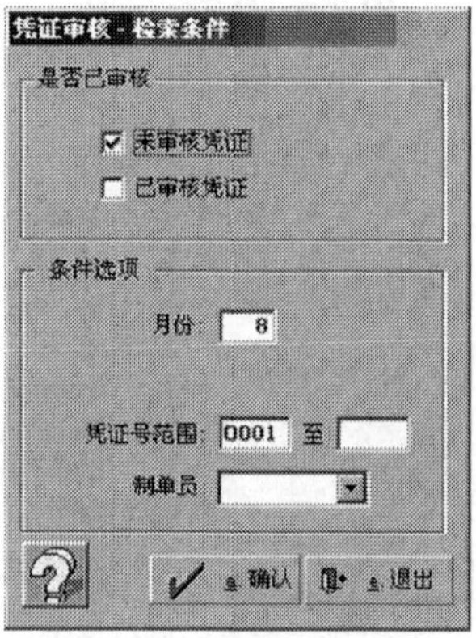

根据图中选项，选择 1 月份，单击“确认”按钮，进入凭证审核界面。单击“本张签字”按钮，凭证“审核”人处显示当前操作员姓名，该张凭证审核完毕。按钮字符改为“本张取消签字”。如下图：

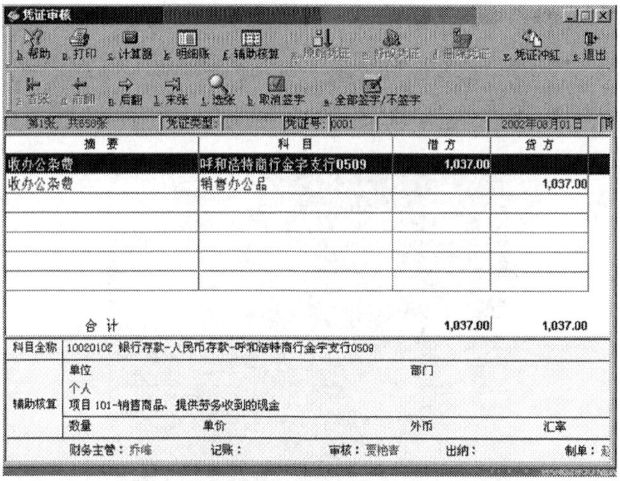

单击“后翻”按钮，系统翻到下一张凭证；对于在审核过程中发现的错误凭证，单击“本张签字 / 不签字”键，取消审核，待审核完毕后，交给制单人进行修改；审核完毕，单击“退出”按钮，退回“日常账务”界面。

提示：

凭证在记账前都必须审核。在第 2 步操作中，进入审核的方法和“凭证查询”“凭证修改”相似，它实际上包含了审核凭证和解除已审核凭证两种功能，所以在此可选择“已审核凭证”或“未审核凭证”；第 4 步到第 6 步操作中，可执行“全部签字 / 不签字”功能，对全部选中的凭证进行一次性审核和取消审核。凭证审核人与制单人不能为同一个人，凭证只能由审核人本人解除审核。

小技巧：一般在审核时如果发现凭证有误，则需退出审核，更换操作员进入凭证修改操作，修改完后再更换操作员至凭证审核，如此反复较为麻烦。可在审核操作中采用“虚审核”。所谓“虚审核”是指不直接对凭证进行审核操作，而在凭证修改中进行类审核操作。一旦发现某凭证有误，即更正此凭证，直至确认符合条件的凭证都已正确，再在凭证审核中进行全部审核工作，以提高效率。

（十）记账

凭证经审核后方可记账，记账过程就是把已审核过的凭证记入各类明细账和总账，各类明细账如：部门账、往来账、银行账（银行未达账）等；各类总账如：汇总账、数量汇总账和复币汇总账。

手工方式下、记账是一项费时、费力、易出错的工作。而账务处理系统则根据用户制定的已审核但未记账凭证，生成科目汇总表并进行平衡检查，登记正式总账、辅助总账及明细账。记账工作由计算机自动进行数据处理，不用人工干预。每个日记账的次数没有限制。单击“日常账务”界面“凭证处理”菜单下的“记账”，弹出记账窗口。如下图：

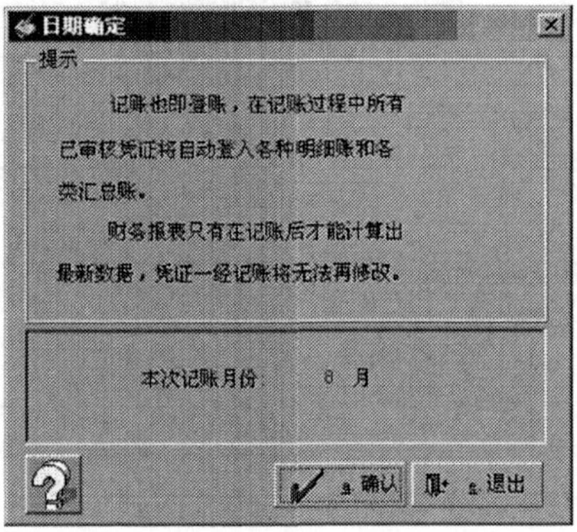

确认后，窗口上有数据备份提示，要求用户准备好软盘，以供记账后一旦后悔可供恢复数据。记账的日期是有限制的，如果上个月尚未结账则本月不能记账，如果本月已结账则不能再在本月记账。在正式记账前，系统需要用户备份数据，并且先统计汇总，如参与本次记账的已审核凭证张数和笔数、发生总笔数、借贷金额合计数、本月未审核凭证张数。本月未审核凭证张数，如果借贷不平衡或凭证数为零则不再继续下去。在记账过程中屏幕会显示当前处理序号，告知当前正在处理第几笔，然后还要对各个汇总库进行逐级汇总。

提示：

在记账开始后，不得中断退出。记账前，一定要做好数据备份。记账可以多次，但结账后只能对下一月进行操作。

（十一）结账

手工方式下，月末结账时，会计人员在账户记录的最末一行之下画一道单红线，在下一行“摘要”栏内注明“本期发生额和期末余额”，然后再在这一行之下画一道单红线，以表示本期账簿记录已结束。

账务处理系统自动指定当前未结账月份的第一个月份为此次的结账月份。

举例：为本账套的账务数据做月结处理。

具体操作：

单击“日常账务”界面“凭证处理”菜单下的“结账”，屏幕显示“结账”界面。如下图：

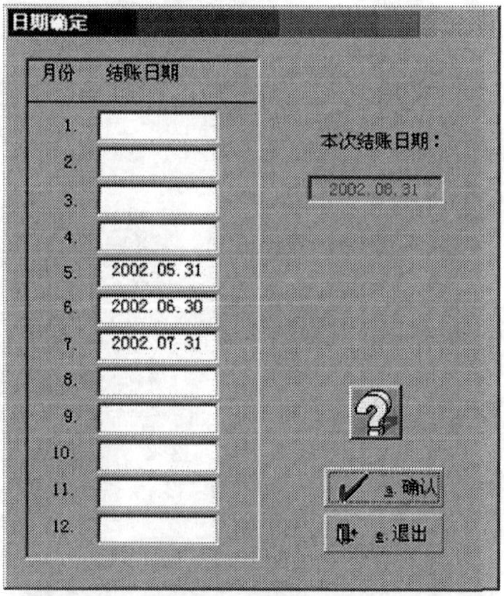

单击“确认”，系统给出结账信息。结账工作完成。

提示：

上月未结账，则本月不能结账。上月未结账，则本月不能记账，但可以填制、审核凭证。结账只能由有结账权限的人进行。已结账月份不能再录入凭证。结账有月结和年结之分，如果结账日期为 12 月份，则软件自动作为年结对待。在年结时，软件将所有科目、往来单位和部门的余额全部转至下一年，作为下一年初始余额，并且在进入下一年的账本时，首先要进行年初初始化，以重新选择核算方式、设置科目等。另外，本软件在月结时可检测其他相关模块是否已月结，如工资、固定资产、库存等，并出现提示。

四、账簿查询及打印

在账务处理系统中，系统只有填制凭证这唯一的数据入口，在系统登记总账、明细账等正式账之前，还登记相应的辅助账。从输入会计凭证到输出会计账表，从头至尾是一个连贯的过程，由计算机代为操作。而平时所需要的任何中间资料，可通过查询打印得到。企业会计核算和财务管理实现电算化后，财务人员的主要工作将是查询、统计、分析，为企业经营管理者及有关方面提供所需的会计信息。为此，集成账务处理系统提供了强大的查询功能，除了现金和银行存款的查询输出外，还包括基本会计核算账簿的查询输出，以及各种辅助核算账簿的查询输出。如下图：

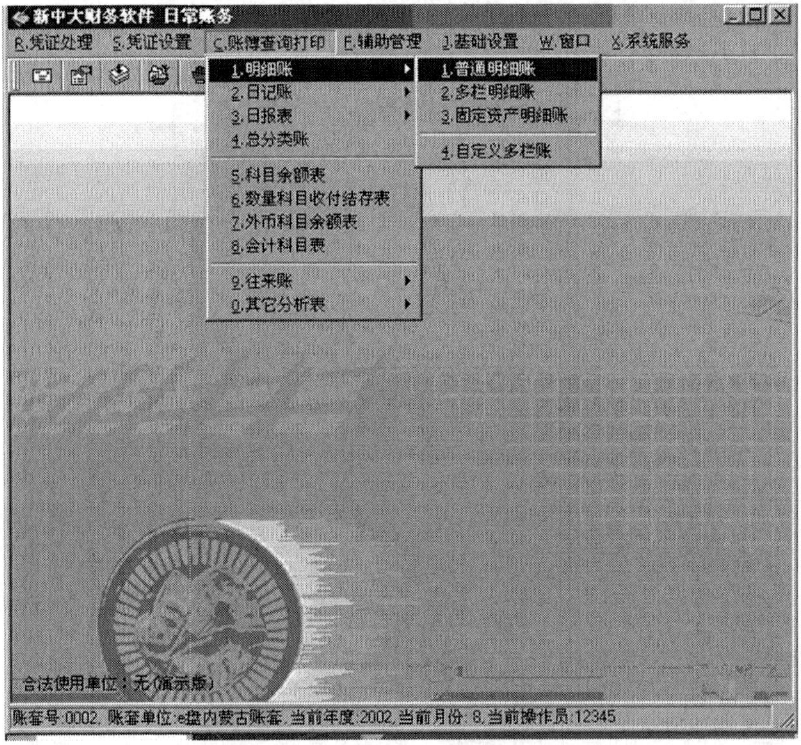

(一)明细账

1. 明细账

明细账包括普通明细账、多栏明细账、固定资产明细账。其中多栏明细账又有 5 种格式可供选择。

这里可查询各级科目的明细账，在输入科目时可以直接输入科目代码，也可输入助记码。

2. 普通明细账

普通栏明细账功能用于平时查询各账户的明细发生情况，按任意条件组合查询明细账。

举例：查询任一科目当前月的明细账。

具体操作：

单击“日常账务”界面的“查询打印”菜单，然后单击“明细账”，鼠标指向“普通明细账”后单击。在弹出的“科目选择”窗口，输入科目代码或助记码后，击回车键，光条定位在所选科目所在行；或用鼠标直接选择科目。科目参照有“列表”和“树形”两种方式。单击“确认”按钮。如下图：

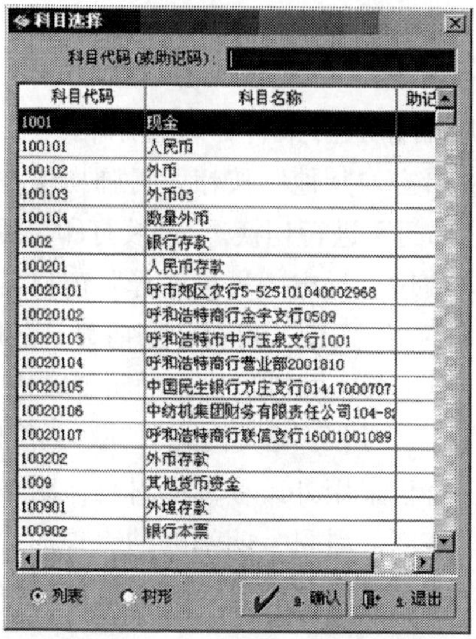

屏幕弹出“查询条件”窗口，月份系统默认为当前月。注意起止月份均为当前月。如果查询范围包括未记账凭证，可选中“包括未记账凭证”复选框。单击“选项”按钮，窗口扩大，选项包括：部门，如果该科目未设置为“部门核算”，则为不可选；凭证类型，如果凭证不分类，则为不可选；凭证日期，输入凭证日期的起始范围；凭证号码，输入凭证号码的起始范围；发生金额，输入凭证发生金额的起始范围，如 1000 至 1500（发生金额在 1000 至 1500 元之间）、2600 至 __（发生金额在 2600 元以上）；摘要，可输入要查询的摘要。例如输入：“结转”，系统则将摘要中包含“结转”两字的明细账显示出来。如下图：

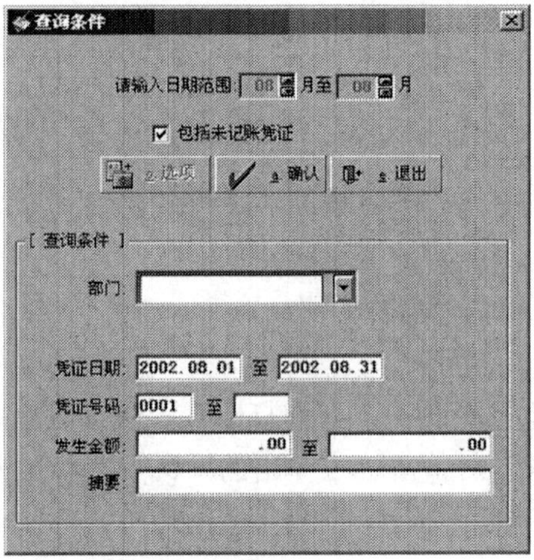

屏幕显示该科目明细账。首行有“月初余额”一栏，表底显示“本月合计”和“本年累计”。

提示：

明细账窗口中，用鼠标双击某行，可显示相关凭证；单击“凭证”按钮同样可实现该功能。单击“其他”按钮，可弹出快捷菜单，可就“其他日期”“其他科目”“其他部门”进行切换。“连续打印”用于连续打印多个科目的各级明细账。单击该按钮，弹出“科目选择”窗口，一次性选择多个科目后，进行打印。单击“打印”按钮，可打印当前显示的明细账。“合并相同凭证号”将对同一张凭证中包含相同科目代码的明细账进行合并。单击“凭证”按钮，弹出相关凭证窗口。其中“相关内容”“原始凭证”按钮功能请参阅本章“凭证录入”一节。对于采用外币核算的科目，明细账中还包含外币金额及汇率。对于采用数量核算的科目，明细账的表现形式为数量金额式。如果某科目既是数量核算同时又是外币核算，则本系统提供数量金额式、外币金额式两种账本以供选择。

（二）多栏明细账

手工方式下，多栏账主要用于对收入和费用类账户进行明细登记，即在账户的借方、贷方分设若干专栏进行明细分类，以满足管理上的需要。多栏明细账虽然查询的是下级明细科目的账，在输入科目时要求输入的首先是上一级科目，这样多栏账可以每栏列出一个明细科目发生额。如果子科目数量较多，可以从中任意选择若干个子科目以分批显示或打印。账务处理系统中，多栏明细账的屏幕显示格式有 5 种选择：

举例：利用格式三查询“银行存款”科目当前月的明细账。

具体操作：

单击“日常账务”界面的“查询打印”菜单，然后单击“明细账”，鼠标指向“多栏明细账”后单击。弹出“科目选择”窗口，输入科目代码或助记码后，按回车键，光条定位在所选科目所在行；或用鼠标直接选择科目。科目参照有“列表”和“树形”两种方式。单击“确认”按钮。屏幕弹出“选择子科目”窗口，可用鼠标选择所需的子科目；选择多栏账格式三；如需查询屏幕显示的所有子科目的明细账，单击“全选择”按钮；如果查询范围包括未记账凭证，可选中“包括未记账凭证”复选框；如果是“部门核算”类科目，可在部门下拉列表中选择部门；如果所选的子科目不是末级科目，可执行“下级科目合并”按钮；单击“其他选项”弹出“多栏账选项”窗口。用户可以设置明细账“余额显示格式”（包括：1. 需要显示每个子科目的余额；2. 最右边要有一“总余额”栏）以及“总余额数据来源”（包括：1. 为总科目余额；2. 为各子科目余额之和），其中“总余额数据来源”选项只有当选中“余额显示格式”的“2. 为各子科目余额之和”选项时才起作用。如下图：

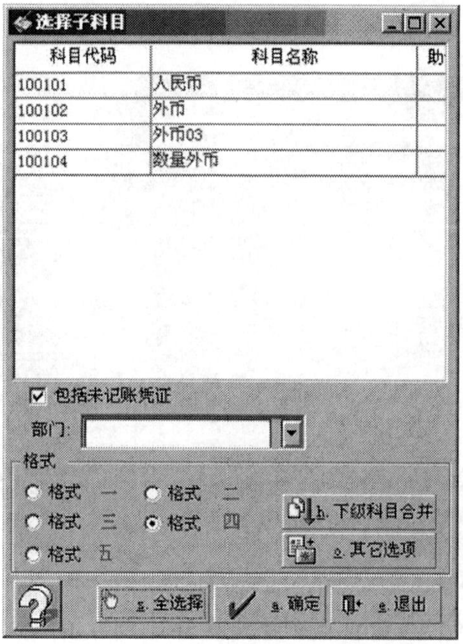

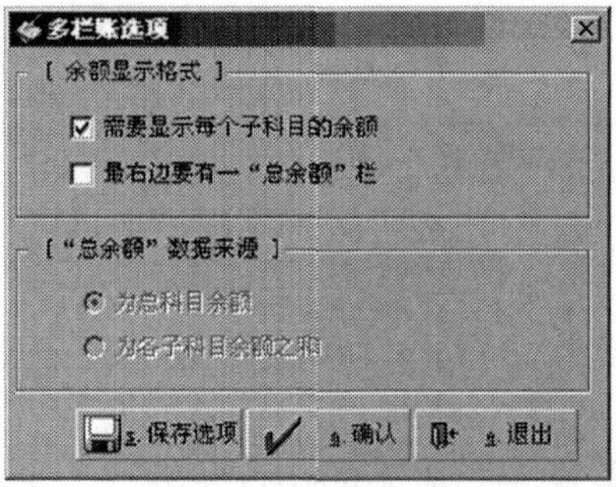

单击“确认”按钮，屏幕弹出“日期范围”窗口。月份系统默认为当前月。注意起止月份均为当前月。单击“确认”按钮。屏幕显示格式三形式的多栏明细账。屏幕下方的各按钮功能在上例中已有介绍。下面的“提示”将着重讲“打印”按钮的功能。

提示：

明细账窗口中，用鼠标双击某行，可显示相关凭证；单击“凭证”按钮同样可实现该功能。单击“其他科目”“其他日期”可查询各科目不同月份的多栏明细账。单击“打印”按钮，可弹出“多栏账打印格式”窗口。“自定义列宽”复选框用于决定是否自定义明细账列宽。当明细科目很多，账页在一张纸上无法打印时，“自定义列宽”将大有用处。当选中“自定义列宽”选项时，“调整列宽”按钮则由灰变明。单击“调整列宽”按钮，弹出窗口，可对以下内容进行设置：如下图：

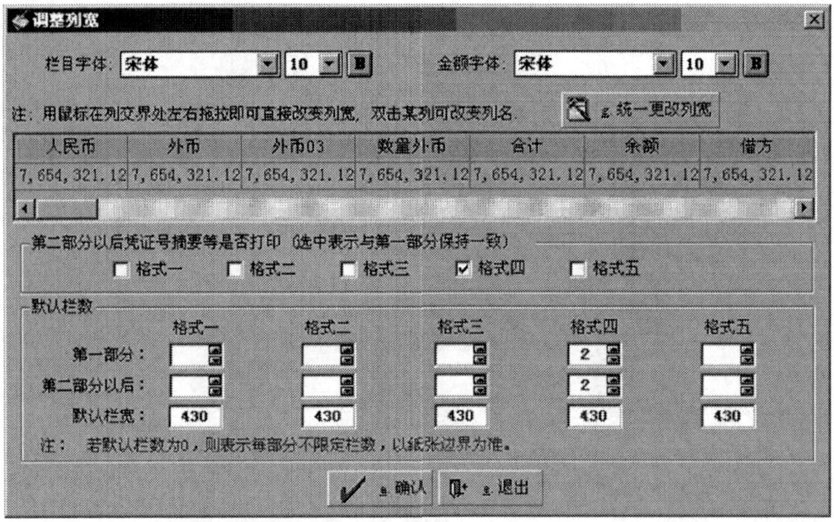

“栏目字体”“金额字体”的字体大小、粗细；更改栏目列宽；更改列名。对于列宽，可采取两种方法进行调整：一是通过单击“统一更改列宽”按钮，

在弹出的窗口中统一更改。更改方式有统一加宽、统一缩短、统一置数 3 种；二是用鼠标，当鼠标箭头置于列与列的交叉处时，形状改变，在列交界处左右拖拉即可直接改变列宽。而双击某列时，弹出“修改列名”窗口，可以输入新列名后单击“确认”，并可选择第二部分非明细项目专栏是否打印，如果要打印，则选择相应的格式（注意与前面选择的格式相一致）。

（三）固定资产明细账

固定资产明细账中只涉及两个科目：固定资产原值、固定资产折旧，所以在查询前需要先定义好这两个科目，科目不限于末级科目，但必须选择正确。

举例：查询固定资产明细账。

具体操作：

在“日常账务”界面，单击“查询打印”菜单，选中“固定资产明细账”。屏幕弹出“科目指定”窗口，输入固定资产原值、固定资产折旧的科目代码。屏幕弹出“日期范围”窗口，输入起止月份，单击“确认”。屏幕显示固定资产明细账，内容包括：单位、数量、固定资产、累计折旧借贷发生额、余额、固定资产净值等。

（四）自定义多栏账

在本功能中允许用户进行自定义多栏账，如下图：

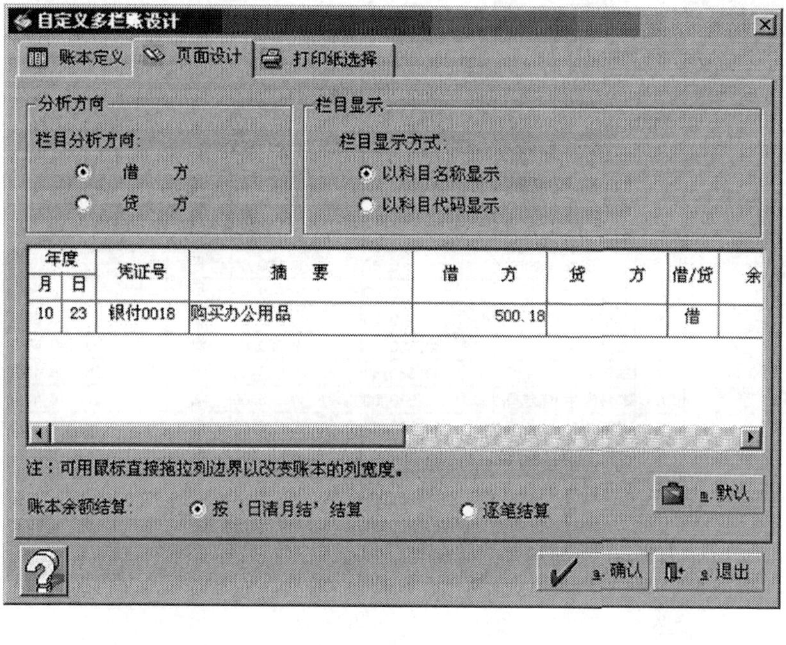

（五）日记账

包括“现金日记账”和“银行日记账”。如果用户设置了多个现金科目或银行科目，将出现现金或银行科目列表要求用户选择科目，然后要求确定日期范围，选择是否包括未记账凭证、是否包括原始单据。对于“外币”类科目，日记账中同时显示外币借贷金额、汇率，本位币借贷金额。与明细账操作类似，在此不再赘述。

（六）总分类账

通过查询总分类账可以查询到所有科目各个月的借贷发生额及余额。分为两种方式：1. 单个科目方式；2. 所有一级科目方式；并且提供按时间段生成总分类账。这两种方式的切换可以在“基础设置”菜单中的“账页格式及打印设置”中的“总分类账格式”进行修改。

举例：查询“应收账款”总分类账。

具体操作：

进入“日常账务”界面，单击“查询打印”下的“总分类账”。选择“应收账款”科目，然后单击“确认”。屏幕显示“应收账款总分类账”，窗口左下方有“包括未记账凭证”选项可供选择。如下图：

科目	月份	摘 要	借 方	贷 方	借/贷	余 额
1001 现金	5	月初余额			平	0.00
	5	本月发生	0.00	0.00	平	0.00
	5	本年累计	0.00	0.00	平	0.00
	6	本月发生	0.00	0.00	平	0.00
	6	本年累计	0.00	0.00	平	0.00
	7	本月发生	30,560.47	1,020.00	借	29,540.47
	7	本年累计	30,560.47	1,020.00	借	29,540.47
	8	本月发生(未结账)	0.00	0.00	借	29,540.47
	8	本年累计(未结账)	30,560.47	1,020.00	借	29,540.47
100101 人民币	5	月初余额			平	0.00
	5	本月发生	0.00	0.00	平	0.00
	5	本年累计	0.00	0.00	平	0.00
	6	本月发生	0.00	0.00	平	0.00
	6	本年累计	0.00	0.00	平	0.00
	7	本月发生	30,560.47	1,020.00	借	29,540.47
	7	本年累计	30,560.47	1,020.00	借	29,540.47
	8	本月发生(未结账)	0.00	0.00	借	29,540.47
	8	本年累计(未结账)	30,560.47	1,020.00	借	29,540.47
100102 外币	5	月初余额			平	0.00
	5	本月发生	0.00	0.00	平	0.00
	5	本年累计	0.00	0.00	平	0.00
	6	本月发生	0.00	0.00	平	0.00

提示：

按“连续打印”弹出科目选择框，可以选择多个科目进行总分类账的打印。

软件也提供另一些总分类账，如部门总分类账、往来总分类账等。

（七）科目余额表

科目余额表是比较重要的一个表，通过本功能可以查询任一个月或多个月所有科目的期初余额、借方发生额、贷方发生额、借方累计发生额、贷方累计发生额、期末余额等。鼠标左键双击科目余额表中某行，将显示该科目的下级科目；鼠标右键单击某科目行，弹出快捷菜单。具体功能：

“1. 展开下级子科目”将展开选中科目下级科目；

“2. 展开所有子科目”将展开选中科目所有下级科目；

“3. 全部展开”将展开表中所有科目的各下级科目。该功能与窗口下方的同名按钮功能相同；

“4. 剔除子科目”将收缩选中科目下级科目。如下图：

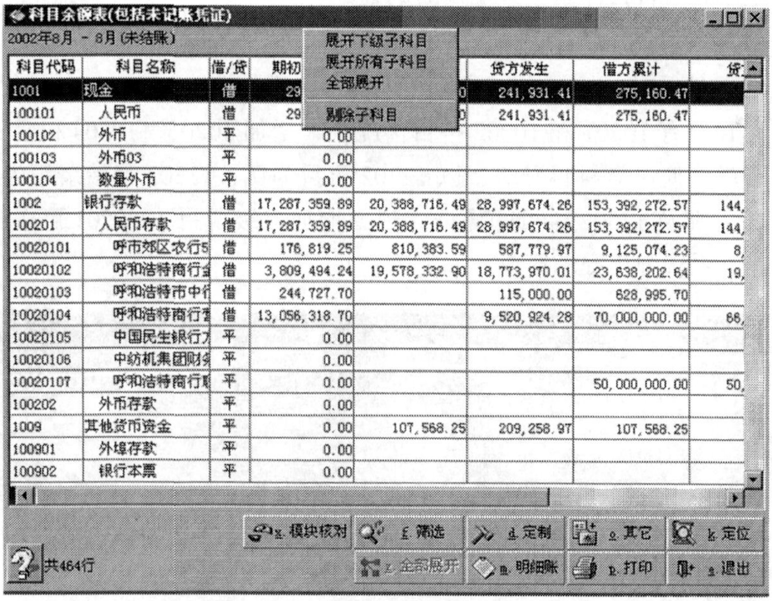

窗口下方有一排按钮，具体功能为：“定位”用于快速将光条定位在所选的科目上；“明细账”用于查询当前科目的明细账；单击“其他”按钮，弹出快捷菜单，包括“其他月份”“本季度累计”“筛选”。“其他月份”用于查询其他月份的科目余额表；“本季度累计”将在科目余额表中增加“本季度累计”一栏内容；“筛选”用于过滤选择科目；“全部展开”将展开表中所有科

目的下级科目。“相关模块核对”用于账务数据和其他模块数据的核对。如下图：

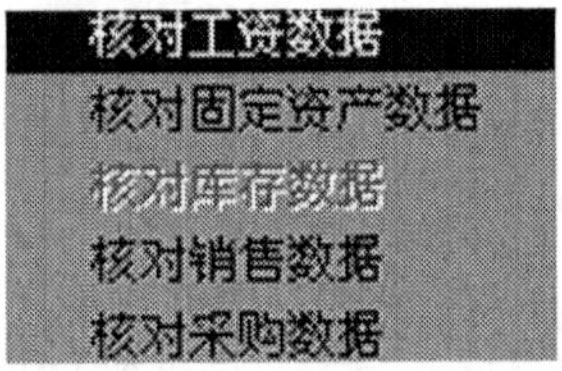

五、辅助管理

辅助管理为凭证处理提供辅助性功能。除“预算管理”外其余都是初始化工作的“延续”。由于其中大多数功能在“初始设置”一节已有叙述，这里就简述一下。

（一）会计科目修改

由于在“初始设置”子模块中已要求用户尽可能仔细地设置科目体系，所以这里不宜对科目体系作大规模的调整。

1. 增加科目

在增加科目时，如果增加的是平级科目，系统完全允许，例如增加一级科目或者在原有 10201 和 10202 科目情况下，增加 10203、10204 科目；如果增加科目后将使原有科目升级，以 12302 科目为例：12302 初始余额为 1000，并且已录入涉及 12302 科目的凭证，现要增加二级科目 1230201 可单击“增加”按钮，系统弹出提示窗口。如下图：

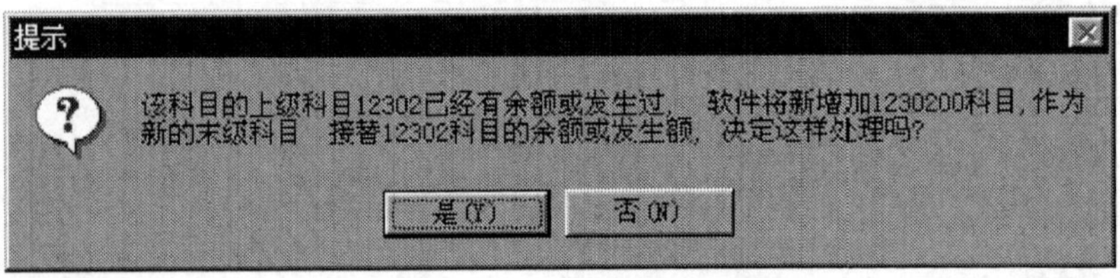

单击“是”后，软件自动新增 1230200 科目，作为新的末级科目接替 12302 科目的余额或发生额，同时，新增 1230201 科目。

2. 删除科目

只有同时满足以下条件的科目才可以删除：是最末级科目；科目初始余额为零；科目借、贷发生额为零。

3. 修改科目

只能修改科目名称、助记码及余额方向，其他条项如科目代码、科目特征等均不允许变动。如若更改“科目特征”“是否部门核算”两项可以按“其他”按钮，请看下面讲述。

4.“其他”按钮，如下图：

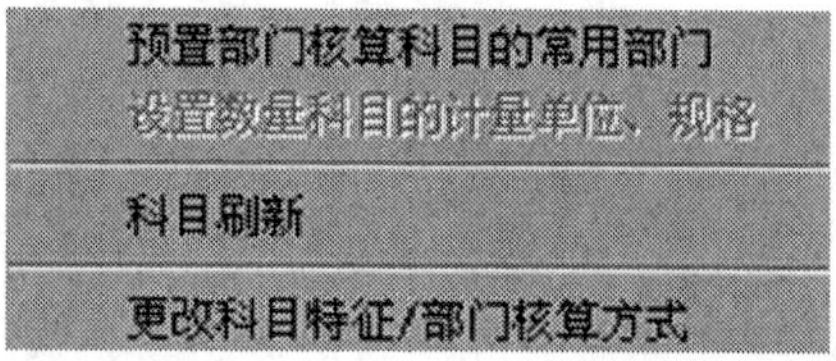

（1）“预置部门核算科目的常用部门”用于设置某些部门核算科目只有相对固定的部门进行核算，而非所有部门，对这些科目进行部门设定，输入凭证时有助于提高工作效率。（2）“设置数量科目的计量单位、规格”将数量科目的单位、规格设定，凭证输入时可以快速输入。（3）“科目刷新”是系统对科目数据的即时交互，使科目体系为当前最新的数据。（4）“更改科目特征/部门核算方式”可以改变当前科目的科目特征和核算方式，一般初始化时没有设置或应用操作过程中需要改变的科目，可以用此选项更改。如下图：

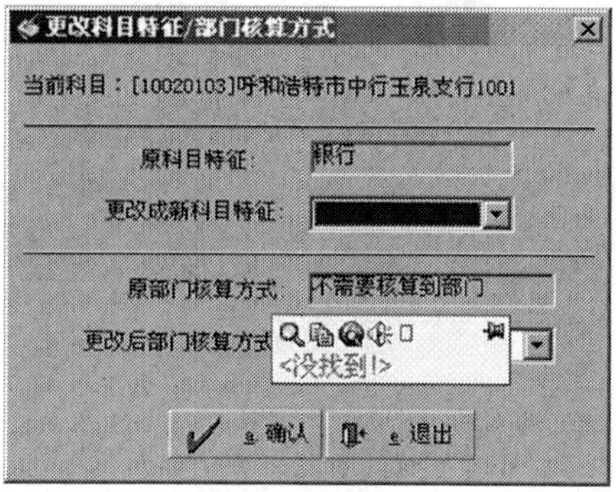

（二）往来单位通讯录

同“初始与设置”一章相关内容。

（三）往来个人通讯录

同“初始与设置”一章相关内容。

（四）摘要库维护

为了方便凭证输入时摘要内容的输入，软件专门设立了一个“摘要库”，可将常用的摘要术语放入该库中，每条摘要对应一个助记码，如：

助记码　　摘要

jz　　　借支

tx　　　提现

clf　　　差旅费

输入摘要时只要输入助记码，软件会自动将其转换成相对应的摘要内容，也可通过单击按钮选择输入。

（五）结算方式设置

这里可以设置多种结算方式，可在窗口内直接输入“他行票据”“本行票据”“托收承付”等结算方式，输完后点击“确认”键即可存入。最多可以定义 16 种。如右图：

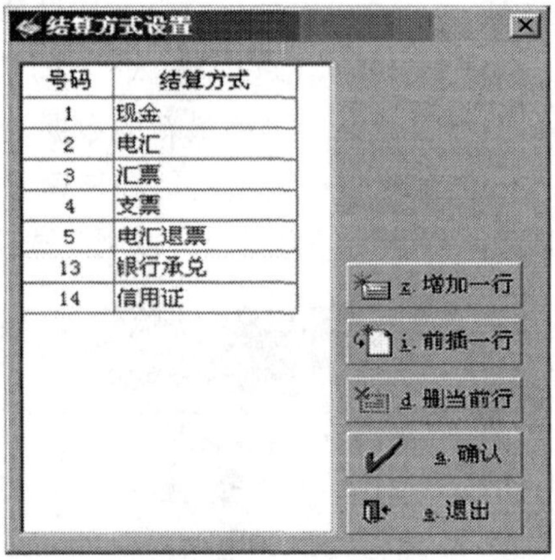

（六）外币设置

同“初始与设置”一章相关内容。

（七）汇率变更

同“初始与设置”一章相关内容。

第四节　银行对账

银行对账是指每月企业的银行存款日记账和银行对账单核对，并勾销已达账，生成银行存款余额调节表这样一个过程。在本软件中，企业和银行双方的对账数据，在勾销前统称为“未达账”。银行未达账由“日常账务”记账时产生，企业未达账即对账单数据，由录入员录入，批转入。主菜单中主要功能有“初始化”“银行对账”“出纳管理”“设置”“对账数据转入/转出”“系统服务”。

一、银行对账初始化

初始化过程是手工账和电脑账的接口，必须妥善录入，包括以下4个子功能：确定启用日期、录入企业未达账、录入银行未达账、初始调节表、初始完成确认。

1. 启用日期确定后，需要输入上月未达账和银行方本月月初余额，企业方月初余额将自动算出。

2. 为了保证对账的正确性，在初次使用对账功能之前，必须将企业未达账和银行未达账录入系统，并调整平衡，这样才能启用银行对账功能。企业未达账的数据通过上个月的银行对账单得到，首先输入初始额，即上月银行对账单的余额，然后输入到上月为止企业的未达账项。银行未达账的数据通过上个月企业的银行存款账得到，银行未达账无需输入初始余额，因为银行存款的初始余额系统将自动从“日常账务”中搜寻。根据上月对账结果，依次录入到最末银行的未达账项。在初始未达账录入完成后即可生成调节表，在调节表中“企业账面余额”一项数据将自动从“日常账务”中的科目余额表中取得，双方最后产生两项数据：

企业调节后余额 = 企业账面余额 + 银收企未收 – 银付企未付

银行调节后余额 = 银行初始余额 + 企收银未收 – 企付银未付

其中，“企业账面余额”由系统自动提供，“银行初始余额”即为刚才输入的对账单余额。企业调节后余额应该等于银行调节后余额，否则肯定有某一环节发生错误，导致银行对账的初始化部分不能完成。

举例：录入企业未达账和银行未达账

具体操作：

单击“出纳与对账”图标，进入“出纳与对账”界面。单击“初始化”菜单，选择“确定启用日期”，输入启用日期，然后点击“确定”按钮；单击“初始化”菜单，选择“录入企业未达账”，出现“账户选择”窗口。选择你所需初始化的银行账户，然后点击“确定”按钮。此时屏幕显示“XX银行企业未达账”窗口，输入对账单余额（即上月银行对账单余额）；单击右下角的“增加”按钮，逐笔输入上月企业的未达账。如下图，录完以后单击“退出”按钮。

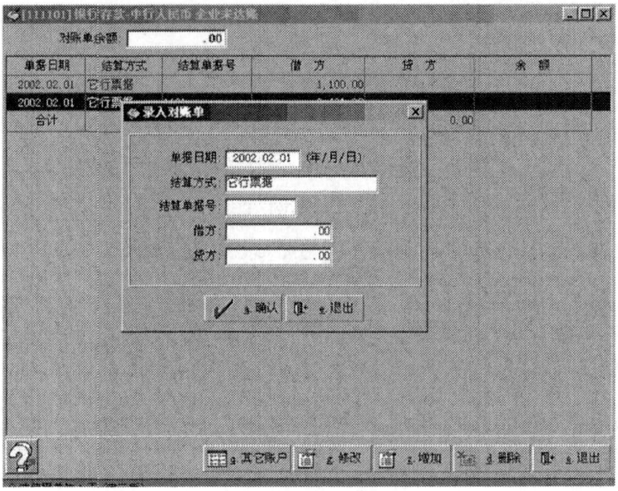

单击“初始化”，选择“录入银行未达账”，因为企业银行存款余额从“日常账务”中自动搜寻，只需输入银行未达账项即可。录完以后单击“退出”窗口；单击“初始化”菜单，选择“初始调节表”，此时调整后的单位日记账和银行对账单余额相等。如下图：

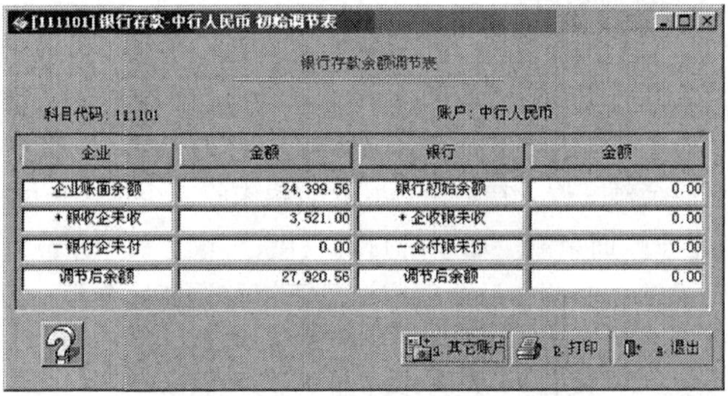

单击“初始化”菜单，选择“初始完成确认”，此时窗口提示“确认已完成初始工作了吗？”单击“是”，验算平衡，完成初始化工作，这样可以进行当月的银行对账。

二、银行对账

启用自动对账，必须将银行对账单录入计算机，才能执行自动对账。手工对账是自动勾对的补充，勾对结束后，可查询、打印银行存款调节表，以检查对账是否正确。采用集成账务处理系统，首先须将银行送来的对账单录入计算机，系统将手工录入对账单与自动生成的银行存款日记账核对。自动勾对的必选条件为方向、金额相同，其他可选条件单据日期相等、结算方式一致，结算单据号一致，核对上的银行业务，系统在双方两清区注上两清标记，并视为已达。只有具备银行对账权限的操作员才能使用本功能。本功能有下列子菜单：录入企业未达账（对账单）、修改银行未达账、对账、银行存款调节表，在录入对账单后，就可以进行对账，生成调节表。录入企业未达账的方法和“初始企业未达账”类似，根据本月的“银行对账单”，先录入对账单余额，然后录入对账单上的所有数据。本月的银行未达账由“日常账务”记账后自动产生，无需录入，但可以通过“修改银行未达账”增删未达账项。这里的企业未达账、银行未达账并不是正式的未达账项，而是提供对账用的企业和银行双方的对账数据，勾销前我们也统一称之为“未达账”；在查看未达账时，可以分别查阅银行未达账和企业未达账。单击“银行对账”菜单下的“对账”功能时，弹出对账窗口，屏幕分上下两部分，并同时列出企业未达账和银行未达账。在对账之前，用户可以单击“设置条件”按钮，弹出窗口，以设置对账条件。

具体对账方法有手工对账和自动对账两种，在手工对账中，用鼠标分别点击两个数据窗口金额相等的两笔账，再点击“确定核销”键即可实现勾销。也可以用系统提供的功能键“自动对账”功能，软件将自动在两个数据窗口中挑选出所有金额相等的账，并给出提示：自动对账成功，请剔除之。单击“确定”后，然后点击“其他功能”按钮，弹出快捷菜单，选择“剔除已达账”即可完成对账。对账以后便留下了银行、企业真正的未达账项。

为了正确反映银行存款数额，防止记账发生错误，企业应将银行存款日记账的记录同银行对账单进行逐笔核对。由于凭证传递上的时间差，会出现一方已登记入账，而另一方尚未入账的，这种未达账项使企业账上银行存款余额与银行账上企业存款余额在同一日期出现不一致。采用系统自动勾对，就需要启用对账功能。录入银行对账单，进行自动勾对与手工调整后，系统提供出余额调节表和未达账报告。

“生成调节表”方法和“初始化”中生成调节表方法相似。

举例：进行银行自动勾对。

具体操作：

单击“银行对账”图标，单击“银行对账”菜单，选择“录入对账单”；单击“增加”按钮，录入银行送来的对账单；录入完毕，单击“退出”按钮；单击“银行对账”菜单，选择“对账”功能，此时屏幕分上下两部分，并同时列出企业未达账和银行未达账，这里的企业未达账、银行未达账并不是正式的未达账项，而是提供对账用的企业和银行双方的对账数据，勾销前我们统一称之为“未达账”；单击“设置条件”按钮，设置对账条件。具体对账方法有手工对账和自动对账两种，在手工对账中，用鼠标分别点击两个数据窗口金额相等的两笔账，再点击“勾销”键即可实现勾销。也可以用系统提供的功能键“自动对账”功能，软件将在两个窗口中选出所有金额相等的账，并自动进行勾销。对账以后留下了银行、企业真正的未达账项。如图下：

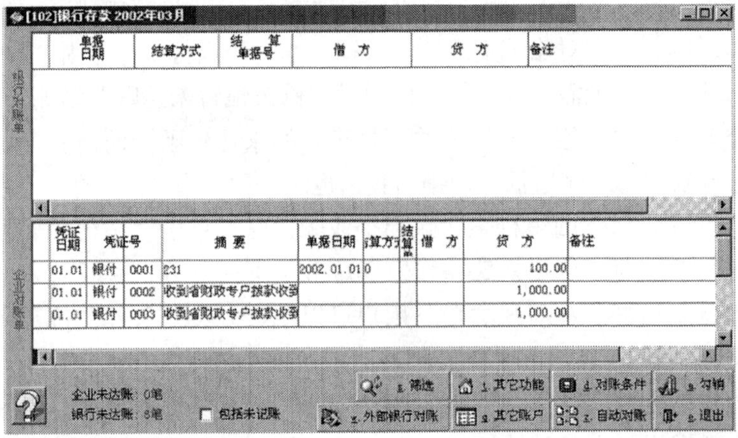

进入对账界面，单击“自动对账”按钮，自动按设置好的对账条件对账，并打上勾对标记；如下图。

勾对完毕，选“其他功能”按钮中的剔除功能，剔除已勾对的账项，剩下真正的未达账项，然后退出；单击“银行对账”菜单，选择“银行存款余额调节表”，系统自动给出银行存款余额调节表。

提示：

银行可以是外部银行，也可以是内部银行，内部银行科目由“出纳管理”中的“内部银行管理”设定，只要点击“外部银行对账”即可；“其他功能”包括反勾销、剔除已达账、反剔除及未达账的排序方式等；在银行对账之前，凭证必须已经记账。

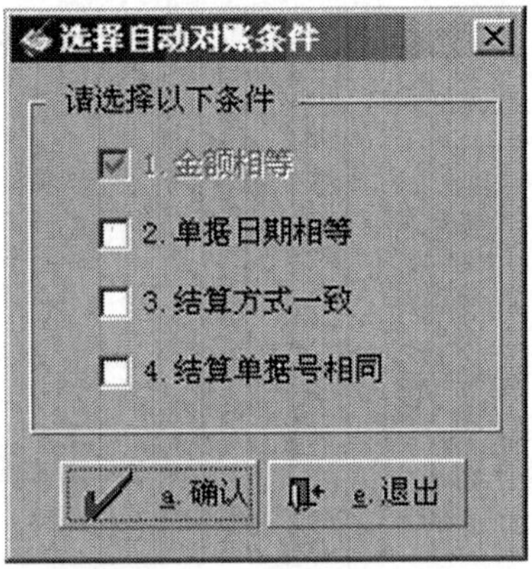

三、出纳管理

按照正常的会计手续，资金的收入和发出是通过出纳实现的。出纳包括现金账和银行账两个部分。首先要进行出纳账的登记，在下图所示的窗口内录入出纳的日记账。

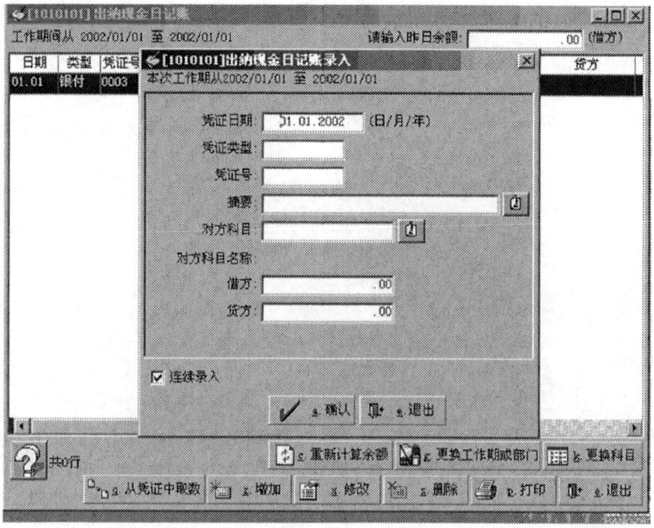

每天的日记账完成之后，软件便可以自动计算出出纳账的日报表。一般说来，出纳账每日需要日结，日结后以前的出纳账将不允许修改。同账务一样，出纳账还要进行月结，月结的操作方法与日常账务中的基本一致。如下图：

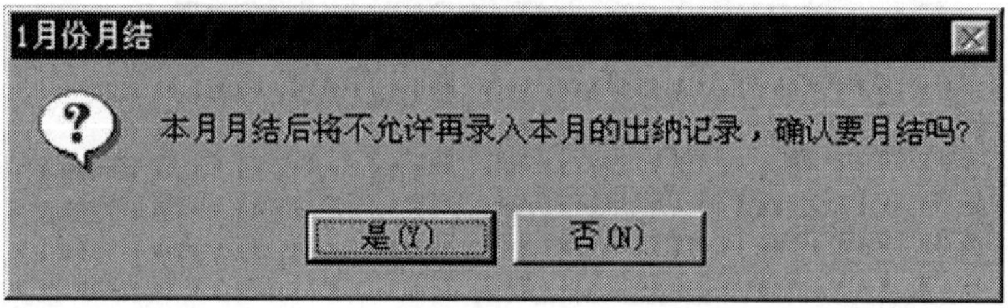

四、支票管理

支票管理用来对企业内部的支票领用进行管理。

举例：2000.01.01，财务部张力为购买原材料领用支票一张，号码为0001233。

具体操作：

进入“出纳和对账”子模块，单击“出纳管理”，选择“支票领用管理”

中的“支票领用”，选择月份后，点击“增加一行”，填入支票号、日期、领用人、部门、用途后，点击“确认”即可。如下图：

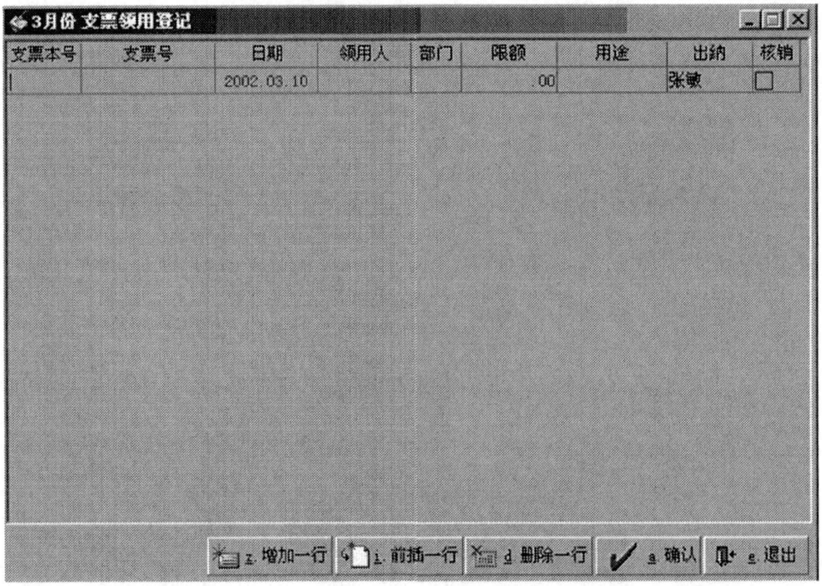

提示：

支票领用后，还需要作核销，支票核销的操作方法与领用基本一致，不再赘述；“支票查询”可以查出包括已核销的、已作废支票（为可选项）在内的所有发生过的支票。

第五节　系统间转账和系统管理

该功能用于“账务处理系统”，如工资管理系统、固定资产管理系统、库存管理系统等模块之间的转账及新中大软件和外部数据间的转账。

一、新中大软件间转账

这种情况比较简单，例如，在“工资管理系统”模块内，每月月结后需要分配工资费用，在工资核算模块内部本身可以产生临时凭证，通过本模块处理后可以将这些凭证自动转入，成为记账凭证；又如在“固定资产管理系统”模块，每月将形成折旧计提凭证，通过本模块处理也可以将这些凭证转成记账凭证；通常像这类工作每月都要重复，完全可以由电脑自动生成，减轻凭证录入的工作量。进入本系统后，首先要求选择系统模块，如“工资管理”“固定资产管理”“销售管理”“库存管理”“采购管理”等等，然后要求输入结转月份，如果该系统内设置了多个分录，那么还要求选择分录号，结转成功后将出现已生成的凭证，供用户修改、调整，在此窗口和凭证录入时的窗口一致，正确无误后即可存入，本凭证将被送至凭证库，同时将自动删除其他模块的临时凭证。

举例：从“固定资产管理”模块中转入1月份的计提折旧凭证（注：1月份固定资产已提完折旧，并已入账）。

具体操作：

进入“系统间转账”子模块，单击“从其他模块转入”菜单下的“固定资产管理”。屏幕弹出窗口，日期选择1月份，单击“确认”。屏幕显示1月份从固定资产转入的记账凭证分录。如下图，单击“转入”按钮，显示“凭证录入”窗口。在“固定资产”模块中生成的这张计提折旧凭证被转入到“账务处理”模块中。单击“存入”可存盘；单击“退出”则放弃转入。

提示：

1.“固定资产”模块的转账凭证分录设置在“固定资产”主窗口界面的“初始与设置”菜单下进行。凭证的借贷金额将在计提折旧后自动算出。

2. 凭证转入到“账务处理”模块中后，凭证号并不是该笔分录的临时凭证号，而是由“账务处理”系统分配的凭证号。例如：系统中已有58张转账凭证，转入后的凭证号将是第“0059”号。如果要转入的转账凭证较多，可启用“连续转入”功能按钮。

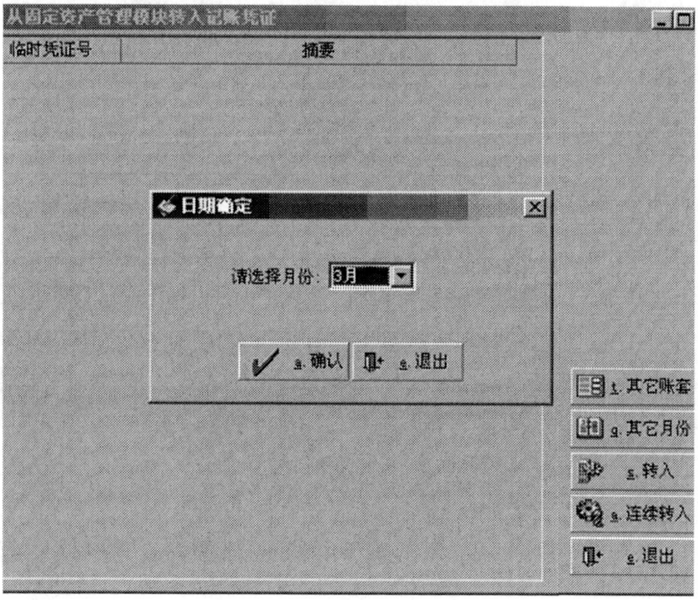

二、系统管理

系统管理和系统服务都是系统实现自身维护的重要手段。

（一）会计年度管理

会计年度管理包括“切换至另一年度”“生成下一会计年度账簿”“本年是否已审计”。

1. 切换至其他会计年度

在软件运行时，所有子模块通常都是对某一会计年度的账本进行操作的，如果用户已经有两年以上的电子账簿，那么有可能要查看前几年的账，或者做下一年的凭证等跨年度的工作，为此软件在此设立了“切换”年度的功能，可以任意切换至其他已有的年度。一旦切换成功，所有的操作包括“日常账务”，“往来账管理”等等都是对当前年度的账进行的。

2. 生成下一会计年度账簿

按照沿袭下来的财务软件的做法，往往是在本年年结后才能形成下一年的账本，但是实际情况却往往是本会计年度的账尚未年结，下一年的凭证已经在发生。为此，软件专门提供“生成下一年度账”功能，以生成新年度的账本。新生成的年度账本中初始化是不可以进入的，只能录入本年度的凭证数据。有以下几点值得注意：

如果本年 11 月份未结账，不能生成下一年度账；如果上年没有年结，不能对新一年度账进行记账和结账；在新生成的年度账余额表（汇总库）中，所有科目的年初余额均为零，只有在上年年结以后才能形成新一年的年初余额，并要求进行年初初始化。

三、系统维护

系统维护主要是数据安全维护。数据安全维护包括“数据重建索引”“操作日志”“数据修复”“审计数据生成”等工作。

（1）在正常情况下，数据库中数据应该和索引库中的数据对应，并且索引库通常是自动随数据而变化的；但是也有可能因为各种因素如操作者直接修改数据库不当、磁盘读写错误等，而导致索引错乱，为此软件提供了“重建索引”功能，操作者可以随时重新建立正确的索引关系。

（2）“数据修复”功能即通常所说的“反记账”“反结账”功能。允许用户修改已结账月份的凭证。

还可以在这里控制月结的结算方式，确定是否在账务月结之前先月结完其他模块（包括库存、固定资产和工资等）。

（3）“调整科目年初余额”允许用户在建账三个月内调整非往来（包括单位往来和个人往来），非部门核算科目的年初余额，“确认”后，系统会对修改作平衡检验。

四、系统服务

1. 帮助

单击“系统服务”菜单下的“帮助”，或击F2键，可获得NGPower系统提供的在线帮助。单击各“Icons”（图标），话题窗内显示相应的“话题”，双击之，或单击窗口上方的“详文”按钮，可显示相应的帮助内容。

2. 计算器

单击“系统服务”菜单下的“计算器”，或击F3键，屏幕将显示Windows提供的计算器，供操作者使用。

3. 修改密码

用于设置当前操作员的密码。单击该菜单选项，弹出“密码修改”窗口，先输入当前操作员现在的密码，然后两次输入新密码，最后单击“确认”。系统将提示：密码已被正确修改并保存！

4. 更换操作员

在不退出系统的情况下，更换当前操作员，以另外操作员身份进入系统。但是，当新的操作员密码输入错误时，系统将自行关闭。

5. 备份与恢复

以系统提供的格式复制系统数据；将符合系统要求的数据再次转换入系统，并覆盖系统原有数据。

（1）数据备份

选择“数据备份”功能后，系统将弹出数据备份对话框，系统提示输入目标路径。如下图：

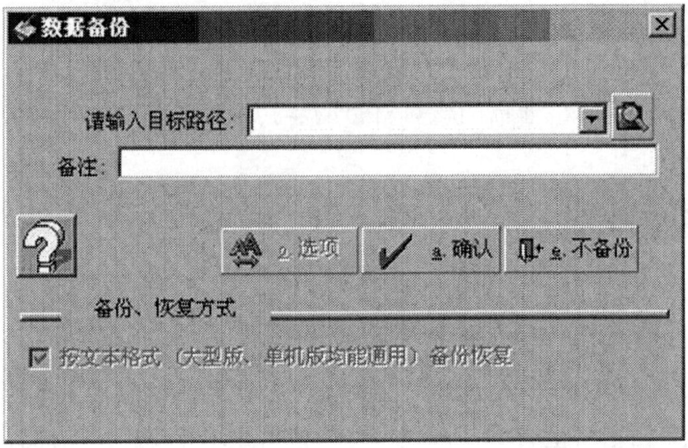

（2）数据恢复

操作与“数据备份”类似。

提示：

数据备份或数据恢复对话框中，都有“选项”按钮，单击后显示备份方式复选选项：是否按文本方式。当选择按文本方式备份，备份生成的数据文件以 tx_ 为后缀，系统规定：这样的备份数据，可在单机版、网络版和大型版间通用。不管选用何种数据库，NGPower 财务软件都能以文本方式进行备份和恢复。这样就提高了财务数据在不同数据库间进行转换的灵活性。

第六节　报表处理系统

一、基本概念

1. 什么是“单元”？

单元是组成报表的最小单位。单元名称由所在行、列标识。在 NGPower 报表处理系统中，行号用数字 1、2、3、……表示，列标用字母 A、B、C、D、...AA...VV 表示。某行或某列连续单元的表示方法为 A1：A10，B1：C5 等。

2. 什么是单元组合？

组合单元由相邻的两个或更多的单元组成，这些组合后的单元将视为一个单元。可以组合同一行相邻的几个单元，可以组合同一列相邻的几个单元，也可以把一个多行多列的平面区域设为一个组合单元。组合单元组成的短阵为区域，区域是二维的，最大的区域是一个二维表的所有单元。

3. 什么是单元格式参数?

单元格式参数包括单元高度、单元宽度。上边界宽、左边界宽、小数点位数、对齐方式、字体等。其中界宽为 1 表示正常粗细;0 为无边框线;2 以上为粗线条,一般用于边框设置。

4. 什么是“单元表达式”编辑框?

报表各单元中内容的来源有:直接录入,如表头汉字、项目名称等;公式定义后计算生成,如 C4 单元中的内容为“=J_QCYE(101,1)”表示“现金科目的借方期初余额”,经计算后即可生成计算结果。用鼠标单击某单元,就可以在窗口上方的“单元表达式”编辑框中输入内容。

二、主要功能介绍

报表处理系统功能丰富,进入主窗口,可以看到窗口内有本单位本年的报表列表、主菜单及常用功能按钮。如下图:

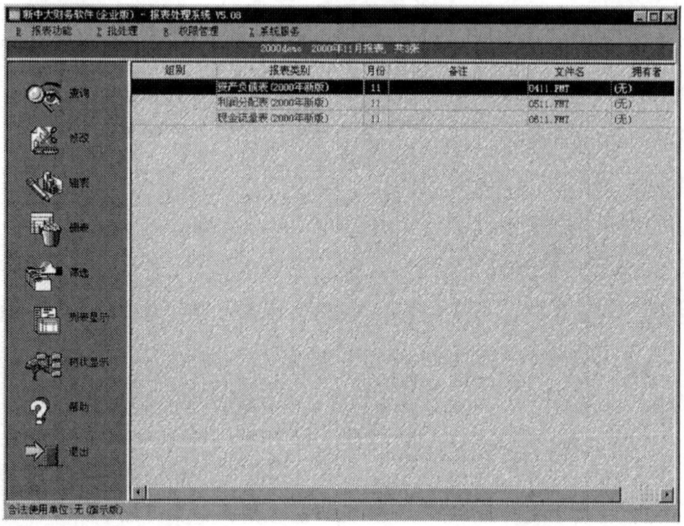

报表列表中显示组别、表名、日期和该报表在磁盘上的文件名。对于新建的核算单位,窗口内有可供参考的三张主表的样表“资产负债表”“损益表”“现金流量表”。在窗口左方是几个常用功能键:“查询”“修改”“建表”“删表”“帮助”“删选”“退出”及列表显示方式等。其中“查询”“修改”“删表”都是对于列表中处于当前行上的报表而言,可以分别作相应的操作。主菜单有“报表功能”“批处理”“权限管理”和“系统服务”。

(1)在“报表功能”中,可进行报表分组设置、报表类别(名称)设置;修改当前报表表名、日期;将窗口中的报表全部复制给下月;设置表间平衡关系；报表平衡校验传出与导入；报表传出与汇入；汇入其他财务软件的报表；同类报表汇总等。

（2）在“批处理”中，主要是对报表的成批计算、打印、转换输出、平衡校验、删除。

（3）“权限管理”主要用来完成增删操作员、修改操作员权限，以及报表间共享权设置等工作。

（4）“系统服务”功能有：帮助、修改密码、更换操作员、数据备份与恢复、重建索引、关于……、退出。

进入报表编辑窗口之后，用鼠标单击任一个菜单标题都可以打开一个下拉菜单框，要进行某个功能操作，单击相应的菜单条即可，有的菜单条后部有“▼”标志，说明还有下级菜单。例如，在“编辑”菜单中的“左边界宽度”有右箭头“▼”，鼠标置于此项，弹出下级菜单：0、1、2、3、4、5、6，可根据需要选择。报表处理系统在用公式取数计算结果时，可对未记账凭证进行取数计算。可对某单元或整表计算。在输入公式时，有“公式引导”供参照选择。报表可打印输出，也可转换成 DBF 文件或 TXT 文件输出。

1. 报表类别（名称）设置

报表都是分类存放的，每一张报表都从属于一个类别。每种类别每月只能有一张报表。在“报表处理系统”主窗口中，“报表功能”菜单下的第一条即为“报表类别（名称）设置”。用户可以随意地设置所需的类别。实际上从报表的文件名上就包含了类别和月份，通常表名长 4 位，前两位代表类别，后 2 位表示月份。文件名后缀统一为“FMT”，如“0101.FMT”“0309.FMT”等。此外，有些报表还可以再带 4 位长的特征代码，如文件名为“01010001.FMT”“03080004.FMT”，特征代码通常为下级单位的特征代码。

2. 修改当前报表表名、日期

可以对当前报表进行修改，可修改的内容包括：类别、日期、备注、单位代码、拥有者。修改后，报表文件名相应地改变。单击进入“报表处理系统”，单击“报表功能”菜单下的“修改当前报表表名、日期”，在出现的窗口中，点击类别“▼”，可将原有类别改成任何一种已存在的类别。窗口中除了文件名不能修改以外其他都可以修改。

3. 报表成批处理

包括报表的成批计算、成批打印、成批转换输出、成批删除等。报表的成批处理可以提高工作效率。点击其中的任何一项，会出现如图所示的窗口，这时可以用鼠直接将左边框所列出的报表拖至右边框，也可以通过“筛选”来选择所需成批处理的报表，然后点击“确认”钮，再根据以后出现的不同对话框作出不同的响应即可。“成批计算”在点击“确认”后，立即自动计算；“成批打印”在点击“确认”后，出现打印机属性设置对话框；“成批转换输出”在点击“确认”后，要求输入文件生成的目录及文件类型，其中文件名由系统自动生成。“全部选入”表示选中所有列出在左边框内的报表，“全部不选”表示除去所有出现在右边框内的报表。

4. 将窗口中的报表全部复制给下月

通常，单位每一个月的报表都是相同的，为避免重复劳动，系统提供此功能。单击“报表功能”菜单下的“将窗口中的报表全部复制给下月”，弹出对话框。选择报表时，可用鼠标直接从“未选入”框将要复制的报表拖曳至“已选入”框中；当要全部复制时，可单击窗口中的“全部选入”按钮；单击“全部不选”可将已选入的报表全部移回。选中“覆盖同名表”，表示：如果下个月同名报表已存在，复制后生成的报表将覆盖已存在的报表；选中“不覆盖同名表”，表示：如果下个月同名报表已存在，将不复制该报表。当下一年度账本已生成，用此功能将把本年 12 月份报表复制给下一年 1 月份。

5. 操作员权限管理

用于增加、删除操作员、修改操作员权限。单击“权限管理”菜单下的“操作员权限管理”，屏幕显示“全体操作员列表”窗口。窗口右边有“增加”“删除”“修改”“退出”按钮。单击“增加”按钮，屏幕弹出窗口，要求输入系统管理员口令。输入无误后，单击“确认”，系统出现“权限设置”窗口，如下图。可设置操作员权限。复选框打上“√”表示拥有修改权限。另外，要修改、删除操作员或权限均需要输入系统管理员口令。

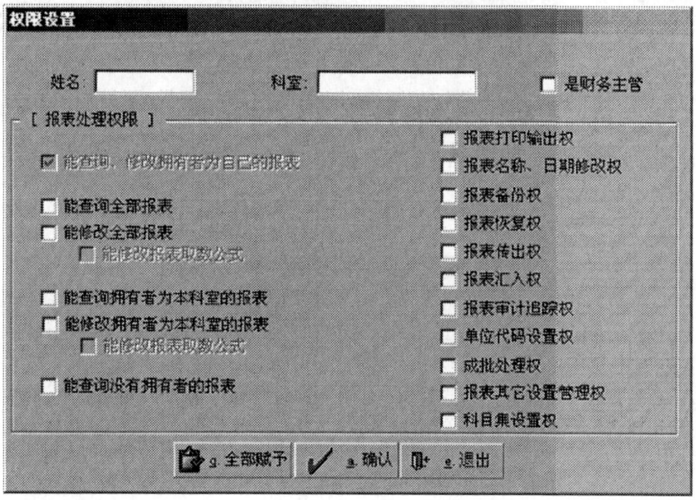

三、报表制作

1. 主要功能介绍

在建表之前我们先来熟悉一下报表制作时的具体功能。当用户打开某一张报表时都会出现另一个工作界面，如下图。主菜单中显示有“文件”“行列增删”“编辑”“模拟显示”“计算”“选项”“其他”这几个项目。主菜单下还有一个工具栏，是一些经常用到的工具的快捷键，有“打开”“存入”“打印”“对齐方式”“单元剪切”“单元粘贴”“单元复制”“字体”“底色”“文字颜色”“单元组合”“集中录入公式”“整表计算”“当前单元计算”“计算器”“帮助”“退出”，都是用图标来表示的。

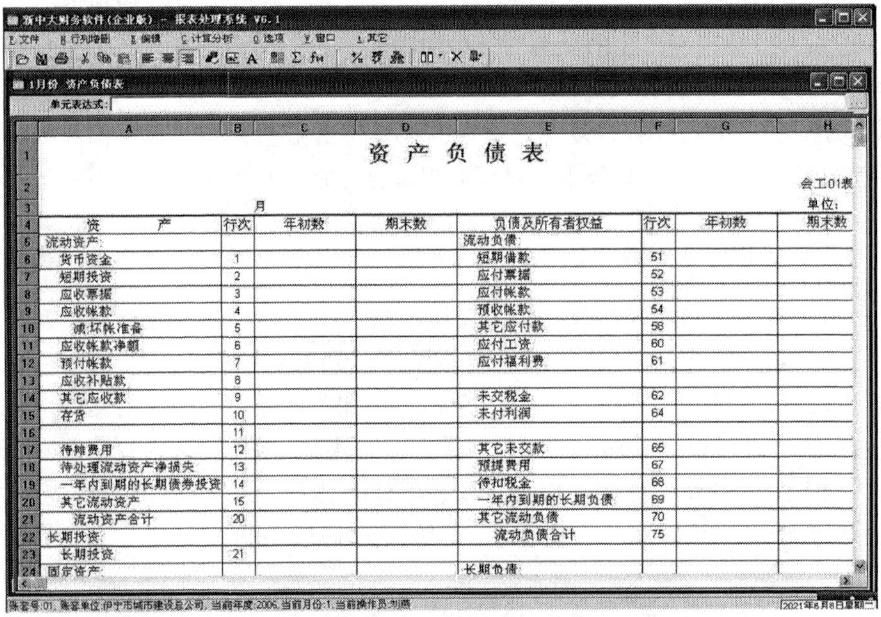

2. 报表制作流程

建立一张新表可以按以下步骤操作：

建表操作从单击功能快捷键“建表”开始，系统提供两种建表方式，如下图：

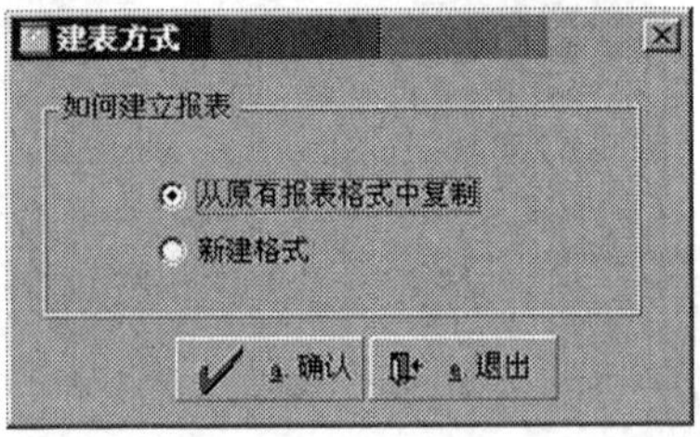

“从原有报表中复制”是从已有同类报表中复制过来的简捷生成方法，屏幕将列出所有报表供用户挑选，用户还可以从其他年度，乃至其他核算单位中去选取。例如，用户要制作下个月的报表，只需选取上个月相应的报表即可。

“新建格式”即建立全新的报表，报表的所有格式也将都由用户自行定义，比如报表的总行数、列数、单元高度、单元宽度、对齐格式、小数位数、默认字体字型等参数，如下图所示：

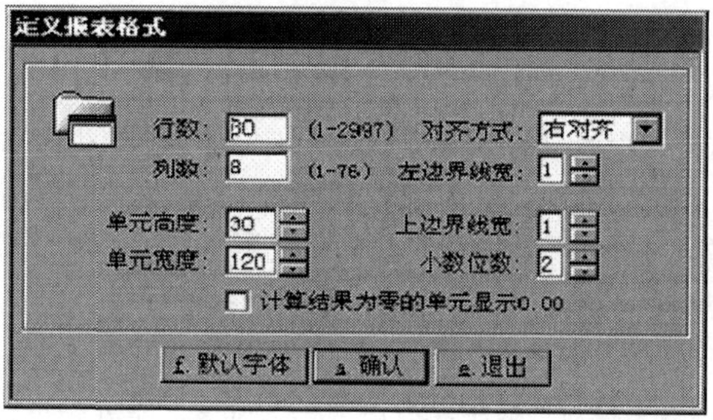

关于该窗口中的格式，单元高度和宽度建议用户不必作改动，其他参数则可根据需要作出调整。格式定义好之后，系统将给出一张空白报表，该报表的格式和定义的相符合，表格定义好后，然后就可以在该报表编辑窗口中进行具体的制作了。在具体制作前，我们首先来熟悉一下报表编辑窗口的结构，它主要包括以下几部分：

报表编辑菜单栏：提供编辑报表所需的所有菜单。

常用工具栏：提供在报表编辑中使用频率高，相对重要的菜单，以方便用户的操作。

数据输入框：是输入报表所有内容（包括公式、文本）的唯一入口。

（1）报表编辑

打开，：打开一个现存文档。存入，：用同样的文件名保存一个打开的文档。另存为，用不同的文件名、位置或文件格式保存当前打开的文档。在执行“另存为”命令时有一个特殊功能：将当前报表转换成千元、万元、……、千万元报表。单击菜单“文件\另存为”后，系统首先弹出“确定报表文件”窗口，在该窗口中有一个“报表数据”参数，该参数的下拉框内容包括“原数据”“化为千元”“化为万元”“化为十万元”“化为百万元”和“化为千万元”。当用户选择了“原数据”外的任一选项时（即用户要进行金额单位调整），系统首先弹出如下图窗口，要求用户设置转换范围。

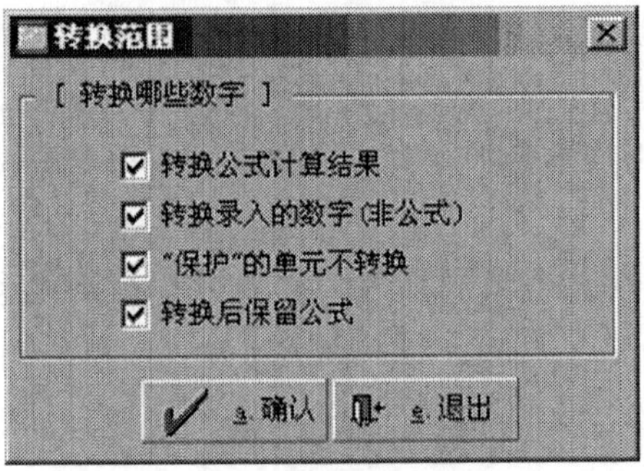

其中“转换录入的数字（非公式）”主要是指报表中的各项目、报表的表头、表尾。在有些报表中会含有“行次”栏目，行次一般用数字 1、2、3……表示，这样在报表进行千元、万元等转化时，系统也会自动将它们转换成以千元、万元格式表示，这是不合乎常理的。但如果用户将“行次”栏设为保护状态，然后选图中的“‘保护’的单元不转换”选项，这样便可避免上面所述现象的出现。如果用户需要禁止某些数据的转换，也可通过该选项进行控制。

（2）整表计算，对报表中所有以“=”开头的单元格进行计算。

系统在计算的过程中同时对各单元格进行语法检查，当在计算的过程中出现差错时，系统会提供“计算消息窗”反映相关的信息，用户可将该提示信息打印出来。

（3）当前单元计算，对当前选定的单元进行计算。

系统在计算的过程中同时对该单元格进行语法检查，当在计算的过程中出现差错时，系统会提供“计算消息窗”反映相关的信息，还可将该提示信息打印出来。

（4）整表计算（包括未记账凭证）

如果用户在“账务处理系统”中未对当月的凭证进行记账操作，而用户又需了解相关的报表数据，这时用户可执行该菜单。

（5）当前单元计算（包括未记账凭证）对当前选定的单元进行计算，计算的数据源包括未记账凭证。

（6）审计追踪，可供用户查看当前单元所对应科目的账本数据，如总分类账、普通明细账、项目明细账以及凭证，各类账本之间用选项卡进行划分，要查询哪类账本，只需单击相应的选项卡即可。如下图：

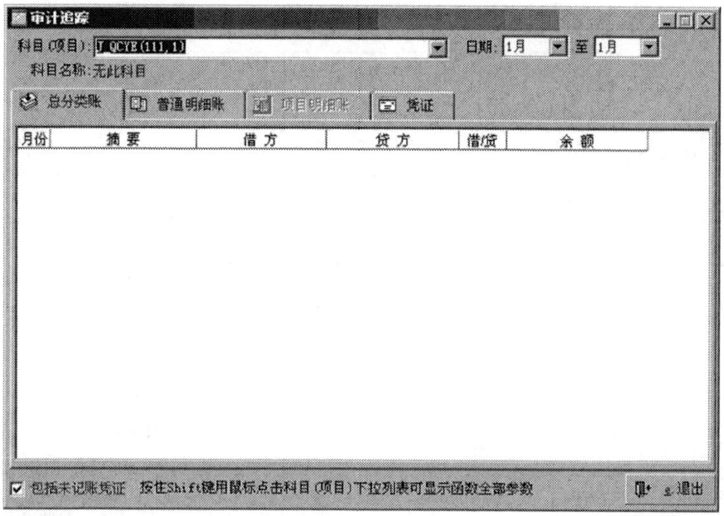

四、报表函数

函数分财务函数和数学函数两类，函数输入时一律以等号“=”开头，函数以财务函数最多。函数可以带规定的参数，参数含义：C —科目代码，M —月份，B —核算部门代码，Y —年度，D —其他核算单位代码，ZY —摘要，HT —合同号[提示]：报表公式中大小写是不区分的。

1. 公共函数：

KMMC（C）	科目名称
DWMC（d）	核算单位名称
XJDWMC（X）	下级单位名称
ZBR（）	制表人
ZBRQ（）	制表日期
Year（）	当前年度
Month（）	报表的当前月份
LastDay（m）	某月最后一天
Sum（左上单元：右下单元）或 Sum（单元 1，单元 2，……，单元 n）	单元求和
Average（左上单元：右下单元）或 Average（单元 1，单元 2，……，单元 n）	求平均值
Max（左上单元：右下单元）或 Max（单元 1，单元 2，……，单元 n）	求最大值

续表

Min（左上单元：右下单元）或 Min（单元1，单元2，……，单元n）	求最小值
ABS（N）	绝对值
ROUND（N，小数位数）	四舍五入
INT（N）	求小于参数的最大整数
CEILING（N）	求大于参数的最小整数
MOD（被除数，除数）	被除数除以除数的余数
IF（条件等式，满足值，不满足值）	条件判断
REF（报表类型，月份，“单元”，“下级单位代码”，年度，“账套号”，“组别”）	表间引用
DBF（“文件名”，行，列）或DBF（“文件名”“行/列：行/列”）	从DBF文件取数

SUM（ ）、AVERAGE（ ）、MAX（ ）、MIN（ ）函数的参数写法举例如下：

=SUM（B4，B7）将B4、B7单元内容相加；=SUM（B6：D9）从B6到D9单元这一矩形区域的多个单元的内容相加。

条件判断函数IF（T，V1，V2）按条件求值，如果T为真，返回V1，否则返回V2，条件表达串T必须带=、>、<、>=、<=、<>中的一个。

REF（ ）函数中的“单元”可以取自其他报表某一单元或某一矩形区域内的多个单元数值，单元名前后须有单引号或双引号，函数用法例如：

=REF（01，03，“A3”）表示取3月份、类型码为01的报表的A3单元；=REF（01,，“A3：B5”）表示将当前月、类型码为01的报表从A3到B5这一区域共6个单元内容填入本表以本单元为左上角的区域内；=REF（01，03，“A3：B5”，0002）表示取下级单位码为0002的表从A3到B5这一区域的；=REF（02,，“A41”,，1996，03）表示取03账套1996年02类型表A41单元内容。

DBF（ ）函数的文件名必须包括路径在内的文件名全称，“列”可以用数字顺序号或字段名表示，例如：

=DBF（“\INFS.DBF”，3，6）取文件中第3行第六个列的内容；=DBF（“\INFS.DBF”，3，“COST”）取文件中第3行COST字段的内容；=DBF（“\INFS.DBF”，“3/DEPT：5/COST”）取文件中从第3行到第5行、从DEPT字段到COST字段的内容，DEPT字段必须在COST字段前面。此外，该DBF文件的行删除标记不起作用，所以如果文件中有临时删除的记录，建议先执行PACK命令

2. 普通金额类函数

JFE（C，m，b，y，d）	某科目借方发生额
DFE（C，m，b，y，d）	某科目贷方发生额
JJE（C，m，b，y，d）	某科目借方净发生额
DJE（C，m，b，y，d）	某科目贷方净发生额
JLJE（C，m，b，y，d）	某科目借方累计发生额
DLJE（C，m，b，y，d）	某科目贷方累计发生额
JLJJE（C，m，b，y，d）	某科目借方累计净发生额
DLJJE（C，m，b，y，d）	某科目贷方累计净发生额
J_QCYE（C，m，b，y，d）	某科目借方期初余额
D_QCYE（C，m，b，y，d）	某科目贷方期初余额
J_QMYE（C，m，b，y，d）	某科目借方期末余额
D_QMYE（C，m，b，y，d）	某科目贷方期末余额
JZJE（C1，C2，m，b，y，d）	科目 1 对科目 2 的借方结转净额
DZJE（C1，C2，m，b，y，d）	科目 1 对科目 2 的贷方结转净额
LJJZJE（C1，C2，m，b，y，d）	科目 1 对科目 2 的累计借方结转净额
LJDZJE（C1，C2，m，b，y，d）	科目 1 对科目 2 的累计贷方结转净额
JQCYEHJ（C，m，b，y，d）	下级各科目期初借方余额合计
DQCYEHJ（C，m，b，y，d）	下级各科目期初贷方余额合计
JYEHJ（C，m，b，y，d）	下级各科目期末借方余额合计
DYEHJ（C，m，b，y，d）	下级各科目期末贷方余额合计
WLJFE（C，DQH，DWDM，m，y，d）	某往来单位在某科目的借方发生额
WLDFE（C，DQH，DWDM，m，y，d）	某往来单位在某科目的贷方发生额
J_QCWLYE（C，DQH，DWDM，m，y，d）	某往来单位在某科目的借方期初余额
D_QCWLYE（C，DQH，DWDM，m，y，d）	某往来单位在某科目的贷方期初余额
J_WLYE（C，DQH，DWDM，m，y，d）	某往来单位在某科目的借方期末余额
D_WLYE（C，DQH，DWDM，m，y，d）	某往来单位在某科目的贷方期末余额
GRJFE（c，grdm，m，y，d）	某往来个人的借方发生额
GRDFE（c，grdm，m，y，d）	某往来个人的贷方发生额
J_QCGRYE（c，grdm，m，y，d）	某往来个人的借方期初余额
D_QCGRYE（c，grdm，m，y，d）	某往来个人的贷方期初余额
D_GRYE（c，grdm，m，y，d）	某往来个人的借方期末余额
D_GRYE（c，grdm，m，y，d）	某往来个人的贷方期末余额

续表

JFE_ZY（C，ZY，m，b，y，d）	某科目按摘要筛选借方发生额
DFE_ZY（C，ZY，m，b，y，d）	某科目按摘要筛选贷方发生额
JLJE_ZY（C，ZY，m，b，y，d）	某科目按摘要筛选借方累计发生额
DLJE_ZY（C，ZY，m，b，y，d）	某科目按摘要筛选贷方累计发生额
JFE_HT（C，HT，m，b，y，d）	某科目某往来合同的借方发生额
DFE_HT（C，HT，m，b，y，d）	某科目某往来合同的贷方发生额
JLJE_HT（C，HT，m，b，y，d）	某科目某往来合同的借方累计发生额
DLJE_HT（C，HT，m，b，y，d）	某科目某往来合同的贷方累计发生额
QCYE_HT（C，HT，m，b，y，d）	某科目某往来合同的期初余额
QMYE_HT（C，HT，m，b，y，d）	某科目某往来合同的期末余额

以上函数中参数 M、B、Y、D 为选项，可以不输入，M 不输入则默认为当前月，Y、D 不输入则默认为当前账套当前年度，例如下列格式均合法：

=JFE（501）表示取 501 科目本月借方发生额；=JFE（501，11）表示取 501 科目 11 月份借方发生额；=JFE（501，Month（）-1）表示取 501 科目上月借方发生额；=JFE（501，，02）表示 501 科目、代码为 02 的部门的本月借方发生额；=JFE（501，，02，1997，03）表示 03 套账、1997 年 501 科目、代码为 02 的部门的本月借方发生额。

函数中的参数可以输入绝对数，可以从其他单元内取，例如输入：=JFE（521，B3），其中 B3 为单元名，即月份从 B3 单元内取出。

如果有些代码和单元名重复，那么可以用引号“或（’）分隔，例如输入：=JFE(521，3，‘B1’）其中‘B1’为部门代码；=JFE(521，3，B1)表示部门代码取自 B1 单元。

如果函数中要使用参数 Y，而不需要输部门代码，那么 B 参数必须留空，即多增加一个逗号，例如：=JFE(101，2，，1995)，如果写成 = JFE(102，2，1995)，则 1995 将会被认作部门代码。

参数中的代码、摘要可以带有统配符“？”，如：=JFE（1？1）表示科目代码第 2 位为任意字符均可，式中含义为取 101、111、121、131 等科目本月借方发生额之和。

函数 JZJE、DZJE、LJJZJE、LJDZJE 是为了生成损益表、现金流量表而专门设立的，参数中第二个 C 为对方科目代码，对于损益表，该科目通常是指本年利润、生产成本，对于现金流量表，该科目就是现金、银行科目，公式如：=DZJE（521，321）表示取 521 科目贷方结转给 321 科目的金额；

=LJDZJE（501，101）表示对方科目为现金的 501 科目的贷方累计发生额。

函数 JYEHJ、DYEHJ 用法较为特殊，它们分别表示某科目的下级科目借方余额合计、贷方余额合计；如果此科目是单位往来科目而没有下级科目，则分别表示所有有借方余额的往来单位的余额合计、所有有贷方余额的往来单位的余额合计。

3. 项目核算类函数

QCYE_XM（I，C，b，m，y，d）	某项目某科目期初余额
QMYE_XM（I，C，b，m，y，d）	某项目某科目期末余额
SNLJ_XM（I，C，b，y，d）	某项目某科目的上年累计
JFE_XM（I，C，b，m，y，d）	某项目某科目的本月借方发生额
DFE_XM（I，C，b，m，y，d）	某项目某科目的本月贷方发生额
JLJE_XM（I，C，b，m，y，d）	某项目某科目的本年借方累计发生额
DLJE_XM（I，C，b，m，y，d）	某项目某科目的本年贷方累计发生额
ZLJ_XM（I，C，b，m，y，d）	某项目某科目的总累计额
FSE_XM_WB（I，C，b，m，y，d）	某项目某科目的本月外币发生额
LJE_XM_WB（I，C，b，m，y，d）	某项目某科目的本年外币累计发生额

4. 固定资产取数函数

固定资产函数用于从“固定资产管理”模块取数。

参数含义：L- 固定资产类别，YY- 固定资产变动原因

GD_YZ（m，L，b，y，d）	取某一类固定资产原值
GD_YZJ（m，L，b，y，d）	取某一类固定资产月折旧额
GD_LJZJ（m，L，b，y，d）	取某一类固定资产累计折旧
GD_ZJJZ（m，L，b，yy，y，d）	取某一类固定资产折旧净增
GD_YZJZ（m，L，b，yy，y，d）	取某一类固定资产原值净增
GD_ZJYZ（m，L，b，yy，y，d）	取某一类固定资产增加原值
GD_ZJZJ（m，L，b，yy，y，d）	取某一类固定资产增加折旧
GD_JSYZ（m，L，b，yy，y，d）	取某一类固定资产减少原值
GD_JSZJ（m，L，b，yy，y，d）	取某一类固定资产减少折旧
GD_YZZY（m，L，b，1 或 2，y，d）	原值转移（转出 1 转入 2）

5. 工资取数函数

工资函数用于从“工资核算系统”模块取数。

参数含义：N－员工号，X－工资款项序号，C－员工类别代码

GZ_XM（N，m，y，d）	根据工号取员工姓名
GZ_KXMC（X，m，y，d）	根据款项序号取某款项名称
GZ_KXMC（N，X，m，y，d）	取某员工某款项额
GZ_KXHJ（X，b，c，m，y，d）	取某款项某部门、某类型某月总额
GZ_RENS（b，c，m，y，d）	取工资模块人数统计
GZ_RENSKJ（d，b，c，m，y，d）	取工资模块人数统计（会计委派专用）

第六章　用友软件

第一节　系统管理

一、用友软件概述

用友软件股份有限公司（以下简称“用友公司”）自 1988 年成立以来，一直从事企业应用软件产品的研发、销售和服务。2001 年 5 月，用友公司股票在上海证券交易所挂牌上市（股票简称：用友软件；股票代码：600588）。2002 年“用友”商标被认定为“中国驰名商标”。用友公司是中国最大的管理软件 ERP 软件供应商。用友公司管理软件销售额稳居中国市场首位，在制造业、流通业、服务业、金融业、政府机构，用友软件都得到了广泛的应用，成为推动中国企业管理信息化和政府信息化的主流应用软件。根据 CCID 的市场调查结果，用友软件摘取了 2001—2002 年度中国管理软件、财务软件、本土 ERP 软件市场占有率三项第一的桂冠；根据 IDC 的市场调查结果，用友软件为 2001 年度中国企业资源管理软件（ERM）的市场占有率第一。用友公司是中国最大的财务软件供应商。用友公司财务软件市场占有率自 1990 年以来一直稳居中国市场首位，成为推动中国财务管理信息化的主流应用软件和实际应用标准，用友集中式财务管理软件已经成为集团型企业进行集中式管理的首选产品。用友公司与中国工商银行总行的合作将使中国工商银行通过用友软件向客户提供电子银行服务。用友公司是中国最大的独立软件供应商。用友软件的产品主要有 NC、U8、通系列等，以下给大家介绍 U8 的使用。

用友软件的网址：http：//www.ufsoft.com.cn。

二、U8 的操作流程

新用户操作流程：

启动系统管理 -> 以系统管理员 Admin 身份登录 -> 新建账套 -> 增加用户、角色 -> 设置角色、用户权限 -> 启用各相关系统

老用户操作流程：

启动系统管理 -> 以账套主管注册登录 -> 建立下一年度账 -> 结转上年

数据 -> 启用各相关系统 -> 进行新年度操作

三、企业门户

为使企业能够释放存储在企业内部和外部的各种信息，使企业员工、用户和合作伙伴能够从单一的渠道访问其所需的个性化信息，软件提供了企业门户。通过企业门户，企业员工可以通过单一的访问入口访问企业的各种信息，定义自己的业务工作，并设计自己的工作流程。信息的及时沟通，资源的有效利用，与合作伙伴的在线和实时的链接，将提高企业员工的工作效率以及企业的总处理能力。

四、控制台

用友 ERP-U8 软件产品是由多个产品组成，各个产品之间相互联系，数据共享，完整实现财务、业务一体化的管理。对于企业的资金流、物流、信息流的三流统一管理，实时反映提供了有效的方法、工具。系统控制台可以快速进入用户具有权限的各相关模块，以避免重复登录，节省时间。ERP-U8 可分为基础设置，财务会计，管理会计，供应链，生产制造，人力资源，集团应用，WEB 应用，商业智能和企业应用集成十大产品组。各产品组包括的产品如下：

基础设置—基本信息、基础档案、数据权限、单据设置；

财务会计—总账、应收款管理、应付款管理、报账中心、工资管理、固定资产、网上银行、UFO 报表、现金流量表、财务分析；

管理会计—成本管理、项目管理、专家财务分析；

供应链—物料需求计划、采购管理、销售管理、库存管理、存货核算、GSP 质量管理；

生产制造—生产制造；

人力资源—人力资源；

集团应用—资金管理、合并报表（母）、合并报表（子）、行业报表；

WEB 应用—WEB 财务、WEB 资金管理、WEB 购销存；

商业智能—管理驾驶舱，管理驾驶舱控制台；

企业应用集成—企业应用集成、企业应用集成（远程）。

五、系统管理

1. 系统管理的含义

对于多个产品的操作，系统需要对账套的建立、修改、删除和备份，操作员的建立、角色的划分和权限的分配等功能，需要一个平台来进行集中管理，系统管理模块的功能就是提供这样一个操作平台。其优点就是对于企业的信息化管理人员可以进行方便的管理，及时的监控，随时可以掌握企业的信息系统状态。

2. 系统管理的使用者

系统管理的使用对象为企业的信息管理人员（即系统管理软件中的操作员 Admin）或账套主管。

3. 系统管理的功能

使用者系统管理模块主要能够实现如下功能：对账套的统一管理，包括建立、修改、引入和输出（恢复备份和备份）。对操作员及其功能权限实行统一管理，设立统一的安全机制，包括用户、角色和权限设置。允许设置自动备份计划，系统根据这些设置定期进行自动备份处理，实现账套的自动备份。对年度账的管理，包括建立、引入、输出年度账，和结转上年数据，清空年度数据。由于用友 ERP-U8 软件所含的各个产品是为同一个主体的不同层面服务的，并且产品与产品之间相互联系、数据共享，因此，就要求这些产品具备如下特点：具备公用的基础信息，拥有相同的账套和年度账操作员和操作权限集中管理并且进行角色的集中权限管理，业务数据共用一个数据库系统。

掌握用友 ERP-U8 软件中有关财务管理系统中的系统管理的相关内容，理解系统管理在整个财务管理系统中的作用及重要性，充分理解财务分工的意义。下面通过上机实验来掌握“系统管理”的功能。

实验一 系统管理

【实验内容】

1. 建立单位账套；2. 增加操作员；3. 进行财务分工；4. 备份账套数据；

5. 账套数据引入；6. 修改账套数据。

【实验资料】

（1）建立新账套

①账套信息

账套号：001；账套名称：北京朔日科技有限公司；采用默认账套路径；启用会计期：2003 年 1 月；会计期间设置：1 月 1 日至 12 月 31 日。

②单位信息

单位名称：北京朔日科技有限公司；单位简称：朔日公司。

③核算类型

该企业的记账本位币为人民币（RMB）；企业类型为工业；行业性质为新会计制度；账套主管为陈明；按行业性质预置科目。

④基础信息

该企业有外币核算，进行经济业务处理时，需要对存货、客户、供应商进行分类。

⑤分类编码方案

科目编码级次：42222，其他：默认

⑥数据精度

该企业对存货数量、单价小数位定为2。

（2）财务分工

① 001 陈明（口令：1）—账套主管

负责财务软件运行环境的建立，以及各项初始设置工作；负责财务软件的日常运行管理工作，监督并保证系统的有效、安全、正常运行；负责总账系统的凭证审核、记账、账簿查询、月末结账工作；负责报表管理及其财务分析工作。具有系统所有模块的全部权限。

② 002 王晶（口令：2）—出纳

负责现金、银行账管理工作。具有“总账－凭证－出纳签字”权限；具有“总账－出纳”的全部操作权限。

③ 003 马方（口令：3）—会计

负责总账系统的凭证管理工作以及客户往来和供应商往来管理工作。具有“总账－凭证－凭证处理”的全部权限；具有“总账－凭证－查询凭证、打印凭证、科目汇总、摘要汇总表、常用凭证、凭证复制”权限；具有“总账－期末－转账设置、转账生成”权限。

【实验要求】

以系统管理员 Admin 的身份注册系统管理。

【操作指导】

（1）启动系统管理

执行“开始”|“程序”|“用友 ERP-U8”|“系统服务”|“系统管理”命令，进入“用友 ERP-U8〖系统管理〗”窗口。如下图所示：

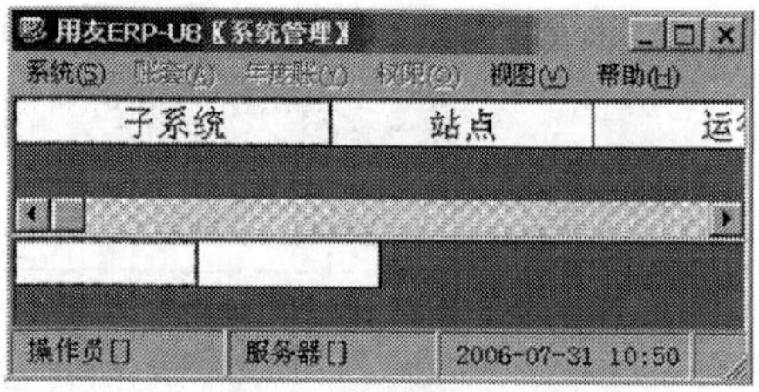

（2）登录系统管理

①执行“系统”|“注册”命令，打开“注册〖系统管理〗”对话框。

②输入：服务器（默认）；操作员：admin；密码：（空）。单击“确定”按钮，以系统管理员身份进入系统管理。

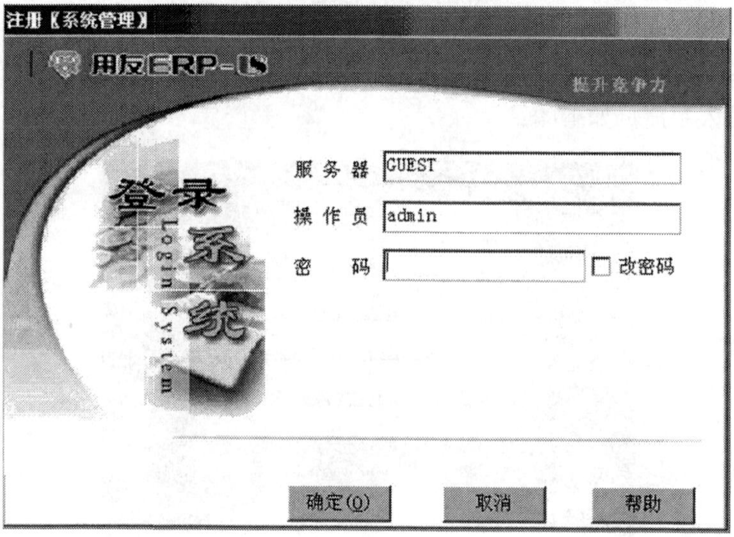

注意：

·为了保证系统的安全性，在“系统管理员登录”对话框中，可以设置或更改系统管理员的密码。首先将“改密码”复选框选中，单击“确定”按钮，打开“设置操作员口令”对话框，在“新口令”和“确认新口令”后面的输入区中均输入新密码，最后单击“确定”按钮，返回系统管理。

·一定要牢记设置的系统管理员密码，否则无法以系统管理员的身份进入系统管理，也就不能执行账套数据的输出和引入。

·考虑实际教学环境，建议不要设置系统管理员密码。

·用友 ERP-U8 系统运行期间禁止修改计算机操作系统日期。

（3）增加操作员

①执行“权限”|“用户”命令，进入“用户管理”窗口，窗口中显示系统预设的几位用户：demo、SYSTEM、UFSOFT 和 WEB。如下图：

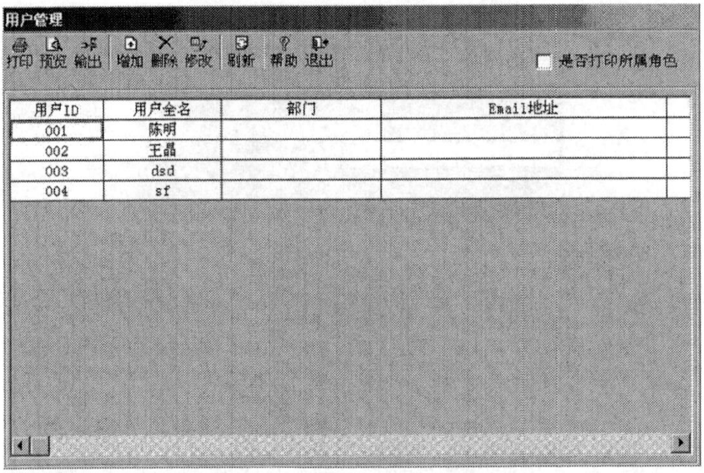

②单击工具栏中的“增加”按钮，打开“增加用户”对话框，按表中所示资料输入用户。如下图：

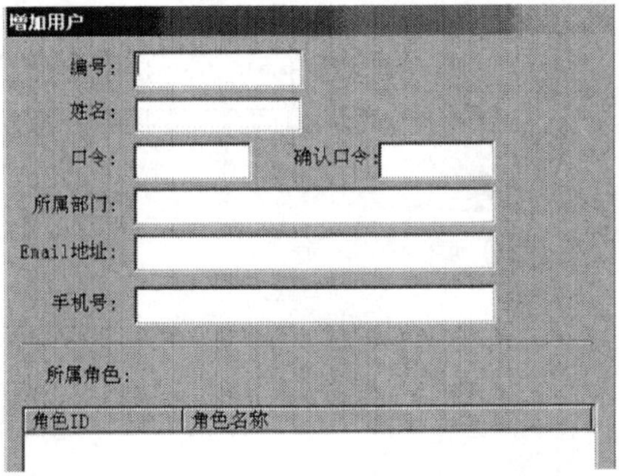

编号	姓名	口令	确认口令	所属部门	角色	完成操作
001	陈明	1	1	财务部	账套主管	单击“增加”按钮
002	王晶	2	2	财务部		单击“增加”按钮
003	马方	3	3	财务部		单击“增加”按钮

③最后单击“退出”按钮结束，返回“用户管理”窗口，所有用户以列表方式显示。

注意：

· 只有系统管理员用户才有权限设置操作员。

· 操作员编号在系统中必须唯一，即使是不同的账套，操作员编号也不能重复。

·设置操作员口令时，为保密起见，输入的口令字以“*”号在屏幕上显示。

·所设置的操作员用户一旦被引用，便不能被修改和删除。

·指定“陈明”为“账套主管”角色，“账套主管”角色拥有了该账套的全部功能权限。其他两位用户不通过指定角色的方式来分配功能权限，直接在权限分配时指明其相应的权限。

（4）建立账套

①执行“账套”|“建立”命令，打开“创建账套”对话框。如下图：

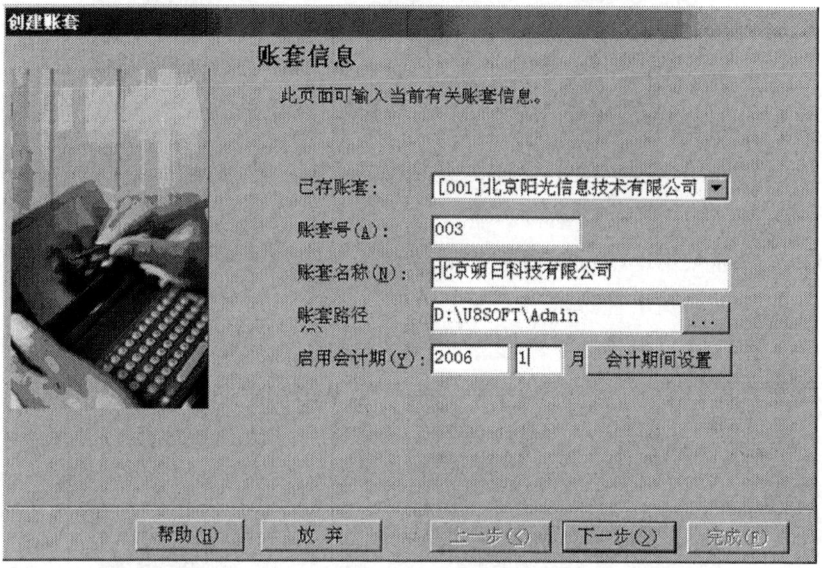

②输入账套信息

现存账套：系统将已存在的账套以下拉列表框的形式显示，用户只能查看，不能输入或修改。“[999]演示账套”是系统内置的。

账套号：必须输入。本例输入账套号001。

账套名称：必须输入。本例输入“北京朔日科技有限公司”。

账套路径：用来确定新建账套将要被放置的位置，系统默认的路径为“C:\U8SOFT\ADMIN”，用户可以人工更改，也可以利用“…”按钮进行参照输入，本例采用系统的缺省路径。

启用会计期：必须输入。系统缺省为计算机的系统日期，更改为“2006年1月”。

输入完成后，单击“下一步”按钮，进行单位信息设置。

③输入单位信息

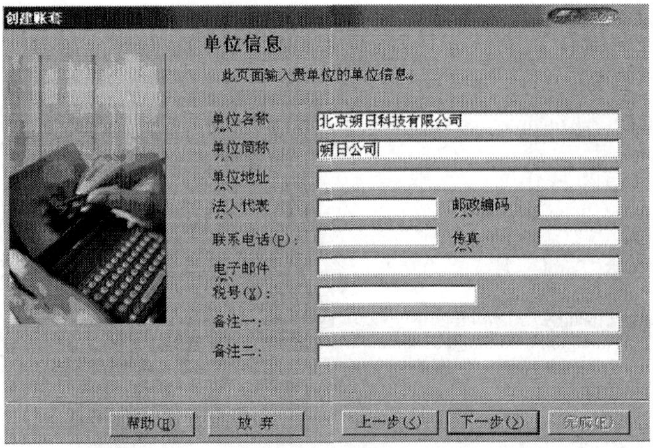

单位名称：用户单位的全称，必须输入。企业全称只在发票打印时使用，其余情况全部使用企业的简称。本例输入“北京朔日科技有限公司”。

单位简称：用户单位的简称，最好输入。本例输入“朔日公司”。

其他栏目都属于任选项。

输入完成后，单击“下一步”按钮，进行核算类型设置。

④输入核算类型

本币代码：必须输入。本例采用系统默认值“RMB”。

本币名称：必须输入。本例采用系统默认值“人民币”。

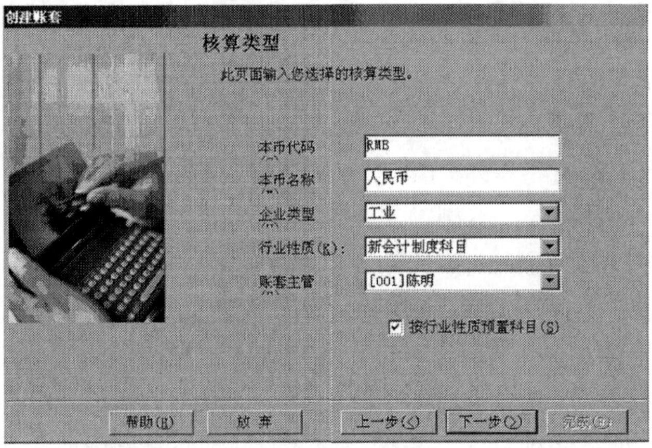

企业类型：用户必须从下拉列表框中选择输入。系统提供了工业、商业两种类型。如果选择工业模式，则系统不能处理受托代销业务；如果选择商业模式，委托代销和受托代销都能处理。本例选择“工业”。

行业性质：用户必须从下拉列表框中选择输入，系统按照所选择的行业性质预置科目。本例选择行业性质为“新会计制度科目”。

账套主管：必须从下拉列表框中选择输入。本例选择“001 陈明”。

按行业预置科目：如果用户希望预置所属行业的标准一级科目，则选中该复选框。本例选择“按行业性质预置科目”。

输入完成后，单击“下一步”按钮，进行基础信息设置。

⑤确定基础信息

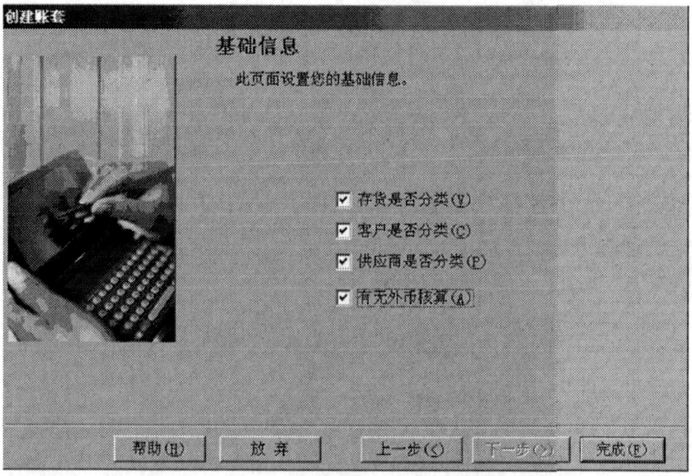

如果单位的存货、客户、供应商相对较多，可以对他们进行分类核算。如果此时不能确定是否进行分类核算，也可以等到分销软件启动时再设置分类核算。

按照本例要求，见上图，选中“存货是否分类”“客户是否分类”“供应商是否分类”“有无外币核算”4 个复选框，单击“完成”按钮，弹出系统提示“可以创建账套了么？”，单击“是”按钮，见下图，稍候，打开“分类编码方案”对话框。

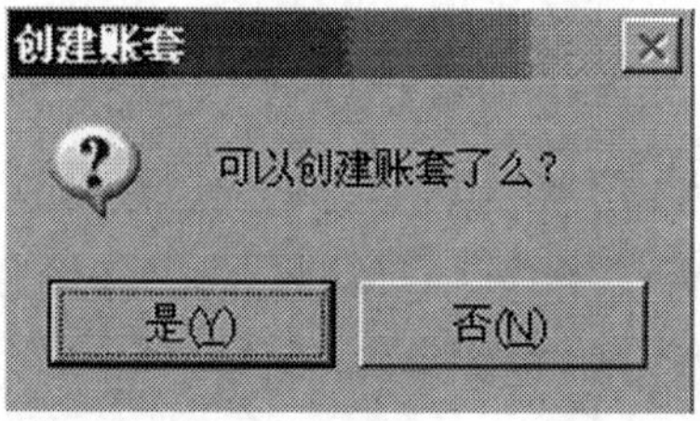

⑥确定分类编码方案

为了便于对经济业务数据进行分级核算、统计和管理，系统要求预先设置某些基础档案的编码规则，即规定各种编码的级次及各级的长度。见下图：

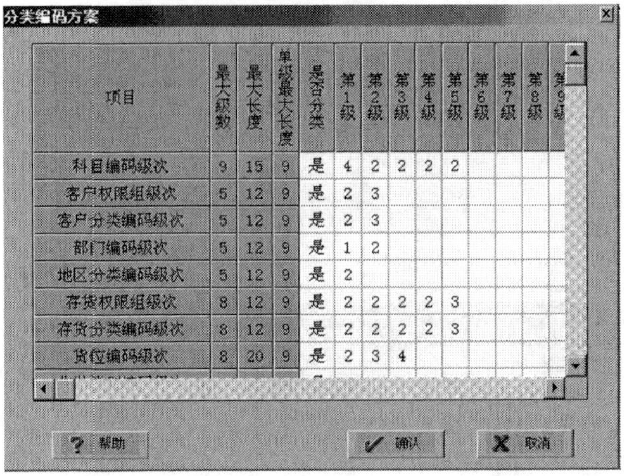

按实验资料所给内容修改系统默认值，单击“确认”按钮，打开“数据精度定义”对话框。

⑦数据精度定义

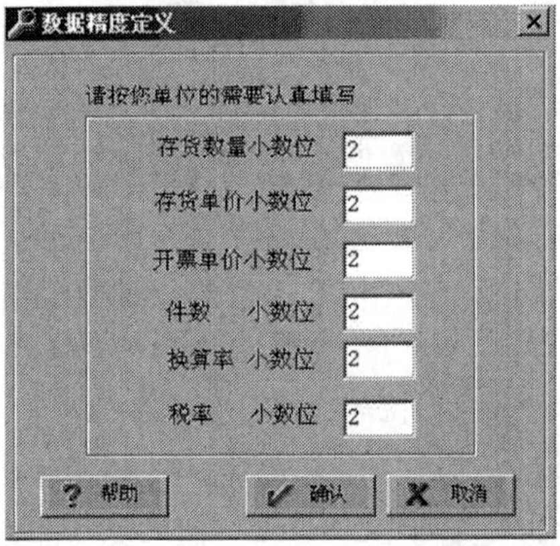

数据精度是指定义数据的小数位数，如果需要进行数量核算，需要认真填写该项。本例采用系统默认值，见上图，单击“确认”按钮，弹出系统提示“创建账套成功！”和“现在进行系统启用的设置？”，见下图。单击“是”，弹出“系统启用”对话框。

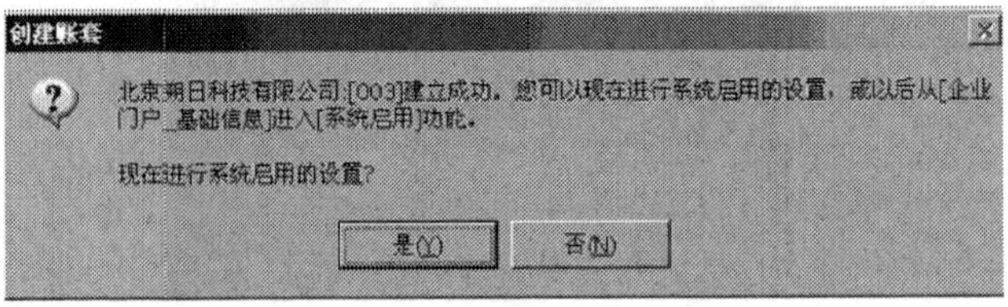

⑧系统启用

选中“GL- 总账”复选框，弹出“日历”对话框，选择日期“2006 年 1 月 1 日“，单击“确定”按钮，单击“退出”按钮，见上图。

（5）财务分工

①执行“权限”|“权限”命令，进入“操作员权限”窗口。见下图：

②选择 001 账套；2006 年度。

③从操作员列表中选择陈明，选中“账套主管”复选框，确定陈明具有账套主管权限。

注意：

· 由于在建立账套时已指定“陈明”为账套主管，此处无需再设置。

· 一个账套可以设定多个账套主管。

· 账套主管自动拥有该账套的所有权限。

· 如果在角色管理或用户管理中已将“用户”归属于“账套主管”角色，则该操作员即已定义为系统内所有账套的账套主管。本例中，由于在用户管理中指明了“陈明”具有“账套主管”角色，因此，“陈明”不仅是001账套的账套主管，同时也是本系统中其他账套的账套主管。

④选择王晶，单击工具栏中的“修改”按钮，打开“增加和调整权限”对话框，根据实验资料选择相应的权限项，单击“确定”按钮。同理，设置操作员马方的权限。

⑤单击工具栏中的“退出”按钮，返回系统管理。

注意：

· 在用友ERP-U8系统中，提供了3个层次的权限管理。分别是功能级权限管理、数据级权限管理、金额级权限管理。

· 功能级权限管理提供了对不同的用户分配不同功能模块的操作权限。例如：用户“王晶”分配了“总账－出纳”的全部权限。

· 数据级权限管理。该权限可通过两个方面进行控制，一个是字段级权限控制，另一个是记录级权限控制。例如：设定用户“马方”只能录入某一种凭证类别的凭证。

· 金额级权限管理。该权限主要用于完善内部金额控制，实现对具体金额数量划分级别，对不同岗位和职位的操作员金额级别控制，限制他们制单时可以使用的金额数量。例如，设定用户“马方”只能录入金额在20000元以下的凭证。

· 功能级权限的分配在系统管理中“权限分配”中设置，数据级权限和金额级权限在“企业门户”|“基础信息”|“数据权限”中进行设置，且必须是在系统管理的功能权限分配之后才能进行。本实验中指功能级权限的分配。

（6）备份账套数据

①以系统管理员的身份注册进入系统管理。

②执行“账套”|“输出”命令，打开“账套输出”对话框，选择需要输出的账套001，单击“确认”按钮。

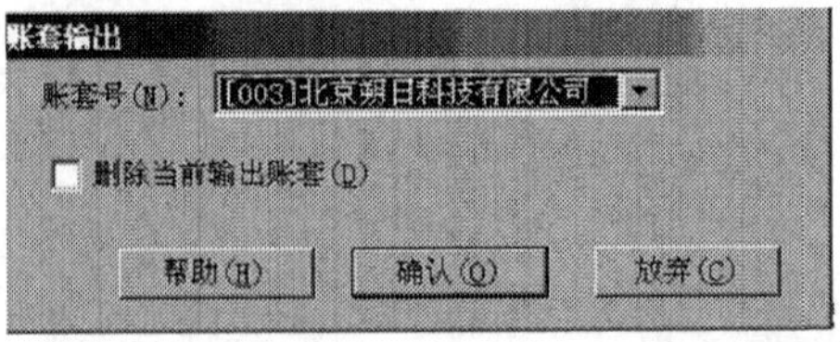

③系统压缩完成所选账套数据后，弹出“选择备份目标”对话框。

④单击下拉列表框，选择需要将账套数据输出的驱动器及所在文件夹，

单击“确认”按钮。

⑤系统开始进行备份，备份完成后，弹出系统提示“备份完毕！”，单击“确定”按钮返回。

注意：

· 只有系统管理员（admin）才能进行账套备份。备份的账套数据名以“Uferpact”为前缀。

· 正在使用的账套是不允许删除的。

· 若要删除选中账套数据，则在输出账套时，选中“删除当前输出账套”即可。

（7）账套数据引入

①以系统管理员的身份注册进入系统管理。

②执行“账套”|“引入”命令，打开“引入账套数据”对话框，选择需要引入的账套路径“c：\u8soft\demo999”，选择账套文件“UFERPACT.LST”单击“打开”按钮。

③系统提示“重新指定账套路径吗？”，单击“否”按钮。

④系统提示“正在引入账套，请等待……”，最后提示“账套引入成功！”，单击“确定”按钮。

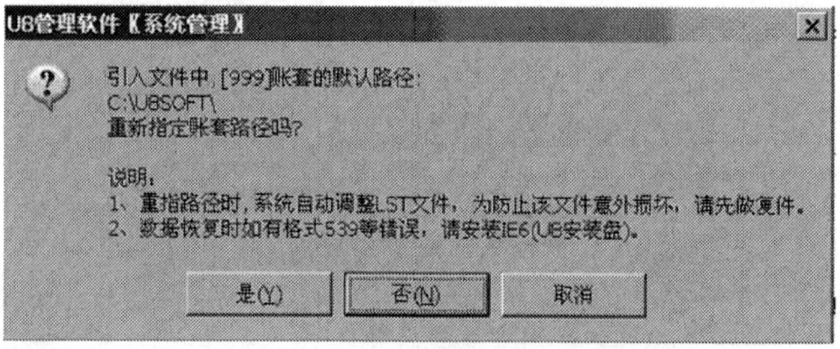

注意：

· 只有系统管理员（admin）才能进行账套引入。

· 本实验引入的 999 账套数据为系统提供的账套数据，可打开在未建立新的账套之前，打开此账套了解和学习相关操作，查询相关的信息。

（8）修改账套数据

如果账套启用后需要修改建账参数，需要以账套主管的身份注册进入系统管理。

①在“系统管理”窗口，执行“系统”|“注册”命令，打开“注册〖系统管理〗”对话框。

注意：

· 如果此前是以系统管理员的身份注册进入系统管理，那么需要首先执行“系统”|“注销”命令，注销当前系统操作员，再以账套主管的身份登录。

②输入：操作员“001”；密码“1”。选择账套“001 北京朔日科技有限公司”；会计年度“2006”；日期“2006-01-01”。

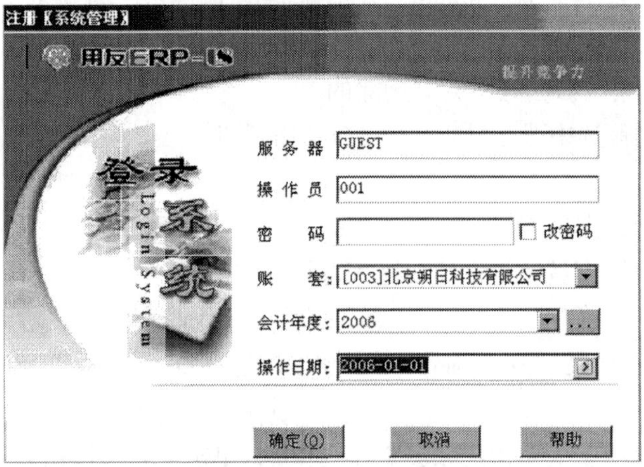

③单击“确定”按钮，进入“系统管理”窗口，菜单中显示为黑色字体的部分为账套主管可以操作的内容。

④执行“账套”|“修改”命令，打开“修改账套”对话框，可修改的账套信息以白色显示，不可修改的账套信息以灰色显示。

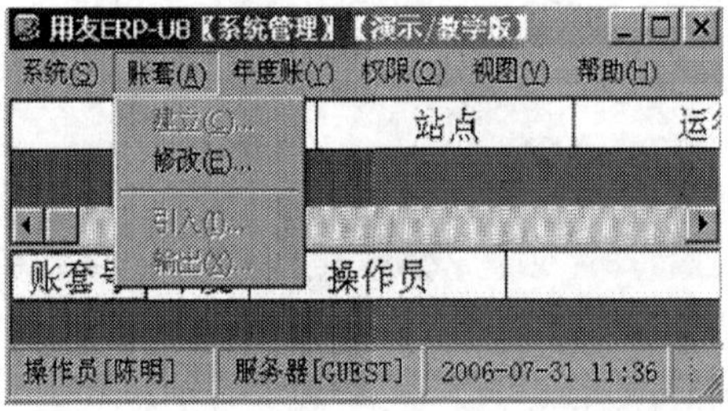

⑤修改完成后，单击“完成”按钮，弹出系统提示信息“确认修改账套了吗？”，单击“是”按钮，确定“分类编码方案”和“数据精度定义”，单击“确认”按钮，弹出系统提示“修改账套成功。”

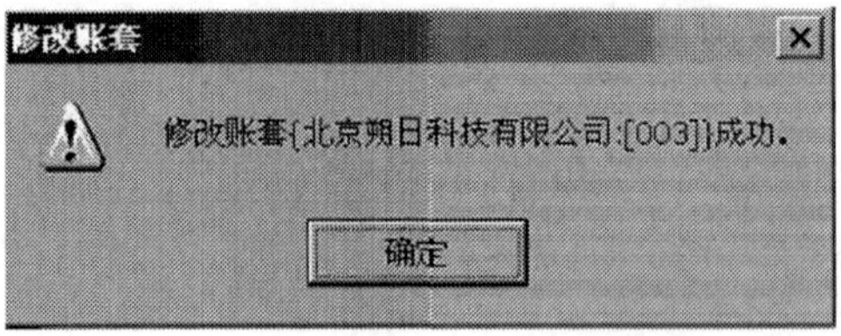

第二节 基础档案设置

【实验目的】

掌握用友 ERP-U8 软件中有关基础档案设置的相关内容，理解基础档案设置在整个系统中的作用，理解基础档案设置的数据对日常业务处理的影响。

【实验内容】

设置基础档案。包括部门档案、职员档案、客户分类、供应商分类、地区分类、客户档案、供应商档案、开户银行、外币及汇率、结算方式。

【实验资料】

北京朔日科技有限公司分类档案资料如下：

（1）部门档案（编码规则 1-2）

部门编码	部门名称	部门属性	部门编码	部门名称	部门属性
1	综合部	管理部门	203	销售三部	专售软件
101	总经理办公室	综合管理	204	销售四部	售配套用品
102	财务部	财务管理	3	供应部	采购供应
2	销售部	市场营销	4	制造部	研发制造
201	销售一部	专售打印纸	401	产品研发	技术开发
202	销售二部	专售硬件	402	制造车间	生产制造

（2）职员档案（编码规则 3）

职员编号	职员名称	所属部门	职员属性
101	肖剑	总经理办公室	总经理
102	陈明	财务部	会计主管
103	王晶	财务部	出纳
104	马方	财务部	会计
201	赵斌	销售一部	部门经理
202	宋佳	销售二部	经营人员
203	孙健	销售三部	部门经理
204	王华	销售四部	经营人员
301	白雪	供应部	部门经理
401	周月	产品研发	部门经理
402	李彤	制造车间	部门经理

（3）客户分类（编码规则 2-3）

分类编码	分类名称
01	事业单位
01001	学校
01002	机关
02	企业单位
02001	工业
02002	商业
02003	金融
03	其他

（4）供应商分类（编码规则 2）

分类编码	分类名称
01	硬件供应商
02	软件供应商
03	材料供应商
04	其他

（5）地区分类（编码规则 2）

地区分类	分类名称
01	东北地区
02	华北地区
03	华东地区
04	华南地区
05	西北地区
06	西南地区

（6）客户档案（编码规则3）

客户编号	客户名称	客户简称	所属分类码	所属地区	税号	开户银行	银行账号	地址	邮政编码	发展日期
001	北京世纪学校	世纪学校	01001	02	11111	工行	73853654	北京市海淀区上地路1号	100077	2003-01-01
002	天津海达公司	海达公司	02002	02	22222	工行	69325581	天津市南开区华苑路1号	300000	2003-01-01
003	上海万邦证券公司	万邦证券	02003	03	33333	工行	36542234	上海市徐汇区天平路8号	200032	2003-01-01
004	哈尔滨市飞机制造厂	哈飞	02001	01	44444	中行	43810587	哈尔滨市平房区和平路116号	150008	2003-01-01

（7）供应商档案（编码规则3）

供应商编号	供应商名称	供应商简称	所属分类码	所属地区	税号	开户银行	银行账号	邮编	地址	发展日期
001	北京万科有限公司	万科	02	02	55555	中行	48723367	100045	北京市朝阳区十里堡8号	2003-01-01
002	北京联想分公司	联想	01	02	66666	中行	76473293	100036	北京市海淀区开拓路108号	2003-01-01
003	南京多媒体教学研究所	多媒体研究所	04	03	77777	工行	55561275	230187	南京市湖北路100号	2003-01-01
004	上海信息记录纸厂	记录纸厂	03	03	88888	工行	85115076	200332	上海市浦东新区东方路1号	2003-01-01

（8）外币及汇率

币符：USD；币名：美元；固定汇率1:8.275。

（9）结算方式（编码规则1-2）

结算方式编码	结算方式名称	票据管理
1	现金结算	否
2	支票结算	否
201	现金支票	是
202	转账支票	是
3	其他	否

【实验要求】

以账套主管“陈明”的身份注册企业门户。

【操作指导】

1. 启动企业门户

执行“开始”|“程序”|“用友 ERP-U8”|“企业门户”命令，打开“注册〖企业门户〗”对话框。输入：操作员“001”；密码“1”。选择账套“001 北京朔日科技有限公司”；会计年度“2006”；日期“2006-01-01”。单击“确认”按钮。

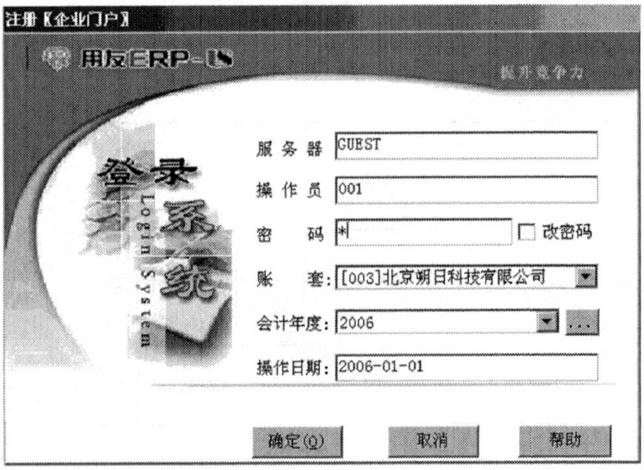

2. 进行基础设置

打开“控制台”页签，执行“基础信息”|“基础档案”命令，在“基础档案”窗口中，双击要设置的档案项目，即进入相应项目的设置界面。

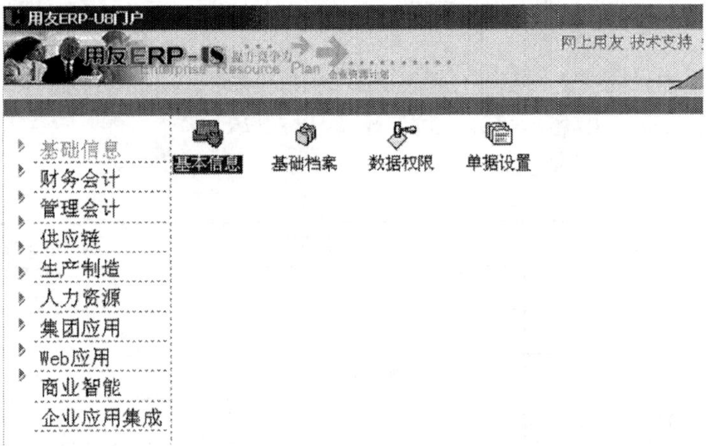

3. 按所给实验资料依次输入基础档案数据。见下图：

注意：

· 所有档案建立时，应遵循事先设定的编码原则。

· 客户档案、供应商档案应建立在最末级分类上。

· 上述基础档案的建立在总账系统中也可进行。

第三节　总账系统初始化

【实验目的】

掌握用友 ERP-U8 软件中总账系统初始设置的相关内容，理解总账系统初始设置的意义，掌握总账系统初始设置的操作方法。

【实验内容】

1. 总账系统控制参数设置；2. 基础档案设置：会计科目、凭证类别、项目目录；3. 期初余额录入。

【实验要求】

以“陈明”的身份进行初始设置。

【实验资料】

1. 总账控制参数

选项卡	参数设置
凭证	制单序时控制 支票控制 可以使用应收、应付系统的受控科目 打印凭证页脚姓名 凭证审核控制到操作员 出纳凭证必须经出纳签字 凭证编号由系统编号 外币核算采用固定汇率 进行预算控制
账簿	账簿打印位数每页打印行数按软件默认的标准设定 明细账查询权限控制到科目 明细账打印按年排页
会计日历	会计日历为 1 月 1 日—12 月 31 日
其他	数量小数位和单价小数位设为 2 位 部门、个人、项目按编码方式排序

2. 基础数据

（1）2006 年 12 月份会计科目及期初余额表

科目名称	辅助核算	方向	币别计量	期初余额
现金（1001）	日记	借		6875.70
银行存款（1002）	银行日记	借		193829.16
工行存款（100201）	银行日记	借		193829.16
中行存款（100202）	银行日记	借	美元	
应收账款（1131）	客户往来	借		157600.00
其他应收款（1133）	个人往来	借		3800.00
坏账准备（1141）		贷		800.00
预付账款（1151）	供应商往来	借		
物资采购（1201）		借		–294180.00
生产用物资采购（120101）		借		–101000.00
其他物资采购（120102）		借		–193180.00
原材料（1211）		借		2058208.00
生产用原材料（121101）	数量核算	借	吨	150000.00
其他原材料（121102）		借		1908208.00

续表

科目名称	辅助核算	方向	币别计量	期初余额
包装物（1221）		借		
材料成本差异（1232）		借		1000.00
库存商品（1243）		借		544000.00
委托加工物资（1251）		借		
待摊费用（1301）		借		642.00
报刊费（130101）		借		642.00
固定资产（1501）		借		260860.00
累计折旧（1502）		贷		47120.91
在建工程（1603）		借		
人工费（160301）	项目核算	借		
材料费（160302）	项目核算	借		
其他（160303）	项目核算	借		
待处理财产损溢（1911）				
待处理流动资产损溢（191101）				
待处理固定资产损溢（191102）				
无形资产（1801）		借		58500.00
短期借款（2101）		贷		200000.00
应付账款（2121）	供应商往来	贷		276850.00
预收账款（2131）	客户往来	贷		
应付工资（2151）		贷		
应付福利费（2153）		贷		8200.00
应交税金（2171）		贷		−16800.00
应交增值税（217101）		贷		−16800.00
进项税额（21710101）		贷		−33800.00
销项税额（21710105）		贷		17000.00
其他应付款（2181）		贷		2100.00
预提费用（2191）		贷		
借款利息（219103）		贷		
实收资本（3101）		贷		2609052.00
本年利润（3131）		贷		0.00
利润分配（3141）		贷		−119022.31

续表

科目名称	辅助核算	方向	币别计量	期初余额
未分配利润（314115）		贷		-119022.31
生产成本（4101）		借		17165.74
直接材料（410101）	项目核算	借		10000.00
直接人工（410102）	项目核算	借		4000.74
制造费用（410103）	项目核算	借		2000.00
折旧费(410104)	项目核算	借		1165.00
其他 （410105）	项目核算	借		
制造费用（4105）		借		
工资（410501）		借		
折旧费（410502）		借		
主营业务收入（5101）		贷		
其他业务收入（5102）		贷		
主营业务成本（5401）		借		
主营业务税金及附加（5402）		借		
其他业务支出（5405）		借		
营业费用（5501）		借		
管理费用（5502）		借		
工资（550201）	部门核算	借		
福利费（550202）	部门核算	借		
办公费（550203）	部门核算	借		
差旅费（550204）	部门核算	借		
招待费（550205）	部门核算	借		
折旧费（550206）	部门核算	借		
其他（550207）	部门核算	借		
财务费用（5503）		借		
利息支出（550301）		借		

（2）凭证类别

凭证类别	限制类型	限制科目
收款凭证	借方必有	1001，100201，100202
付款凭证	贷方必有	1001，100201，100202
转账凭证	凭证必无	1001，100201，100202

（3）项目目录

项目设置步骤	设置内容
项目大类	生产成本
核算科目	生产成本（4101） 直接材料（410101） 直接人工（410102） 制造费用（410103） 折旧费（410104） 其他（410105）
项目分类	1. 自行开发项目 2. 委托开发项目
项目名称	普通打印纸 -A4 凭证套打纸 -8X

3. 期初余额

（1）总账期初余额表（见“会计科目及期初余额表”）

（2）辅助账期初余额表

会计科目：1133 其他应收款　　　　余额：借 3800 元

日期	凭证号	部门	个人	摘要	方向	期初余额
2002-12-26	付 -118	总经理办公室	肖剑	出差借款	借	2000.00
2002-12-27	付 -156	销售一部	赵斌	出差借款	借	1800.00

会计科目：1131 应收账款　　　　余额：借 157600 元

日期	凭证号	客户	摘要	方向	金额	业务员	票号	票据日期
2002-12-25	转 -118	世纪学校	销售商品	借	99600	宋佳	P111	2002-12-25
2002-12-10	转 -15	海达公司	销售商品	借	58000	宋佳	Z111	2002-12-10

会计科目：2121 应付账款　　　　余额：贷 276850 元

日期	凭证号	供应商	摘要	方向	金额	业务员	票号	票据日期
2002-11-20	转 -45	万科	购买商品	贷	276850	宋佳	C000	2001-11-20

会计科目：4101 生产成本　　　　余额：借 17165.74 元

科目名称	普通打印纸 -A4	凭证套打纸 -8X	合计
直接材料（410101）	4000	6000	10000
直接人工（410102）	1500	2500.74	4000.74
制造费用（410103）	800	1200	2000

续表

科目名称	普通打印纸-A4	凭证套打纸-8X	合计
折旧费（410104）	500	665	1165
合计	6800	10365.74	17165.74

【操作指导】

1. 启动与注册

单击“开始”按钮，执行“程序”|“用友 ERP-U8”|“财务会计”|“总账”命令，打开“注册［总账］”对话框。输入：操作员“001”；密码“1”。选择：账套“001 北京朔日科技有限公司”；会计年度“2006”；日期“2006-01-01”。单击“确认”按钮。见下图：

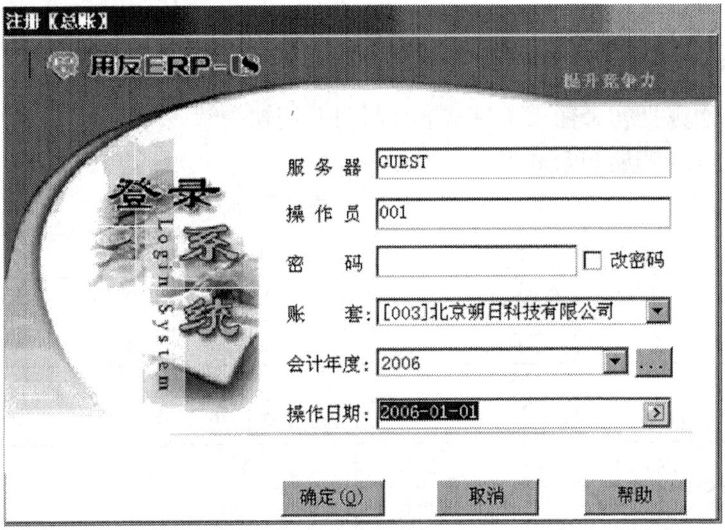

2. 设置总账控制参数

首次进入总账系统，打开“选项”参数设置对话框。选择系统默认选项。单击“确定”按钮，总账系统正式启用。系统启用后，如果默认账套参数与实际不符，可以采用以下方法进行调整。

执行“设置”|“选项”命令，打开“选项”对话框。分别单击“凭证”“账簿”“会计日历”“其他”选项卡，按照“实验资料”的要求进行相应的设置。设置完成后，单击“确定”按钮。见下图：

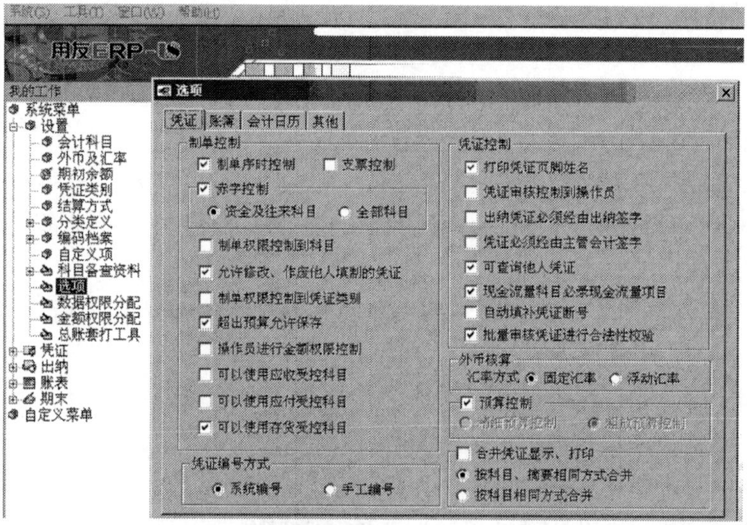

3. 设置基础数据

建立会计科目——增加明细会计科目

执行“设置”|“会计科目”命令，进入“会计科目”窗口，显示所有“按新会计制度”预置的科目。单击“增加”按钮，进入“会计科目——新增”窗口，输入实验资料中所给的明细科目。输入明细科目相关内容。输入编码“100201”、科目名称“工行存款”；选择“日记账”“银行账”，单击“确定”按钮。继续单击“增加”按钮，输入实验资料中其他明细科目的相关内容。全部输完后，单击“关闭”按钮。见下图：

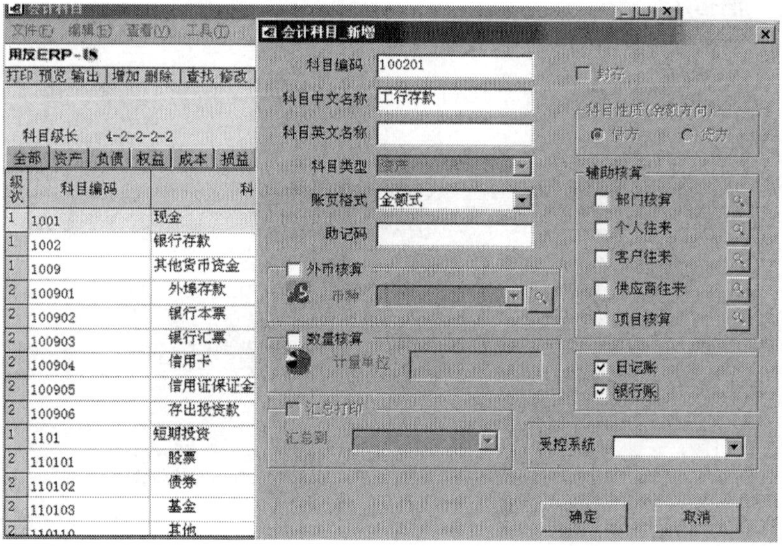

注意：

· 增加的会计科目编码长度及每段位数要符合编码规则。

· 科目一经使用，就不能再增设下级科目。只能增加同级科目。

建立会计科目——修改会计科目

在“会计科目”窗口中，单击要修改的会计科目“1001”。单击“修改”按钮或双击该科目，进入“会计科目——修改”窗口。单击“修改”按钮，选中“日记账”复选框，单击“确定”按钮。

按实验资料内容修改其他科目的辅助核算属性，修改完成后，单击“返回”按钮。

注意：

· 已有数据的科目不能修改科目性质。

· 被封存的科目在制单时不可以使用。

· 只有处于修改状态才能设置汇总打印和封存。

建立会计科目——删除会计科目

在“会计科目”窗口中，选择要删除的会计科目。单击“删除”按钮，弹出“记录删除后不能修复！真的删除此记录吗？”提示框。单击“确定”按钮，即可删除该科目。

注意：

· 如果科目已录入期初余额或已制单，则不能删除。

· 非末级会计科目不能删除。

· 被指定为“现金科目”“银行科目”的会计科目不能删除；如想删除，必须先取消指定。

建立会计科目——指定会计科目

在“会计科目”窗口中，执行“编辑”|“指定科目”命令，进入“指定科目”窗口。

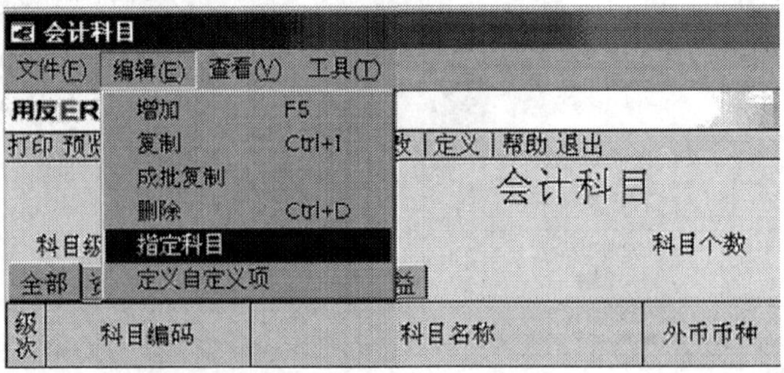

单击“现金总账科目”单选按钮，将“1001 现金”由待选科目选入已选

科目。单击“银行总账科目”单选按钮，将“1002 银行存款”由待选科目选入已选科目。单击“确认”按钮。见下图：

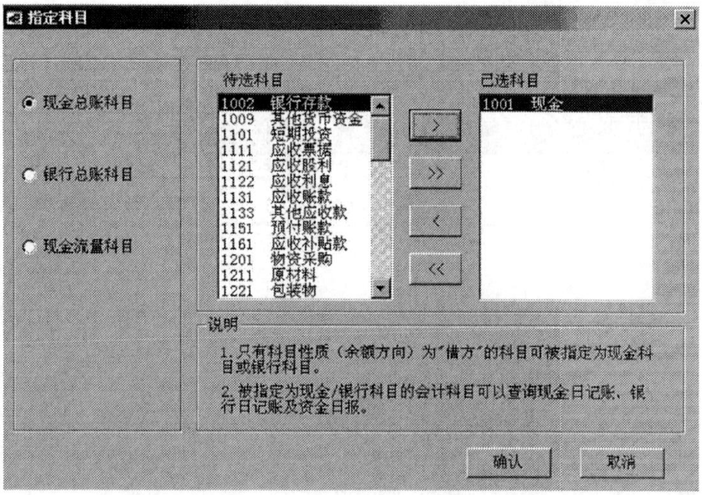

注意：

· 指定会计科目是指定出纳的专管科目。只有指定科目后，才能执行出纳签字，从而实现现金、银行管理的保密性，才能查看现金、银行存款日记账。

· 在指定“现金科目”“银行科目”之前，应在建立“现金”“银行存款”会计科目时选中“日记账”复选框。

设置凭证类别

执行“设置”|“凭证类别”命令，打开“凭证类别预制”对话框。单击“收款凭证、付款凭证、转账凭证”单选按钮。见下图：

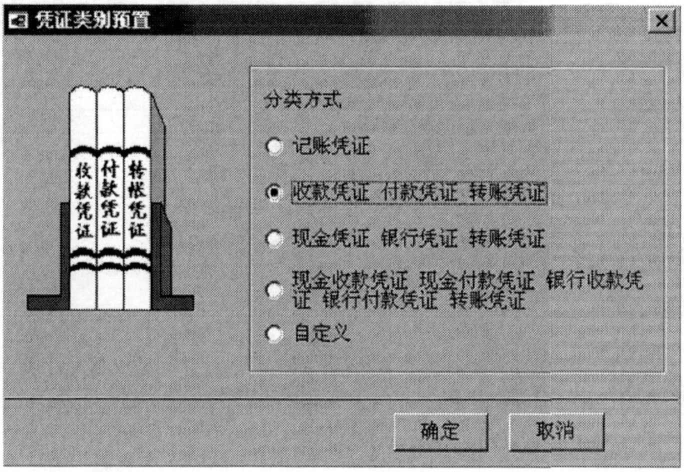

单击“确定”按钮，进入“凭证类别”窗口。

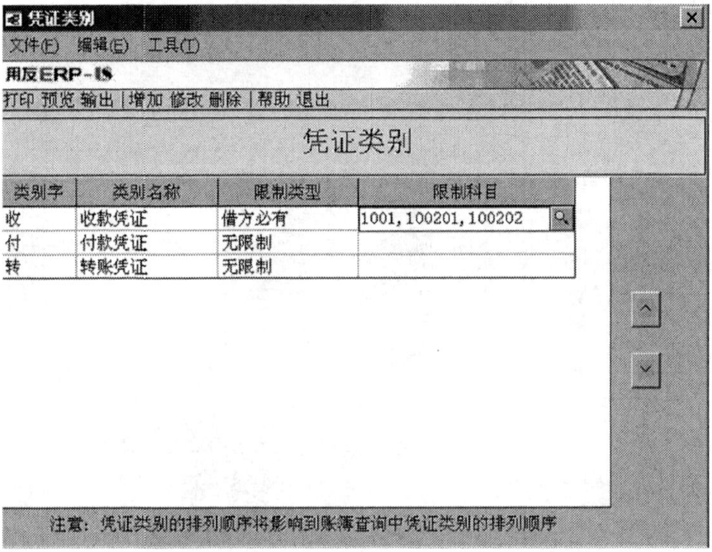

单击工具栏中的“修改”按钮，再单击收款凭证“限制类型”的下三角按钮，选择“借方必有”；在“限制科目”栏输入“1001，100201，100202”。设置付款凭证的限制类型“贷方必有”、限制科目“1001，100201，100202”；转账凭证的限制类型“凭证必无”、限制科目“1001，100201，100202”。设置完后，单击“退出”按钮。

设置项目目录——定义项目大类

执行“设置”|“编码档案”|“项目目录”命令，进入“项目档案”窗口。

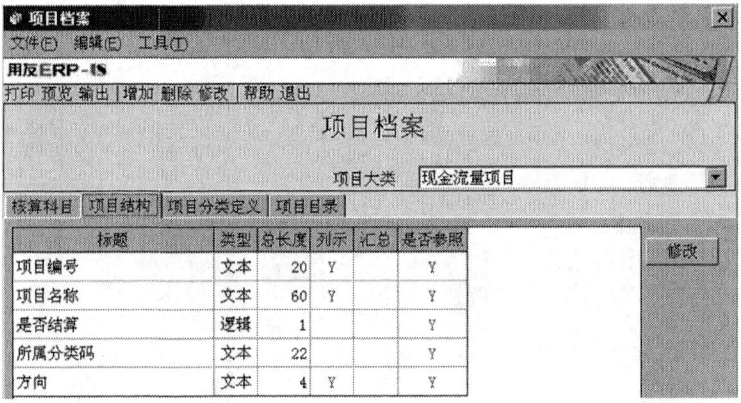

单击“增加”按钮，打开“项目大类定义——增加”对话框。输入新项目大类名称“生产成本”。单击“下一步”按钮，其他设置均采用系统默认值。最后单击“完成”按钮，返回“项目档案”窗口。

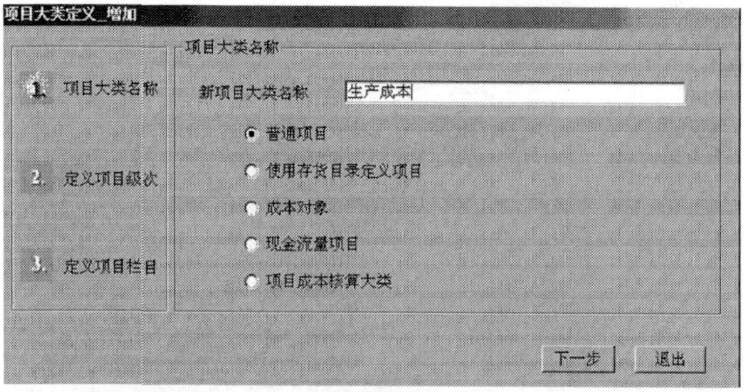

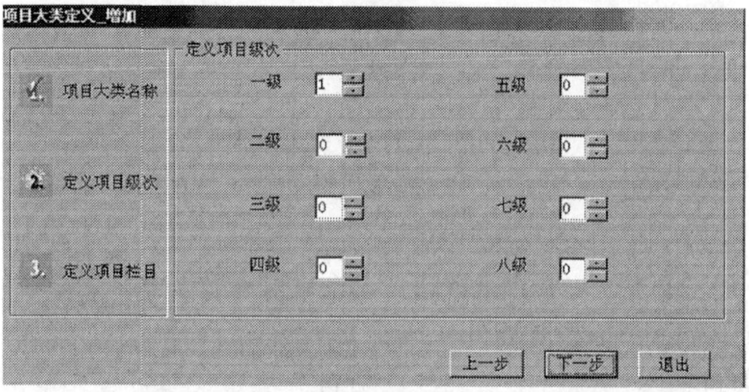

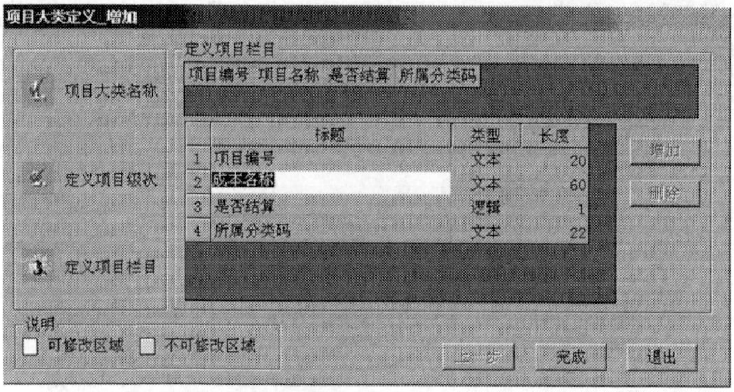

注意：

· 项目大类的名称是该类项目的总称，而不是会计科目名称。如：在建工程按具体工程项目核算，其项目大类名称应为“工程项目”而不是“在建工程”。

设置项目目录——指定核算科目

在“项目档案”窗口中，选择“核算科目”页签。

选择项目大类“生产成本”

分别选择要参加核算的科目，“410101 直接材料”“410102 直接人工”“410103 制造费用”“410104 其他”，单击“>”按钮，单击“确定”按钮，见下图。

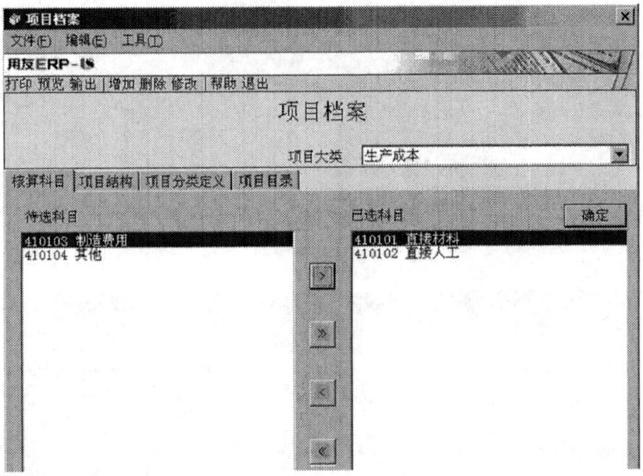

注意：

· 一个项目大类可指定多个科目，一个科目只能指定一个项目大类。

设置项目目录——定义项目分类

在“项目档案”窗口中，选择“项目分类定义”页签。单击右下角的“增加”按钮，输入分类编码“1”；输入分类名称“自行开发项目”，单击“确定”按钮，见下图。同理定义“2 委托开发项目”项目分类。

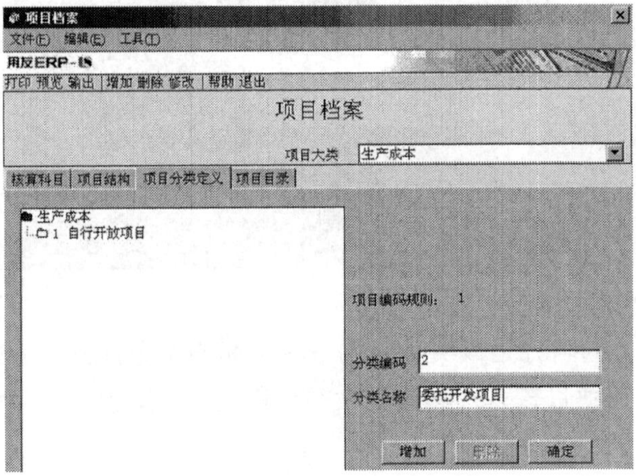

注意：

· 为了便于统计，可对同一项目大类下的项目进行进一步划分，即定义项目分类。

·若无分类，也必须定义项目分类为“无分类”。

设置项目目录——定义项目目录

在“项目档案”窗口中，选择“项目目录”页签。单击“维护”按钮，进入“项目目录维护”窗口。

单击“增加”按钮，输入项目编号“101”；输入项目名称“普通打印纸-A4”；选择所属分类码“1”。同理，继续增加“102 凭证套打纸-8X 分类码 2”项目档案。见下图：

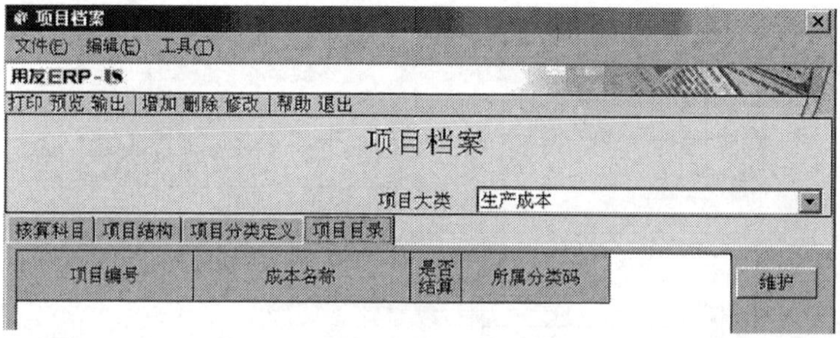

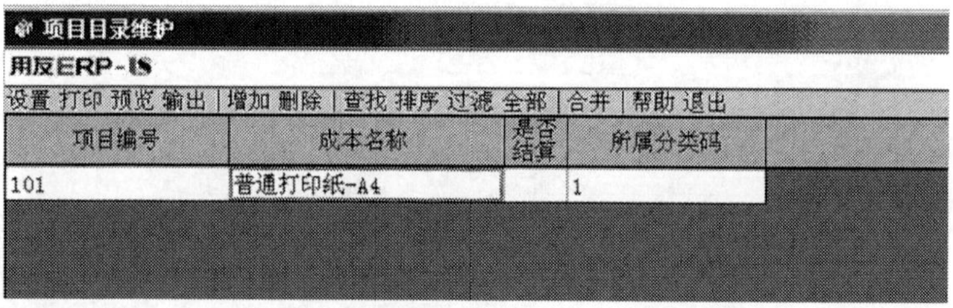

注意：

· 标识结算后的项目将不能再使用。

4. 输入期初余额

执行“设置”|“期初余额”命令，进入“期初余额录入”窗口。直接输入末级科目（底色为白色）的期初余额，上级科目的期初余额自动填列。设置了辅助核算的科目底色显示为黄色，期初余额的录入要到相应的辅助账中进行。方法是：双击设置了辅助核算属性的科目的期初余额栏，进入相应的辅助账窗口，按明细输入每笔业务的金额，完成后单击“退出”按钮，辅助账余额自动带到总账。输完所有科目余额后，单击“试算”按钮，打开“期初余额试算平衡表”对话框。若期初余额不平衡，则修改期初余额；若期初余额试算平衡，单击“退出”按钮。见下图：

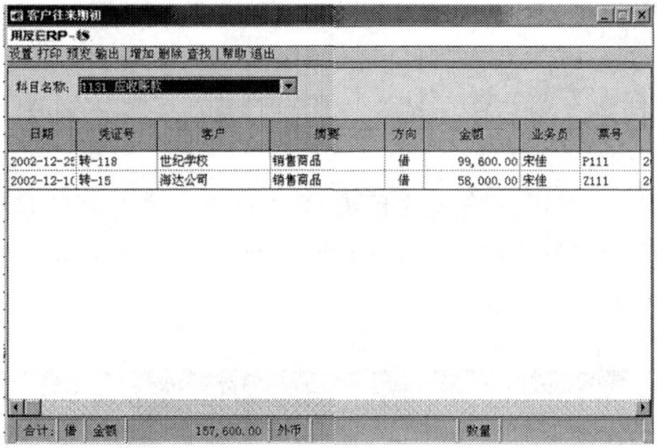

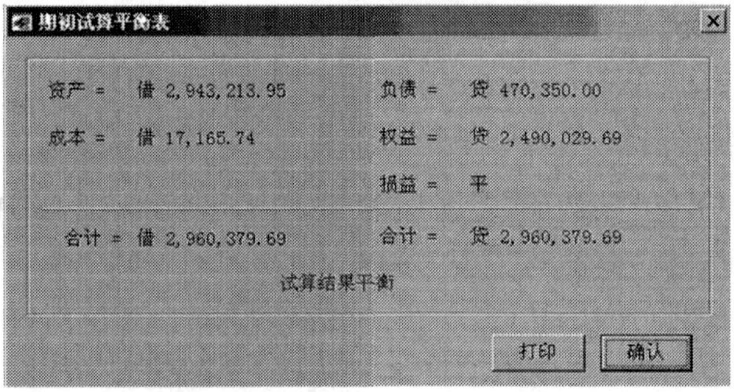

注意:

· 期初余额试算不平衡，将不能记账，但可以填制凭证。

· 已经记过账，则不能再输入、修改期初余额，也不能执行“结转上年余额”功能。

5. 数据权限分配

执行“设置”|“数据权限分配”命令，进入“权限浏览”窗口。选择用

户“王晶”，单击“授权”按钮，弹出“记录权限设置”对话框。选中“查账”复选框，分别选中“1001 现金”“1002 银行存款”科目，单击“>”按钮，再单击“保存”按钮。这样，用户“王晶”便具有查询现金和银行存款日记账的权限。见下图：

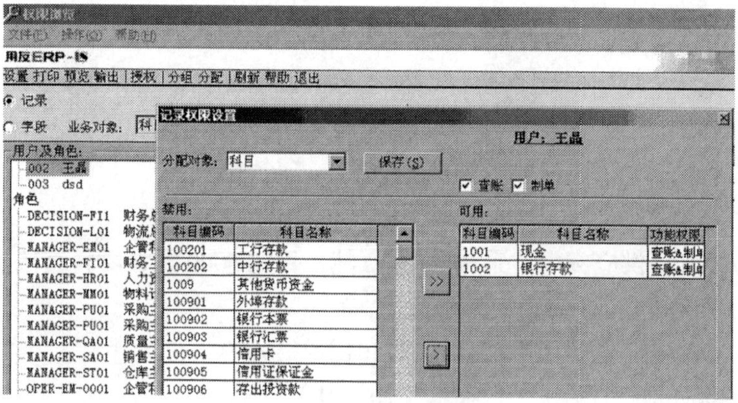

第四节　日常业务处理

【实验目的】

掌握用友 ERP-U8 财务软件中总账系统日常业务处理的相关内容，熟悉总账系统日常业务处理的各种操作，掌握凭证管理、出纳管理和账簿管理的具体内容和操作方法。

【实验内容】

1. 凭证管理：填制凭证、审核凭证、凭证记账；2. 出纳管理；3. 账簿管理：总账、科目余额表、明细账、辅助账。

【实验要求】

1. 以“马方”的身份进行填制凭证，凭证查询操作；2. 以“王晶”的身份进行出纳签字，现金、银行存款日记账和资金日报表的查询，支票登记操作；3. 以“陈明”的身份进行审核、记账、账簿查询操作。

【实验资料】

1. 凭证管理

1 月经济业务如下：

（1）2 日，销售一部赵斌购买了 200 元的办公用品，以现金支付。（附单据一张）

借：营业费用（5501）　　200

　　贷：现金（1001）　　200

（2）3 日，财务部王晶从工行提取现金 10000 元，作为备用金。（现金支票号 XJ001）

借：现金（1001）　　10000

　　贷：银行存款 / 工行存款（100201）　10000

（3）5 日，收到泛美集团投资资金 10000 美元，汇率 1∶8.275。（转账支票号 ZZW001）

借：银行存款 / 中行存款（100202）　　82750

　　贷：实收资本（3101）　　82750

（4）8 日，供应部白雪采购原纸 10 吨，每吨 5000 元，材料直接入库，货款以银行存款支付。（转账支票号 ZZR001）

借：原材料 / 生产用原材料（121101）　50000

　　贷：银行存款 / 工行存款（100201）　50000

（5）12 日，销售二部宋佳收到北京世纪学校转来一张转账支票，金额 99600 元，用以偿还前欠货款。（转账支票号 ZZR002）

借：银行存款 / 工行存款（100201）　　99600

　　贷：应收账款（1131）　　99600

（6）14 日，供应部白雪从南京多媒体研究所购入“管理革命”光盘 100 张，单价 80 元，货税款暂欠，商品已验收入库。（适用税率 17%）

借：库存商品（1243）　　8000

　　应交税金 / 应交增值税 / 进项税额（21710101）　1360

　　贷：应付账款（2121）　　9360

（7）16 日，总经理办公室支付业务招待费 1200 元。（转账支票号 ZZR003）

借：管理费用 / 招待费（550205）　　1200

　　贷：银行存款 / 工行存款（100201）　1200

（8）18 日，总经理办公室肖剑出差归来，报销差旅费 2000 元，交回现金 200 元。

借：管理费用 / 差旅费（550204）　　1800

　　现金（1001）　　200

　　贷：其他应收款（1133）　　2000

（9）20 日，生产部领用原纸 5 吨，单价 5000 元，用于生产普通打印纸 -A4。

借：生产成本 / 直接材料（410101）　　25000

　　贷：原材料 / 生产用原材料（121101）25000

2. 出纳管理

25 日，销售二部宋佳借转账支票一张，票号 155，预计金额 5000 元。

【操作指导】

以“马方”的身份注册进入总账系统。

1. 凭证管理

（1）填制凭证

①增加凭证——输入一张完整的凭证（业务 1）

执行“凭证”|“填制凭证”命令，进入“填制凭证”窗口。

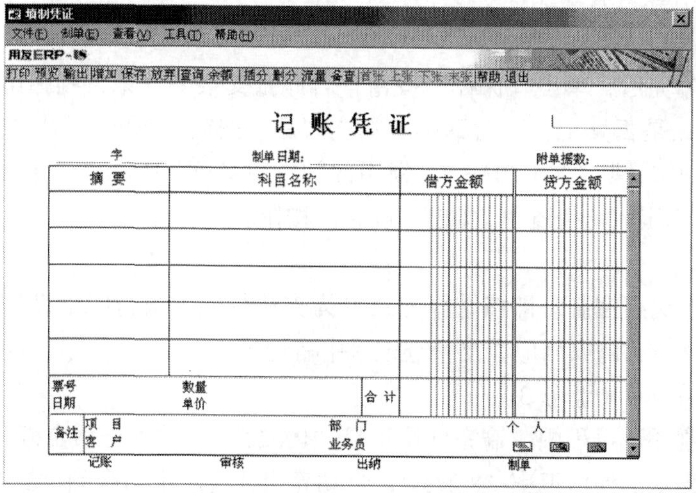

单击“增加”按钮，增加一张空白凭证。选择凭证类型“付款凭证”；输入制单日期“2003/01/02”；输入附单据数“1”。输入摘要“购办公用品”；输入科目名称“5501”，借方金额“200”，回车；摘要自动带到下一行，输入科目名称“1001”，贷方金额“200”。单击“保存”按钮，弹出“凭证已成功保存！”信息提示框，单击“确定”按钮。

注意：

· 采用序时控制时，凭证日期应大于等于启用日期，不能超过业务日期。

· 凭证一旦保存，其凭证类别、凭证编号不能修改。

· 正文中不同行的摘要可以相同也可以不同，但不能为空。每行摘要将随相应的会计科目在明细账、日记账中出现。

· 科目编码必须是末级的科目编码。

· 金额不能为“零”；红字以“–”号表示。

· 可按“=”键取当前凭证借贷方金额的差额到当前光标位置。

增加凭证——输入凭证的辅助核算信息（业务 2——业务 9）

在凭证填制过程中，若某科目为“银行科目”“外币科目”“数量科目”“辅助核算科目”，输完科目名称后，则须继续输入该科目的辅助核算信息。

②银行科目（业务 2）

在填制凭证过程中，输完银行科目“100201”，弹出“辅助项”对话框。

输入结算方式“201”，票号“XJ001”，发生日期“2003/01/03”，单击“确认”按钮。

凭证输完后，单击“保存”按钮，若此张支票未登记，则弹出“此支票尚未登记，是否登记？”对话框。单击“是”按钮，弹出“票号登记”对话框。输入领用日期“2003/01/03”，领用部门“财务部”，姓名“王晶”，限额“10000”，用途“备用金”，单击“确定”按钮。

注意：

· 选择支票控制，即该结算方式设为支票管理，银行账辅助信息不能为空，而且该方式的票号应在支票登记簿中有记录。

③外币科目（业务 3）

在填制凭证过程中，输完外币科目“100202”，输入外币金额“10000”，根据自动显示的外币汇率“8.275”，自动算出并显示本币金额“82 750”。全输完后，单击“保存”按钮，保存凭证。

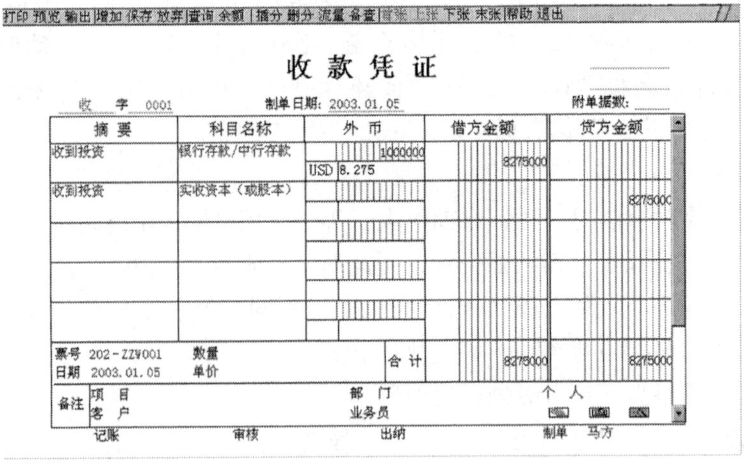

注意：

· 汇率栏中内容是固定的，不能输入或修改。如使用变动汇率，汇率栏中显示最近一次汇率，可以直接在汇率栏中修改。

④数量科目（业务 4）

在填制凭证过程中，输完数量科目“121101”，弹出“辅助项”对话框。

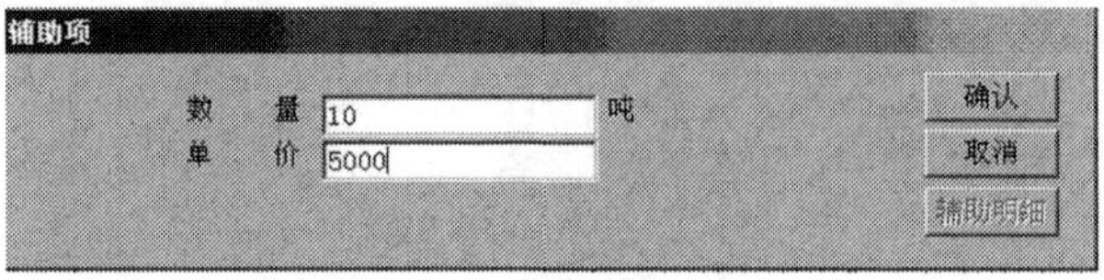

输入数量“10”，单价“5000”，单击“确认”按钮。

⑤辅助核算科目——客户往来（业务 5）

在填制凭证过程中，输完客户往来科目“1131”，弹出“辅助项”对话框。

选择输入客户“世纪学校”，业务员“宋佳”，发生日期“2003/01/12”。单击“确认”按钮。

注意：

· 如果往来单位不属于已定义的往来单位，则要正确输入新往来单位的辅助信息，系统会自动追加到往来单位目录中。

⑥辅助核算科目——供应商往来（业务 6）

在填制凭证过程中，输完供应商往来科目“2121”，弹出“辅助项”对话框。

选择输入供应商“多媒体研究所”，业务员“白雪”，发生日期“2003/01/14”。单击“确认”按钮。

⑦辅助核算科目——部门核算（业务 7）

在填制凭证过程中，输完部门核算科目“550205”，弹出“辅助项”对话框。

选择输入部门“总经理办公室”，单击“确认”按钮。

⑧辅助核算科目——个人往来（业务 8）

在填制凭证过程中，输完个人往来科目“1133”，弹出“辅助项”对话框。

选择输入部门“总经理办公室”，个人“肖剑”，发生日期“2003/01/18”。单击“确认”按钮。

注意：

· 在输入个人信息时，若不输“部门名称”只输“个人名称”时，系统将根据所输个人名称自动输入其所属的部门。

⑨辅助核算科目——项目核算（业务 9）

在填制凭证过程中，输完项目核算科目“410101”，弹出“辅助项”对话框。

选择输入项目名称“普通打印纸 -A4”，单击“确认”按钮。

注意：

· 系统根据数量 × 单价自动计算出金额，并将金额先放在借方，如果方向不符，可将光标移动到贷方后，按空格键即可调整金额方向。

（2）查询凭证

执行“凭证”|“查询凭证”命令，打开“凭证查询”对话框。

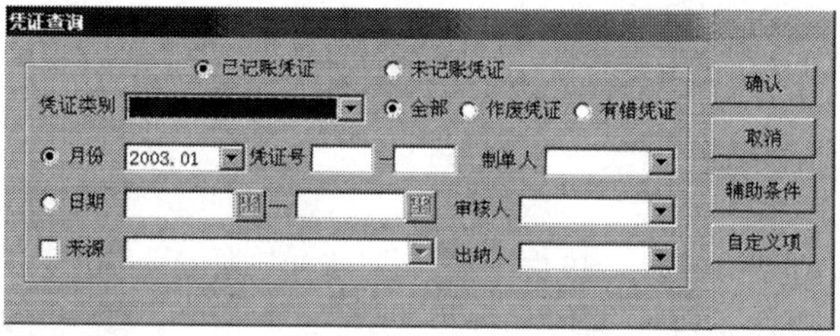

选择输入查询条件，单击“辅助条件”按钮，可输入更多查询条件。单击“确认”按钮，进入“查询凭证”窗口。

制单日期	凭证编号	摘要	借方金额合计	贷方金额合计	制单人	审核人
2003.01.05	收 - 0001	收到投资	82,750.00	82,750.00	马方	
2003.01.12	收 - 0002	收到货款	99,600.00	99,600.00	马方	
2003.01.18	收 - 0003	报销差旅费	2,000.00	2,000.00	马方	
2003.01.02	付 - 0001	购办公用品	200.00	200.00	马方	
2003.01.03	付 - 0002	提现	10,000.00	10,000.00	马方	
2003.01.08	付 - 0003	购原材料	50,000.00	50,000.00	马方	
2003.01.16	付 - 0004	支付招待费	1,200.00	1,200.00	马方	
2003.01.14	转 - 0001	购光盘	9,360.00	9,360.00	马方	
2003.01.20	转 - 0002	生产部领纸	25,000.00	25,000.00	马方	

双击某一凭证行，则屏幕可显示出此张凭证。

（3）修改凭证

执行“凭证”|“填制凭证”命令，进入“填制凭证”窗口。单击“查询”按钮，输入查询条件，找到要修改的凭证。对于凭证的一般信息，将光标放在要修改的地方，直接修改；如果要修改凭证的辅助项信息，首先选中辅助核算科目行，然后将光标置于备注栏辅助项，待鼠标变形时双击，弹出“辅助项”对话框，在对话框中修改相关信息。单击“保存”按钮，保存相关信息。

注意：

· 未经审核的错误凭证可通过“填制凭证”功能直接修改；已审核的凭证应先取消审核后，再进行修改。

· 若已采用制单序时控制，则在修改制单日期时，不能在上一张凭证的制单日期之前。

· 若选择“不允许修改或作废他人填制的凭证”权限控制，则不能修改或作废他人填制的凭证。

· 如果涉及银行科目的分录已录入支票信息，并对该支票作过报销处理，修改操作将不影响“支票登记簿”中的内容。

· 外部系统传过来的凭证不能在总账系统中进行修改，只能在生成该凭证的系统中进行修改。

（4）冲销凭证

在“填制凭证”窗口，执行“制单”|“冲销凭证”命令，打开“冲销凭证”对话框。输入条件：选择“月份”“凭证类别”；输入“凭证号”等信息。单击“确定”按钮，系统自动生成一张红字冲销凭证。

注意：

· 通过红字冲销法增加的凭证，应视同正常凭证进行保存和管理。

· 制作红字冲销凭证将错误凭证冲销后，需要再编制正确的蓝字凭证进行补充。

（5）删除凭证

①作废凭证

先查询到要作废的凭证。在“填制凭证”窗口中，执行“制单”|“作废/恢复”命令。凭证的左上角显示“作废”，表示该凭证已作废。

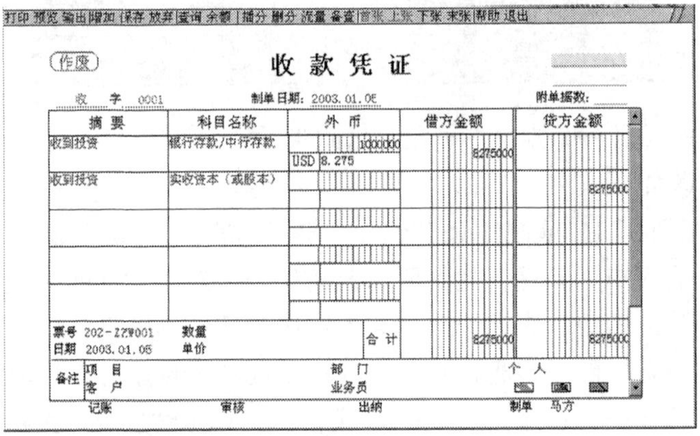

注意：

· 作废凭证仍保留凭证内容及编号，只显示“作废”字样。

· 作废凭证不能修改，不能审核。

· 在记账时，已作废的凭证应参与记账，否则月末无法结账，但不对作废凭证作数据处理，相当于一张空凭证。

· 账簿查询时，查不到作废凭证的数据。

· 若当前凭证已作废，可执行“编辑”|“作废/恢复”命令，取消作废标志，并将当前凭证恢复为有效凭证。

②整理凭证

在“填制凭证”窗口中，执行“制单”|“凭证删除/整理”命令，打开“选择凭证期间”对话框。

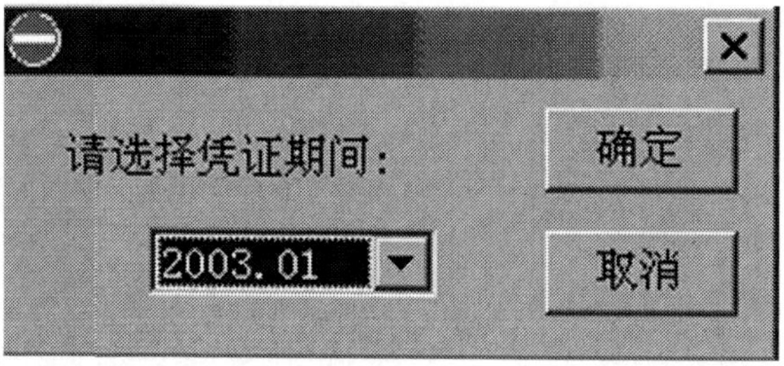

选择要整理的“月份”。单击“确定”按钮，打开“作废凭证表”对话框。选择真正要删除的作废凭证。

单击“确定”按钮，系统将这些凭证从数据库中删除并对剩下的凭证重新排号。

注意：

· 如果作废凭证不想保留时，则可以通过“凭证删除/整理”功能，将其彻底删除，并对未记账凭证重新编号。

· 只能对未记账凭证作凭证整理。

· 已记账凭证作凭证整理，应先恢复本月月初的记账前状态，再作凭证整理。

（6）出纳签字

①更换操作员

在“总账系统”的初始窗口，执行“系统”|“重新注册”命令，进入“注册总账”窗口。以“王晶”的身份重新注册总账系统，单击“确定”按钮。

注意：

· 凭证填制人和出纳签字人可以为不同的人，也可以为同一个人。

· 按照会计制度规定，凭证的填制与审核不能是同一个人。

· 在进行出纳签字和审核之前，通常需先更换操作员。

②出纳签字

执行“凭证”|“出纳签字”命令，打开“出纳签字”查询条件对话框。输入查询条件：单击“全部”单选按钮，输入月份“2003.01”。单击“确认”按钮，进入“出纳签字”的凭证列表窗口。双击某一要签字的凭证或者单击“确定”按钮，进入“出纳签字”的签字窗口。单击“签字”按钮，凭证底部的“出纳”处自动签上出纳人姓名。单击“下张”按钮，对其他凭证签字，最后单击“退出”按钮。

注意：

· 涉及指定为现金科目和银行科目的凭证才需出纳签字。

· 凭证一经签字，就不能被修改、删除，只有取消签字后才可以修改或删除，取消签字只能由出纳人自己进行。

· 凭证签字并非审核凭证的必要步骤。若在设置总账参数时，不选择“出纳凭证必须经由出纳签字”，则可以不执行“出纳签字”功能。

· 可以执行“签字”|“成批出纳签字”功能对所有凭证进行出纳签字。

（7）审核凭证

以“陈明”的身份重新注册总账系统。执行“凭证”|“审核凭证”命令，打开“凭证审核”查询条件对话框。输入查询条件，单击“确认”按钮，进入“凭证审核”的凭证列表窗口。双击要审核的凭证或单击“确定”按钮，进入“凭证审核”的审核凭证窗口。检查要审核的凭证，无误后，单击“审核”按钮，凭证底部的“审核”处自动签上审核人姓名。单击“下张”按钮，对其他凭证签字，最后单击“退出”按钮。

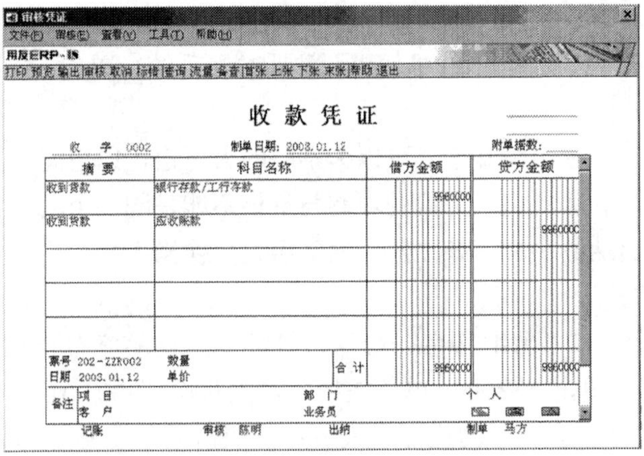

注意：

· 审核人必须具有审核权。当通过“凭证审核权限”设置了明细审核权限时，还需要有对制单人所制凭证的审核权。

· 作废凭证不能被审核，也不能被标错。

· 审核人和制单人不能是同一个人，凭证一经审核，不能被修改、删除，只有取消审核签字后才可修改或删除，已标记作废的凭证不能被审核，需先取消作废标记后才能审核。

(8) 凭证记账

以“陈明”的身份重新注册总账系统。

①记账

执行“凭证”|“记账”命令，进入“记账”窗口。

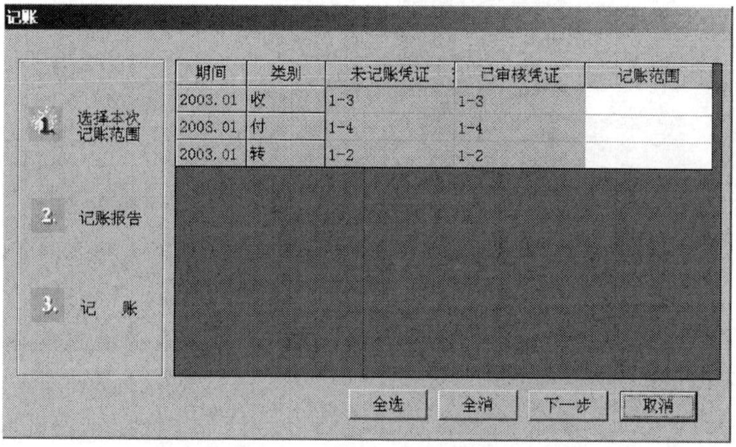

第一步，单击“全选”按钮，选择所有要记账的凭证。单击“下一步”按钮。

第二步显示记账报告，如果需要打印记账报告，可单击“打印”按钮。如果不打印记账报告，单击“下一步”按钮。

第三步记账，单击“记账”按钮，打开“试算平衡表”对话框，单击“确认”按钮，系统开始登录有关的总账和明细账、辅助账。登记完后，弹出“记账完毕”信息提示对话框。单击“确定”，记账完毕。

注意：

· 第一次记账时，若期初余额试算不平衡，不能记账。

· 上月未记账，本月不能记账。

· 未审核凭证不能记账，记账范围应小于等于已审核范围。

· 作废凭证不需审核可直接记账。

· 记账过程一旦断电或其他原因造成中断后，系统将自动调用“恢复记账前状态”恢复数据，然后再重新记账。

②取消记账

a. 激活“恢复记账前状态”菜单

在总账初始窗口，执行“期末”|“对账”命令，进入“对账”窗口。按Ctrl+H键，弹出“恢复记账前状态功能已被激活”信息提示框。单击“确定”按钮，单击“退出”按钮。

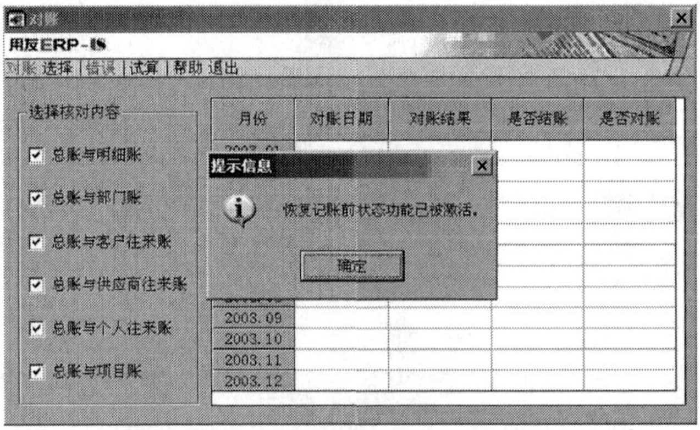

注意：

· 如果退出系统后又重新进入系统或在“对账”中按“Ctrl+H”键将重新隐藏“恢复记账前状态”功能。

b. 取消记账

执行“凭证”|“恢复记账前状态”命令，打开“恢复记账前状态”对话框。

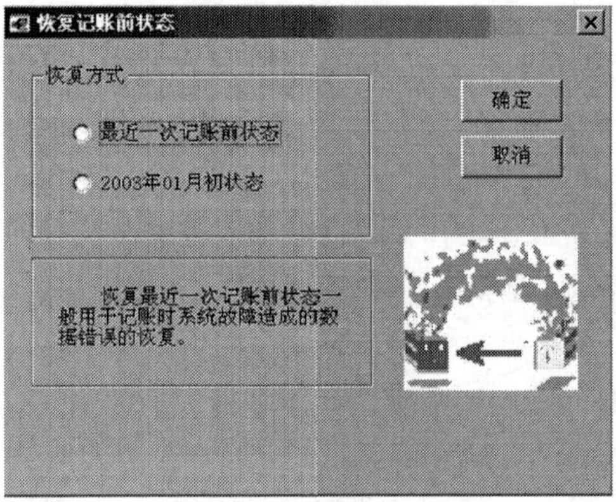

单击“最近一次记账前状态”单选按钮。单击“确定”按钮，弹出“恢复记账完毕”信息提示对话框，单击“确定”按钮。

注意：

· 已结账月份的数据不能取消记账。

· 取消记账后，一定要重新记账。

2. 出纳管理

以“王晶”的身份重新注册总账系统。

（1）查询现金日记账

执行“出纳”|“现金日记账”命令，打开“现金日记账查询条件”对话框。

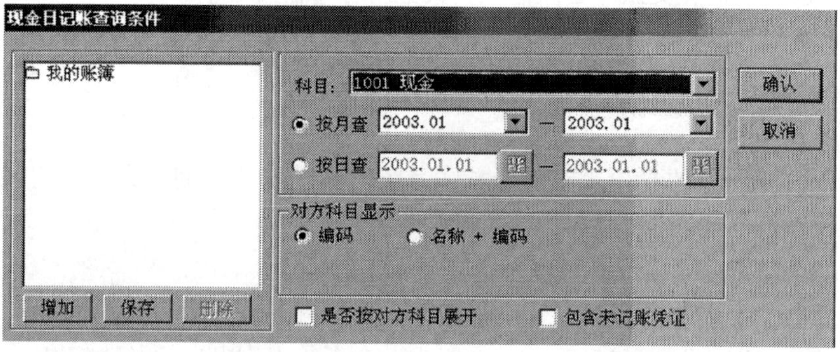

选择科目“1001 现金”，默认月份“2003.01”，单击“确认”按钮，进入“现金日记账”窗口。

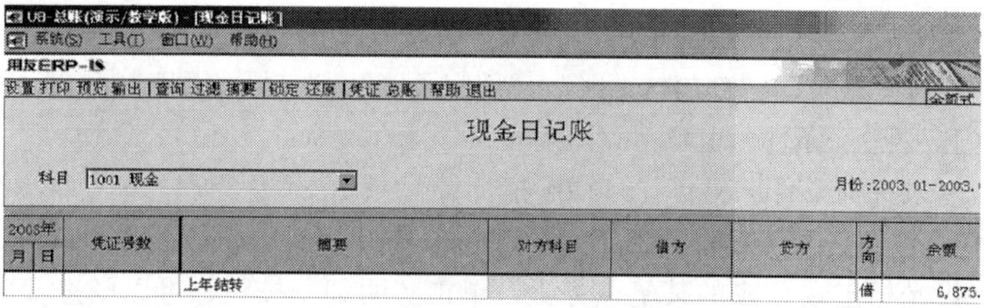

双击某行或将光标定在某行再单击“凭证”按钮，可查看相应的凭证。单击“总账”按钮，可查看此科目的三栏式总账，单击“退出”按钮。

（2）查询银行存款日记账

银行存款日记账查询与现金日记账查询操作基本相同，所不同的只是银行存款日记账多一结算号栏，主要是对账时用。

（3）查询资金日报表

执行“出纳”|“资金日报”命令，打开“资金日报表查询条件”对话框。输入查询日期“2003.01.03”。选择“有余额无发生也显示”复选框。单击“确认”按钮，进入“资金日报表”窗口，单击“退出”按钮。

（4）支票登记簿的使用

执行“出纳”|“支票登记簿”命令，打开“银行科目选择”对话框。选择科目：工行存款“100201”，单击“确定”按钮，进入支票登记窗口。单击

“增加”按钮。输入领用日期“2003.01.25”，领用部门“销售二部”，领用人“宋佳”，支票号“155”，预计金额“5 000”，单击“保存”按钮，单击“退出”按钮。

注意：

· 只有在结算方式设置中选择“票据管理标志”功能才能在此选择登记。

· 领用日期和支票号必须输入，其他内容可输可不输。

· 报销日期不能在领用日期之前。

· 已报销的支票可成批删除。

3. 账簿管理

以“陈明”的身份重新注册总账系统。辅助账的查询只介绍部门账，其他账簿查询同理。

（1）查询基本会计核算账簿

执行“账表”|“科目账”|“总账”命令，查询总账。

执行“账表”|“科目账”|“余额表”命令，查询发生额及余额表。

执行“账表”|“科目账”|“明细账”命令，查询月份综合明细账。

（2）部门账

①部门总账

执行“账表”|“部门辅助账”|“部门总账”|“三栏式总账”命令，进入“部门三栏总账条件”窗口。

输入查询条件：科目“550205 招待费”，部门“总经理办公室”。单击“确定”按钮，显示查询结果。

将光标定在总账的某笔业务上，单击“明细”按钮，可以联查部门明细账。

②部门明细账

执行“账表”|“部门辅助账”|“部门明细账”命令，进入“部门多栏明细账条件”窗口。

选择科目“5502”，部门“总经理办公室”，月份范围“2003.01—2003.01”，分析方式“金额分析”，单击“确认”按钮，显示查询结果。

将光标定在多栏账的某笔业务上，单击“凭证”按钮，可以联查该笔业务的凭证。

③部门收支分析

执行“账表”|“部门辅助账”|“部门收支分析”，进入“部门收支分析条件”窗口。

第一步选择分析科目：选择所有的部门核算科目，单击“下一步”按钮。

第二步选择分析部门：选择所有的部门，单击“下一步”按钮。

第三步选择分析月份：起止月份“2003.01—2003.01”，单击“完成”按钮，显示查询结果。

第五节　银行对账

【实验目的】

掌握用友 ERP-U8 软件中银行对账的操作方法。

【实验内容】

银行对账。

【实验要求】

以“王晶”的身份进行银行对账操作。

【实验资料】

银行对账

（1）银行对账期初

朔日公司银行账的启用日期为 2003/01/01，工行人民币户企业日记账调整前余额为 193829.16 元，银行对账单调整前余额为 233829.16 元，未达账项一笔，系银行已收企业未收款 40000 元。

（2）银行对账单

12 月份银行对账单

日期	结算方式	票号	借方金额	贷方金额
2002.12.31			40000	
2003.01.03	201	XJ001		10000
2003.01.06				60000
2003.01.10	202	ZZR001		50000
2003.01.14	202	ZZR002	99600	

【操作指导】

1. 以“王晶”的身份启动和注册总账系统

2. 输入银行对账期初数据

执行“出纳”|“银行对账”|“银行对账期初录入”命令，打开“银行科

目选择”对话框。

选择科目“100201 工行存款”，单击“确定”按钮，进入“银行对账期初”窗口。确定启用日期“2003.01.01”。输入单位日记账的调整前余额“193 829.16”；输入银行对账单的调整前余额“233829.16”。

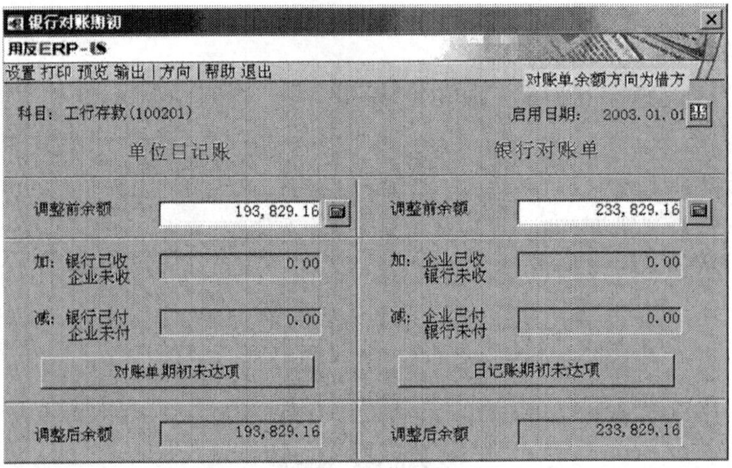

单击“对账单期初未达项”按钮，进入“银行方期初”窗口。单击“增加”按钮，输入日期“2002.12.31”，

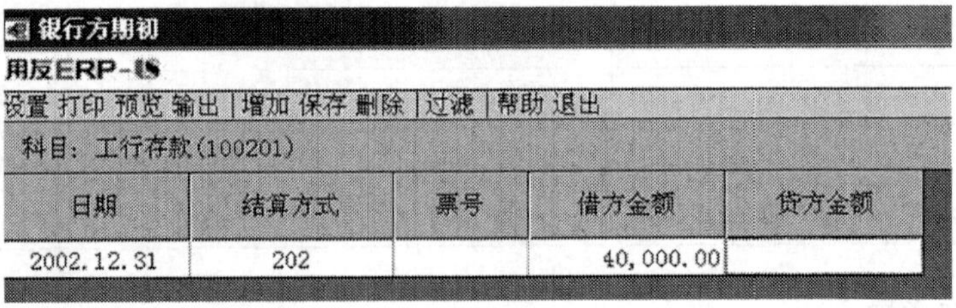

结算方式“202”，借方金额“40 000”。单击“保存”按钮，单击“退出”按钮。

注意：

· 第一次使用银行对账功能前，系统要求录入日记账及对账单未达账项，

在开始使用银行对账之后不再使用。

· 在录入完单位日记账、银行对账单期初未达账项后，请不要随意调整启用日期，尤其是向前调，这样可能会造成启用日期后的期初数不能再参与对账。

3. 录入银行对账单

执行“出纳”|“银行对账”|“银行对账单”命令，打开“银行科目选择”对话框。选择科目“100201 工行存款”，单击“确定”按钮，进入“银行对账单”窗口。单击“增加”按钮，输入银行对账单数据，单击“保存”按钮。

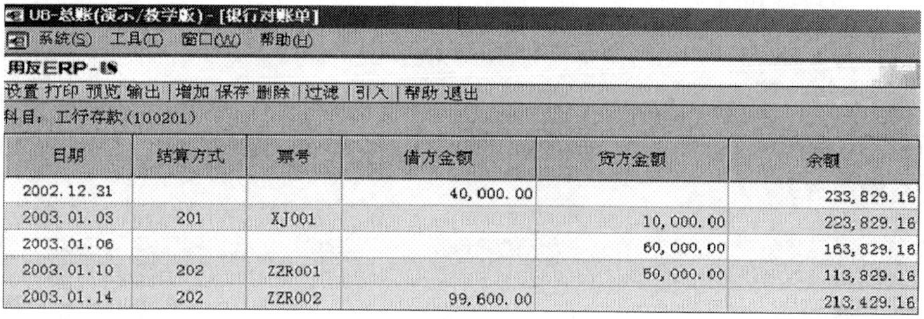

日期	结算方式	票号	借方金额	贷方金额	余额
2002.12.31			40,000.00		233,829.16
2003.01.03	201	XJ001		10,000.00	223,829.16
2003.01.06				60,000.00	163,829.16
2003.01.10	202	ZZR001		50,000.00	113,829.16
2003.01.14	202	ZZR002	99,600.00		213,429.16

4. 银行对账

（1）自动对账

执行“出纳”|“银行对账”|“银行对账单”命令，打开“银行科目选择”对话框。选择科目“100201 工行存款”，单击“确定”按钮，进入“银行对账”窗口。单击“对账”按钮，打开“自动对账”条件对话框。输入截止日期“2003.01.31”，默认系统提供的其他对账条件。单击“确定”按钮，显示自动对账结果。

注意：

· 对账条件中的方向、金额相同是必选条件，对账截止日期可输入可不输。

· 对于已达账项，系统自动在银行存款日记账和银行对账单双方的“两清”栏打上圆圈标志。

（2）手工对账

在自动对账窗口，对于一些应勾对而未勾对上的账项，可分别双击“两清”栏，直接进行手工调整。

对账完毕，单击“检查”按钮，检查结果平衡，单击“确认”按钮。

注意：

· 在自动对账不能完全对上的情况下，可采用手工对账。

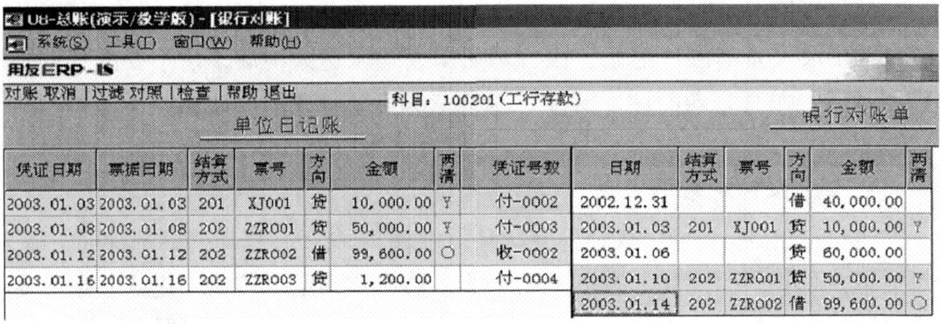

凭证日期	票据日期	结算方式	票号	方向	金额	两清	凭证号数	日期	结算方式	票号	方向	金额	两清
2003.01.03	2003.01.03	201	XJ001	贷	10,000.00	Y	付-0002	2002.12.31			借	40,000.00	
2003.01.08	2003.01.08	202	ZZR001	贷	50,000.00	Y	付-0003	2003.01.03	201	XJ001	贷	10,000.00	Y
2003.01.12	2003.01.12	202	ZZR002	借	99,600.00	○	收-0002	2003.01.06			贷	60,000.00	
2003.01.16	2003.01.16	202	ZZR003	贷	1,200.00		付-0004	2003.01.10	202	ZZR001	贷	50,000.00	Y
								2003.01.14	202	ZZR002	借	99,600.00	○

5. 输出余额调节表

执行“出纳”|“银行对账”|“余额调节表”命令，进入“银行存款余额调节表”窗口。选中科目“100201 工行存款”。单击“查看”或双击该行，即显示该银行账户的银行存款余额调节表。单击“打印”按钮，打印银行存款余额调节表。

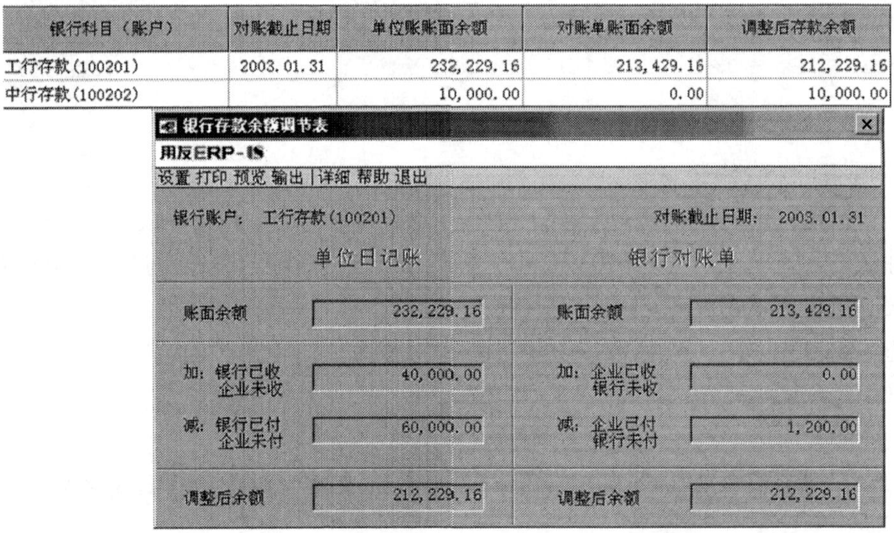

银行科目（账户）	对账截止日期	单位账账面余额	对账单账面余额	调整后存款余额
工行存款(100201)	2003.01.31	232,229.16	213,429.16	212,229.16
中行存款(100202)		10,000.00	0.00	10,000.00

单位日记账		银行对账单	
账面余额	232,229.16	账面余额	213,429.16
加：银行已收 企业未收	40,000.00	加：企业已收 银行未收	0.00
减：银行已付 企业未付	60,000.00	减：企业已付 银行未付	1,200.00
调整后余额	212,229.16	调整后余额	212,229.16

第六节 期末处理

【实验目的】

掌握用友 ERP-U8 软件中总账系统月末处理的相关内容，熟悉总账系统月末处理业务的各种操作，掌握自动转账设置与生成、对账和月末结账的操作方法。

【实验内容】

1. 自动转账；2. 对账；3. 结账。

【实验要求】

1. 以“马方”的身份进行自动转账操作。

2. 以“陈明”的身份进行对账、结账操作。

【实验资料】

自动转账定义

（1）自定义结转

借：管理费用 / 其他（550207）　　　JG（ ）

　　贷：待摊费用 / 报刊费（130101）　　642/12

（2）期间损益结转

【操作指导】

1. 自动转账

以“马方”的身份重新注册总账系统。

（1）转账定义

自定义结转设置

执行“期末”|“转账定义”|“自定义转账”命令，进入“自动转账设置”窗口。单击“增加”按钮，打开“转账目录”设置对话框。输入转账序号“0001”，转账说明“摊销报刊费”；选择凭证类别“转账凭证”。单击“确定”按钮，继续定义转账凭证分录信息。

确定分录的借方信息。选择科目编码“550207”，部门“总经办公室”方向“借”，输入金额公式“JG（ ）”。单击“增行”按钮。确定分录的贷方信息。选择科目编码“130101”，方向“贷”，输入金额公式“642/12”。单击“保存”按钮。

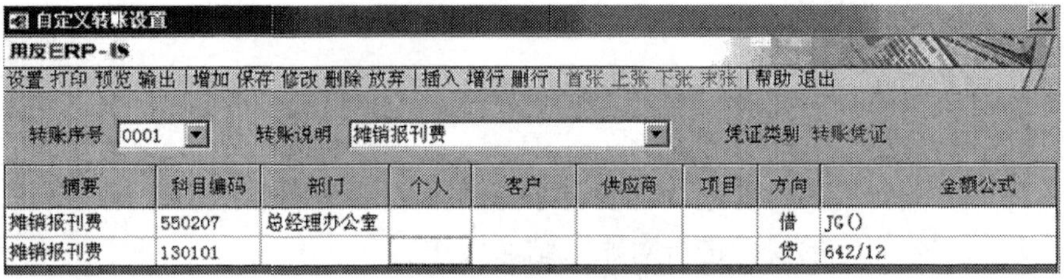

注意：

· 转账科目可以为非末级科目，部门可为空，表示所有部门。

· 如果使用应收、应付系统，则在总账系统中，不能按客户、供应商辅助项进行结转，只能按科目总数进行结转。

· 输入转账计算公式有两种方法：一是直接选择计算公式；二是引导方式录入公式。

期间损益结转设置

执行“期末”|“转账定义”|“期间损益”命令，进入“期间损益结转设置”窗口。选择凭证类别“转账凭证”，选择本年利润科目“3131”，单击“确定”按钮。

（2）转账生成

自定义转账生成

执行“期末”|“转账生成”命令，进入“转账生成”窗口。单击“自定义转账”单选按钮，单击“全选”按钮。单击“确定”按钮，生成转账凭证。单击“保存”按钮，系统自动将当前凭证追加到未记账凭证中。

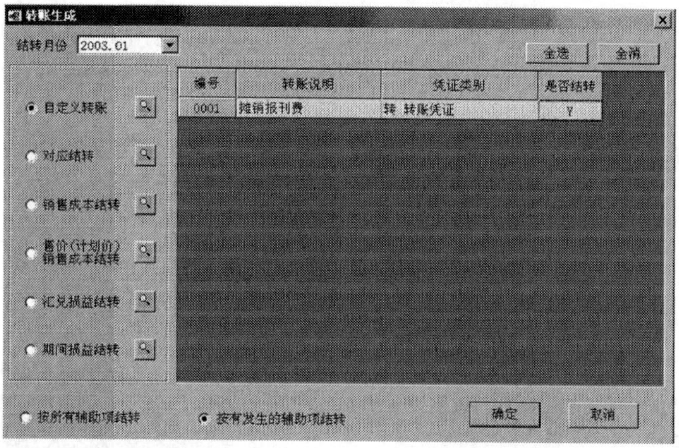

注意：

· 转账生成之前，注意转账月份为当前会计月份。

· 进行转账生成之前，先将相关经济业务的记账凭证登记入账。

· 转账凭证每月只生成一次。

· 若使用应收、应付系统，则总账系统中，不能按客户、供应商进行结转。

· 生成的转账凭证，仍需审核才能记账。

· 以“陈明”身份将生成的自动转账凭证审核、记账。

期间损益结转生成

以“马方”的身份进行期间损益的结转

执行“期末”|“转账生成”命令，进入“转账生成”窗口。单击“期间损益结转”单选按钮，选择损益类型“支出”。单击“全选”按钮，单击“确定”按钮，生成转账凭证。单击“保存”按钮，系统自动将当前凭证追加到未记账凭证中。

注意：

· 以“陈明”身份将生成的自动转账凭证审核、记账。

2. 对账

以“陈明”的身份重新注册总账系统。

执行“期末”|“对账”命令，进入“对账”窗口。将光标定位在要进行对账的月份“2003.01”，单击“选择”按钮。单击“对账”按钮，开始自动对账，并显示对账结果。单击“试算”按钮，可以对各科目类别余额进行试算平衡。单击“确认”按钮。

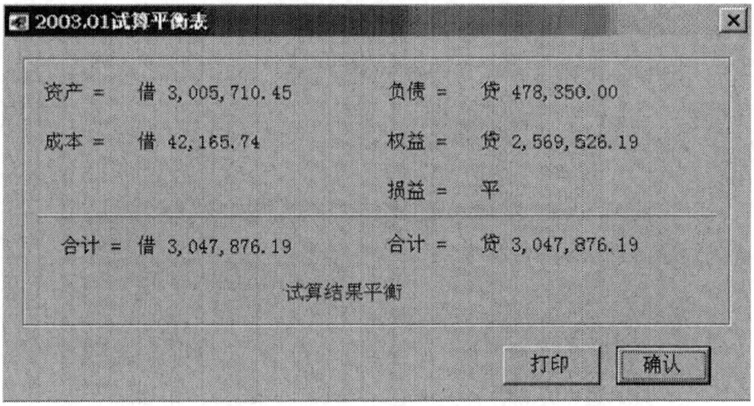

3. 结账

（1）结账

执行“期末”|“结账”命令，进入“结账”窗口。单击要结账月份“2003.01”，单击“下一步”按钮。

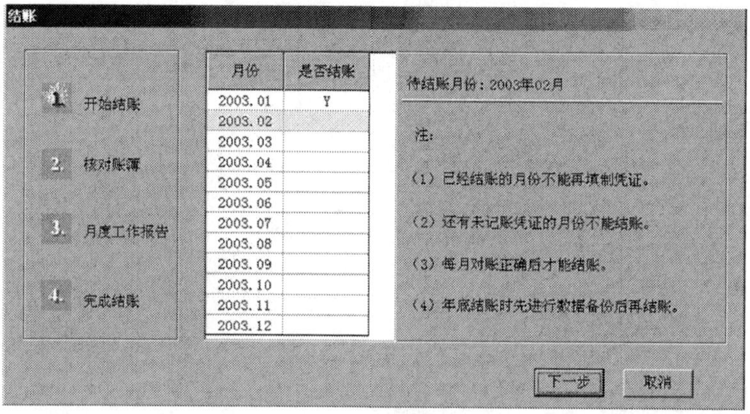

单击“对账”按钮，系统对要结账的月份进行账账核对。单击“下一步”按钮，系统显示“12月工作报告”。查看工作报告后，单击“下一步”按钮，单击“结账”按钮，若符合结账要求，系统将进行结账，否则不予结账。

注意：

· 结账只能由有结账权限的人进行。

· 本月还有未记账凭证时，则本月不能结账。

· 结账必须按月连续进行，上月未结账，则本月不能结账。

· 若总账与明细账对账不符，则不能结账。

· 如果与其他系统联合使用，其他子系统未全部结账，则本月不能结账。

· 结账前，要进行数据备份。

（2）取消结账（取消结账后，必须重新结账）

执行“期末”|“结账”命令，进入“结账”窗口。选择要取消结账的月份“2003.01”。按“Ctrl+Shift+F6”键激活“取消结账”功能。输入口令“1”，单击“确认”按钮，取消结账标记。

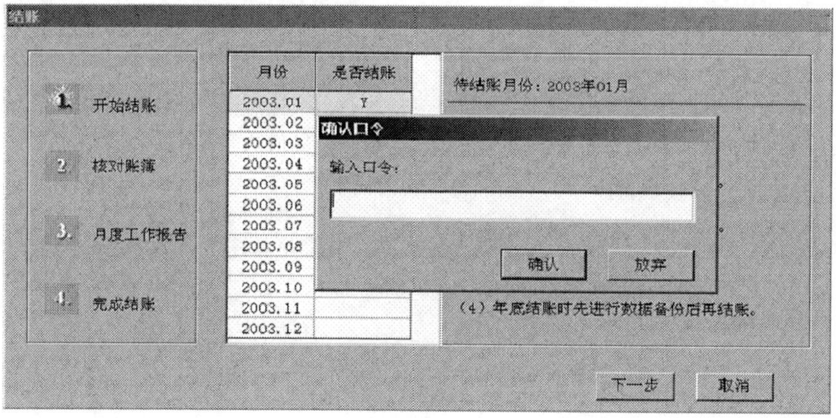

注意：

· 当在结完账后，由于非法操作或计算机病毒或其他原因可能会造成数据被破坏，这时可以在此使用“取消结账”功能。

第七节　UFO 报表

一、UFO 报表格式设计

【实验目的】

1. 理解报表编制的原理及流程。

2. 掌握报表格式定义、公式定义的操作方法；掌握报表单元公式的设置方法。

【实验内容】

自定义一张货币资金表

【实验资料】

货币资金表

编制单位：　　　　年　月　日　　　　单位：元

项目	行次	期初数	期末数
现金	1		
银行存款	2		
合计	3		

制表人：

说明：编制单位和年、月、日应设为关键字。

【操作指导】

1. 启动 UFO 报表管理系统

单击“开始”按钮，执行“程序”|“用友 ERP-U8”|“财务会计”|“UFO 报表”命令，进入 UFO 报表管理系统。执行“文件”|“新建”命令，建立一张空白报表，报表名默认为“report1”。

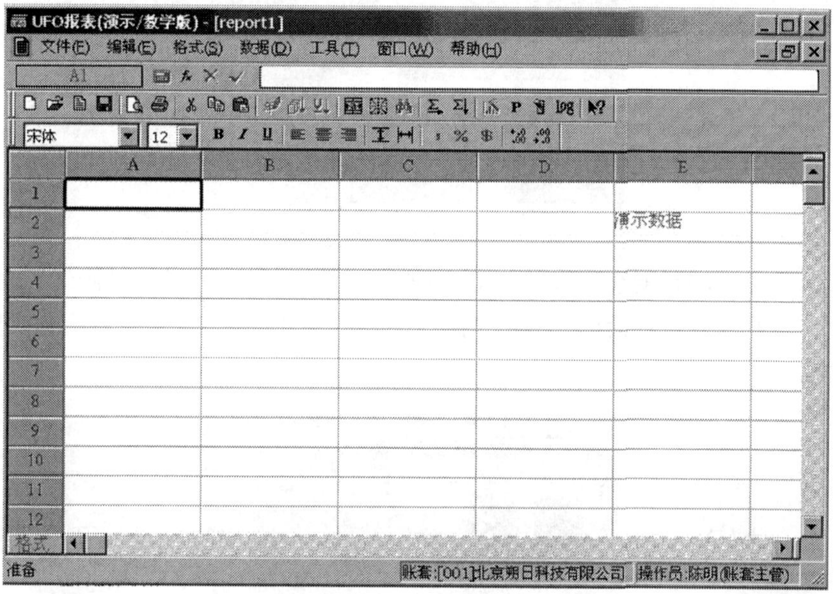

2. 自定义一张货币资金表

（1）报表状态设置

单击报表底部左下角的“格式/数据”按钮，使当前状态为“格式”状态。

（2）报表格式定义

①设置报表尺寸

执行“格式”|“表尺寸”命令，打开“表尺寸”对话框。输入行数“7”，列数“4”，单击“确认”按钮。

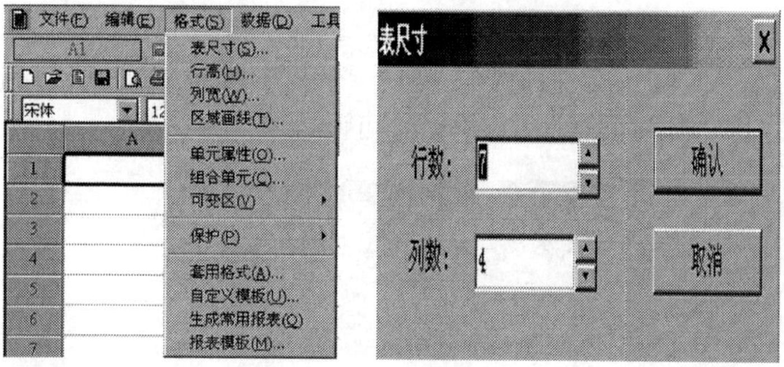

②定义组合单元

选择需合并的区域“A1：D1”。执行“格式”|“组合单元”命令，打开“组合单元”对话框。选择组合方式“整体组合”或“按行组合”，该单元即合并成一个单元格。同理，定义“A2：D2”单元为组合单元。

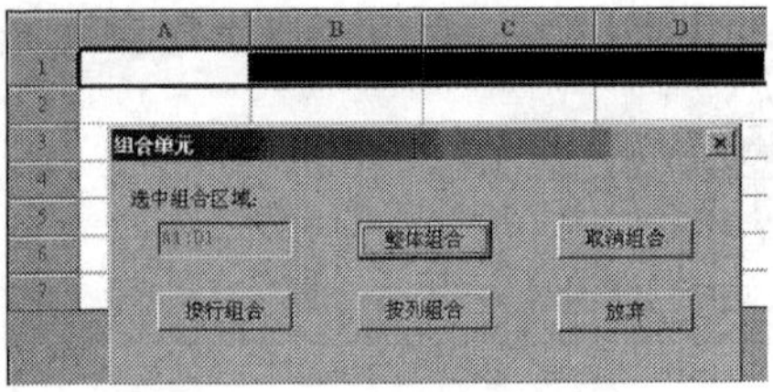

③画表格线

选中报表需要画线的区域“A3：D6”。执行“格式”|“区域画线”命令，打开“区域画线”对话框。选择“网线”，单击“确认”按钮，将所选区域画上表格线。

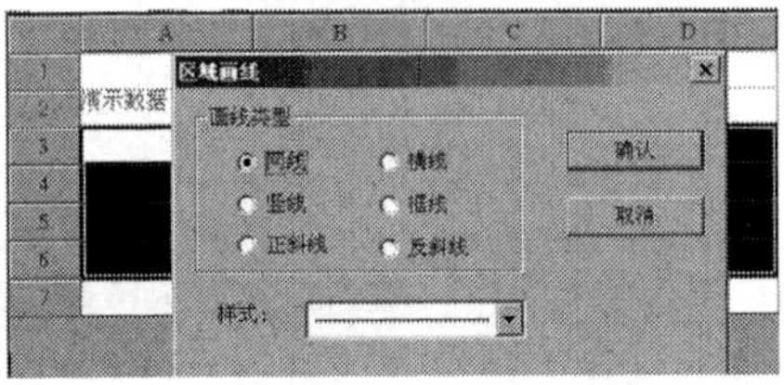

④输入报表项目

选中需要输入内容的单元或组合单元。在该单元或组合单元中输入相关文字内容，如在 A1 组合单元输入“货币资金表”。

注意：

· 报表项目指报表的文字内容，主要包括表头内容、表体项目、表尾项目等。不包括关键字。

· 编制单位、日期一般不作为文字内容输入，而是需要设置为关键字。

⑤定义报表行高和列宽

选中需要调整的单元所在行“A1”。执行“格式”|“行高”命令，打开“行高”对话框。输入行高：“7”，单击“确定”按钮。选中需要调整的单元所在列，执行“格式”|“列宽”命令，可设置该列的宽度。

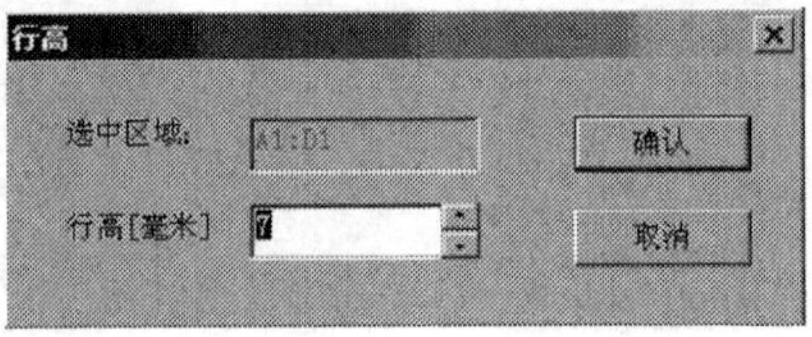

注意：

· 行高、列宽的单位为毫米。

⑥设置单元风格

选中标题所在组合单元“A1”。执行“格式”|“单元属性”命令，打开

“单元格属性”对话框。单击“字体图案”选项卡，设置字体“黑体”，字号“14”。单击“对齐”选项卡，设置对齐方式“居中”，单击“确定”按钮。

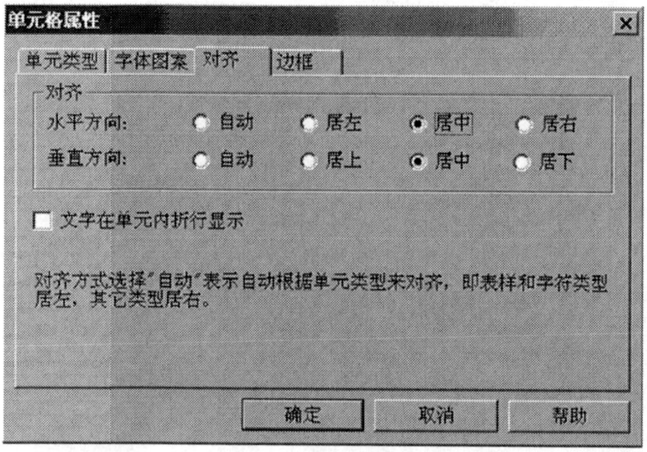

⑦定义单元属性

选定单元格“D7”。执行“格式”|“单元属性”命令，打开“单元格属性”对话框。单击“单元类型”选项卡，单击“字符”选项，单击“确定”按钮。

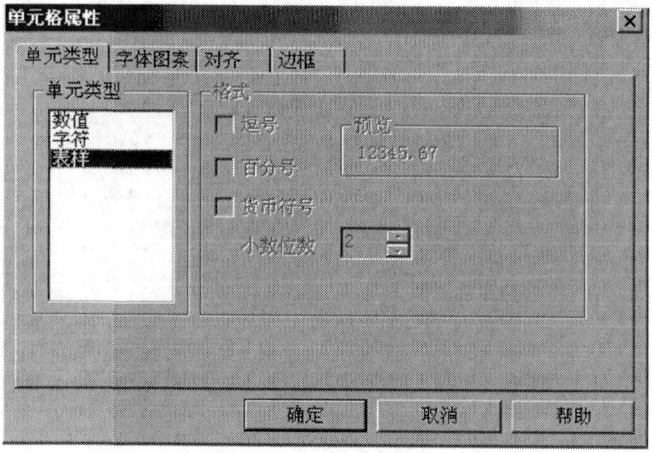

注意：

· 格式状态下输入内容的单元均默认为表样单元，未输入数据的单元均默认为数值单元，在数据状态下可输入数值。若希望在数据状态下输入字符，应将其定义为字符单元。

· 字符单元和数值单元输入后只对本表页有效，表样单元输入后对所有表页有效。

⑧设置关键字

选中需要输入关键字的组合单元“A2”。执行“数据”|“关键字”|“设置”命令，打开“设置关键字”对话框。单击“单位名称”单选按钮，单击“确定”按钮。同理，设置“年”“月”“日”关键字。

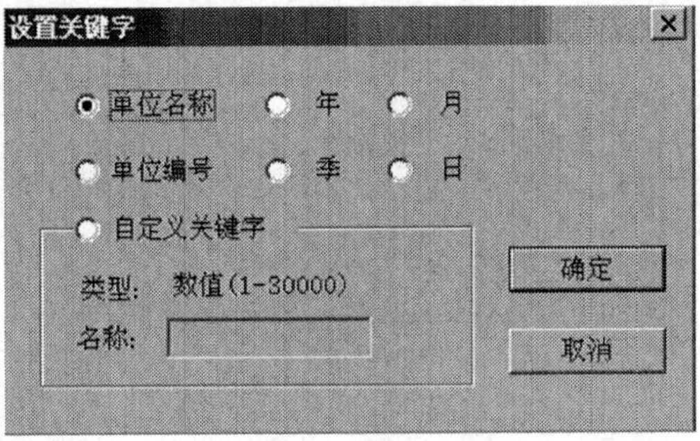

注意：

· 每个报表可以同时定义多个关键字。

· 如果要取消关键字，须执行“数据”|“关键字”|“取消”命令。

⑨调整关键字位置

执行“数据”|“关键字”|“偏移”命令，打开“定义关键字偏移”对话框。在需要调整位置的关键字后面输入偏移量。年“-120”，月“-90”，日“-60”。单击“确定”按钮。

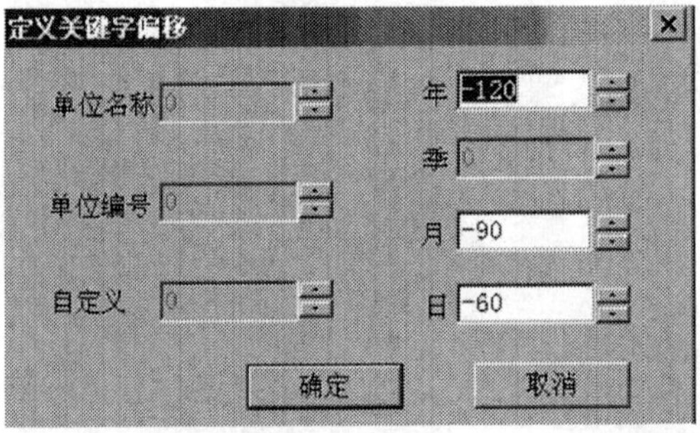

注意：

· 关键字的位置可以用偏移量来表示，负数值表示向左移，正数值表示向右移。在调整时，可以通过输入正或负的数值来调整。

· 关键字偏移量单位为像素。

（3）报表公式定义

①定义单元公式——直接输入公式

选定需要定义公式的单元“C4”，即“现金”的期初数。执行“数

据”|“编辑公式”|“单元公式”命令，打开“定义公式”对话框。在定义公式对话框内直接输入总账期初函数公式：QC（“1001”，月，“借”，“001”，，，，，，，），单击“确认”按钮。

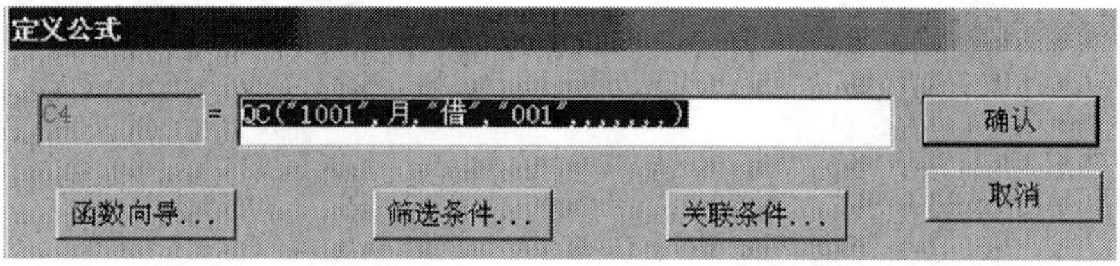

注意：

· 单元公式中涉及的符号均为英文半角字符。

· 单击“fx”按钮或双击某公式单元或按“=”键，都可打开“定义公式”对话框。

②定义单元公式——引导输入公式

选定被定义单元“D5”，即“银行存款”期末数。单击“fx”按钮，打开“定义公式”对话框。

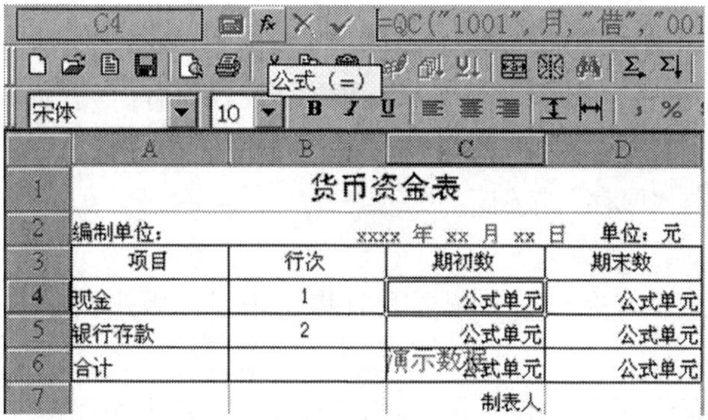

单击“函数向导”按钮，打开“函数向导”对话框。在函数分类列表框中选择“用友账务函数”，在右边的函数名列表中选中“期末（QM）”，单击“下一步”按钮，打开“用友账务函数”对话框。单击“参照”按钮，打开“账务函数”对话框。各项均采用系统默认值，单击“确定”按钮，返回“用友账务函数”对话框。单击“确定”按钮，返回“定义公式”对话框，单击“确认”按钮。输入其他单元公式。

③定义舍位平衡公式

执行“数据”|“编辑公式”|“舍位公式”命令，打开“舍位平衡公式”对话框。确定如下信息。舍位表名“SW1”，舍位范围“C4：D6”，舍位位数“3”，平衡公式“C6=C4+C5，D6=D4+D5”。单击“完成”按钮。

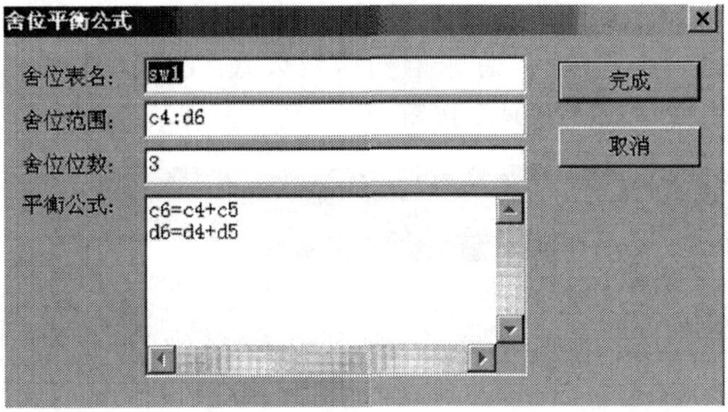

注意：

· 舍位平衡公式是指用来重新调整报表数据进位后的小数位平衡关系的公式。

· 每个公式一行，各公式之间用逗号“,”（半角）隔开，最后一条公式不用写逗号，否则公式无法执行。

· 等号左边只能为一个单元（不带页号和表名）。

· 舍位公式中只能使用“+”“-”符号，不能使用其他运算符及函数。

④保存报表格式

执行“文件”|“保存”命令。如果是第一次保存，则打开“另存为”对话框。选择要保存的文件夹，输入报表文件名“货币资金表”；选择保存类型“*.REP”，单击“保存”按钮。

注意：

· 报表格式设置完以后切记要及时将这张报表格式保存下来，以便以后随时调用。

· 如果没有保存就退出，系统会出现提示：“是否保存报表？”以防止误操作。

· “.REP”为用友报表文件专用扩展名。

二、UFO 报表数据处理

【实验目的】

1. 理解报表编制的原理及流程。

2. 掌握报表数据处理、表页管理及图表功能等操作。

【实验内容】

根据实验六自定义的货币资金表，进行报表数据处理、表页管理及图表功能操作。

【实验资料】

实验六自定义的货币资金表

【操作指导】

1. 打开定义好的货币资金表

启动 UFO 系统，执行“文件”|“打开”命令。选择需要打开的报表文件“货币资金表.REP”，单击“打开”按钮。单击空白报表底部左下角的“格式/数据”按钮，使当前状态为“数据”状态。

注意：

· 报表数据处理必须在“数据”状态下进行。

2. 报表数据处理

（1）增加表页

执行“编辑”|“追加”|“表页”命令，打开“追加表页”对话框。输入需要增加的表页数“2”，单击“确认”按钮。

注意：

· 追加表页是在最后一张表页后追加 N 张空表页，插入表页是在当前表页后面插入一张空表页。

· 一张报表最多只能管理 99999 张表页，演示版最多为 4 页。

（2）输入关键字值

执行“数据”|“关键字”|“录入”命令，打开“录入关键字”对话框。输入单位名称“朔日公司”，年“2003”，月“01”，日“31”。

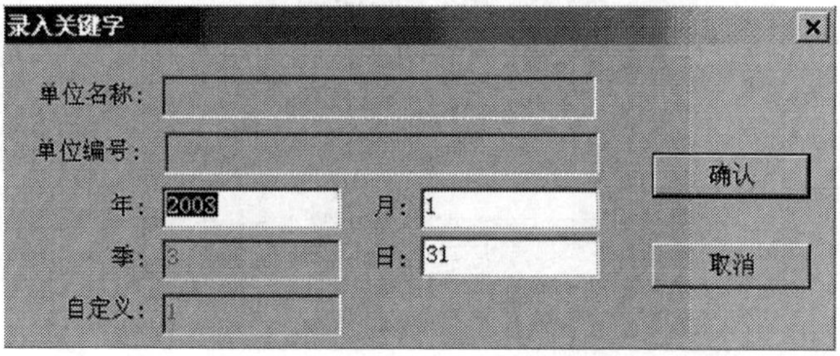

单击“确认”按钮，弹出“是否重算第 1 页？”对话框。

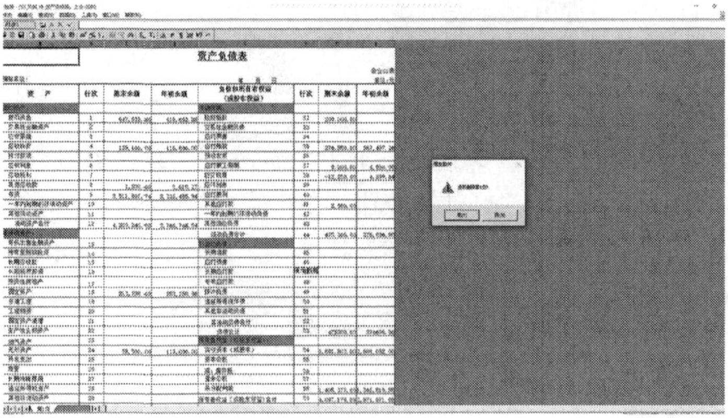

单击“是”按钮，系统会自动根据单元公式计算 01 月份数据；单击“否”按钮，系统不计算 12 月份数据，以后可利用“表页重算”功能生成 01 月数据。

注意：

· 每一张表页均对应不同的关键字值，输出时随同单元一起显示。

· 日期关键字可以确认报表数据取数的时间范围，即确定数据生成的具体日期。

（3）生成报表

执行“数据”|“表页重算”命令，弹出“是否重算第 3 页？”提示框。单击“是”按钮，系统会自动在初始的账套和会计年度范围内根据单元公式计算生成数据。

（4）报表舍位操作

执行“数据”|“舍位平衡”命令。系统会自动根据前面定义的舍位公式进行舍位操作，并将舍位后的报表保存在“SW1.REP”文件中。

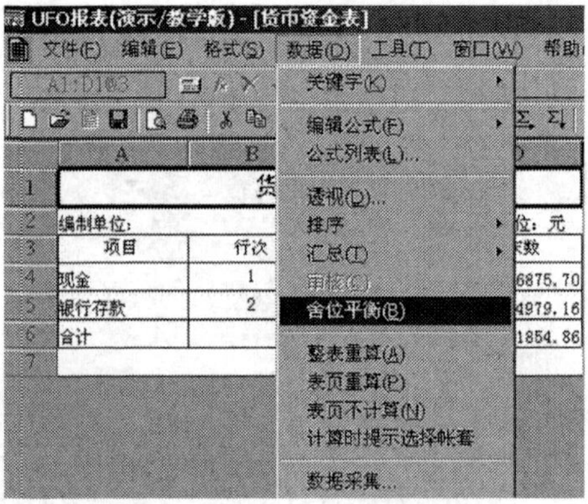

注意：

· 舍位操作以后，可以将 SW1.REP 打开查阅一下。

· 如果舍位公式有误，系统状态栏会提示“无效命令或错误参数！”

3. 表页管理

（1）表页排序

执行“数据”|“排序”|“表页”命令，打开“表页排序”对话框。确定如下信息。选择第一关键值“年”，排序方向“递增”，第二关键值“月”，排序方向“递增”。单击“确认”按钮。系统将自动把表页按年份递增顺序重新排列，如果年份相同则按月份递增顺序排序。

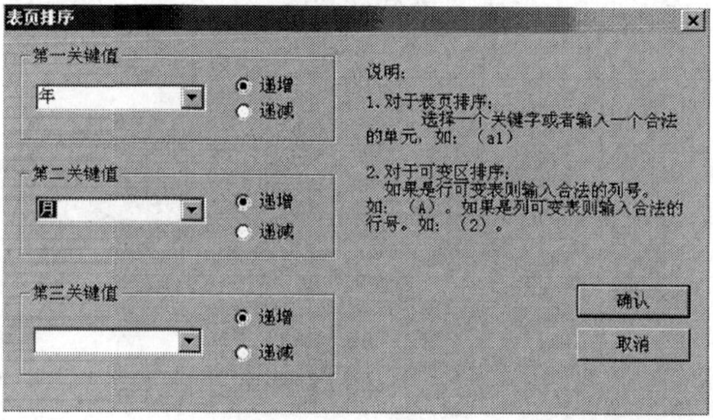

（2）表页查找

执行“编辑”|“查找”命令，打开“查找”对话框。确定查找内容“表页”，确定查找条件“月 =01”。单击“查找”按钮，查找到符合条件的表页作为当前表页。

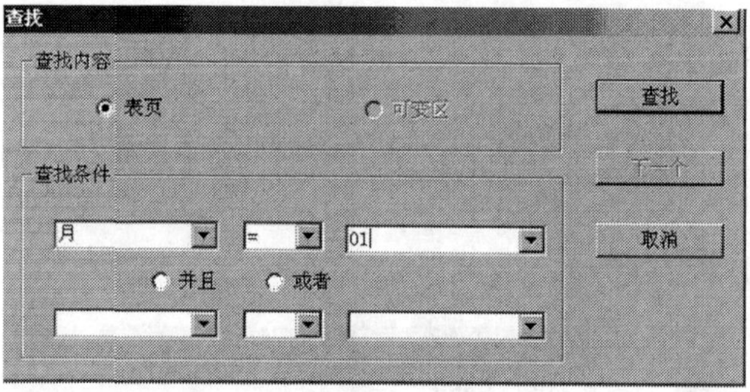

4. 图表功能

（1）追加图表显示区域

在格式状态下，执行“编辑”|“追加”|“行”命令，打开“追加行”对话框。输入追加行数“10”，单击“确定”按钮。

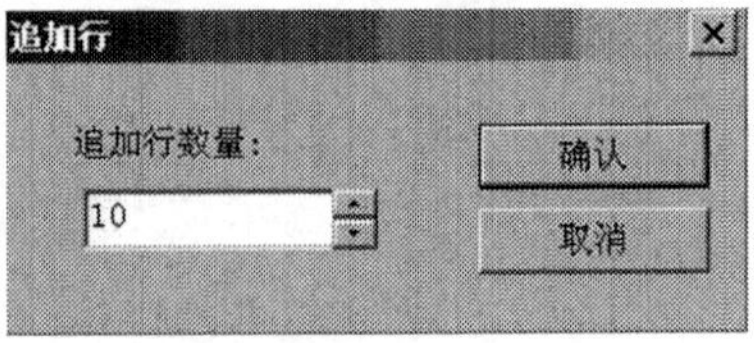

注意：

· 追加行或列须在格式状态下进行。

（2）插入图表对象

在数据状态下，选取数据区域“A3：D6”。执行“工具”|“插入图表对象”命令，打开“区域作图”对话框。选择确定如下信息。数据组“行”，数据范围“当前表页”。输入图表名称“资金分析图”，图表标题“资金对比”，X 轴标题“期间”，Y 轴标题“金额”。选择图表格式“成组直方图”，单击“确定”按钮。

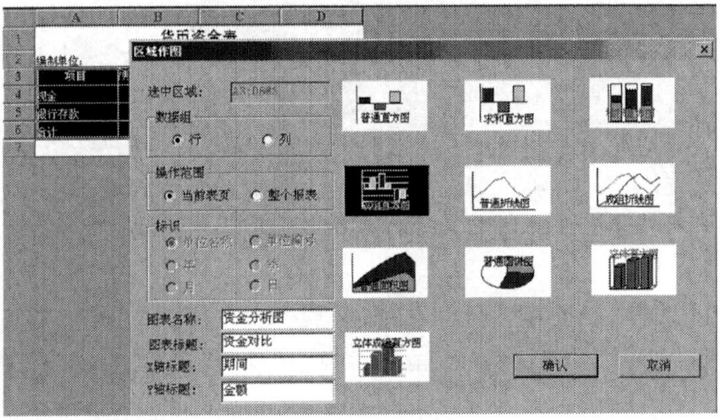

注意：

· 插入的图表对象实际上也属于报表的数据，因此有关图表对象的操作必须在数据状态下进行。

· 选择图表对象显示区域时，区域不能少于 2 行 ×2 列，否则会提示出现错误。

（3）编辑图表对象

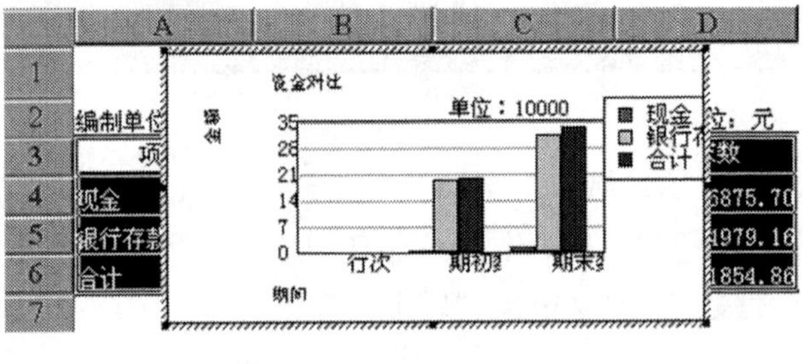

①编辑图表主标题

双击图表对象的任意位置，选中图表。执行“编辑”|“主标题”命令，打开“编辑标题”对话框。输入主标题“资金对比分析”，单击“确认”按钮。

②编辑图表主标题字样

单击选中“主标题”。执行“编辑”|“标题字体”命令，打开“标题字体”对话框。选择字体“隶书”，字型“粗体”，字号“12”；效果“加下划线”，单击“确认”按钮。

三、UFO 报表模板的使用

【实验目的】

1. 深刻领会报表编制的原理及流程。

2. 掌握如何利用报表模板生成一张报表。

【实验内容】

利用报表模板生成一张资产负债表

【实验资料】

报表模板中的资产负债表模板

【操作指导】

1. 调用资产负债表模板

执行“格式”|“报表模板”命令，打开“报表模板”对话框。选择用户所在的行业“新会计制度科目”，财务报表“资产负债表”。单击“确认”按钮，弹出“模板格式将覆盖本表格式！是否继续？”提示框。单击“确定”按钮，即可打开“资产负债表”模板。

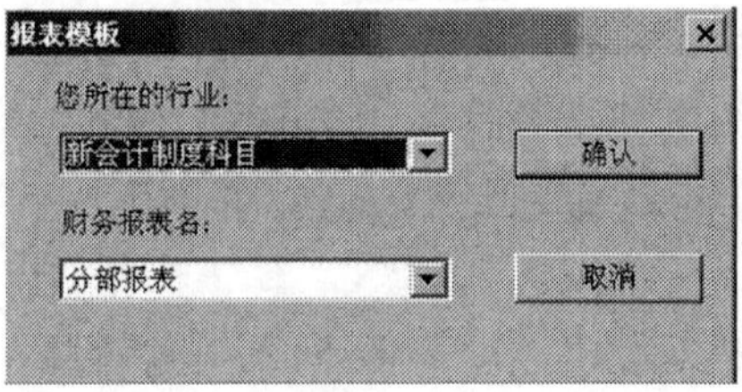

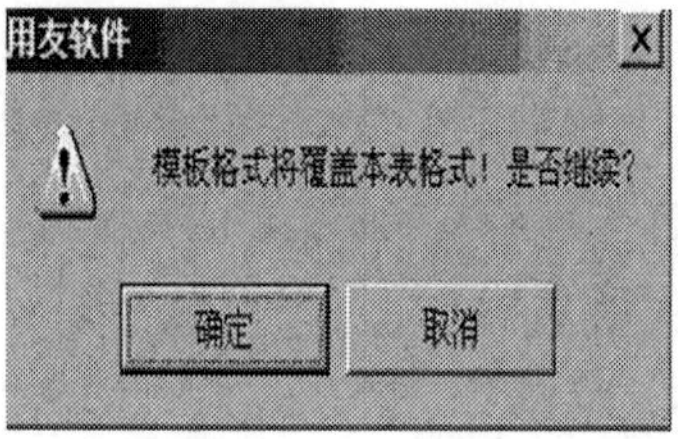

2. 调整报表模板

单击“数据 / 格式”按钮，将“资产负债表”处于格式状态。根据本单位的实际情况，调整报表格式，修改报表公式。保存调整后报表模板。

3. 生成资产负债表数据

在数据状态下，执行“数据”|“关键字”|“录入”命令，打开“录入关

键字”对话框。输入关键字：年“2003”，月“01”，日“31”。单击“确认”按钮，弹出“是否重算第1页？”提示框。单击“是”按钮，系统会自动根据单元公式计算01月份数据；单击“否”按钮，系统不计算12月份数据，以后可利用“表页重算”功能生成01月数据。如下图所示：

演示数据

资产负债表

会企01表

单位名称：北京朔日科技有限公司　　2003 年 1 月 31 日　　单位:元

资　产	行次	年初数	期末数	负债和所有者权益（或股东权益）	行次	年初数	期末数
流动资产：				流动负债：			
货币资金	1	200,704.86	331,854.86	短期借款	68	200,000.00	200,000.00
短期投资	2			应付票据	69		
应收票据	3			应付账款	70	276,850.00	286,210.00
应收股利	4			预收账款	71		
应收利息	5			应付工资	72		
应收账款	6	156,800.00	57,200.00	应付福利费	73	8,200.00	8,200.00
其它应收款	7	3,800.00	1,800.00	应付股利	74		
预付账款	8	演示数据		应交税金	75	-16,800.00	-18,160.00
应收补贴款	9			其它应交款	80		
存货	10	2,325,193.74	2,383,193.74	其它应付款	81	2,100.00	2,100.00
待摊费用	11	642.00	588.50	预提费用	82		
一年内到期的长期债权投资	21			预计负债	83		
其它流动资产	24			一年内到期的长期负债	86		
流动资产合计	31	2,687,140.60	2,774,637.10	其它流动负债	90		
长期投资：							
长期股权投资	32			流动负债合计	100	470,350.00	478,350.00
长期债权投资	34			长期负债：			
长期投资合计	38			长期借款	101		
固定资产：				应付债券	102		
固定资产原价	39	260,860.00	260,860.00	长期应付款	103		
减：累计折价	40	47,120.91	47,120.91	专项应付款	106		

第八节　财务业务一体化实验资料

实验一　系统管理和基础设置

实验目的

1. 掌握用友 ERP-U8 管理软件中系统管理和基础设置的相关内容。

2. 理解系统管理在整个系统中的作用及基础设置的重要性。

实验内容

1. 增加操作员。2. 建立账套。3. 进行财务分工。4. 输入基础信息。5. 备份账套数据。6. 修改账套参数。

实验准备

1. 已正确安装用友 ERP-U8 管理软件。

2. 在控制面板“区域和语言设置”中设置系统日期格式为“yyyy-mm-dd”。

实验资料

1. 建立新账套

（1）账套信息

账套号：学号最后三位（例如你的学号为1，则你的账套号为“101”）；账套名称：滨海阳光信息技术股份有限公司；采用默认账套路径；启用会计期：2012年4月；会计期间：默认。

（2）单位信息

单位名称：滨海阳光信息技术有限公司；单位简称：阳光公司；单位地址：滨海市开发区山东路888号；法人代表：肖剑；邮政编码：122008；联系电话及传真：0291234567；税号：110 108 200 711 013。

（3）核算类型

该企业的记账本位币：人民币（RMB）；企业类型：工业；行业性质：2007新会计制度；账套主管：你本人名字；选中“按行业性质预置科目”复选框。

（4）基础信息

该企业有外币核算，进行经济业务处理时，需要对存货、客户、供应商进行分类。

（5）分类编码方案

该企业的分类编码方案如下：

科目编码级次：4222；客户和供应商分类编码级次：223；收发类别编码级次：12；部门编码级次：122；结算方式编码级次：12；区分类编码级次：223；存货分类编码：122，其余默认。

（6）数据精度

该企业对存货数量、单价小数位定为2。

（7）系统启用

启用总账系统，启用时间为2012-04-01。

2. 财务分工（功能级权限设置，还有数据级、金额级）

（1）01 本人名字

角色：账套主管。所在部门：财务部。负责财务业务一体化管理系统运行环境的建立，以及各项初始设置工作；负责管理软件的日常运行管理工作，监督并保证系统的有效、安全、正常运行；负责总账管理系统的凭证审核、记账、账簿查询、月末结账工作；负责报表管理及其财务分析工作。

具有系统所有模块的全部权限。

（2）02 王晶

角色：出纳。所在部门：财务部。负责现金、银行账管理工作；具有“总账—凭证—出纳签字”“总账—出纳”的操作权限。

（3）03 马方

角色：总账会计、应收会计、应付会计、资产管理、薪酬经理。所在部门：财务部。负责总账系统的凭证管理工作以及客户往来、供应商往来管理工作。具有总账管理、应收款管理、应付款管理的全部操作权限。

（4）04 白雪

角色：采购主管、仓库主管、存货核算员。所在部门：采购部。主要负责采购业务处理。具有公共目录设置、应收款管理、应付款管理、总账管理、采购管理、销售管理、库存管理、存货核算的全部操作权限。

（5）05 王丽

角色：销售主管、仓库主管、存货核算员。所在部门：销售部。主要负责销售业务处理。权限同白雪。

注意：以上权限设置只是为了实验中的学习，与企业实际分工可能有所不同，企业相关操作员比较多，分工比较细致。

3. 设置基础档案

（1）部门档案

滨海阳光信息技术有限公司分类档案资料如下：

部门编码	部门名称	部门属性	部门编码	部门名称	部门属性
1	管理中心	管理部门	202	采购部	采购管理
101	总经理办公室	综合管理	3	制造中心	生产部门
102	财务部	财务管理	301	一车间	生产制造
2	供销中心	供销管理	302	二车间	生产制造
201	销售部	市场营销			

（2）人员类别

本企业在职人员分为 4 类：1001—企业管理人员；1002—经营人员；1003—车间管理人员；1004—车间人员。

（3）人员档案

人员编码	人员姓名	性别	人员类别	行政部门	是否业务员	是否操作员	对应操作员编码
101	肖剑	男	企业管理人员	总经理办公室	是		
111	本人姓名	男	企业管理人员	财务部		是	账套号 +01
112	王晶	女	企业管理人员	财务部		是	账套号 +02
113	马方	女	企业管理人员	财务部		是	账套号 +03
114	白雪	女	经营人员	采购部	是	是	账套号 +04
115	王丽	男	经营人员	销售部	是	是	账套号 +05
202	孙健	女	经营人员	销售部	是		
212	李平	男	经营人员	采购部	是		

（4）地区分类

该公司地区分类为：01—东北地区；02—华北地区；03—华东地区；04—华南地区；05—西北地区；06—西南地区。

（5）供应商分类

该公司供应商分类为：01—原料供应商；02—成品供应商。

（6）客户分类

该公司客户分类为：01—批发；02—零售；03—代销；04—专柜。

（7）客户档案

客户编号	客户名称简称	所属分类码	所属地区	税号	开户银行（默认值）	银行账号	地址	邮编	扣率	分管部门	分管业务员
001	华宏公司	01	06	2788	工行上地分行	73853654	北京市海淀区区上地路 1 号	100821	5	销售部	王丽
002	昌新贸易公司	01	02	2310	工行华苑分行	69325581	天津市南开区华苑路 1 号	300310		销售部	王丽
003	精益公司	04	03	5432	工行徐汇分行	36542234	上海市徐汇区天平路 8 号	200032		销售部	孙健
004	利氏公司	03	01	3251	中行平房分行	43810548	哈尔滨平房区和平路 16 号	150008	10	销售部	孙健

（8）供应商档案

供应商编号	供应商名称	所属分类码	所属地区	税号	开户银行	银行账号	地址	邮编	分管部门	分管业务员
001	兴华公司	01	06	8462	中行	48723367	滨海市朝阳区十里堡 8 号	610045	采购部	白雪
002	建昌公司	01	06	7583	中行	76473293	滨海市开发区开拓路 108 号	610036	采购部	白雪
003	泛美商行	02	03	2657	工行	55561278	南京市湖北路 100 号	230187	采购部	李平
004	艾德公司	02	03	1012	工行	85115076	上海市浦东新区东方路 1 号甲	200232	采购部	李平

实验要求

1. 设置系统日期为 2012-04-01，以系统管理员 admin 的身份，进行增加操作员、建立账套、财务分工、备份账套操作。

2. 以账套主管身份进行系统启用、基础档案设置、账套数据修改操作。

操作指导

1. 启动系统管理：开始→程序→用友 ERP-U872 →系统服务→系统管理。

2. 以系统管理员身份注册登录系统管理：系统→注册→出现登录对话框，输入“admin”，确定。

3. 增加操作员：权限→用户→进入“用户管理”→增加，出现“增加用户”对话框，依次输入资料所给内容。

4. 建立账套：账套→建立，打开“创建账套”对话框→输入账套信息→输入单位信息→输入核算类型→确定基础信息→确定编码方案→数据精度定义→退出。

5. 财务分工：权限→权限，进入“操作员权限”窗口→选账套，选年度，选用户→修改或增加，打开“增加和调整权限”对话框→按资料设置各用户权限→退出。

6. 系统启用与基础设置

（1）登录“企业应用平台”：开始→程序→用友 ERP-U872 →企业应用平台，打开登录对话框→以账套主管身份登录。

（2）系统启用：基础设置→基本信息→系统启用→启用总账，启用日期 2012 年 4 月 1 日。注意：若建账套时已完成启用，则略过此步骤。

（3）进行基础设置：基础设置→基础档案→选择录入项目→录入资料所给内容。

7. 备份账套数据：在磁盘上建立备份文件夹→以系统管理员身份注册登录系统管理→账套→输出，打开“账套输出”对话框→选择数据备份所在目录→确定。

8. 修改账套数据：在建立账套后，若某些账套参数还需修改，则以账套主管身份注册登录系统管理→账套→修改→按提示修改相关内容。

实验二　总账管理系统

实验目的

1. 掌握用友 ERP-U8 管理软件中总账管理系统初始设置的相关内容。
2. 理解总账系统初始设置的含义。
3. 掌握总账管理系统初始设置的具体内容和操作方法。

实验内容

1. 总账管理系统参数设置。
2. 基础档案设置：会计科目、凭证类别、外币及汇率、结算方式、辅助核算档案等。
3. 期初余额录入。

实验准备

设置系统日期为 2012-04-01，引入“实验一”账套数据：（1）以系统管理员的身份注册进入系统管理，执行“账套—引入”命令，打开“请选择账套备份文件”对话框；（2）选择“实验一”账套数据所在的磁盘驱动器，进入到文件“UferpAct.Lst”所在位置，选择该文件按提示完成账套引入操作。

实验资料

1. 总账控制参数

选项卡	参数设置
凭证	☑ 制单序时控制　☑ 支票控制　赤字控制：资金往来科目　赤字控制方式：提示 可以使用应收款、应付款、存货受控科目 取消“现金流量科目必须录入现金流量项目”选项 凭证编号方式采用系统编号
账簿	账簿打印位数按软件的标准设定；明细账打印按年排页
凭证打印	打印凭证页脚姓名
预算控制	超出预算允许保存
权限	出纳凭证必须经由出纳签字；允许修改、作废他人填制的凭证 可查询他人凭证；明细账查询权限控制到科目
会计日历	会计日历为 1 月 1 日—12 月 31 日；数量小数单位和单价小数单位设置为 2 位
其他	外币核算采用固定汇率；部门、个人、项目按编码方式排序

2. 基础数据

（1）外币及汇率：币符：USD；币名：美元；固定汇率 1:6.275（此汇率只供演示账套使用）。

（2）2012 年 4 月份会计科目及期初余额表

科目名称及代码	辅助核算	方向	币别计量	累计借方发生额	累计贷方发生额	期初余额
库存现金 1001	日记	借		18 889.65	18 860.65	6 875.70
银行存款 1002	日记银行	借		469 251.88	370 000.35	511 057.16
工行存款 100201	日记银行	借		469 251.88	370 000.35	511 057.16
中行存款 100202	日记银行	借	美元			
应收账款 1122	客户往来	借		60 000.00	20 000.00	157 600.00
预付账款 1123	供应商往来	借				
其他应收款 1221		借		4 200.00	5 410.27	3 800.00
应收单位款 122101	客户往来	借				
应收个人款 122102	个人往来	借		4 200.00	5 410.27	3 800.00
坏账准备 1231		贷		3 000.00	6 000.00	10 000.00
材料采购 1401		借			80 000.00	−80 000.00
原材料 1403		借		293 180.00		1 004 000.00
生产用原材料 140301	数量核算	借	吨	293 180.00		1 004 000.00
材料成本差异 1404		借		2 410.27		1 642.00
库存商品 1405		借		140 142.54	90 000.00	2 554 000.00
委托加工物资 1408		借				
周转材料 1411		借				
固定资产 1601		借				260 860.00
累计折旧 1602		贷			39 511.89	47 120.91
在建工程 1604		借				
人工费 160401	项目核算	借				
材料费 160402	项目核算	借				
其他 160403	项目核算	借				
无形资产 1701		借			58 500.00	58 500.00
待处理财产损溢 1901						
待处理流动资产损溢 190101						
待处理固定资产损溢 190102						

续表

科目名称及代码	辅助核算	方向	币别计量	累计借方发生额	累计贷方发生额	期初余额
短期借款 2001		贷			200 000.00	200 000.00
应付账款 2202	供应商往来	贷		150 557.26	60 000.00	276 850.00
预收账款 2203	客户往来	贷				
应付职工薪酬 2211		贷			3 400.00	8 200.00
应缴税费 2221		贷		36 781.37	15 581.73	−16 800.00
应交增值税 222101		贷		36 781.37	15 581.73	−16 800.00
进项税额 22210101		贷		36 781.37		−33 800.00
销项税额 22210105		贷			15 581.73	17 000.00
应付利息 2231		贷				
借款利息 223101		贷				
其他应付款 2241		贷			2 100.00	2 100.00
实收资本 4001		贷				2 609 052.00
本年利润 4103		贷				1 478 000.00
利润分配 4104		贷		13 172.74	9 330.55	−119 022.31
未分配利润 410415		贷		13 172.74	9 330.55	−119 022.31
生产成本 5001	项目核算	借		8 711.37	10 122.38	17 165.74
直接材料 500101	项目核算	借		4 800.00	5 971.00	10 000.00
直接人工 500102	项目核算	借		861.00	900.74	4 000.74
制造费用 500103	项目核算	借		2 850.00	3 050.00	2 000.00
折旧费 500104	项目核算	借		200.37	200.64	1 165.00
其他 500105	项目核算	借				
制造费用 5101		借				
工资 510101		借				
折旧费 510102		借				
主营业务收入 6001		贷		350 000.00	350 000.00	
其他业务收入 6051		贷		250 000.00	250 000.00	
主营业务成本 6401		借		300 000.00	300 000.00	
其他业务成本 6402		借		180 096.55	180 096.55	
营业税金及附加 6403		借		8 561.28	8 561.28	
销售费用 6601		借		5 000.00	5 000.00	

续表

科目名称及代码	辅助核算	方向	币别计量	累计借方发生额	累计贷方发生额	期初余额
管理费用 6602		借		23 221.33	23 221.33	
薪资 660201	部门核算	借		8 542.96	8 542.96	
福利费 660202	部门核算	借		1 196.01	1 196.01	
办公费 660203	部门核算	借		568.30	568.30	
差旅费 660204	部门核算	借		5 600.23	5 600.23	
招待费 660205	部门核算	借		4 621.56	4 621.56	
折旧费 660206	部门核算	借		2 636.27	2 636.27	
其他 660207	部门核算	借		56.00	56.00	
财务费用 6603		借		8 000.00	8 000.00	
利息支出 660301		借		8 000.00	8 000.00	

说明：1. 将“库存现金 1001”科目指定为现金总账科目；将“银行存款 1002”科目指定为银行总账科目；将“库存现金 1001、工行存款 100201、中行存款 100202”科目指定为现金流量科目。

2. 部门核算期初数据均假设为总经理办公室。

（3）凭证类别

凭证类别	限制类型	限制科目
记账款凭证	无	

（4）结算方式

结算方式编码	结算方式名称	是否票据管理
1	现金结算	否
2	支票结算	否
201	现金支票	是
202	转账支票	是
3	其他	否

（5）项目目录

项目大类：生产成本 5001

核算科目：生产成本及其下级所有明细科目

项目分类：1—自行开发项目，2—委托开发项目

项目名称：1—101 普通打印纸—A4，1—102 凭证套打纸—8X，所属分类码均为 1

（6）数据权限分配

操作员白雪只具有应收账款、预付账款、应付账款、预收账款、其他应收款 5 个科目的明细账查询权限。具有所有部门的查询和录入权限。

3. 期初数据

（1）总账期初余额表：见“2012 年 04 月份会计科目及期初余额表”

（2）辅助账期初余额表：在“期初往来明细”窗口录入

会计科目：1122 应收账款 期初余额：借 157 600 元

日期	凭证号	客户	业务员	摘要	方向	期初余额	票号	票据日期
2012-02-25	记 -118	华宏公司	孙健	销售商品	借	99 600.00	P111	2012-02-25
2012-03-10	记 -15	昌新贸易公司	孙健	销售商品	借	58 000.00	Z111	2012-03-10

会计科目：122102 其他应收款—应收个人款 期初余额：借 3 800 元

日期	凭证号	部门	个人	摘要	方向	期初余额
2012-03-26	记 -128	总经理办公室	肖剑	出差借款	借	2 000.00
2012-03-27	记 -156	销售部	孙健	出差借款	借	1 800.00

会计科目：2202 应付账款 期初余额：贷 276 850 元

日期	凭证号	供应商	业务员	摘要	方向	期初余额	票号	票据日期
2012-01-20	记 -45	兴华公司	李平	购买原材料	贷	276 850.00	C123	2012-01-20

会计科目：5001 生产成本 期初余额：借 17 165.74 元

科目名称	普通打印纸 -A4	凭证套打纸 -8X	合计
直接材料 500101	4 000.00	6 000.00	10 000.00
直接人工 500102	1 500.00	2 500.74	4 000.74
制造费用 500103	800.00	1 200.00	2 000.00
折旧费 500104	500.00	665.00	1 165.00
合计	6 800.00	10 365.74	17 165.74

（3）辅助账累计借方、累计贷方发生额：在“辅助期初余额”窗口直接录入

会计科目：1122 应收账款

日期	凭证号	客户	业务员	摘要	方向	余额	票号	票据日期
2012-02-25	记 -118	华宏公司	孙健	销售商品	借	60 000.00	P111	2012-02-25
2012-03-10	记 -15	昌新贸易公司	孙健	销售商品	贷	20 000.00	Z111	2012-03-10

会计科目：122102　其他应收款—应收个人款

日期	凭证号	部门	个人	摘要	方向	余额
2012-03-26	记 -128	总经理办公室	肖剑	出差借款	借	4 200.00
2012-03-27	记 -156	销售部	孙健	出差借款	贷	5 410.27

会计科目：2202 应付账款

日期	凭证号	供应商	业务员	累计借方	累计贷方	票号	票据日期
2012-02-20	记 -45	兴华公司	李平	150 557.26	60 000.00	C123	2012-02-20

会计科目：5001　生产成本　明细项目：普通打印纸—A4

科目名称	累计借方	累计贷方
直接材料 500101	4 800.00	5 971.00
直接人工 500102	861.00	900.74
制造费用 500103	2 850.00	3 050.00
折旧费 500104	200.370	200.64

实验要求

以账套主管的身份进行总账初始设置。

操作指导

1. 登录总账：开始→程序→用友 ERP-U872 →企业应用平台→以账套主管的身份登录。

2. 设置总账控制参数：业务工作→财务会计→总账→设置→选项→编辑→按资料设置→确定。

3. 设置基础数据：基础设置→基本档案→财务，完成下述项目的设置。

（1）设置外币及汇率

（2）会计科目—增加明细会计科目、修改会计科目、删除会计科目、指定会计科目

（3）设置凭证类别

（4）设置结算方式：基础设置→基本档案→收付结算→结算方式

（5）项目管理：定义项目大类→定义项目分类→定义项目目录→指定核算科目

（6）数据权限控制设置及分配：系统服务→权限→数据权限控制设置→数据权限设置

4. 输入期初余额：设置→期初余额，进入“期初余额录入”。

注意：一般科目只录入末级会计科目数据；辅助核算科目进入相应的辅助账窗口录入。数据输入完毕后要进行试算平衡。

实验三　应收款管理

实验目的

1. 掌握用友 ERP-U8 管理软件中应收款管理系统的相关内容。

2. 掌握应收款管理系统初始化、日常业务处理及月末处理的操作。

3. 理解应收款管理在总账核算与在应收款管理系统核算的区别。

实验内容

1. 初始化：设置账套参数、初始设置。

2. 日常处理：形成应收、收款结算、转账处理、坏账处理、制单、查询统计。

3. 期末处理：月末结账。

实验准备

系统日期设置为：2012-04-01，引入“实验二”账套数据。

实验资料

1. 初始设置

（1）控制参数：坏账处理方式为“应收余额百分比”；自动计算现金折扣。

（2）设置科目

基本科目设置：应收科目 1122；预收科目 2203；销售收入科目 6001；应交增值税科目 22210105。

控制科目设置：所有客户的控制科目—应收科目 1122；预收科目 2203。

结算方式科目设置：现金支票—人民币、100201；转账支票—人民币、100201。

（3）坏账准备设置：提取比例为 0.5%；坏账准备期初余额 800；坏账准备科目 1231；对方科目 660207。

（4）账期内账龄区间及逾期账龄区间：01—1~30 天，总 30 天；02—

31~60 天，总 60 天；03—61~90 天，总 90 天；04—91 以上。

（5）计量单位组：编号—01，单位组名称—无换算关系；单位组类别—无换算。

（6）计量单位：01—盒，无换算关系；02—台，无换算关系；03—只，无换算关系；04—千米，无换算关系。

（7）存货分类

存货类别编码	存货类别名称	存货类别编码	存货类别名称
1	原材料	201	计算机
101	主机	3	配套用品
10101	处理器	301	配套材料
10102	硬盘	302	配套硬件
102	显示器	30201	打印机
103	键盘	30202	传真机
104	鼠标	303	配套软件
2	产成品	9	应税劳务

（8）存货档案

存货编码	存货名称	所属类别	计量单位	税率	存货属性	参考成本	参考售价
001	酷睿双核处理器	10101	盒	17%	外购、生产耗用、销售	1200	
002	500GB 硬盘	10102	盒	17%	外购、生产耗用、销售	800	1000
003	23 英寸液晶屏	102	台	17%	外购、生产耗用、销售	2200	2500
004	键盘	103	只	17%	外购、生产耗用、销售	100	120
005	鼠标	104	只	17%	外购、生产耗用、销售	50	60
006	计算机	201	台	17%	自制、销售	5000	6500
007	HP 激光打印机	30201	台	17%	自制、销售	2000	2300
008	运输费	9	千米	17%	外购、销售、应税劳务		

（9）期初余额

会计科目：应收账款（1122）　　余额：借 157600 元

普通发票

开票日期	客户	销售部门	科目	货物名称	数量	含税单价	金额
2012-02-25	华宏公司	销售部	1122	键盘	1992	50	99600

增值税发票

开票日期	客户	销售部门	科目	货物名称	数量	无税单价	税率	金额
2012-03-10	昌新贸易公司	销售部	1122	23 英寸液晶屏	18	2500	17%	52650

其他应收单

单据日期	客户	销售部门	科目	摘要	金额
2012-03-10	昌新贸易公司	销售部	1122	代垫运费	5350

（10）开户银行：编码—01；名称—工商银行滨海分行中关村分理处；账—6。

2. 2012 年 4 月份发生的经济业务

（1）4 月 2 日，销售部售给华宏公司计算机 10 台，单价 6500 元 / 台，开出普通发票，货已发出。

（2）4 月 4 日，销售部出售精益公司 23 英寸液晶屏 20 台，单价 2500 元 / 台，开出增值税发票。货已发出，同时代垫运费 5 000 元。

（3）4 月 5 日，收到华宏公司交来转账支票一张，金额 65000 元，支票号 ZZ001，用以归还前欠货款。

（4）4 月 7 日，收到昌新贸易公司交来转账支票一张，金额 100000 元，支票号 ZZ002，用以归还前欠货款及代垫运费，剩余款转为预收账款。

（5）4 月 9 日，华宏公司交来转账支票一张，金额 10000 元，支票号 ZZ003，作为预购酷睿双核处理器的定金。

（6）4 月 10 日，将精益公司购买 23 英寸液晶屏的应收款 58500 元转给昌新贸易公司。

（7）4 月 11 日，用华宏公司交来的 10000 元定金冲抵其期初应收款项。

（8）4 月 17 日，确认本月 4 日为精益公司代垫运费 5000 元，作为坏账处理。

（9）4 月 31 日，计提坏账准备。

实验要求

以账套主管身份进行应收款管理操作。

操作指导

1. 启用并进入应收款管理系统

基础设置→基本信息→系统启用，打开“系统启用”对话框→选中“应收款管理”，选择启用日期 2012-04-01 →确定→是→退出。

2. 初始设置

（1）设置控制参数：业务工作→财务会计→应收款管理→设置→选项，出现“账套参数设置”对话框→编辑，按资料配置相关信息→确定。

（2）初始设置：业务工作→财务会计→应收款管理→设置→初始设置，进入“初始设置”窗口→按资料配置相关信息。

（3）设置计量单位组和计量单位：基础设置→基础档案→存货→计量单位，进入“计量单位—计量单位组”窗口→分组，出现“计量单位组”窗口→增加，按资料配置相关信息→保存→退出，返回上级窗口→选择“无换算关系”计量组→单位，进入“计量单位”窗口→增加，按资料配置相关信息→保存→退出，返回上级窗口→退出。

（4）设置存货分类和存货档案：基础设置→基础档案→存货→存货分类，进入“存货分类”窗口→增加，按资料配置相关信息→保存→退出，返回上级窗口→存货档案，进入“存货档案”窗口→增加，进入“增加存货档案”窗口，按资料配置相关信息→保存→退出，返回上级窗口→退出。

（5）输入期初余额：业务工作→财务会计→应收款管理→设置→期初余额，出现“期初余额—查询”对话框→确定，进入“期初余额明细表”窗口→增加，出现单据类别，分别选择对应单据类别→确定，进入对应票据输入窗口→按资料输入相关内容→保存。输入完毕后，在“期初余额明细表”窗口→对账，进入“期初对账”窗口，查看期初是否平衡。

（6）输入开户银行信息：基础设置→基础档案→收付结算→本单位开户银行，输入本单位开户银行信息。

3. 日常处理（先设置收发类别、销售类型）

（1）增加应收款

注意：若应收款管理与销售管理集成使用，则应在销售管理系统录入普通发票、专用销售发票和其他应收单，在应收款系统对其进行查询、核销和制单。否则在此处进行。

业务 1，输入并审核普通发票：应收单据处理→应收单据录入，打开“单据类别”对话框→选：销售发票、普通发票→确认，进入“销售普通发票”窗口→增加，录入相关信息→保存。

业务 2，输入并审核专用发票：应收单据处理→应收单据录入，打开“单据类别”对话框→选：销售发票、销售专用发票→确认，进入“销售专用发票”窗口→增加，录入相关信息→保存。

业务 3，输入并审核其他应收单：应收单据处理→应收单据录入，打开“单据类别”对话框→选：应收单、其他应收单→确认，进入“其他应收单”窗口→增加，录入相关信息→保存。

上述单据审核：应收单据处理→应收单据审核，打开“应收单据过滤条件”对话框→确定，进入“应收单据列表”窗口→全选→审核→确定。

（2）收款结算

业务 4，输入一张收款单据并完全核销应收款：收款单据处理→收款单据录入，进入“收款单据录入”窗口→增加，录入相关信息（结算方式、结算科目及金额必录）→保存→审核，问制单否→否→核销（核销后该单据不能再修改），录入核销金额→保存→退出。

业务 5，输入一张收款单据，部分核销应收款，部分形成预收账款：收款单据处理→收款单据录入，进入“收款单据录入”窗口→增加，录入相关信息（结算方式、结算科目及金额必录）→保存→审核，问制单否→否→核销，录入核销金额（专用发票 52560，其他应收单 5350）→保存→退出。

业务 6，输入一张收款单据全部形成预收账款：收款单据处理→收款单据录入，进入“收款单据录入”窗口→增加，录入相关信息（款项类型：预收款）→保存→审核，问制单否→否→退出。

（3）转账处理

业务 7，应收冲应收：转账→应收冲应收，进入“应收冲应收”窗口→录入相关信息（2012-04-10，精益公司、昌新贸易公司）→过滤，列出精益公司未核销应收款→确认，问制单否→否→退出。

业务 8，预收冲应收：转账→预收冲应收，进入“预收冲应收”窗口→ 2012-04-11 →选“预收款”选项卡→华宏公司→过滤，列出其预收款→输入转账金额→选“应收款”选项卡→华宏公司→过滤，列出其应收款→输入转账金额→确认，问制单否→否→退出。

（4）坏账处理

业务 9，发生坏账：坏账处理→坏账发生，打开“坏账发生”对话框→精益公司、2012-04-17、人民币→确认，进入“坏账发生单据明细”窗口，列出其未核销应收单据→本次坏账发生金额：5 000 → OK 确认，问制单否→否→退出。

业务 10，计提坏账准备：坏账处理→计提坏账准备，进入“应收账款百分比法”窗口→系统自动计算计提金额→ OK 确认，问制单否→否→退出。

（5）制单：在前述操作中出现制单否提示时选择“是”则可立即制单。也可批量处理，即：制单处理，打开“制单查询”对话框→按软件提示操作。

（6）查询统计：见软件界面

4. 期末处理

（1）结账：期末处理→月末结账，打开“月末结账”对话框→双击 4 月份结账标志→下一步，显示各处理类型处理状况→若全部为“是”，确认→确认。

（2）取消结账：按软件提示操作。

实验四　供应链管理系统初始设置

实验目的

1. 掌握用友 ERP-U8 管理软件中供应链管理系统初始设置的相关内容。
2. 理解供应链管理系统业务处理流程。
3. 掌握供应链管理系统基础信息设置、期初余额录入的操作方法。

实验内容

1. 启用供应链管理系统。
2. 供应链管理系统基础信息设置。
3. 供应链管理系统期初数据录入。

实验准备

引入“实验二”账套数据，启用采购管理、销售管理、库存管理、存货核算、应收款、应付款管理子系统，启用日期为 2012-04-01。

实验资料

1. 基础信息

（1）计量单位组：编号—01，单位组名称—无换算关系；单位组类别—无换算率

（2）计量单位：01—盒，无换算关系；02—台，无换算关系；03—只，无换算关系；04—千米，无换算关系；

（3）存货分类

存货类别编码	存货类别名称	存货类别编码	存货类别名称
1	原材料	201	计算机
101	主机	3	配套用品
10101	处理器	301	配套材料
10102	硬盘	302	配套硬件
102	显示器	30201	打印机
103	键盘	30202	传真机

续表

存货类别编码	存货类别名称	存货类别编码	存货类别名称
104	鼠标	303	配套软件
2	产成品	9	应税劳务

（4）存货档案

存货编码	存货名称	所属类别	计量单位	税率	存货属性	参考成本	参考售价
001	酷睿双核处理器	10101	盒	17%	外购、生产耗用、销售	1200	
002	500GB 硬盘	10102	盒	17%	外购、生产耗用、销售	800	1000
003	23 英寸液晶屏	102	台	17%	外购、生产耗用、销售	2200	2500
004	键盘	103	只	17%	外购、生产耗用、销售	100	120
005	鼠标	104	只	17%	外购、生产耗用、销售	50	60
006	计算机	201	台	17%	自制、销售	5000	6500
007	HP 激光打印机	30201	台	17%	自制、销售	2000	2300
008	运输费	9	千米	17%	外购、销售、应税劳务		

（5）仓库档案

仓库编码	仓库名称	计价方式
1	原料库	移动平均法
2	成品库	移动平均法
3	配套用品库	移动平均法

（6）收发类别

编码	名称	标志	编码	名称	标志
1	正常入库	收	3	正常出库	发
101	采购入库	收	301	销售出库	发
102	产成品入库	收	302	领料出库	发
103	调拨入库	收	303	调拨出库	发
2	非正常入库	收	4	非正常出库	发
201	盘盈入库	收	401	盘亏出库	发
202	其他入库	收	402	其他出库	发

（7）采购类型

编码：1；名称：普通采购；入库类别：采购入库；是默认值

（8）销售类型

编码：1；名称：经销；出库类别：销售出库；是默认值

编码：2；名称：代销；出库类别：销售出库；非默认值

（9）开户银行：编码—01；名称—工商银行滨海分行中关村分理处；账号—0

2. 设置基础科目

（1）存货核算系统

存货科目：按照存货分类设置存货科目。

存货科目设置：原料库—生产用原材料（140301）；成品库—库存商品（1405）；配套用品库—库存商品（1405）。

对方科目：根据收发类别设置对方科目。

对方科目设置：采购入库—材料采购（1401）；产成品入库—生产成本/直接材料（500101）；盘盈入库—待处理流动资产损溢（190101）：销售出库—主营业务成本（6401）；领料出库—生产成本/直接材料（500101）。

（2）应收款管理系统

应收款核销方式：按单据；坏账处理方式：应收余额百分比；其他参数为系统默认。

基本科目设置：应收科目 1122，预收科目 2203，销售收入科目 6001，应交增值税科目 22210105，其他可暂时不设置。

控制科目设置：所有客户的控制科目—应收科目 1122；预收科目 2205。

结算方式科目设置：现金结算对应科目 1001，转账支票对应科目 100201，现金支票对应科目 100201。

坏账准备设置：提取比例 0.5%，期初余额 10000，科目 1231，对方科目 660207。

账期内账龄区间及逾期账龄区间：01—1~30 天，总 30 天；02—31~60 天，总 60 天；03—61~90 天，总 90 天；04—91~120 天，总 120 天；05—121 以上。

报警级别设置

序号	起止比率	总比率	级别名称
1	0 以上	10	A
2	10%~30%	30	B
3	30%~50%	50	C
4	50%~100%	100	D
5	100% 以上		E

（3）应付款管理系统

应付款核销方式：按单据，其他参数为系统默认。

科目设置：应付科目 2202，预付科目 1123，采购科目 1401，采购税金科目 22210101，其他可暂时不设置。

结算方式科目设置：现金结算对应科目 1001，转账支票对应科目 100201，现金支票对应科目 100201。

坏账准备设置：提取比例 0.5%，期初余额 10000，科目 1231，对方科目 660207。

账期内账龄区间与报警设置同应收款管理系统。

3. 期初余额

（1）采购管理系统期初数据

3 月 25 日，收到兴华公司提供的 500GB 硬盘 100 盒，单价为 800 元，商品已验收入原料仓库，至今尚未收到发票。

（2）销售管理系统期初数据

3 月 28 日，销售部向昌新贸易公司出售计算机 10 台，报价为 6500 元，由成品仓库发货。该发货单尚未开票。

（3）库存和存货核算系统期初数据

3 月 30 日，对各个仓库进行了盘点，结果如下表：

仓库名称	存货名称	数量	结存单价
原料库	酷睿双核处理器	700	1200
	500GB 硬盘	200	820
成品库	计算机	380	4800
配套用品库	HP 激光打印机	400	1800

（4）应收款管理系统期初数据

应收账款科目的期初余额为 157600 元，以应收单形式录入。

日期	客户	方向	金额	业务员
2012-02-25	华宏公司	借	99600	王丽
2012-03-10	昌新贸易公司	借	58000	王丽

（5）应付款管理系统期初数据

应付账款科目的期初余额中涉及兴华公司的余额为 276850 元，以应付单形式录入。

日期	供应商	方向	金额	业务员
2012-01-20	兴华公司	贷	276850	李平

实验要求

系统日期设置为2012-04-01，以账套主管身份进行供应链系统初始设置。

操作指导

1. 以账套主管身份注册登录企业应用平台

以账套主管的身份注册登录企业应用平台，启用采购管理、销售管理、库存管理、存货核算、应收款、应付款管理子系统，启用日期为2012-04-01。

2. 基础信息设置

基础设置→基础档案，根据实验资料设置相关内容。

3. 存货核算系统基础科目设置

业务工作→供应链→存货核算→初始设置→科目设置→存货科目（对方科目），进入“存货科目（对方科目）设置”窗口→按实验资料进行。

4. 应收款管理系统相关设置及期初数据录入：参考实验三的操作步骤。

5. 应付款管理系统相关设置及期初数据录入：类似步骤四。

6. 采购管理系统期初数据录入

有两类：货到票未到，暂估入库，用期初采购单录入；票到货未到，在途业务，期初采购发票录入。在采购管理系统→采购入库→采购入库单→增加，录入资料内容→退出，返回上级窗口→设置→采购期初记账→记账→确定。

7. 销售系统期初数据录入

在销售管理系统→设置→期初录入→期初发货单，进入“期初发货单”窗口→增加，录入资料内容→保存→审核。

8. 存货期初数据录入

在存货管理系统→初始设置→期初数据→期初余额，进入“期初余额”窗口→选仓库→增加→输入资料内容→记账。

9. 录入库存期初数据

在库存管理系统→初始设置→期初结存，进入“期初结存”窗口→选仓库→修改→取数→保存→确定。各仓库期初数据录入完成后，对账→确定。

实验五　采购管理

实验目的

1. 掌握用友 ERP-U8 管理软件中采购管理系统的相关内容。

2. 掌握企业日常采购业务处理方法。

3. 理解采购管理系统各项参数设置的意义，理解采购管理系统与其他系统之间的数据传递关系。

实验内容

1. 普通采购业务处理。2. 请购比价采购业务。3. 采购退货业务。4. 现结业务。5. 采购运费处理。6. 估价处理。7. 期末结账及取消。

实验准备

1. 设置系统日期为 2012-04-01，引入“实验四”账套数据。

2. 以账套主管身份进入企业应用平台，设置采购专用发票、采购普通发票和采购运费发票的发票号为“完全手工编号”：基础设置→单据设置→单据编号设置，打开“单据编号设置”对话框→单据类型：采购管理→采购专用发票→修改→完全手工编号→保存。同理，设置采购普通发票和采购运费发票。

实验资料

2012 年 4 月份采购业务如下：

1. 普通采购业务

（1）4 月 1 日，业务员白雪向建昌公司询问键盘的价格（95 元 / 只），评估后确认价格合理，随即向公司上级主管提出请购要求，请购数量为 300 只。业务员据此填制请购单。

（2）4 月 2 日，上级主管同意向建昌公司订购键盘 300 只，单价为 95 元 / 只，要求到货日期为 4 月 3 日。

（3）4 月 3 日，收到所订购的键盘 300 只。填制到货单。

（4）4 月 3 日，将所收到的货物验收入原料库。填制采购入库单。

（5）当天收到该笔货物的专用发票一张，发票号 8001。

（6）业务部门将采购发票交给财务部门，财务部门确定此业务所涉及的应付账款及采购成本，材料会计记材料明细账。

（7）财务部门开出转账支票一张，支票号 C1，付清采购货款。

2. 采购现结业务

4 月 5 日，向建昌公司购买鼠标 300 只，单价为 50 元 / 只，验收入原料仓库。同时收到专用发票一张，票号为 85011，立即以转账支票（支票号 Z011）形式支付货款。记材料明细账，确定采购成本，进行付款处理。

3. 采购运费处理

4 月 6 日，向建昌公司购买 500GB 硬盘 200 盒，单价为 800 元 / 盒，验收入原料库。同时收到专用发票一张，票号为85012。另外，在采购的过程中，发生了一笔运输费200元，税率为7%，收到相应的运费发票一张，票号为5678。确定采购成本及应付账款，记材料明细账。

4. 请购比价业务

（1）4月8日，业务员白雪欲购买100只鼠标，提出请购要求，经同意填制并审核请购单。根据以往的资料得知提供鼠标的供应商有两家，分别为兴华公司和建昌公司，他们的报价分别为35元/只、40元/只。通过比价，决定向兴华公司订购，要求到货日期为4月9日。

（2）4月9日，未收到上述所订货物，向供应商发出催货函。

5. 暂估入库报销处理

4月9日，收到兴华公司提供的上月已验收入库的80盒500GB硬盘的专用发票一张，票号为48210，发票单价为820元。进行暂估报销处理，确定采购成本及应付账款。

6. 暂估入库处理

4月9日，收到艾德公司提供的HP激光打印机100台，配套用品库。由于到了月底发票仍未收到，故确定该批货物的暂估成本为1500元，并进行暂估记账处理。

7. 采购结算前退货

（1）4月10日，收到建昌公司提供的23英寸液晶屏，数量202套，单价为1150元。验收入原料库。

（2）4月11日，仓库反映有2台显示器有质量问题，要求退回给供应商。

（3）4月11日，收到建昌公司开具的专用发票一张，其发票号为AS4408。进行采购结算。

8. 采购结算后退货

4月13日，从建昌公司购入的键盘质量有问题，退回2只，单价为95元，同时收到票号为665218的红字专用发票一张。对采购入库单和红字专用采购发票进行结算处理。

实验要求

对每一笔采购业务，都应严格按照该类型业务操作流程进行操作，基本顺序如下：

（1）以“白雪”的身份、业务日期进入采购管理系统，对该笔采购业务的采购发票进行录入。

（2）以“白雪”的身份、业务日期进入库存管理系统，对该笔采购业务的入库单进行录入并审核。

（3）以“白雪”的身份、业务日期进入存货核算系统，对该笔采购业务所生成的入库单进行记账；对上月收到的货物当月进行采购结算的入库单进行暂估处理；生成入库凭证。

（4）以“白雪”的身份、业务日期进入存货核算系统，进行发票制单，录入付款单并制单。

注意：要不断更改系统日期，应付系统用系统主管的身份。

操作指导

1. 采购业务 1：普通采购业务

在采购管理系统中填制并审核请购单：采购管理→请购→请购单，进入“采购请购单”窗口→增加→输入资料数据→保存→审核→退出。

在采购管理系统中填制并审核采购订单：采购管理→采购订货→采购订单，进入“采购订单”窗口→增加→生单→请购单，打开“过滤条件选择”对话框→过滤，出现“拷贝并执行”窗口→选择要拷贝的请购单→ OK 确定→修改采购日期→保存→审核→退出（注意：在填制采购订单时，在表体中右击可查询存货现存量等信息；若存货档案中设置了最高进价，则高于最高价会报警；订单审核后可在采购订单执行统计表中查询）。

在采购管理系统中填制到货单：采购管理→采购到货→到货单，进入“到货单”窗口→增加→生单→采购订单，打开“过滤条件选择”对话框→过滤，出现“拷贝并执行”窗口→选择要拷贝的采购订单→ OK 确定→修改日期→保存→审核→退出。

在库存管理系统中填制并审核采购入库单：库存管理→入库业务→采购入库单，进入“采购入库单”窗口→生单（增加则为手工录入）→采购到货单，打开“过滤条件选择”对话框→过滤，出现“到货单生单列表”窗口→选择要拷贝的采购到货单→ OK 确定→修改日期、选仓库→保存→审核→退出（注意：只有采购管理、库存管理联用方可用“生单”；生单时参照的是采购管理系统中已审核未关闭的采购订单或到货单）。

在采购管理系统中填制并审核采购发票：采购管理→采购发票→专用采购发票，进入“专用发票”窗口→增加→生单→入库单，打开“过滤条件选择”对话框→过滤，出现“拷贝并执行”窗口→选择要拷贝的入库单→ OK 确定→修改日期、输入发票号→保存→退出。

在采购管理系统中执行采购结算：采购管理→采购结算→自动结算，打开“采购自动结算”对话框→结算模式：入库单和发票→过滤→结算成功→确定→退出（若需取消结算，选结算单列表，选中要取消结算的单据，删除）。

在应付款管理系统中审核采购专用发票并生成应付凭证：财务会计→应付款管理→应付单据处理→应付单据审核，打开“应付单过滤条件”对话框→过滤，进入“单据处理”窗口→选择要审核的采购专用发票→审核→确定→退出→制单处理，打开“制单处理”对话框→发票制单→确定，进入“制单”窗口→全选，转账凭证→制单，进入填制凭证窗口→保存→退出。

在存货核算管理系统中记账并生成入库凭证：存货核算→业务核算→正常单据记账，打开“过滤条件选择”对话框→过滤，进入“未记账单据一览表”窗口→选择要记账的采购专用发票→记账→确定→退出→财务核算→生成凭证，打开“生成凭证”窗口→选择，弹出“查询条件”→选“采购入库单（报销记账）”→确定→全选→确定，进入“生成凭证”窗口→转账凭证→生成，进入填制凭证窗口→保存→退出。

在应付款管理系统中付款处理并生成付款凭证：财务会计→应付款管理→付款单据处理→付款单据录入，进入“付款单录入”窗口→增加→建昌公司，转账支票，33345，C2→保存→审核，是否立即制单？→是，进入填制凭证窗口→付款凭证，保存→退出。

相关查询：在采购管理系统中查询到货明细、入库明细、采购明细，在库存管理系统中查询库存台账，在存货核算管理系统中查询收发存汇总表。

2. 采购业务 2：采购现结业务

在库存管理系统中直接填制并审核采购入库单：库存管理→入库业务→采购入库单，进入“采购入库单”窗口→增加→录入资料内容→保存→审核→退出。

在采购管理系统中录入采购专用发票进行现结处理和采购结算：采购管理→采购发票→专用采购发票，进入“专用发票”窗口→增加→生单→入库单，打开“过滤条件选择”对话框→过滤，出现“拷贝并执行”窗口→选择要拷贝的入库单→ OK 确定→输入发票号→保存→现付，打开“采购现付”对话框→输入资料内容→确定→结算→退出。

在应付款管理系统中审核采购专用发票并进行现结制单：财务会计→应付款管理→应付单据处理→应付单据审核，打开“应付单过滤条件”对话框，包含已现结的发票→确定，进入“单据处理”窗口→选择要审核的采购专用发票→审核→确定→退出→制单处理，打开“制单处理”对话框→现结制单→确定，进入“制单”窗口→全选，付款凭证→制单，进入填制凭证窗口→保存→退出。

在存货核算管理系统中记账并生成入库凭证：存货核算→业务核算→正

常单据记账，打开“过滤条件选择”对话框→过滤，进入“未记账单据一览表”窗口→选择要记账的采购专用发票→记账→确定→退出→财务核算→生成凭证，打开“生成凭证”窗口→选择，弹出“查询条件”→选“采购入库单（报销记账）”→确定→全选→确定，进入“生成凭证”窗口→转账凭证→生成，进入填制凭证窗口→保存→退出。

3. 采购业务 3：采购运费处理

在库存管理系统中填制并审核采购入库单：参考业务 2 相应步骤。

在采购管理系统中参照采购入库单填制采购专用发票：参考业务 2 相应步骤。

在采购管理系统中填制运费发票并进行采购手工结算：采购管理→采购发票→运费发票，进入“采购运费发票”窗口→增加→输入资料内容→保存→退出→采购结算→手工结算，进入“手工结算”窗口→选单，进入“结算选单”窗口→过滤，打开“过滤条件选择”对话框→过滤→选择要结算的单据→ OK 确定，返回手工结算窗口→按数量→分摊→结算→结算成功→确定→退出。

在应付款管理系统中审核发票并合并制单：财务会计→应付款管理→应付单据处理→应付单据审核，打开“应付单过滤条件”对话框→过滤，进入“单据处理”窗口→选择要审核的采购专用发票、运费发票→审核→确定→退出→制单处理，打开“制单处理”对话框→发票制单→确定，进入“制单”窗口→全选，转账凭证→合并→制单，进入填制凭证窗口→保存→退出。

在存货核算管理系统中记账并生成入库凭证：参考业务 1 相应步骤。

4. 采购业务 4：比价请购处理

在采购管理系统中定义供应商存货对账表：采购管理→供应商管理→供应商供货信息→供应商存货对照表，进入“供应商存货对照表”窗口→增加，进入“增加”窗口→输入资料内容→保存→退出→供应商存货调价单，进入“供应商存货调价单”窗口→增加→输入资料内容→保存→审核→退出。

在采购管理系统中填制并审核请购单：参考业务 1 相应步骤，但不填写单价、供应商。

在采购管理系统中请购比价生成采购订单：采购管理→采购订货→采购比价生单，打开“过滤条件选择”对话框→过滤，进入“采购比价生单列表”窗口→选择要比价的请购单→比价，自动填入供应商名称→生单→确定→采购订单→指向刚才所做订单→审核→退出。

在采购管理系统中进行供应商催货及查询：采购管理→供应商管理→供应商催货函，进入“过滤条件”窗口→输入要求的到货日期→过滤，进入

“供应商催货函”窗口→保存→退出。

5. 采购业务 5：上月暂估业务，本月发票已到。发票数量单价与入库时数量单价不一定相同。

在采购管理系统中填制采购发票：采购管理→采购发票→专用采购发票，进入“专用发票”窗口→增加→生单→入库单，打开“过滤条件选择”对话框→过滤，出现“拷贝并执行”窗口→选择要拷贝的入库单→OK 确定→输入发票号、数量、单价→保存→退出。

在采购管理系统中手工结算：采购管理→采购结算→手工结算，进入“手工结算”窗口→选单，进入“结算选单”窗口→过滤，打开“过滤条件选择”对话框→过滤→选择要结算的单据→OK 确定，返回手工结算窗口→修改结算数量为 80→结算→结算成功→确定→退出。

在存货核算管理系统中执行结算成本处理并生成凭证：存货核算→业务核算→结算成本处理，打开“暂估处理查询”对话框→确定，进入“结算成本处理”窗口→选择要结算成本的单据→暂估→确定→退出→财务核算→生成凭证，打开“生成凭证”窗口→选择，弹出“查询条件”→选“红字回冲单、蓝字回冲单（报销）”→确定→全选→确定，进入“生成凭证”窗口→转账凭证，材料采购→生成，进入填制凭证窗口→保存→退出。

在应付款管理系统中审核发票并制单：参考业务 1 相应步骤。

在采购管理系统中查询暂估入库余额表：采购管理→报表→采购账簿→采购结算余额表，打开“过滤条件选择”对话框→过滤，进入“采购结算余额表”窗口→查看相关数据→退出。

6. 采购业务 6：暂估入库处理

在库存管理系统中填制并审核采购入库单：参考业务 2 相应步骤，不填写单价。

（月末发票未到）在存货管理系统中录入暂估入库成本并记账生成凭证：存货核算→业务核算→暂估成本录入，打开“采购入库单成本成批录入查询”对话框→确定，进入“暂估成本录入”窗口→录入单价→保存→退出→业务核算→正常单据记账，打开“过滤条件选择”对话框→过滤，进入“未记账单据一览表”窗口→选择要记账的采购专用发票→记账→确定→退出→财务核算→生成凭证，打开“生成凭证”窗口→选择，弹出“查询条件”→选“采购入库单（暂估记账）”→确定→全选→确定，进入“生成凭证”窗口→转账凭证，材料采购→生成，进入填制凭证窗口→保存→退出。

7. 采购业务 7：结算前部分退货处理

在库存管理系统中填制并审核采购入库单：参考业务 1 相应步骤。

在库存管理系统中填制红字采购入库单：参考业务 1 相应步骤，入库单为红字。

在采购管理系统中根据采购入库单生成采购专用发票：参考前面所讲。

在采购管理系统中处理采购手工结算：参考前面所讲。

8. 采购业务 8：结算后部分退货处理

在库存管理系统中填制红字采购入库单并审核：参考业务 1 相应步骤，入库单为红字。

在采购管理系统中填制红字采购专用发票并执行采购结算：采购管理→采购发票→红字专用采购发票，进入“专用发票”窗口→增加→生单→入库单，打开“过滤条件选择”对话框→过滤，出现“拷贝并执行”窗口→选择要拷贝的红字入库单→ OK 确定→输入发票号→保存→结算→确定→退出。

9. 数据备份

在采购管理月末结账之前，进行账套数据备份。

10. 月末结账

结账处理：采购管理系统→月末结账，打开“月末结账”对话框→选择结账月→结账→确定→退出。

取消结账：采购管理系统→月末结账，打开“月末结账”对话框→选择取消结账月→取消结账→确定→退出（若应付、库存、存货管理系统已结账，则采购管理系统不能取消结账）。

采购日常业务处理生成凭证一览

业务号	业务日期	摘要	会计科目	借方金额	贷方金额	来源
1	4-03	采购入库单	原材料 / 生产用原材料 材料采购	28 500	 28 500	存货核算
	4-03	采购专用发票	材料采购 应交税费 / 应交增值税 / 进项税 应付账款	28 500 4 845	 33 345	应付款管理
	4-03	付款单	应付账款 银行存款 / 工行存款	33 345	 33 345	应付款管理
2	4-05	采购入库单	原材料 / 生产用原材料 材料采购	15 000	 15 000	存货核算
	4-05	采购现付	材料采购 应交税费 / 应交增值税 / 进项税 银行存款 / 工行存款	15 000 2 550	 17 550	应付款管理

续表

业务号	业务日期	摘要	会计科目	借方金额	贷方金额	来源
3	4-06	采购入库单	原材料 / 其他原材料 材料采购	160 186	 160 186	存货核算
	4-06	运费发票	材料采购 应交税费 / 应交增值税 / 进项税 应付账款	160 186 27 214	 187 400	应付款管理
4	4-08	不要求生成凭证				
5	4-09	红字回冲单	原材料 / 生产用原材料 材料采购	-80 000	 -80 000	存货核算
	4-09	蓝字回冲单	原材料 / 生产用原材料 材料采购	65 600	 65 600	存货核算
	4-09	采购专用发票	材料采购 应交税费 / 应交增值税 / 进项税 应付账款	65 600 11 152	 76 752	应付款管理
6	4-09	采购入库单	库存商品 材料采购	150 000	 150 000	存货核算
7	4-11	不要求生成凭证				
8	4-13	不要求生成凭证				

实验六 销售管理

实验目的

1. 掌握用友 ERP-U8 管理软件中销售管理系统的相关内容。

2. 掌握企业日常销售业务处理方法。

3. 理解销售管理系统与其他系统之间的数据传递关系。

实验内容

1. 普通销售业务处理。2. 商业折扣处理。3. 委托代销业务。4. 分期收款销售业务。5. 直运销售业务。6. 现收业务。7. 销售调拨业务。8. 代垫费用处理。9. 销售退货处理。10. 销售账表查询。

实验准备

系统日期设置为 2012-04-01，引入“实验四”账套数据。设置销售管理系统报价不含税，新增发票参照发货单。

实验资料

2012 年 4 月份销售日常业务如下：

1. 普通销售业务

（1）4 月 14 日，昌新贸易公司欲购买 10 台计算机，向销售部了解价格。销售部报价为 6500 元 / 台。填制并审核报价单。

（2）该客户了解情况后，要求订购 10 台，要求发货日期为 4 月 16 日。填制并审核销售订单。

（3）4 月 16 日，销售部从成品仓库向昌新贸易公司发出其所订货物，并据此开具专用销售发票一张。

（4）业务部门将销售发票交给财务部门，财务部门结转此业务的收入及成本。

（5）4 月 17 日，财务部收到昌新贸易公司转账支票一张，金额 76050 元，支票号 1155。据此填制收款单并制单。

2. 商业折扣的处理

（1）4 月 17 日，销售部向昌新贸易公司出售 HP 激光打印机 5 台，报价为 2300 元 / 台，成交价为报价的 90%，货物从配套用品库发出。

（2）4 月 17 日，根据上述发货单开具专用发票一张。

3. 现结业务

（1）4 月 17 日，销售部向昌新贸易公司出售计算机 10 台，无税报价为 6400 元 / 台，货物从成品库发出。

（2）4 月 17 日，根据上述发货单开具专用发票一张；同时收到客户以转账支票所支付的全部货款，支票号 ZZ001188。

（3）进行现结制单处理。

4. 代垫费用处理

4 月 19 日，销售部在向昌新贸易公司销售商品过程中，发生了一笔代垫的安装费 500 元。客户尚未支付该笔款项。

5. 汇总开票业务

（1）4 月 17 日，销售部向昌新贸易公司出售计算机 10 台，报价为 6400 元 / 台，货物从成品仓库发出。

（2）4 月 17 日，销售部向昌新贸易公司出售 HP 激光打印机 5 台，报价为 2300 元 / 台，货物从配套用品库发出。

（3）4 月 17 日，根据上述两张发货单开具专用发票一张。

6. 分次开票业务

（1）4 月 18 日，销售部向华宏公司出售 HP 激光打印机 20 台，报价为 2300 元 / 台，货物从配套用品库发出。

（2）4月19日，应客户要求，对上述所发出的商品开具两张专用销售发票，第一张发票中所列示的数量为15台，第二张发票中所列示的数量为5台。

7. 开票直接发货

4月19日，销售部向昌新贸易公司出售HP激光打印机10台，报价为2300元/台，物品从配套用品库发出，并据此开具专用销售发票一张。

8. 一次销售分次出库

（1）4月20日，销售部向精益公司出售酷睿双核处理器200盒，由原料库发货，报价为1500元/盒，同时开具专用发票一张。

（2）4月20日，客户根据发货单从原料仓库领出酷睿双核处理器150盒。

（3）4月21日，客户根据发货单再从原料仓库领出酷睿双核处理器50盒。

9. 超发货单出库

（1）4月20日，销售部向精益公司出售酷睿双核处理器20盒，由原料库发货，报价为1500元/盒。开具发票时，客户要求再多买2盒，根据客户要求开具了22盒酷睿双核处理器的专用发票一张。

（2）4月20日，客户从原料仓库领出酷睿双核处理器22盒。

10. 分期收款发出商品

（1）4月20日，销售部向精益公司出售计算机200台。由成品仓库发货，报价为6500元/台。由于金额较大，客户要求以分期付款形式购买该商品。经协商，客户分4次付款，并据此开具相应销售发票。第一次开具的专用发票数量为50台，单价6500元/台。

（2）业务部门将该业务所涉及的出库单及销售发票交给财务部门，财务部据此结转收入及成本。

11. 委托代销业务

（1）4月20日，销售部委托利氏公司代为销售计算机50台，售价为6500元/台，货物从成品仓库发出。

（2）4月25日，收到利氏公司的委托代销清单一张，结算计算机30台，售价为6500元/台。立即开具销售专用发票给利氏公司。

（3）业务部门将该业务所涉及的出库单及销售发票交给财务部门，财务部门据此结转收入及成本。

12. 开票前退货业务

（1）4月25日，销售部出售给昌新贸易公司计算机10台，单价为6500元/台，成品库发出。

（2）4月26日，销售部出售给昌新贸易公司的计算机因质量问题，退回

1 台，单价 6500 元 / 台，收回成品库。

（3）4 月 26 日，开具相应的专用发票一张，数量为 9 台。

13. 委托代销退货业务

4 月 27 日，委托利氏公司销售的计算机退回 2 台，入成品仓库。由于已经结算，故开具红字专用发票一张。

14. 直运业务

（1）4 月 25 日，销售部接到业务信息，精益公司欲购买服务器 1 台。经协商以单价为 100000 元 / 台成交，增值税率为 17%。随后，销售部填制相应销售订单。

（2）4 月 26 日，销售部经联系以单价 90000 元 / 台的价格向艾德公司发出采购订单，并要求对方直接将货物送到精益公司。

（3）4 月 27 日，货物送至精益公司，艾德公司凭送货签收单根据订单开具了一张专用发票给销售部。

（4）4 月 28 日，销售部根据销售订单开具专用发票一张。

（5）销售部将此业务的采购、销售发票交给财务部，财务部结转此业务的收入及成本。

实验要求

对每一笔销售业务，都应严格按照该类型业务操作流程进行操作，基本顺序如下：

1. 以“王丽”的身份、业务日期进入销售管理系统，对该笔销售业务进行处理。

2. 以“王丽”的身份、业务日期进入库存管理系统，对该笔销售业务所生成的出库单进行审核。

3. 以“王丽”的身份、业务日期进入存货核算系统，对该笔销售业务所生成的出库单记账，并生成凭证。

4. 以“王丽”的身份、业务日期进入应收款管理系统，对该笔销售业务所生成的发票制单，对有结算要求的业务结算，并生成凭证。

注意：要不断更改系统日期，应付系统用系统主管的身份。

操作指导

1. 销售业务 1：普通销售业务

在销售管理系统中填制并审核报价单：销售管理→销售报价→销售报价单，进入“销售报价单”窗口→增加→录入资料内容→保存→审核→退出。

在销售管理系统中填制并审核销售订单：销售管理→销售订货→销售订单，进入“销售订单”窗口→增加→生单→报价，打开“过滤条件选择”对话框→过滤，出现“参照生单”窗口→选择要参照的单据→ OK 确定→输入预发货日期→保存→审核→退出。

在销售管理系统中填制并审核销售发货单：销售管理→销售发货→发货单，进入“发货单”窗口→增加，打开“过滤条件选择”对话框→过滤，出现“参照生单”窗口→选择要参照的单据→ OK 确定→保存→审核→退出。

在销售管理系统中根据发货单填制并复核销售发票：销售管理→销售开票→销售专用发票，进入“销售专用发票”窗口→增加→生单→参照发货单，打开“过滤条件选择”对话框→过滤，出现“参照生单”窗口→选择要参照的单据→ OK 确定→保存→复核→退出。

在应收款管理系统中审核销售专用发票并生成销售收入凭证：财务会计→应收款管理→应收单据处理→应收单据审核，打开“应收单过滤条件”对话框→确定，进入“单据处理”窗口→选择要审核的销售专用发票→审核→确定→退出→制单处理，打开“制单查询”对话框→发票制单→确定，进入“制单”窗口→全选，转账凭证→制单，进入填制凭证窗口→保存→退出。

在库存管理系统中审核销售出库单：库存管理→出库业务→销售出库单，进入“销售出库单”窗口→找到要审核的销售出库单→审核→退出。

在存货核算管理系统中对销售出库单记账并生成凭证：存货核算→业务核算→正常单据记账，打开“过滤条件选择”对话框→过滤，进入“未记账单据一览表”窗口→选择要记账的单据→记账→确定→退出→财务核算→生成凭证，打开“生成凭证”窗口→选择，弹出“查询条件”→选“销售专用发票”→确定→全选→确定，进入“生成凭证”窗口→转账凭证→生成，进入填制凭证窗口→保存→退出。

在应收款管理系统中输入收款单并制单：财务会计→应收款管理→收款单据处理→收款单据录入，进入“收款单录入”窗口→录入资料信息→审核→制单否→是，进入填制凭证窗口→保存→退出。

2. 销售业务 2：销售折扣处理

在销售管理系统中填制并审核发货单：销售管理→销售发货→发货单，进入“发货单”窗口→增加，打开“过滤条件选择”对话框→取消，返回“发货单生单”窗口→输入资料内容→保存→审核→退出。

在销售管理系统中根据发货单填制并复核销售发票：参考业务 1 相应步骤。

3. 销售业务 3：现结销售处理

在销售管理系统中填制并审核发货单：参考业务 2 相应步骤。

在销售管理系统中根据发货单生成销售专用发票并执行现结：销售管理

→销售开票→销售专用发票，进入“销售专用发票”窗口→增加→生单→参照发货单，打开“过滤条件选择”对话框→过滤，出现“参照生单”窗口→选择要参照的单据→ OK 确定→保存→现结，出现“现结”窗口→输入资料内容→复核→退出。

在应收款管理系统中审核应收单据并现结制单：财务会计→应收款管理→应收单据处理→应收单据审核，打开“应收单过滤条件”对话框→确定，进入“单据处理”窗口→选择要审核的销售专用发票→审核→确定→退出→制单处理，打开“制单查询”对话框→发票制单→确定，进入“制单”窗口→全选，转账凭证→制单，进入填制凭证窗口→保存→退出。

4. 销售业务 4：代垫费用处理

在企业应用平台设置费用项目：基础设置→基础档案→业务→费用项目分类，进入“费用项目分类”窗口→增加→ 1，代垫费用→保存→退出→费用项目，进入“费用项目档案”窗口→增加→ 01，安装费，代垫费用→退出。

在销售管理系统中填制并审核代垫费用单：销售管理→代垫费用→代垫费用单，进入“代垫费用单”窗口→增加→输入资料内容→保存→审核→退出。

在应收款管理系统中对代垫费用单审核并确认应收：财务会计→应收款管理→应收单据处理→应收单据审核，打开“应收单过滤条件”对话框→确定，进入“单据处理”窗口→选择要审核的单据→审核→立即制单？→是，进入填制凭证窗口→转账凭证，借方 122101，贷方 6051 →保存→退出。

5. 销售业务 5：多张发货单汇总开票的处理

在销售管理系统中填制并审核两张发货单：参考业务 2 相应步骤（两张也可开成一张发货单）。

在销售管理系统中参照上述两张发货单填制并复核销售发票：参考业务 2 相应步骤。

6. 销售业务 6：一张发货单分次开票的处理

在销售管理系统中填制并审核发货单：参考业务 2 相应步骤。

在销售管理系统中根据上述发货单填制两张销售发票并复核：参考业务 2 相应步骤，注意开第一张票时数量修改为 15。

7. 销售业务 7：开票直接发货业务的处理

在销售管理系统中填制并复核销售专用发票：销售管理→销售开票→销售专用发票，进入“销售专用发票”窗口→增加→参照发货单，打开“过滤条件选择”对话框→取消→按资料录入数据→保存→复核→退出。

在销售管理系统中查询销售发货单：销售管理→销售发货→发货单，转向最后一条记录，可以根据销售专用发票自动生成的发货单→退出。

在库存管理系统中查询销售出库单：库存管理→出库业务→销售出库单，进入“销售出库单”窗口，转向最后一条记录，可以根据销售专用发票自动生成的销售出库单→退出。

8. 销售业务 8：一次销售分次出库业务的处理

在销售管理系统中设置相关选项：销售管理→设置→销售选项，进入“选项”窗口→业务控制：不选中“销售生成出库单”→确定。

在销售管理系统中填制并审核发货单：参考业务 2 相应步骤。

在销售管理系统中根据发货单开具销售专用发票并复核：参考业务 2 相应步骤。

在库存管理系统中根据发货单开具销售出库单：库存管理→出库业务→销售出库单，进入“销售出库单”窗口→生单→销售生单，打开“过滤条件选择”对话框→过滤，进入“销售生单”窗口→选择要生单的单据→ OK 确定，返回“销售出库单”窗口→修改出库数量为 150 →保存→审核→退出→重复前面步骤，完成余下的 50 台的出库。

9. 销售业务 9：超发货单出库及开票业务的处理

在库存管理系统中修改相关选项设置：库存管理→初始设置→选项，进入“选项”窗口→专用设置：选中“允许超发货单出库”→确定。

在销售管理系统中设置相关选项：销售管理→设置→销售选项，进入“选项”窗口→业务控制：选中“允许超发货量开票”→确定。

在企业应用平台中修改存货档案并设置超额出库上限为 20%：基础设置→基础档案→存货→存货档案，进入“存货档案”窗口→找到“酷睿双核处理器”存货档案→修改，进入“修改存货档案”窗口→打开“控制”选项卡→在“出库超额上限栏”输入 0.2 →保存→退出。

在销售管理系统中填制并审核发货单：参考业务 2 相应步骤。

在销售管理系统中填制并复核销售专用发票：参考业务 2 相应步骤，修改开票数量为 22。

在库存管理系统中根据发货单生成销售出库单：库存管理→出库业务→销售出库单，进入“销售出库单”窗口→生单→销售生单，打开“过滤条件选择”对话框→过滤，进入“销售生单”窗口→选择要生单的单据→ OK 确定，返回“销售出库单”窗口→修改出库数量为 22 →保存→审核→退出。

10. 销售业务 10：分期收款发出商品业务的处理

在销售管理系统中修改相关选项设置：销售管理→设置→销售选项，进入“选项”窗口→业务控制：选中“有分期收款业务”“销售生成出库单”→确定。

在存货核算管理系统中设置分期收款业务相关科目：存货核算→初始设置→科目设置→存货科目，进入“存货科目”窗口→设置所有仓库的“分期收款发出商品科目”为 1406 →保存→退出。

在销售管理系统中填制并审核发货单：参考业务 2 相应步骤，业务类型为分期收款。

在存货核算系统中执行发出商品记账并生成出库凭证：存货核算→业务核算→发出商品记账，出现“过滤条件选择”对话框→成品库，发货单，分期收款→过滤，进入“未记账单据一览表”窗口→选择要记账单据→确定→退出→财务核算→生成凭证，打开“生成凭证”窗口→选择，弹出“查询条件”→选“分期收款发出商品发货单”→确定→全选→确定，进入“生成凭证”窗口→转账凭证→生成，进入填制凭证窗口→保存→退出。

在销售管理系统中根据发货单填制并复核销售发票：参考业务 2 相应步骤，修改开票数量为 50。

在应收款管理系统中审核销售发票并生成应收凭证：参考业务 2 相应步骤。

在存货核算系统中对销售发票记账并生成结转销售成本凭证：参考前述相应步骤。

查询分期收款相关账表：在存货核算系统中查询发出商品明细账；在销售管理系统中查询销售统计表。

11. 销售业务 11：委托代销业务的处理

初始设置调整：销售管理→设置→销售选项，进入“选项”窗口→业务控制：选中“有委托代销业务”→确定→退出→存货核算→初始设置→选项→选项录入，出现“选项录入”对话框→委托代销成本核算方式：按发出商品核算→确定→是。

委托代销发货处理

销售管理→委托代销→委托代销发货单，进入“委托代销发货单”窗口→增加，弹出“过滤条件选择”对话框→取消→录入资料内容（销售类型为代销）→保存→审核→退出。

库存管理→出库业务→销售出库单，进入“销售出库单”窗口→找到要审核的销售出库单（没有则生单）→审核→退出。

存货核算→业务核算→发出商品记账→过滤→选择要记账的单据→记账→确定→退出→财务核算→生成凭证→按前述方法操作（借方科目：1406）。

委托代销结算处理

销售管理→委托代销→委托代销结算单，进入“委托代销结算单”窗口

→增加，弹出“过滤条件选择”对话框→过滤，进入“参照生单”窗口→选择生单单据→ OK 确定，返回“委托代销结算单”窗口→修改日期、结算数量→保存→审核→选专用发票→确定→退出→销售开票→销售发票列表→选择刚才生成的专用发票→复核→退出。

注意：委托代销单结算并审核后自动生成相应发票，自动生成销售出库单并传递到库存管理系统中。

财务会计→应收款管理→应收单据处理→应收单据审核，打开“应收单过滤条件”对话框→确定，进入“单据处理”窗口→选择要审核的销售专用发票→审核→确定→退出→制单处理，打开“制单查询”对话框→发票制单→确定，进入“制单”窗口→全选，转账凭证→制单，进入填制凭证窗口→保存→退出。

存货核算→业务核算→发出商品记账→过滤→选择要记账的单据→记账→确定→退出→财务核算→生成凭证→按前述方法操作（借方科目：1406）。

委托代销相关账表查询：在库存管理系统中查询委托代销备查簿；在销售管理系统中查询委托代销明细账。

12. 销售业务 12：开票前退货业务的处理

在销售管理系统中填制并审核发货单：参考业务 2 相应步骤。

在销售管理系统中填制并审核退货单：参考发货单相应步骤（数量为 -1）。

在销售管理系统中填制并复核销售发票：参考业务 2 相应步骤。

13. 销售业务 13：委托代销退货业务—结算后退货

销售管理→委托代销→委托代销结算退回，进入“委托代销结算退回”窗口→增加，弹出“过滤条件选择”对话框→过滤，进入“参照生单”窗口→选择生单单据→ OK 确定，返回“委托代销结算退回”窗口→修改日期、结算数量 -2 →保存→审核→选专用发票→确定→退出→销售开票→红字专用销售发票→选择刚才生成的专用发票→复核→退出。

14. 销售业务 14：直运销售业务的处理

在销售管理系统中设置直运业务相关选项：销售管理→设置→销售选项，进入“选项”窗口→业务控制：选中“有直运销售业务”→确定→退出。

在基础档案中增加存货“009 服务器”：基础设置→基础档案→存货→存货分类，进入“存货分类”窗口→在“产成品”下增加“202 服务器”分类→退出→存货档案，进入“存货档案”窗口→在“服务器”分类下增加“009 服务器→退出。

在销售管理系统中填制并审核直运销售订单：销售管理→销售订货→销

售订单，进入“销售订单”窗口→增加→录入资料内容（业务类型：直运销售）→保存→审核→退出。

在采购管理系统中填制并审核直运采购订单：采购管理→采购订货→采购订单，进入“采购订单”窗口→增加，业务类型为直运采购→生单→销售订单，出现“过滤条件选择”对话框→过滤，进入“拷贝并执行”窗口→选择要拷贝的单据→ OK 确定，返回“采购订单”窗口→根据资料修改相应内容→保存→审核→退出。

在销售管理系统中填制并复核直运销售发票：销售管理→销售开票→销售专用发票，进入“销售专用发票”窗口→增加，业务类型为直运采购→生单→销售发票，出现“过滤条件选择”对话框→过滤，进入“拷贝并执行”窗口→选择要拷贝的单据→ OK 确定，返回“采购订单”窗口→根据资料修改相应内容→保存→审核→退出。

在采购管理系统中参照采购订单生成直运采购发票：采购管理→采购发票→专用采购发票，进入“专用发票”窗口→增加，打开“过滤条件选择”对话框→业务类型：直运销售→过滤，进入“参照生单”窗口→选择要参照的单据→ OK 确定，返回“销售专用发票”窗口→保存→复核→退出。

在应付款管理系统中审核直运采购发票：应付款管理→应付单据处理→应付单据审核，进入“应付单过滤条件”窗口→选未完全报销→确定，进入“单据处理”窗口→选择要审核→审核→退出。

在存货核算管理系统中执行直运销售记账：存货核算→业务核算→直运销售记账，打开“直运采购发票核算查询条件”对话框→选采购发票、销售发票→确定，进入“未记账单据一览表”窗口→选择要记账的单据→记账→确定→退出。

结转直运业务的收入及成本：存货核算→财务核算→生成凭证，进入“生成凭证”窗口→选择，弹出“查询条件”对话框→选择“直运采购发票”“直运销售发票”，进入“选择单据”窗口→全选→确定，返回“生成凭证”窗口→转账凭证，存货科目 1405，生成→进入凭证界面→进行相应修改→逐个保存→退出→然后在应收款管理系统中审核直运销售发票并制单。

15. 账簿查询

在销售日常业务处理完毕之后，进行销售账表查询。

16. 数据备份

在销售日常业务处理完毕之后，月末结账之前，进行账套数据备份。

17. 月末结账

结账处理：销售管理系统→月末结账，打开“销售月末结账”对话框，蓝条为当前会计月→月末结账→是→关闭。

取消结账：销售管理系统→月末结账，打开“销售月末结账”对话框，蓝条为当前会计月→取消结账→否→关闭（若应收、库存、存货管理系统已结账，则采购管理系统不能取消结账）。

销售日常业务处理生成凭证一览

<table>
<tr><th>业务号</th><th>业务日期</th><th>摘要</th><th>会计科目</th><th>借方金额</th><th>贷方金额</th><th>来源</th></tr>
<tr><td rowspan="3">1</td><td>4-16</td><td>专用发票</td><td>主营业务成本
库存商品</td><td>48 000</td><td>
48 000</td><td>存货核算</td></tr>
<tr><td>4-16</td><td>销售专用发票</td><td>应收账款
主营业务收入
应交税费/应交增值税/销项税</td><td>76 050</td><td>
65 000
11 050</td><td>应收款管理</td></tr>
<tr><td>4-17</td><td>收款单</td><td>银行存款/工行存款
应收账款</td><td>76 050</td><td>
76 050</td><td>应收款管理</td></tr>
<tr><td>2</td><td>4-17</td><td colspan="5">不要求生成凭证</td></tr>
<tr><td>3</td><td>4-17</td><td>现结</td><td>银行存款/工行存款
主营业务收入
应交税费/应交增值税/销项税</td><td>74 880</td><td>
64 000
10 880</td><td>应收款管理</td></tr>
<tr><td>4</td><td>4-19</td><td>其他应收单</td><td>其他应收款/应收单位款
其他业务收入</td><td>500</td><td>
500</td><td>应收款管理</td></tr>
<tr><td>5</td><td>4-18</td><td colspan="5">不要求生成凭证</td></tr>
<tr><td>6</td><td>4-18</td><td colspan="5">不要求生成凭证</td></tr>
<tr><td>7</td><td>4-19</td><td colspan="5">不要求生成凭证</td></tr>
<tr><td>8</td><td>4-20</td><td colspan="5">不要求生成凭证</td></tr>
<tr><td>9</td><td>4-20</td><td colspan="5">不要求生成凭证</td></tr>
<tr><td rowspan="3">10</td><td>4-20</td><td>发货单</td><td>发出商品
库存商品</td><td>960 000</td><td>
960 000</td><td>存货核算</td></tr>
<tr><td>4-20</td><td>销售专用发票</td><td>应收账款
主营业务收入
应交税费/应交增值税/销项税</td><td>380 250</td><td>
325 000
55 250</td><td>应收款管理</td></tr>
<tr><td>4-20</td><td>专用发票</td><td>主营业务成本
发出商品</td><td>240 000</td><td>
240 000</td><td>存货核算</td></tr>
</table>

续表

业务号	业务日期	摘要	会计科目	借方金额	贷方金额	来源
11	4-22	委托代销发货单	发出商品 库存商品	240 000	 240 000	存货核算
	4-25	销售专用发票	应收账款 主营业务收入 应交税费 / 应交增值税 / 销项税	228 150	 195 000 33 150	应收款管理
	4-25	专用发票	主营业务成本 发出商品	144 000	 144 000	存货核算
12	不要求生成凭证					
13	不要求生成凭证					
14	4-27	直运采购发票	库存商品 应交税费 / 应交增值税 / 进项税 应付账款	90 000 15 300	 105 30	存货核算
	4-27	专用发票	主营业务成本 库存成本			存货核算
	4-27	销售专用发票	应收账款 主营业务收入 应交税费 / 应交增值税 / 销项税	117 000	 100 000 17 000	应收款管理

实验七　库存管理

实验目的

1. 掌握用友 ERP–U8 管理软件中库存管理系统的相关内容。

2. 掌握企业库存日常业务处理方法。

3. 理解库存管理系统与其他系统之间的数据传递关系。

实验内容

l. 入库业务处理。2. 出库业务处理。3. 其他业务处理。4. 库存账簿查询。5. 月末结账。

实验准备

1. 系统日期设置为 2012–04–01，引入“实验四”账套。

2. 在“生产成本”项目大类下增加“103 计算机”项目目录，所属分类码为 1。

实验资料

2012 年 4 月份库存业务如下：

1. 产成品入库业务

（1）4 月 15 日，成品库收到当月一车间加工的 10 台计算机产成品入库。

（2）4 月 16 日，成品库收到当月一车间加工的 20 台计算机产成品入库。

（3）随后收到财务部门提供的完工产品成本。其中计算机成本为 144000 元，随即做成本分配，记账生成凭证。

2. 材料领用

4 月 15 日，一车间向原料库领用酷睿双核处理器 100 盒，500GB 硬盘 100 盒，用于生产。记材料明细账，生成领料凭证。

3. 出库跟踪入库

（1）有一存货“8GB 内存条”，在库存管理时，需要对每一笔入库的出库情况做详细的统计。

（2）4 月 10 日，采购部向建昌公司购进 80 根 8GB 内存条，单价为 300 元 / 根。物品入原料库。

（3）4 月 12 日，采购部向建昌公司购进 100 根 8GB 内存条，单价为 295 元 / 根。物品入原料库。

（4）4 月 12 日，收到上述两笔入库的专用发票一张。

（5）4 月 25 日，一车间向原料库领用 50 根 8GB 内存条，用于生产。

4. 调拨业务

4 月 20 日，将原料库中的 50 盒酷睿双核处理器调拨到配套用品库。

5. 盘点预警

4 月 20 日，根据上级主管要求，酷睿双核处理器应在每周二进行盘点一次。如果周二末进行盘点，需进行提示。

6. 盘点业务

4 月 25 日，对原料库的 8GB 内存条存货进行盘点，盘点后，发现 8GB 内存条多出 2 根。经确认，该内存条的成本为 300 元 / 根。

7. 假退料

4 月 30 日，根据生产部门的统计，有 8 根酷睿双核处理器当月未用完。先做假退料处理，下个月再继续使用。

8. 其他入库业务

4 月 29 日，销售部收到赠品 23 英寸液晶屏 1 台，单价 2200 元。

9. 其他出库业务

4 月 30 日，销售部领取 10 台计算机样本，用于捐助教育。

10. 组装业务

4 月 30 日，应客户急需，一车间当日组装了 30 台计算机。

实验要求

1. 本实验以库存管理与供应链其他子系统集成应用为实验条件，不再处理单纯的采购入库、销售出库业务，相关业务处理参见采购管理、销售管理。

2. 以主管身份、业务日期进入库存管理系统，填制各种出入库单据并进行审核；之后进入存货核算系统，对各种出入库单进行记账，生成出入库凭证。

操作指导

1. 库存业务 1：产成品入库

在库存管理系统中录入产成品入库单并审核：库存管理→入库业务→产成品入库单，进入“产成品入库单”窗口→增加→录入资料内容（不需填写单价）→保存→审核→同理输入第二张产成品入库单→退出。

在存货核算管理系统中录入生产总成本并对产成品成本分配：存货核算→业务核算→产成品成本分配，进入“产成品成本分配表”窗口→查询，打开查询对话框→成品库，确定→在“006 计算机”行输入金额 144000→分配（清空则取消分配）→确定→退出→日常业务→产成品入库单，进入“产成品入库单”窗口，查看入库存货单价→退出。

在存货核算管理系统中对产成品入库单记账并生成凭证：存货核算→业务核算→正常单据记账，对产成品入库单进行记账处理→财务核算→生成凭证→选择“产成品入库单”生成凭证→合成（500101 的项目为 103），完成凭证生成工作。

2. 库存业务 2：材料领用出库

设置相关选项：库存管理→初始设置→选项，打开“库存选项设置”对话框→选“可用量控制”选项卡→选中“允许超可用量出库”→确定。

在库存管理系统中填制材料出库单：库存管理→出库业务→材料出库单，进入“材料出库单”窗口→增加→输入资料内容→保存→审核→退出。

在存货核算管理系统中对材料出库单记账并生成凭证：参考业务 1 相应步骤。

3. 库存业务 3：出库跟踪入库

在基础档案中增加存货分类及存货：存货分类—10103 内存；存货档案—010 8G 内存条，出库跟踪入库；计量单位—05 根。操作步骤如前面所讲。

在基础设置中设计材料出库单单据格式：基础设置→单据设置→单据格式设置，进入“单据格式设置”窗口→选“库存管理 | 材料出库单 | 显示 | 材料出库单”选项，进入“材料出库单”窗口→表体项目，打开“表体项目”对话框→对应入库单号，确定→保存→是→同理设计组装单的对应入库单号单据。

在库存管理系统中分别填制并审核采购入库单：操作步骤如前面所讲。

在采购管理系统中参照采购入库单生成采购专用发票：操作步骤如前面所讲。

在存货核算管理系统中对采购入库单记账并生成凭证：操作步骤如前面所讲（对方科目：1401）。

在库存管理系统中填制材料出库单并审核：操作步骤如前面所讲。要填写对应入库单号，按软件界面提示进行操作。

注意：对于出库跟踪入库的存货，不允许超量出库，出库时需要输入相应的入库单号；设置自动入库跟踪出库时，系统分配入库单号的方式有“先进先出”和“后进先出”两种，可在库存管理→初始设置→选项→库存选项设置→通用设置下进行。

4. 库存业务 4：库存调拨—仓库调拨

在库存管理系统中填制调拨单：库存管理→调拨业务→调拨单，进入“调拨单”窗口→增加→录入资料内容（转出仓库的计价方式是移动平均、先进先出、后进先出时，调拨单单价不需录入，系统自动计算）→保存（保存后自动生成其他入库单和其他出库单，且不得被修改）→审核→退出。

在库存管理系统中对调拨单生成的其他入库单审核：库存管理→入库业务→其他入库单，进入“其他入库单”窗口→指向要审核的记录，审核→退出。

在存货核算管理系统中对其他入库单记账：存货核算→业务核算→特殊单据记账，打开“特殊单据记账”对话框→调拨单，确定，进入“特殊单据记账”窗口→选择要记账的调拨单→记账→退出。

注意：在库存商品科目不分明细的情况下，库存调拨业务不会涉及账务处理，故无需对调拨业务生成的其他出入库单据制单。

相关账表查询：库存管理→报表→库存账→入库跟踪表，打开“入库跟踪表”对话框→原料库，确定→进入“入库跟踪表”窗口，查看出库跟踪入库情况。

5. 库存业务 5：盘点预警

在库存管理系统中设置相关选项：库存管理→初始设置→选项，打开

“库存选项设置”对话框→选“专用设置”选项卡→选中“按仓库控制盘点参数”→确定。

在基础档案中修改存货档案：将酷睿双核处理器的盘点周期修改为周，每周第三天盘点。

检验：以一周后日期注册进入库存管理系统，若周二为盘点该存货，系统会给出提示。

6. 库存业务 6：盘点业务

在库存管理系统中增加盘点单：库存管理→盘点业务，进入“盘点单”窗口→增加→ 2012-04-25，原料库，盘亏出库，盘盈入库→盘库→是→按仓库盘点，确定→修改存货单价为 300 元的内存条的盘点数量为 32 →保存→审核→退出。

在库存管理系统中对盘点单生成的其他入库单审核：库存管理→入库业务→其他入库单，进入“其他入库单”窗口→找到要审核的单据→审核→退出。

在存货核算管理系统中对其他入库单记账并生成凭证：按前面所讲步骤操作。

7. 库存业务 7：假退料业务

在存货核算管理系统中填制假退料单：存货核算→日常业务→假退料单，进入“假退料单”窗口→增加→输入资料内容（数量 -8）→保存→退出。

在存货核算管理系统中对假退料单单据记账：按前面所讲步骤操作。

在存货核算管理系统中查询明细账：存货核算→账表→账簿→明细账，打开“明细账查询”对话框→选择要查询的存货酷睿双核处理器→查看假退料的影响。

8. 库存业务 8：其他入库—赠品入库

在库存管理系统中录入其他入库单并审核：库存管理→入库业务→其他入库单，进入“其他入库单”窗口→增加→录入资料内容→保存→审核→退出。

在存货核算管理系统中对其他入库单记账并生成凭证：按前面所讲步骤操作（对方科目：营业外收入 6301）。

9. 库存业务 9：其他出库—样品出库

在库存管理系统中录入其他出库单并审核：库存管理→出库业务→其他出入库单，进入“其他出库单”窗口→增加→录入资料内容→保存→审核→退出。

在存货核算管理系统中对其他出库单记账并生成凭证：按前面所讲步骤

操作（借销售费用，贷库存商品）。

10. 库存业务 10：组装业务

设置相关选项：库存管理→初始设置→选项，打开“库存选项设置”对话框→选“通用设置”选项卡→选中“有无组装拆卸业务”→确定。

增加收发类别：基础设置→基础档案→业务→收发类别→增加：104—组装入库；304—组装出库。

在基础档案中定义产品结构：基础设置→基础档案→业务→产品结构，进入“产品结构”窗口→增加→母件—计算机；子件—处理器、硬盘、内存，定额数量 1，原料库→保存。

在库存管理系统中录入组装单：库存管理→组装拆卸→组装单，进入“组装单”窗口→增加→日期 2012-04-30，配套件计算机→展开，展开到末级？→是，带入相关数据→表体第一行，成品库，30，内存的入库单号→保存→审核→退出。

在库存管理系统中对组装单生成的其他入库单及出库单审核：按前面所讲步骤操作。

注意：组装单保存后，系统自动生成其他出入库单，单中无单价，需在存货核算系统修改。

在存货核算管理系统中修改其他入库单单价：计算机单价 6000。

在存货核算管理系统中对其他入库单和出库单记账并生成凭证：按前面所讲步骤操作。

11. 数据备份

在库存日常业务处理完毕后，进行账套数据备份。

12. 月末处理

对账：在库存管理系统中，财务核算→与总账对账，进入“与总账对账”窗口→选对账月份→确定。

月末结账：在库存管理系统中，业务核算→月末结账，打开“月末结账”对话框→确定。

实验八　存货核算

实验目的

1. 掌握用友 ERP-U8 管理软件中存货核算系统的相关内容。
2. 掌握企业存货日常业务处理方法。
3. 理解存货核算系统与其他系统之间的数据传递关系。

实验内容

1. 入出库单据处理。2. 暂估业务处理。3. 生成凭证。4. 存货账簿查询。5. 月末处理。

实验准备

系统日期设置为 2012-04-30，引入“实验四”账套数据。

实验资料

2012 年 4 月份存货业务如下：

（1）4 月 3 日，向建昌公司订购键盘 300 只，单价为 95 元，验收入原料库。填制采购入库单。

（2）4 月 17 日，销售部向昌新贸易公司出售计算机 10 台，报价为 6400 元 / 台，货物从成品库发出。

（3）4 月 20 日，将 4 月 3 日发生的采购键盘的入库成本增加 600 元。

（4）4 月 30 日，调整 4 月 17 日出售给昌新贸易公司的计算机的出库成本 200 元。

实验要求

以账套主管身份进入存货核算系统进行操作。

操作指导

1. 存货业务 1

在库存管理系统中，输入采购入库单并审核；在存货核算系统中记账并生成凭证，记账时选择“采购入库单（暂估记账）”，生成凭证的对方科目编码为 1401。

2. 存货业务 2

在存货核算系统中，初始设置→选项→选项录入，选择销售成本结算方式为“销售出库单”。

在销售管理系统中，设置→销售选项→业务控制：报价不含税。

在销售管理系统中输入销售发货单并审核，在库存管理系统中审核销售出库单，在存货核算系统中记账并生成凭证。

3. 存货业务 3

在存货核算系统中录入调整单据：存货核算→日常业务→入库调整单，进入“入库调整单”窗口→增加→原料库，2012-04-20，采购入库，采购部，建昌公司，键盘，600 →保存→记账→退出。

在存货核算系统中生成入库调整凭证：存货核算→财务核算→生成凭证，打开“生成凭证”窗口→选择，弹出“查询条件”→选“入库单调整单”→

确定→全选→确定，进入“生成凭证”窗口→转账凭证→生成，进入填制凭证窗口→保存→退出。

查询相关账簿：存货核算→账表→分析表→入库成本分析表，打开“入库成本分析”对话框→选“原料库”→确定→可以看到键盘库存成本的变化→退出。

4. 存货业务 4

在存货核算系统中录入调整单据：存货核算→日常业务→出库调整单，进入“出库调整单”窗口→增加→成品库，2012-04-30，销售出库，销售部，昌新贸易公司，计算机，200→保存→记账→退出。

在存货核算系统中生成出库调整凭证：存货核算→财务核算→生成凭证，打开“生成凭证”窗口→选择，弹出“查询条件”→选“出库单调整单”→确定→全选→确定，进入“生成凭证”窗口→转账凭证→生成，进入填制凭证窗口→保存→退出。

5. 账簿查询

在存货日常业务处理完毕后，进行存货账表查询。

6. 数据备份

在存货日常业务处理完毕后，进行账套数据备份。

7. 月末处理

期末处理。

月末结账。

与总账管理系统对账：财务核算。

存货日常业务处理生成凭证一览

业务号	业务日期	摘要	会计科目	借方金额	贷方金额	来源
1	4-03	采购入库单	原材料 / 生产用原材料 材料采购	28 500	 28 500	存货核算
2	4-17	销售出库单	主营业务成本 库存商品	64 000	 64 000	存货核算
3	4-20	入库调整单	原材料 / 生产用原材料 材料采购	600	 600	存货核算
4	4-30	出库调整单	主营业务成本 库存商品	200	 200	存货核算

第七章　会计电算化管理法规和制度

第一节　会计核算软件基本功能规范

《会计软件的基本功能规范》是财政部颁布的关于规范会计核算软件功能的文件，内容如下：

第一章　总 则

第一条　为了规范会计核算软件，保证会计核算软件质量，根据《中华人民共和国会计法》和《会计电算化管理办法》的规定，制定本规范。

第二条　本规范所称会计核算软件，是指专门用于会计核算工作的电子计算机应用软件，包括采用各种计算机语言编制的用于会计核算工作的计算机程序。本规范所称会计核算软件基本功能是指会计核算软件必须具备的功能和完成这些功能的基本步骤。本规范所称会计核算软件的功能模块，是指会计核算软件中具备相对独立地完成会计数据输入、处理和输出功能的各个部分。例如：功能模块可划分为账务处理、应收应付款核算、固定资产核算、存货核算、销售核算、工资核算、成本核算、会计报表生成与汇总、财务分析等。本规范有关规定除特别指出外，均指采用借贷记账法。本规范所称对记账凭证和原始凭证修改、审核和查询的功能，均指对输入计算机的机内记账凭证和原始凭证的修改、审核和查询。

第三条　会计核算软件分为在一定范围内适用的通用会计核算软件和仅适用于个别单位的定点开发会计核算软件。

第四条　中国境内各单位应用的会计核算软件，应当符合本规范的基本要求。

第五条　会计核算软件设计应当符合我国法律、法规、规章的规定，保证会计数据合法、真实、准确、完整，有利于提高会计核算工作效率。

第六条　会计核算软件应当按照国家统一会计制度的规定划分会计期间，分期结算账目和编制会计报表。会计核算软件可以根据用户需要同时具有提供按照其他会计年度生成参考性会计资料的功能。

第七条　会计核算软件中的文字输入、屏幕提示和打印输出必须采用中文，也可以同时提供少数民族文字或者外国文字对照。

第八条 会计核算软件在设计性能允许使用范围内，不得出现由于自身原因造成死机或者非正常退出等情况。

第二章 会计数据的输入

第九条 会计核算软件的会计数据输入采用键盘手工输入、软盘转入和网络传输等几种形式。

第十条 会计核算软件具备的初始化功能，主要应当包括以下内容：

（一）输入会计核算所必需的期初数字及有关资料，包括：总分类会计科目和明细分类会计科目名称、编号、年初数、累计发生额及有关数量指标等；

（二）输入需要在本期进行对账的未达账项；

（三）选择会计核算方法，包括：记账方法、固定资产折旧方法、存货计价方法、成本核算方法等；

（四）定义自动转账凭证（包括会计制度允许的自动冲回凭证等）；

（五）输入操作人员岗位分工情况，包括：操作人员姓名、操作权限、操作密码等。

上述初始化功能也可以在程序中加以固定。

第十一条 初始化功能运行结束后，会计核算软件必须提供必要的方法对初始数据进行正确性校验。

第十二条 会计核算软件中采用的总分类会计科目名称、编号方法，必须符合国家统一会计制度的规定。

第十三条 会计核算软件应当提供输入记账凭证的功能，输入项目包括：填制凭证日期、凭证编号、经济业务内容摘要、会计科目或编号、金额等。输入的记账凭证的格式和种类应当符合国家统一会计制度的规定。

第十四条 记账凭证的编号可以由手工输入，也可以由会计核算软件自动产生。会计核算软件应当对记账凭证编号的连续性进行控制。

第十五条 在输入记账凭证过程中，会计核算软件必须提供以下提示功能：

（一）正在输入的记账凭证编号是否与已输入的机内记账凭证编号重复；

（二）以编号形式输入会计科目的，应当提示该编号所对应的会计科目名称；

（三）正在输入的记账凭证中的会计科目借贷双方金额不平衡，或没有输入金额，应予提示并拒绝执行；

（四）正在输入的记账凭证有借方会计科目而无贷方会计科目或者有贷方会计科目而无借方会计科目的，应予提示并拒绝执行；

（五）正在输入的收款凭证借方科目不是“现金”或“银行存款”科目、付款凭证贷方科目不是“现金”或“银行存款”科目的，应提示并拒绝执行。

第十六条 会计核算软件应提供对已经输入但未登记会计账簿的机内记账凭证（不包括会计核算软件自动产生的机内记账凭证）进行修改的功能，在修改过程中，应同样给出第十五条的各项提示。

第十七条 会计核算软件应当提供对已经输入但未登账记账凭证的审核功能，审核通过后即不能再提供对机内凭证的修改。会计核算软件应当分别提供对审核功能与输入、修改功能的使用权限控制。

第十八条 发现已经输入并审核通过或者登账的记账凭证有错误的，可以采用红字凭证冲销法或者补充凭证法进行更正；记账凭证输入时，红字可用“—”号或者其他标记表示。

第十九条 会计核算软件对需要输入的原始凭证，可以按照以下方法进行处理：

（一）输入记账凭证的同时，输入相应原始凭证；输入的有关原始凭证汇总金额与输入的记账凭证相应金额不等，软件应当给予提示并拒绝通过；在对已经输入的记账凭证进行审核的同时，应对输入的所附原始凭证进行审核；输入的记账凭证通过审核或登账后，对输入的相应原始凭证不能直接进行修改；

（二）记账凭证未输入前，直接输入原始凭证，由会计核算软件自动生成记账凭证；会计核算软件应当提供对已经输入但未予审核的原始凭证进行修改和审核的功能，审核通过后，即可生成相应的记账凭证；记账凭证审核通过或者登账后，对输入的相应原始凭证不能直接进行修改；

（三）在已经输入的原始凭证审核通过或者相应记账凭证审核通过或者登账后，原始凭证确需修改，会计核算软件在留有痕迹的前提下，可以提供修改和对修改后的机内原始凭证与相应记账凭证是否相符进行校验的功能。

第二十条 会计核算软件提供的原始凭证输入项目应当齐全，主要项目有：填制凭证日期、填制凭证单位或填制人姓名、接受凭证单位名称、经济业务内容、数量、单价和金额等。

第二十一条 会计核算软件一个功能模块中所需的数据，可以根据需要从另一功能模块中取得，也可以根据另一功能模块中的数据生成。

第二十二条 适用于外国货币核算业务的会计核算软件，应当提供输入有关外国货币凭证的功能。通用会计核算软件还可以在初始化功能中提供选择记账本位币的功能。

第二十三条 采用统账制核算外国货币的会计核算软件，应当提供在当期外国货币业务发生期初和业务发生时，输入期初和当时的外汇牌价的功能。记账凭证中外国货币金额输入后，会计核算软件应当立即自动折合为记账本位币金额。

第三章　会计数据的处理

第二十四条　会计核算软件应当提供根据审核通过的机内记账凭证及所附原始凭证登记账簿的功能。在计算机中，账簿文件或者数据库可以设置一个或者多个。

（一）根据审核通过的机内记账凭证或者计算机自动生成的记账凭证或者记账凭证汇总表登记总分类账；

（二）根据审核通过的机内记账凭证和相应机内原始凭证登记明细分类账；

（三）总分类账和明细分类账可以同时登记或者分别登记，可以在同一个功能模块中登记或者在不同功能模块中登记；

（四）会计核算软件可以提供机内会计凭证审核通过后直接登账或成批登账的功能；

（五）机内总分类账和明细分类账登记时，应当计算出各会计科目的发生额和余额。

第二十五条　会计核算软件应当提供自动进行银行对账的功能，根据机内银行存款日记账与输入的银行对账单及适当的手工辅助，自动生成银行存款余额调节表。

第二十六条　通用会计核算软件应当同时提供国家统一会计制度允许使用的多种会计核算方法，以供用户选择。会计核算软件对会计核算方法的更改过程，在计算机内应有相应的记录。

第二十七条　会计核算软件应当提供符合国家统一会计制度规定的自动编制会计报表的功能。通用会计核算软件应当提供会计报表的自定义功能，包括定义会计报表的格式、项目、各项目的数据来源、表内和表间的数据运算和核对关系等。

第二十八条　会计核算软件应当提供机内会计数据按照规定的会计期间进行结账的功能。结账前，会计核算软件应当自动检查本期输入的会计凭证是否全部登记入账，全部登记入账后才能结账。机内总分类账和明细分类账可以同时结账，也可以由处理明细分类账的功能模块先结账、处理总分类账的功能模块后结账。机内总分类账结账时，应当与机内明细分类账进行核对，如果不一致，总分类账不能结账。结账后，上一会计期间的会计凭证即不能再输入，下一个会计期间的会计凭证才能输入。本规范第二十九条的情况除外。

第二十九条　会计核算软件可以提供在本会计年度结束，但仍有一部分转账凭证需要延续至下一会计年度第一个月或者第一个季度进行处理而没有结账时，输入下一会计年度第一个月或者第一个季度会计凭证的功能。

第四章　会计数据的输出

第三十条　会计核算软件应当提供对机内会计数据的查询功能：

（一）查询机内总分类会计科目和明细分类会计科目的名称、编号、年初余额、期初余额、累计发生额、本期发生额和余额等项目；

（二）查询本期已经输入并登账和未登账的机内记账凭证、原始凭证；

（三）查询机内本期和以前各期的总分类账和明细分类账簿；

（四）查询往来账款项目的结算情况；

（五）查询到期票据的结算情况；

（六）查询出来的机内数据如果已经结账，屏幕显示应给予提示。

第三十一条　会计核算软件应当提供机内记账凭证打印输出的功能，打印格式和内容应当符合国家统一会计制度的规定。

第三十二条　会计核算软件可以提供机内原始凭证的打印输出功能，打印输出原始凭证的格式和内容应当符合国家统一会计制度的规定。

第三十三条　会计核算软件必须提供会计账簿、会计报表的打印输出功能，打印输出的会计账簿、会计报表的格式和内容应当符合国家统一会计制度的规定。

（一）会计核算软件应当提供日记账的打印输出功能；

（二）会计核算软件应当提供三栏账、多栏账、数量金额账等各种会计账簿的打印输出功能；

（三）在机内总分类账和明细分类账的直接登账依据完全相同的情况下，总分类账可以用总分类账户本期发生额对照表替代；

（四）在保证会计账簿清晰的条件下，计算机打印输出的会计账簿中的表格线条可以适当减少；

（五）会计核算软件可以提供机内会计账簿的满页打印输出功能；

（六）打印输出的机内会计账簿、会计报表，如果是根据已结账数据生成的，则应当在打印输出的会计账簿、会计报表上打印一个特殊标记，以示区别。

第三十四条　对根据机内会计凭证和据以登记的相应账簿生成的各种机内会计报表数据，会计核算软件不能提供直接修改功能。

第三十五条　会计年度终了进行结账时，会计核算软件应当提供在数据磁带、可装卸硬磁盘或者软磁盘等存储介质的强制备份功能。

第五章　会计数据的安全

第三十六条　会计核算软件具有按照初始化功能中的设定，防止非指定人员擅自使用的功能，和对指定操作人员实行使用权限控制的功能。

第三十七条　会计核算软件遇有以下情况时，应予提示，并保持正常运行：

（一）会计核算软件在执行备份功能时，存储介质无存储空间、数据磁带或者软磁盘未插入、软磁盘贴有写保护标签；

（二）会计核算软件执行打印时，打印机未联接或未打开电源开关；

（三）会计核算软件操作过程中，输入了与软件当前要求输入项目不相关的数字或字符。

第三十八条　对存储在磁性介质或者其他介质上的程序文件和相应的数据文件，会计核算软件应当有必要的加密或者其他保护措施，以防止被非法篡改。一旦发现程序文件和相应的数据文件被非法篡改，应当能够利用标准程序和备份数据，恢复会计核算软件的运行。

第三十九条　会计核算软件应当具有在计算机发生故障或者由于强行关机及其他原因引起内存和外存会计数据被破坏的情况下，利用现有数据恢复到最近状态的功能。

第六章　附 则

第四十条　本规范由财政部负责解释，自 1994 年 7 月 1 日起施行。

第二节　会计电算化相关管理制度

一、操作规程方面

（一）凭证录入：负责现金、往来、成本等业务的会计人员定期整理业务凭证，并根据手工填制记账凭证的方法做出草稿。必要时由总账会计初审后确认，然后录入电脑。

（二）凭证审核：由录入凭证以外有权限的会计人员对凭证进行审核。

（三）记账与结转凭证的生成：只有经过审核的记账凭证才能被纳入记账范围。在所有业务凭证都已录入并经审核和记账后，由总账会计操作生成结转凭证。由此生成的结转凭证，须由其他有审核权限的会计人员审核，然后再记账。

（四）结账当月应该录入或由软件自动生成的记账凭证在经审核和记账

后，就可以进行结账操作。在结账后，对结账月份不可以再进行凭证的增减或修改等操作。

（五）电脑产生的凭证、账簿、报表等资料，必须以书面的形式打印出来。打印出来的会计资料要按照会计工作规范的要求，经制单人员、审核人员、记账人员、会计主管等签字或盖章后生效。审核人员对打印件的签字或盖章，必须与电脑内数据核对一致后进行。

（六）备份财务数据，短期内可用软盘、U 盘或硬盘等介质，备两份以上，但至少每年要进行一次正式的数据备份工作。正式的财务数据备份，用质量较好的光盘一式两份以上，分别保管于不同的地方。正常操作的情况下，数据备份的模式为：⑴保持三天的备份循环覆盖；⑵最近三个月月末的备份；⑶每年年底的备份。

（七）上机操作及操作权限：上机操作的会计人员必须设置自己唯一知道的口令，离开电脑时应退出系统或进行系统封锁。操作人员对自己账号下的所有操作负完全责任。电算化会计岗位权限包括软件功能权限、使用科目权限、报表使用权限等。根据各会计岗位工作内容制定会计岗位权限标准，临时性赋权应由会计主管签字。“历史数据调整”“数据恢复”等对会计信息正确性有决定意义的功能权限不能作为任何岗位的永久性权限。

（八）交接操作人员的岗位移交，应在移交清册中列明操作员口令（密码）、会计数据媒体及有关资料、实物等，操作员口令应由接交的人员当场上机验证并立即更改，以分清责任。

二、数据维护方面

（一）数据备份

数据备份是将机内会计数据从硬盘备份到机外的软盘等其他存储介质的过程，以便系统发生故障造成破坏时，将数据再恢复到硬盘上。

1. 备份的方式

数据备份按内容分为档案备份和临时备份。档案备份是指在一个会计期间结束时，将会计数据备份到软盘或其他存储介质上，作为正式会计档案保存；临时备份是为了便于数据恢复而进行的备份，可以随时进行。临时备份又分为强制执行和选择执行两种方式。

（1）强制备份。强制备份是指计算机在执行某一操作时，强制用户进行数据备份。

（2）选择备份。选择备份是由用户根据需要选择进行数据备份，通常是通过备份菜单来执行的。

2. 备份方法

数据备份可采用软盘、硬盘、磁带或光盘等。

（二）数据恢复

数据恢复是在意外情况发生后，将备份的数据恢复到系统的硬盘上。数据恢复还可以将其他年度的数据恢复到计算机中，以实现其他年度账簿的查询。数据恢复会破坏系统中原有的数据，所以要谨慎使用。

（三）数据整理

数据整理的主要内容包括，清除数据内的数据垃圾，对所有数据库重新进行索引，以及检查数据库的完整性等。

三、软硬件的维护方面

（一）系统软件的维护

不同的会计软件所要求的运行环境不同，系统软件应满足会计软件的要求，同时，安装其他软件时应注意软件之间不能相互冲突。

（二）硬件的维护

硬件维护是指计算机系统中各种设备的维护，会计软件运行中应注意以下问题：

1. 会计软件所用的计算机必须专用，未经许可不得接入 Internet 等其他网络，以保证会计数据的安全性、可靠性。

2. 未经许可，不得私自拆装设备，修改系统配置。

3. 系统应配置不间断电源 UPS，以防突然断电造成损失。

4. 出现硬件故障应及时修复，并确保硬盘数据的安全性、保密性。

（三）会计软件的维护

1. 软件安装完毕应妥善保存，以备特殊情况重新安装。

2. 软件中文件不能以任何方式删除或修改，否则可能造成系统不能正常运行。

3. 软件升级时应保证数据的完整性、一致性。

4. 正常运行后，一般不需要重新安装软件，否则，原有的数据将被覆盖。

5. 会计软件不能复制、外借。

（四）意外事故的处理

1. 突然停电

软件运行过程中突然断电，可能会造成数据的丢失或混乱。为防止突然断电造成的损失，系统应配备不间断电源 UPS。

2. 程序或数据误删除

系统操作中，可能由于误操作等原因将会计软件程序或数据删除。通常有两种处理方法：一是利用工具软件进行恢复；二是重新安装软件。

3. 软件中断执行

会计软件中断执行的原因比较多，可能是硬件故障、计算机病毒或运行环境配置不合理等问题，也可能属于软件本身的问题。应由专业人员分析修复，或与软、硬件供应商联系。

四、电算化会计档案的管理方面

（一）电算化会计档案管理的内容

电算化会计档案是指以磁性介质存储在计算机中的会计数据和计算机打印的书面形式的信息，包括记账凭证、会计账簿和会计报表，以及会计软件系统开发运行中编制的各种文档程序和其他会计资料。

（二）电算化会计档案的管理方法

1. 记账凭证的生成与管理

根据记账凭证的编制方法，记账凭证有两种形式：

（1）根据原始凭证在计算机上直接编制记账凭证，并打印输出。

（2）手工编制记账凭证，然后录入计算机。

2. 会计账簿和报表的生成与管理

（1）现金日记账和银行存款日记账要每天登记并打印输出，做到日清月结。

（2）一般账簿可以根据实际情况和工作需要按月、按季或按年打印；发生业务少的账簿，可满页打印。

（3）在所有记账数据凭证和明细分类账数据都存储在计算机内的情况下，总分类账可用总分类账本期发生额及余额对照表替代。

（4）保证账簿清晰的条件下，计算机打印输出的账簿中表格线可适当减少。

3. 会计软件开发文档的管理

会计软件开发和使用的全套文档资料及程序，都应视同会计档案保管，保管期截至该系统停止使用或有重大更改之后的 1—3 年。

4. 磁性介质及其他介质的管理

（1）采用磁带、磁盘、光盘、微缩胶片等介质存储会计数据，不定期打印输出会计账簿时，应征得同级财政部门的同意。

（2）保存期限与打印输出的书面形式的会计账簿、报表相同。

（3）记账凭证、总分类账、现金日记账和银行存款日记账如仍需要打印输出，则应按照有关税务、审计等管理部门的要求，及时打印输出有关账簿、报表。

5. 安全和保密措施

（1）会计档案管理要做好防磁、防火、防潮、防尘、防盗、防虫蛀以及防霉烂和防鼠咬等工作。

（2）采用磁性介质存贮会计档案，要定期进行检查、复制，防止由于磁性介质损坏而使会计档案丢失。

（3）严格执行安全和保密制度，会计档案不得随意堆放，严防毁损、散失和泄密。

（4）各种会计资料包括打印出来的会计资料以及存储会计资料的软盘、硬盘、计算机设备、光盘、微缩胶片等，未经单位领导同意，不得外借或拿出单位。

（5）借阅会计资料，应该履行相应的借阅手续，经手人必须签字记录。

6. 建立档案管理制度

（1）存档的手续，主要是指各种审批手续。

（2）各种安全和保密措施。

（3）档案管理员的职责与权限。

（4）档案的分类管理办法。

（5）档案使用的各种审批手续。

（6）各类文档的保存期限及销毁手续。

五、附件

附件为某单位的会计电算化管理制度，实行会计电算化的单位可以参考以下内容，制定出符合本单位实际情况的相关制度。

会计电算化账务处理制度

为了加强会计核算软件的操作使用管理，确保会计核算软件的正常运行及安全、在会计信息处理和保存中的效用，根据财政部的有关规定，结合单位具体情况制定以下规定：

（一）财务部应在每年或上年末建立新的会计年度的完整的账务文件，根据现行财务制度，运用当前在用系统的规则正确地设置全部级次的会计科目，会计年度中间可以任意追加新的会计科目，但已制单或记账的会计科目不得修改或删除（账务的修改工作由系统管理员执行）。

（二）转换会计年度时，应在新的会计年度开始后的20天内，完成结转各账户的年初手续，并保证数据检验平衡正确，年初余额在当年记账以前可以修改，当年记账以后如有调整，只能通过填制记账凭证进行。

（三）任何登记入账的经济业务都必须填制记账凭证，摘要区规范填入，在机上填制的记账凭证编号应当连续，编号出现间断时，应在断号的第一张凭证上注明间断的编号，并在打印输出的该张凭证上注明断号的原因并签字盖章。

（四）记账凭证必须经过复核人员签字后，才能根据其登记账簿，复核人员必须在屏幕上直接对机器存储的记账凭证进行复核签字，同时要对打印输出的记账凭证或代用凭单进行签字盖章。同一张记账凭证，制单和复核不能是同一人。记账凭证在记账以前必须打印输出（记账凭证清单），没有打印输出的记账凭证不得登记入账。

（五）总账及现金账和银行账均可采用计算机打印输出的活页账装订，出纳人员根据审核人员审查并准许报销的凭证，收入或付出款项，出纳人员可以不登记订本式日记账，如现金处理收支较多可根据需要自设辅助账。单位每天必须将当日发生的现金收支数据输入计算机并据以计算出库存日报表，并在表上签字盖章。

（六）单位根据机器使用和人员分工情况以及工作需要，确定每月的记账期限，每月至少记账一次，每月月末以前应将当月所有收支及转账业务全部登记入账。至少每月核对一次总账，每季度核对一次明细账。

（七）必须将储存在机器内的账簿数据打印输出为书面账簿，会计账簿打印间隔时间不得超过一个月，平时可以只打印已满页的账簿数据，但每年年末必须将全部账簿数据打印输出。

会计电算化操作管理制度

为了加强会计核算软件的操作使用管理，确保会计核算软件的正常运行及会计信息的全面、准确与安全，特制定本制度。

一、操作使用人员

操作使用人员是指有权使用会计核算软件完成职责范围内会计电算工作的财务人员或财务部门工作人员。

根据会计电算化工作要求，财务部门配备以下操作使用人员：

（一）系统管理人员：负责所有会计核算软件数据的初始化、数据备份与恢复、系统运行错误的登记与排除工作；负责系统操作使用的组织与管理工作，分配操作人员的工作权限，并设置操作使用人员的保密字。

（二）数据录入人员：按照操作规程录入凭证数据，并负责录入数据的正确性校验，对操作中出现的问题做详细记录并及时报告系统管理员。数据录入人员无权修改原始凭证或手制凭证上的数据，不得进行凭证复核操作。出纳人员，系统维护人员不能担任数据录入人员工作。

（三）数据复核员：负责对已录入计算机的凭证编号及数据的完整性、正确性的审核，确保入账数据的完整与正确。

（四）数据管理人员：负责已复核数据的入账、入账后凭证、账页的打印输出工作，协助系统管理员定期做好数据备份工作，负责程序软盘、存档数据软盘、输出凭证、账页及其他资料的保管工作，做好软件数据库资料的安全保密工作。

（五）系统维护人员：负责对会计电算化硬件和软件的检查及运行故障处理工作，以保障会计电算化工作的正常运行。

二、操作使用人员的操作权限

（一）统管理员必须根据财务软件的特点和本单位会计电算体系与核算方式。会计科目的设置必须符合会计制度与单位核算、管理的要求。报表格式必须符合上级主要部门和财政主管部门要求。

（二）数据录入员进行数据录入操作时应严格按照凭证内容输入数据，不得擅自修改凭证数据，如发现凭证数据错误立即通知凭证编制人员或系统管理人员，并根据修正后的凭证修改录入的数据。数据录入人员除可以进行数据录入操作外，还可以进行数据查询工作，但不得进行数据复核操作，复核人员亦不能进行数据录入操作，复核时发现凭证录入错误，必须通知数据录入人员进行修改，复核人员不得进行已录入数据的修改操作，待数据录入人员修正录入数据后再进行复核签字操作。

（三）系统维护人员除实施数据维护时，一般情况下不允许随意打开系统数据库进行操作。实施维护时不准修改数据库结构。其他操作人员一律不允许实施数据库操作。

（四）用于会计电算化的硬件和会计软件只有操作人员才能上机操作使用，其他人员一律不允许上机。操作人员必须经过培训并经系统管理员认可合格后方可上机。

（五）操作使用人员上机操作前后必须填写“上机操作登记簿”，如实填写操作人员姓名、上机时间、操作内容、下机时间、操作期间系统运行情况等。操作人员的保密字必须牢记，并注意要安全保密，否则出现问题，操作人员和系统管理人员有不可推卸的责任。

（六）出纳人员、维护人员、程序人员均不准实施数据录入操作。

（七）备份数据软盘和存档数据软盘、账页、凭证、报表及其他资料由数据管理人员按规定统一复制、核对、存放、保管。

三、会计凭证的审核与管理

会计凭证是计算机处理会计核算业务的依据。必须保证入账前录入计算机的会计凭证准确、可靠，因此应从以下几方面严格把关：

（一）业务凭证的审核。财务部门收到业务人员编制的业务凭证后首先由稽核人员审核业务发生的真实性和准确性，确认无误后再审查业务凭证有无业务负责人、业务主管的签章，如确认无误则上机制单依此手工编制记账凭证。

（二）手工记账凭证的审核。制单人手工编制完的记账凭证必须交稽核人员审核后才能交数据录入人员录入。稽核人员必须认真审核凭证摘要的规范性、清晰性；凭证分录和数据的合法性、准确性。如无误再检查凭证科目的平衡关系，最后审查制单人是否签字。

（三）机制凭证的复核。数据录入人员录入凭证数据后，由数据复核人员对录入的凭证进行复查，确保与手工凭证的一致性和复核人员复核无误后签字。

（四）复核后的凭证必须打印输出，并经有关人员（稽核员、制单人员、出纳、数据录入员、数据复核人员、会计主管等）确认签字后方可进行记账操作。

会计电算化档案管理制度

为了加强会计档案管理，确保会计档案的安全，特制定本规定：

（一）单位应根据账簿数据准确编制或由机器正确生成会计报表，报表格式由会计主管部门统一设计或认可。

（二）报表的编制要求做到数据真实，计算正确，内容完整，手续齐备，做到账证，账表，表表之间勾稽严密，有所属单位的应将所属单位的报表数据输入机器进行汇总，并将本单位报表、所属单位报表和汇总表一并报出，书面报表必须由分管财务的领导，会计主管和制表人签名盖章。

（三）单位的会计档案包括存储在磁盘（含硬盘和软盘）上的会计文件和以书面形式存放的会计凭证、会计账簿和会计报表。

存储在磁盘上的会计文件必须按规定及时打印输出书面形式，末打印之前不得抹去。

由机器打印输出的会计档案发生缺损时，必须补充打印，并由操作使用人员在打印输出的页面上签字或盖章注明，由系统管理员签字盖章认可。

磁盘形式的会计档案保管期限必须在两年以上，其中会计科目和总账数据（包括年度和月度汇总数据）必须永久保存，明细账、记账凭证及其他数据资料在两年后可根据需要决定存毁。

（四）必须经常对硬盘上的会计数据建立软盘备份。备份是通过对硬盘的会计数据建立软盘副本来实现信息存储的，每月备份不得少于一次。不得直接对硬盘上的会计数据和作为正式档案的备份软盘上的会计数据进行任何非法操作，如要对磁盘会计数据进行加工，必须使用备份硬盘的副本，不得删除硬盘和软盘的数据。恢复系统数据必须使用最新的正式备份。

（五）必须妥善保管好会计数据的备份软盘，备份软盘应贴上写保护标签并用印章或封条签封，或由专人保管。备份软盘应装在保护封套和包装盒中，存放在安全、洁净、防热、防潮、防磁的场所，并定期进行转储。硬盘和正式备份软盘不得随便乱放和外借。

（六）会计数据的备份软盘及自行开发源程序的备份分别在三个地点以上存放，应根据数据量和硬盘空间的大小情况，每隔一定时期（如半年或一年以上）清理一次硬盘，删除硬盘上以前年度的会计数据，以利于提高机器的利用率和运行速度，没有做过备份的硬盘数据不得清理删除（三个存放地点分别为机房、档案室、财务室）。

（七）磁盘会计档案的管理工作，包括数据备份、数据恢复和清理硬盘等，由系统管理员专职执行，并对磁盘会计档案的安全和正确负责。

计算机上机操作记录制度

《会计核算软件管理的几项规定（试行）》中对会计核算软件的使用单位有明确要求——要有必要的上机操作制度。为了更好地完成系统维护的任务，了解故障发生的原因、地点、时间，以及如何处理和处理结果等情况，并作为下阶段合理调整机时分配的依据，严格财务微机管理制度，现规定如下：

（一）计算机操作人员必须登记当天所有上机操作情况。要求填写日期、操作员姓名、操作内容、运行时间和运行情况。

（二）操作过程中没有问题则在运行情况及备注栏填写运行正常字样，若有问题发生则应及时登记记录并向系统管理员报告。

（三）不得进行未作登记记录的任何软硬件维护工作。

（四）系统管理员在维护过程中发现的异常现象和处理方法、处理结果都应有所记载，对于重大运行故障，除按规定登记外还须另行填写故障报告单。

（五）操作记录每月装订成册，日常由档案管理人员妥善保管，年终整理归档。

（六）要真实完整地填写操作记录，发现总是不登记者，按经济责任制有关条款处理。

以上规定由系统管理员监督执行，请所有操作及维护人员遵照执行。

会计电算化岗位经济责任制

一、会计电算化管理岗位

根据本企业的管理核算特点及上级对会计电算化管理岗位设置的要求，为了稳妥地进行以计算机替代手工账的过渡，在总会计师领导下，本着财务会计岗位围绕电算化开展工作，更好地发挥会计电算化为财务管理、核算服务的原则，以计算机替代手工账后本公司设置如下管理岗位：

岗位：会计主管、岗位主管、系统管理、稽核、底稿制作、计算机操作、传票复核、软件开发、出纳、内勤、成本管理、内部银行管理、往来账管理、专用基金管理、销售管理。

二、岗位职责

（一）总会计师

对企业会计电算化发展方向、规模及重大硬件、软件的使用及应用项目进行决策，保证会计电算化工作的健康发展。

（二）会计主管

制定会计电算化发展规划，为总会计师提供重大硬件、软件使用及应用项目的决策依据，根据企业特点合理地设置电算化管理岗位及配备岗位人员，检查岗位人员工作情况。严格执行经济责任制对各岗位人员的约束条款。

（三）会计电算化管理岗

1. 参与制定本厂会计电算化发展规划及电算化管理制度。

2. 执行对操作人员的管理和计算机档案管理职责，对会计软件进行日常运行维护，保证计算机软件及硬件的安全。

3. 报告计算机故障并采取相应的处理措施，遇重大系统运行故障，必须根据故障的发生情况填写报告单并及时报予电算化主管。

4. 正确分配系统操作人员的使用权限，参与软件开发的管理。

5. 保证各种电算化管理规定的正确实施。

（四）岗位主管

1. 电算化、成本、计划岗位主管

协助会计主管制定电算化发展规划及为总会计师提供重大硬件、软件使用及应用项目的决策依据，负责软件开发的管理；协调系统管理与会计管理岗位工作，保证计算机辅助财务管理工作的正常过渡及协调发展，保证各级电算化管理制度的正确执行；负责本公司成本管理及财务计划的制订、预测；组织各岗位对公司经济活动进行准确及时的分析；为会计主管提供岗位经济责任制考核依据。

2. 资金、专用基金岗位主管

负责银行、现金出纳岗、销售岗、往来岗、专用基金岗的日常管理；上缴利润、税金、留利及货款的管理；流动资金的日常核算管理；配合电算化主管使本主管岗位的电算化应用不断完善；为会计主管提供岗位经济责任制考核依据。

（五）系统操作岗

1. 执行系统管理员对本岗位工作的具体指挥、要求。

2. 及时准确地输入及生成各种会计凭证、账簿、报表。

3. 通过系统管理员及时准确地为领导提供所需的查询数据。

4. 系统管理员给本岗位设置的口令不得告知其他任何人。

5. 正确执行电算化管理规定中有关操作、使用、备份等条款。

（六）软件开发岗

1. 执行系统管理员对本岗位工作的具体指挥、要求。

2. 未经电算化主管、系统管理员核准的开发项目不得上机。

3. 开发的软件应充分利用本公司已经应用信息系统、报表系统的功能并应易接受、掌握。

（七）档案管理岗

1. 执行系统管理员对本岗位工作的具体指挥、要求。

2. 对存储在磁盘（含硬盘及软盘）上的会计文件、凭证、账、报表等要及时备份。备份软盘要编号及加盖印章归档，对企业会计核算结果的历年资料要备份三份，分别存放在不同地点。

3. 对购置或自行开发的会计软件的软件文本要作为会计档案永久妥善保存，并负责督促计算机凭证、账簿、报表的装订归档。

4. 对硬盘上的会计数据和作为正式的备份软盘上的会计数据不允许任何

人进行非会计系统许可的任何操作。

5. 注意保管、查看计算机操作记录，发现问题及时向系统管理员报告并负责操作记录的整理装订，归档。

（八）稽核岗

1. 审核原始凭证的合法性及是否有经办人、验收人、主管领导签字。

2. 审核凭证制作底稿是否规范，运用会计科目是否合理，借贷是否平衡。

3. 发现不合理的原始凭证及传票制作底稿，及时退回业务发生岗位进行合格性处理。

4. 鉴于业务处理时间问题至少一周内对所有原始凭证及凭证制作底稿全面审核一次，确保凭证制作质量。

5. 稽核后的凭证要加盖岗位人员的印章，并对所有因人为因素造成又无及时稽核发现的凭证制作质量问题负责。

（九）复核岗

1. 保证计算机记账前凭证制作质量，起到把关的作用。

2. 复核计算机凭证与凭证制作底稿的一致性，配合稽核人员及时发现原始凭证、凭证底稿的质量问题。

3. 按日整理当日所有原始凭证、凭证底稿及计算机凭证，完整地交付装订人员进行装订。

4. 按日进行每笔经济业务凭证的复核，发现问题后属于操作问题通知操作人员进行处理，属于系统维护问题通知系统管理人员进行处理。

5. 负责审核计算机操作人员的操作结果并对审核结果负责，复核后的凭证要加盖岗位人员印章。

（十）其他业务岗位

1. 其他业务岗位要全力配合电算化工作，执行领导对各岗位指定的有关电算化管理方面的要求。

2. 未经系统管理人员允许，不得私自上机操作。

3. 现金及银行出纳岗协助档案管理员暂时负责每日凭证的装订工作并负责凭证封面要求内容的填写。

4. 各岗位要及时发现本岗位不适于计算机管理方面的问题，并努力提出有利于会计电算化发展的建议。

参考文献

[1] 艾文国. 会计电算化 [M]. 北京：高等教育出版社，2003.
[2] 李尊卿. 会计电算化实用教程 [M]. 北京：高等教育出版社，2004.
[3] 付得一. 会计信息系统 [M]. 北京：中央广播电视大学出版社，2006
[4] 新中大 NGPOWER V6.0 用户培训手册. 新中大软件公司.
[5] 金蝶 KIS7.5 用户手册. 金蝶软件公司.